Wachstum neu denken

Martin Pätzold · Florian Vesta · Volker Tolkmitt

Wachstum neu denken

Einladung zu einer nachhaltigen Wirtschaftsphilosophie und Wachstumspolitik von morgen

Martin Pätzold
Hochschule Mittweida
Berlin, Deutschland

Florian Vesta
Siemens Energy
Berlin, Deutschland

Volker Tolkmitt
Hochschule Mittweida
Mittweida, Deutschland

ISBN 978-3-658-50405-2   ISBN 978-3-658-50406-9   (eBook)
https://doi.org/10.1007/978-3-658-50406-9

Die Deutsche Nationalbibliothek verzeichnet diese Publikation in der DeutschenNationalbibliografie; detaillierte bibliografische Daten sind im Internet über https://portal.dnb.de abrufbar.

Planung/Lektorat: Margit Schlomski
Springer ist ein Imprint der eingetragenen Gesellschaft Springer Fachmedien Wiesbaden GmbH und ist ein Teil von Springer Nature.
Die Anschrift der Gesellschaft ist: Abraham-Lincoln-Str. 46, 65189 Wiesbaden, Germany

Wenn Sie dieses Produkt entsorgen, geben Sie das Papier bitte zum Recycling.

Martin Pätzold • Florian Vesta • Volker Tolkmitt

Wachstum neu denken

Einladung zu einer nachhaltigen Wirtschaftsphilosophie und Wachstumspolitik von morgen

Martin Pätzold
Hochschule Mittweida
Berlin, Deutschland

Florian Vesta
Siemens Energy
Berlin, Deutschland

Volker Tolkmitt
Hochschule Mittweida
Mittweida, Deutschland

ISBN 978-3-658-50405-2   ISBN 978-3-658-50406-9   (eBook)
https://doi.org/10.1007/978-3-658-50406-9

Die Deutsche Nationalbibliothek verzeichnet diese Publikation in der DeutschenNationalbibliografie; detaillierte bibliografische Daten sind im Internet über https://portal.dnb.de abrufbar.

Planung/Lektorat: Margit Schlomski
Springer ist ein Imprint der eingetragenen Gesellschaft Springer Fachmedien Wiesbaden GmbH und ist ein Teil von Springer Nature.
Die Anschrift der Gesellschaft ist: Abraham-Lincoln-Str. 46, 65189 Wiesbaden, Germany

Vorwort

Es gibt Bücher, die entstehen aus einem Moment der Erkenntnis; und solche, die wachsen wie ein Baum – aus vielen Jahren des Fragens, Forschens, Zweifelns und Hoffens. Dieses Buch gehört zur zweiten Art. Es ist gewachsen in den Ritzen der Zeit, zwischen Seminaren und Straßencafés, den Vorlesungssälen der politischen Ökonomie, den Gesprächen in Think Tanks, den aufgewühlten Debatten universitärer Kolloquien und den aufmerksamen Beobachtungen einer zunehmend gespaltenen Öffentlichkeit. Gewachsen in Gesprächen, die mehr Fragen ließen als Antworten gaben, in stillen Momenten des Zweifelns und in unruhigen Nächten des Nachdenkens. Es ist das Resultat einer langen intellektuellen Reise – eine Reise, die nicht ankommt, sondern immer weiterfragt. Und es ist zugleich ein Versuch, der drängenden Unruhe unserer Gegenwart eine Sprache, eine Richtung, eine Resonanz zu geben; ein Versuch, aus der Sprachlosigkeit der Überforderung neue Erkundungen hervorzubringen.

Der Hintergrund dieses Buches ist eine Welt, die an ihre eigenen Grenzen stößt. Ein Jahrhundert der Entfesselung überholt sich selbst. Das 20. Jahrhundert war das Zeitalter des scheinbar unbegrenzten Wachstums. Das 21. Jahrhundert wird das Zeitalter der Rückfragen: Wozu? Für wen? Auf wessen Kosten? Und wie lange noch? In dieser Zeitenwende reicht es nicht mehr, alte Werkzeuge zu schärfen. Wir müssen neue Geschichten erzählen, neue Horizonte aufspannen, neue Formen des Gelingens entwerfen. Wachstum, Wohlstand, Innovation; all diese schönen Worte stehen auf dem Prüfstand des Gewissens, der Weisheit und der Verantwortung. Und sie müssen sich neuen Fragen stellen: Fragen nach

Sinn, nach Gerechtigkeit, nach Nachhaltigkeit, nach Zusammenhalt. Fragen, die nicht nur Experten betreffen, sondern das Selbstverständnis unserer Zivilisation berühren

In diesem Spannungsfeld ist dieses Buch entstanden. Es verbindet ökonomische Analyse mit kultureller Deutung, politische Philosophie mit praktischer Wirtschaftspolitik. Eine Einladung, Wissenschaft nicht nur als distanzierte Diagnose, sondern als empathische Intervention zu verstehen. Wissenschaft als Mut, das Offene zu bewohnen. Als Bereitschaft, sich der Fragilität unserer modernen Welt nicht mit Zynismus, sondern mit Zuwendung zu stellen.

Die Relevanz des Themas liegt auf der Hand. Und schneidet doch tiefer als die Tagespolitik. In einer Welt, in der sich Krisen überlagern wie Wellen in einem Sturm, brauchen wir nicht mehr Geschwindigkeit, sondern Tiefe. Nicht mehr Daten, sondern Deutung. Nicht mehr Kontrolle, sondern Resonanz. Die zentrale Leitfrage dieses Buches lautet: Wie können wir Wachstum so neu denken, dass es nicht unser Menschsein überwältigt, sondern es erweitert? Wie schaffen wir eine Ökonomie, die nicht das Leben instrumentalisiert, sondern es ermöglicht? Wie schreiben wir eine Zukunft, die das Gute nicht im immer mehr, sondern im Besseren verankert?

Was erwartet Sie auf dieser Reise?

Kap. 1: Eine Entzauberung. Wachstum als Mythos, als Versprechen und als Problem. Der Versuch, einen Begriff zu befreien, der zu groß geworden ist, um noch verstanden zu werden. Eine Reise durch die Bedeutungen, Missverständnisse und Abgründe eines Konzepts, das unsere Zeit prägt wie kaum ein anderes. Wir beginnen mit einer fundamentalen Frage: Ist Wachstum ein Naturgesetz oder eine kulturelle Konstruktion? Wir ergründen die paradoxe Natur des Wachstums, seine historische Wandelbarkeit, seine symbolische Macht und seine Verflechtung mit ökologischen Grenzen und sozialen Wertfragen.

Kap. 2: Eine Hommage an das Wissen. An seine Fragilität, seine sozialen Bedingungen, seine Macht, und an die Aufgabe, Wissen nicht als Ware, sondern als geteilte Welt zu begreifen. Ein Blick auf das Wissen als Quelle von Zukunft und zugleich als Ort gesellschaftlicher Verantwortung, das neue Kapital unserer Zeit. Wissen nicht als neutrales Gut, sondern als ein soziales, politisches und ethisches Projekt, das über die Zukunft unserer Ökonomien entscheidet. Und warum gerechter Zugang zu Wissen der wahre Hebel für kollektiven Fortschritt ist.

Kap. 3: Eine Liebeserklärung an die Innovation. Nicht als Anbetung des Neuen um seiner selbst willen, sondern als Suche nach Resonanz zwischen Technik und Menschlichkeit. Eine Erkundung dessen, was über das Machbare hinaus das Wünschenswerte ausmacht. Hier entfaltet sich die treibende Kraft der Innovation: nicht als bloßes Technikphänomen, sondern als kultureller Prozess, der die Fragen nach Verantwortung und Nachhaltigkeit aufwirft. Innovation wird sichtbar als Ausdruck menschlicher Kreativität und menschlicher Verantwortung.

Kap. 4: Eine vorsichtige Annäherung an die Künstliche Intelligenz. Ihre Verheißungen und ihre Fallen. Die Notwendigkeit, Maschinen nicht nur klug, sondern weise zu machen. Eine Reflexion über das, was Technik kann, und was sie niemals ersetzen darf: menschliches Urteil, Empathie, Verantwortung. Inmitten der Revolution der Künstlichen Intelligenz fragen wir uns, ob KI uns wirklich in eine bessere Zukunft führen kann, und welche ethischen, sozialen und politischen Leitplanken wir dafür brauchen. Welche Art von Intelligenz wollen wir fördern: die kalte Effizienz oder die wache Menschlichkeit?

Kap. 5: Der Entwurf einer Wachstumspolitik, die nicht überholt, sondern erhöht. Die nicht zerstört, sondern bewahrt. Die nicht beschleunigt, sondern vertieft. Eine Einladung, Ökonomie als Kunst des Ermöglichens zu denken, nicht als bloße Verwaltung des Mangels. Hier entwickeln wir die Grundlagen einer modernen Wachstumspolitik, die technologische Dynamik mit sozialer Gerechtigkeit und ökologischer Nachhaltigkeit verbindet. Es ist eine Einladung, Politik nicht nur als Regelsetzung, sondern als Ermöglichungsprojekt zu begreifen: eine Kunst, Potenziale zu befreien, ohne Gefahren zu verharmlosen.

Kap. 6: Eine Meditation über Investitionen als moralische Entscheidungen. Über das Morgen, das in den Bilanzen von heute schon keimt. Eine Reflexion über die Frage: Woran wollen wir wachsen, was wollen wir hinterlassen? Das vertieft die Gedanken einer modernen Wachstumspolitik und zeigt, warum Investitionen mehr sind als fiskalische Maßnahmen: Sie sind Entscheidungen über den moralischen Charakter einer Gesellschaft. Sie spiegeln die Bereitschaft, in ein Morgen zu investieren, das wir selbst vielleicht nicht mehr erleben werden.

Kap. 7: Ein neuer Blick auf Verwaltung: als Ort des Lernens, des Austauschs, der offenen Zukunft und nicht bloß der Regulation. Verwaltung als lebendige Infrastruktur demokratischer Gestaltungskraft. Wir blicken auf die öffentliche Verwaltung nicht als schwerfällige Bürokratie, sondern als lernende, digitale Institution, als Plattform einer neuen dialogischen Demokratie. Verwaltung wird hier neu gedacht: als Ermöglicher kollektiver Intelligenz.

Kap. 8: Ein Aufbruch zu neuen Maßstäben. Über das, was wirklich zählt, wenn Zahlen nicht mehr genügen. Eine Suche nach neuen Formen des Messens, die nicht nur rechnen, sondern auch erinnern und ermöglichen. Wir untersuchen das alte Paradigma des Bruttoinlandsprodukts und entwickelt neue Metriken, um Erfolg und Wohlstand im 21. Jahrhundert zu messen. Wir fragen: Was zählt wirklich, wenn es darum geht, das Gelingen menschlicher Gesellschaften zu ermessen?

Kap. 9: Die Suche nach dem sozialen Kitt in einer Zeit der Vereinsamung. Warum Zusammenhalt kein romantisches Ideal, sondern eine ökonomische und politische Notwendigkeit ist. Warum Gesellschaft mehr ist als die Summe ihrer Teile. Wie kann Wachstum dazu beitragen, Gesellschaften zusammenzuhalten, statt sie weiter zu spalten? Hier wird deutlich: Kohäsion ist kein Nebeneffekt, sondern ein zentrales Ziel. Ein Projekt des Vertrauens, der Anerkennung, der Teilhabe.

Kap. 10: Der Entwurf eines neuen Gesellschaftsvertrags. Keine Rückkehr, sondern ein Vorwärts in eine gemeinsame Zukunft. Ein Versuch, Freiheit und Geborgenheit, Individualität und Gemeinwohl neu zu verbinden. Ein neuer Gesellschaftsvertrag für das 21. Jahrhundert, der die Balance zwischen Individualität und Gemeinsinn, Freiheit und Verantwortung neu austariert. Er erinnert uns daran, dass das „Wir" keine nostalgische Rückwendung ist, sondern eine mutige Zukunftsgeste.

Und in den abschließenden Gedanken: Ein leiser Ruf. Eine Einladung, Wachstum nicht länger als Schicksal zu sehen, sondern als Entscheidung. Eine Entscheidung für das Leben, für die Erde, für die Menschen. Eine Erinnerung daran, dass die Zukunft kein Ereignis ist, das über uns hereinbricht, sondern ein Werkstück, das wir mit Herz und Verstand formen. Hier laden wir Sie ein: Wachstum nicht aufzugeben, sondern es neu zu imaginieren. Nicht als bloße Quantität, sondern als Qualität. Nicht als hektische Überbietung, sondern als Kunst bewussten Werdens. Nicht als Aneignung der Welt, sondern als Resonanz mit ihr.

Dieses Buch ist kein Lehrbuch. Es ist eine Erkundung. Eine Bewegung zwischen Hoffnung und Skepsis, zwischen Analyse und Imagination. Es ist ein Angebot an alle, die den Mut haben, zu fragen, auch wenn die Antworten unbequem sind. An alle, die spüren, dass „weiter so" längst ein Synonym für Untergang geworden ist. An alle, die glauben, dass Wandel nicht nur notwendig, sondern möglich ist. An alle, die der Sehnsucht Raum geben wollen: nach einem besseren Leben, nach einer gerechteren Welt, nach einem Sinn, der über bloße Funktionalität hinausreicht. Wenn wir ihn mit Kopf, Herz und Hand gestalten.

Möge dieses Buch Ihnen Denkräume öffnen, Zweifel wecken, Mut machen. Möge es Anstoß sein für Gespräche, für Experimente, für Entscheidungen. Möge es Funken schlagen, wo Routine regiert. Und vielleicht, ganz vielleicht, ein kleines Stück jenes neuen Wachstums sein, das wir so dringend brauchen: ein Wachstum an Einsicht, an Mitgefühl, an Gestaltungswillen. Für das Wiederentdecken der Kunst, gemeinsam Welt zu machen.

Denn am Ende – das zeigt jede echte Transformation – ist es nicht der Markt, nicht die Maschine, nicht das Geld, das über unser Morgen entscheidet. Es ist der Geist. Der Geist, der fragt, der hofft, der liebt, der wagt. Der Geist, der sich weigert, die Welt als gegeben zu nehmen. Der Geist, der weiß: Zukunft ist nicht das, was kommt. Wirklicher Fortschritt beginnt nicht im Rechenzentrum, sondern im Herzen.

Martin Pätzold
Florian Vesta
Volker Tolkmitt

Inhaltsverzeichnis

1

Wenn Wachstum auf Nachhaltigkeit trifft

Was ist Wachstum? Eine rhetorische Frage, möchte man meinen. Jeder scheint zu wissen, was gemeint ist: Mehr Konsum, mehr Einkommen, mehr Produktion, mehr Wohlstand. Doch je genauer man hinsieht, desto mehr verschwimmt der Begriff. Wachstum. Das klingt nach Fortschritt und Zukunft, nach Dynamik und Erfolg. Wachstum ist das große Versprechen der Moderne, und zugleich ihr zentrales Paradox.

Wachstum, so zeigt sich, ist weit mehr als eine ökonomische Kennziffer. Es ist Idee, Mythos, Ideologie. Es strukturiert unser Denken, prägt unser Handeln, bestimmt unsere Erwartungen. Wer sich dieser Tiefenstruktur nähert, erkennt bald: Die Frage nach Wachstum ist nicht nur eine Frage nach Wirtschaft. Sie ist eine Frage nach Kultur, nach Ethik, nach Gesellschaft, nach dem Menschen selbst. Sie ist, im Kern, eine Frage nach dem guten Leben.

Dabei geht es nicht darum, Wachstum zu verwerfen. Vielmehr stellt sich die Frage, welche Art von Wachstum wir brauchen, und welche wir überwinden müssen. Es geht um Differenzierung: zwischen destruktivem Wachstum und regenerativem, zwischen expansivem und resilientem, zwischen wachsendem BIP und wachsender Lebensqualität. Vorneweg:

© Der/die Autor(en), exklusiv lizenziert an Springer Fachmedien Wiesbaden GmbH, ein Teil von Springer Nature 2026
M. Pätzold et al., *Wachstum neu denken*,
https://doi.org/10.1007/978-3-658-50406-9_1

dieses Buch plädiert für ein nachhaltiges Wachstum. Nicht für Stagnation, sondern für ein anderes Fortschrittsverständnis. Nur so wird es uns in einer älterwerdenden Gesellschaft überhaupt gelingen, den Wohlstand in der Breite zu halten und im besten Fall zu steigern.

Dazu entfalten die folgenden Abschnitte ein Panorama des Wachstums: in seinen theoretischen Grundlagen, seinen historischen Wurzeln, seinen ökologischen Begrenzungen, seinen sozialen Widersprüchen und seinen kulturellen Tiefen. Es ist ein Versuch, das scheinbar Vertraute fremd zu machen und aus dieser Verfremdung heraus neue Möglichkeiten des Denkens und Handelns zu entwickeln.

In diesem Kapitel laden wir Sie ein, diesen Übergang mitzugehen; kritisch, offen, dialogisch. Es ist keine Anleitung zur Wachstumsverweigerung, sondern ein Angebot zur Differenzierung. Keine Utopie der Verleugnung, sondern ein Plädoyer für ein anderes Möglichkeitsdenken. Denn Wachstum muss nicht verschwinden, aber Wachstum muss sich wandeln. Und dieser Wandel beginnt mit Fragen, die wir selten stellen: Wofür, für wen, und mit welchem Ziel?

Was also erwartet Sie in diesem Kapitel? Keine fertigen Lösungen. Keine dogmatischen Thesen. Sondern ein Weg durch das Labyrinth eines Begriffs, der unsere Welt mehr prägt, als uns lieb sein kann. Und vielleicht, so ist die Hoffnung, auch ein Ausgang aus diesem Labyrinth.

Denn eines ist klar: Die großen Krisen unserer Zeit, ökologisch, sozial, kulturell, lassen sich nicht mit den Werkzeugen lösen, die sie hervorgebracht haben. Wenn wir Zukunft wollen, müssen wir Wachstum neu denken. Und mit ihm uns selbst.

1.1   Was ist Wachstum?

„Wachstum" – ein Begriff, so selbstverständlich genutzt, dass seine Komplexität leicht übersehen wird. Gleichsam einem Zauberwort öffnet er die Türen der ökonomischen Hoffnung, symbolisiert Fortschritt und Wohlstand. Doch was genau verbirgt sich hinter diesem omnipräsenten Ausdruck, der gleichermaßen biologische Prozesse wie die wirtschaftliche Expansion ganzer Volkswirtschaften beschreibt?

Wachstum ist ein facettenreicher und ständiger Begleiter des Lebens. Jeder Mensch ist das Produkt eines ununterbrochenen und komplexen Wachstumsprozesses, der aus etwas mikroskopisch Kleinem einen Menschen aus Billionen von Zellen mit Bewusstsein und Gefühlen entstehend lässt. Das seit mindestens 3,5 Mrd. Jahren dauernde Wunder des Lebens, von der ersten Zelle bis zur heutigen Flora und Fauna, scheint ganz eng mit dem Wachstumsgedanken verknüpft zu sein, welcher auch die Grundlage des menschlichen Daseins und Denkens bildet. Auch in vielen anderen Gebieten und anderen wissenschaftlichen Disziplinen als der Wirtschaft ist Wachstum deswegen ein zentraler Betrachtungsgegenstand. Beispielsweise beschäftigen sich Kosmologen mit dem Wachstum des Universums oder Computeringenieure mit dem Wachstum von Rechenleistung. Auch konnten wir in den Anfangsjahren dieser Dekade auf ganz dramatische Weise erleben, dass die Wachstumsrate von Neuinfizierten mit SARS-CoV-2 zu einem maßgeblichen Taktgeber für politische Entscheidungen wurde und das Leben von uns allen beeinflusste.

Dabei zeigt bereits diese kurze Sammlung von Beispielen, dass der Wachstumsbegriff aufgrund seiner Vielgestaltigkeit nicht einfach zu fassen ist. Es ist unmöglich, ein Wachstumskonzept zu definieren, welches auf alle Fälle anwendbar bleibt und allen Problemen gerecht wird. So sahen wir beispielsweise im Kontext der Coronavirus-Pandemie, dass Wachstum nur so präzise bestimmt werden kann, wie es gemessen wird. Methodologische Probleme wie ungenügende Testausstattung und unzureichende Informationen machten es schwer, die tatsächliche Wachstumsrate der Neuinfizierten, und damit die Ausbreitungsgeschwindigkeit der Pandemie, exakt zu bestimmen. Mit dem Messen der Zunahme von Rechenleistung haben Computeringenieure hingegen eher kein Problem, da sie im Allgemeinen ganz genau wissen, wie viele Transistoren auf einem Computerchip zu finden sind. In den vergangenen Jahrzehnten generierte sich das Wachstum der Rechenleistung vor allem dadurch, dass man immer mehr und immer kleinere Transistoren auf die gleiche Fläche zusammenpresste. Heutige Transistoren sind mit wenigen Nanometern sogar um ein Vielfaches kleiner als ein rotes Blutkörperchen. So klein also, dass bald physikalische Grenzen erreicht sein könnten, da sie bei weiterer Miniaturisierung nur noch aus wenigen Atomen bestünden und physikalische Wachstumsgrenzen ins Allerkleinste einsetzen könnten, hinter denen wir Menschen keine Kontrolle mehr haben.

Im wirtschaftswissenschaftlichen Kontext beschäftigen wir uns im Laufe dieses Buches mit dem Wachsen von kollektiven Wirtschaftstätigkeiten. Dafür lässt sich ganz allgemein festhalten, dass unter Wirtschaftswachstum die Zunahme oder Vergrößerung der Leistung einer Wirtschaftsgemeinschaft verstanden werden kann.[1] Klassischerweise wird als Wirtschaftsgemeinschaft eine Nation und als Leistung alle Waren, Güter und Dienstleistungen, die innerhalb eines Jahres – bzw. in einem vorher definierten Zeitraum – als Mehrwerte produziert werden, verstanden. Für Deutschlands Wirtschaftswachstum der letzten Jahrzehnte ergibt sich damit, dass rein quantitativ die deutsche Wirtschaft in den letzten Jahrzehnten langsam, jedoch stetig Jahr für Jahr gewachsen ist. In diesem Sinne bezeichnet das Wachsen einer Volkswirtschaft also die Vergrößerung der gesamten Schaffenskraft, berechnet über alle Mitglieder der betrachteten Volkswirtschaft. Dieses Konzept wird häufig durch das Bruttoinlandsprodukt (BIP) bilanziert – je mehr von einem Gut produziert wurde oder je häufiger ein Dienst in Anspruch genommen wurde, desto größer die Kennzahl.[2]

Um auch qualitative Mehrwerte im Wirtschaftsprozess berücksichtigen zu können, verwendet das Statistische Bundesamt hedonische Bewertungsmethoden. Bei diesen werden Güter modellhaft in subjektiv ausgewählte Qualitätsattribute zerlegt. Anschließend wird mittels einer Regressionsanalyse versucht, den Einfluss dieser Qualitätsmerkmale auf das Preisniveau zu ermitteln. So sollen diejenigen Preisänderungen, die auf qualitativen Veränderungen bestimmter Attribute beruhen, von sonstigen Einflüssen und der Inflationsentwicklung rechnerisch getrennt werden. Das Ziel ist es, die durch Qualitätsverbesserungen hervorgerufenen Preisdifferenzen zu quantifizieren und bei der Indexermittlung des BIP herauszurechnen.

Die hedonische Preisermittlung ist also ein statistisches Verfahren, mit dem der Einfluss einzelner Produktmerkmale, wie beispielsweise die Festplattengröße bei Desktop-PCs, auf den Preis angerechnet wird. Der

---

[1] Für eine detaillierte Definition von Wirtschaftswachstum siehe beispielsweise Schäfer (2018).
[2] Das BIP wird ausführlich in Kap. 7 thematisiert.

Geldwert des Qualitätsunterschiedes wird separat bestimmt und zwischen dem ersetzenden und dem Ersatzmodell zum Vergleich ausgewiesen. Durch die Quantifizierung der Qualitätsänderung wird also versucht, die *reine* Preisentwicklung zu bestimmen. Wenngleich dieses Verfahren zwar hilfreich ist, die Preisentwicklung von Gütern und damit das tatsächliche Wirtschaftswachstum besser zu erfassen, krankt es doch noch an vielen Inkonsistenzen. Beispielsweise ist es in der Computerelektronik häufig nicht klar, wie genau Qualitätsunterschiede zu bilanzieren sind. So hatte ein gängiger Desktop-PC aus der Jahrtausendwende durchschnittlich die gleiche Rechenleistung wie ein ganzes Rechenzentrum aus den 80er-Jahren und müsste demnach preislich miteinander verglichen werden. Während aber die Qualität, in Form von höherer Rechenleistung, gestiegen ist, sind auch gleichzeitig die Anforderungen an die Hardware gestiegen. So müssen Desktop-PC mit anderen Hintergrundprozessen fertig werden als Rechenzentren aus dem 80ern. Im letzten Jahrzehnt hat dies zu eigenartigen Paradoxa geführt, wo Softwareanforderungen an die Prozessorleistung schneller gestiegen sind als die Prozessorleistung selbst. Solche Feinheiten über alle Güter und Waren präzise zu bilanzieren ist (aktuell) unmöglich. Außerdem werden auch u. a. unbezahlte Arbeit (Ehrenamt, häusliche Pflege, Nachbarschaftshilfe etc.) im BIP nicht erfasst. Es werden in die Datengrundlage zur Berechnung des BIP auch keine Umsätze einbezogen, die nicht als umsatzsteuerpflichtig gelten. Demgegenüber wird die Beseitigung von Schäden (Umweltschäden, Brandschäden, Unfälle mit Sachschaden usw.) in das BIP eingerechnet, obwohl die Schadensbeseitigung lediglich eine Kompensation vorheriger Verluste darstellt. In späteren Kapiteln werden wir noch ausführlicher auf das Konzept des Bruttoinlandsproduktes zurückkommen und diskutieren, inwieweit es Ansätze gibt, die die tatsächlich stattfindende Vergrößerung der volkswirtschaftlichen Schaffenskraft besser abbilden.[3] Für den ersten Blick ist es nun ausreichend zu verstehen, dass diese Kennzahl mangelhaft ist. Nichtsdestotrotz zeigt sich trotz dieser Realitätsreduktion

---

[3] Siehe beispielsweise Jansen et al. (2024), die betonen, dass die ausschließliche Ausrichtung auf das BIP als Zielgröße die Politik fehlleite, da das Wirtschaftswachstum in Geldmessungen wie dem BIP nicht automatisch nachhaltiges Wohlbefinden oder Fortschritt abbilde. Stattdessen müssten Indikatoren für Verteilung, Umweltverträglichkeit und subjektive Lebensqualität in den Mittelpunkt rücken.

und Vereinfachung sehr anschaulich, dass in der Tat der Output der deutschen Volkswirtschaft in den letzten Jahrzehnten stetig gewachsen zu sein scheint.

In den 20er-Jahren dieses 21. Jahrhunderts scheint diese Erfolgsgeschichte der letzten Jahrzehnte global wie in Europa ins Stocken gekommen zu sein. Bahnte sich 2019 bereits eine schleichend ankommende Rezession der Wirtschaftstätigkeit in der Bundesrepublik Deutschland an, so verschärfte die weltweite Pandemie die wirtschaftliche Situation global und national. Die weltweiten Börsen und Aktienmärkte erlebten die schlimmsten Verluste seit der Weltwirtschaftskrise der 1920er-Jahre des letzten Jahrhunderts. Dies fordert auch uns immer noch heraus: Der ökonomische Nährboden muss sich nach einer Angebots- und Nachfragekrise erst regenerieren, die globalen Lieferketten sind teilweise noch immer gestört und an einigen Stellen ganz zerbrochen, die Bevölkerungen sind durch lang nicht mehr gekannte Freiheitsbeschränkungen kollektiv traumatisiert und die politischen Weichensteller durch Polarisierung und Spaltung entscheidungsgehemmt. Die Unsicherheit steckt noch tief in den Menschen und Unternehmen. Dies ist für einen wirtschaftlichen Aufschwung Gift. Und so erholt sich die Wirtschaftsaktivität – zumindest in der Bundesrepublik Deutschland – weiterhin nur langsam. Die entscheidende Frage wird daher lauten: Wie kann unsere Gesellschaft angesichts dieser Situation den noch vorhandenen Wohlstand und Lebensstandard nicht nur halten, sondern auch wieder ausbauen?[4] Oder: Wie kommen wir nach dieser dramatischen (gesundheitlichen, gesellschaftlichen und wirtschaftlichen) Krise zurück auf den Wachstumspfad, der unsere deutsche und europäische Gesellschaft über die letzten Jahrzehnte so erfolgreich geprägt hat? Fragen, die uns durchgängig im Verlaufe dieses Buches begleiten werden.

---

[4] Die nachhaltige Ermöglichung wirtschaftlichen Wachstums setzt voraus, dass geeignete institutionelle und infrastrukturelle Rahmenbedingungen geschaffen werden. Diese wurden über Jahrzehnte hinweg vernachlässigt. Es fehlt nicht nur an einem konzeptionellen Fundament für „neues, qualitatives" Wachstum, sondern auch die Voraussetzungen für klassisches Wachstum sind vielfach erodiert. Bürokratische Überregulierung, unzureichende Investitionen in Verkehrs-, Digital- und Energieinfrastrukturen sowie strukturelle Innovationshemmnisse wirken als Wachstumsbarrieren. Diese Defizite betreffen nicht nur die ökonomische Leistungsfähigkeit, sondern erschweren auch die Transformation hin zu ökologisch nachhaltigen Wirtschaftsmodellen.

Eine vorgezogene Lehre aus dieser Erfahrung scheint jedoch eindeutig: Wachstum muss neu gedacht werden. Es genügt nicht mehr, allein auf die Steigerung des monetären Outputs zu setzen. Vielmehr braucht es ein differenziertes Verständnis, das qualitative Dimensionen berücksichtigt. Ökonomen wie der Nobelpreisträger Paul Romer betonen, dass *echtes* Wachstum vor allem aus Innovation, technologischer Weiterentwicklung und der Verbesserung der menschlichen Fähigkeiten erwächst.[5] Demnach entstehe nachhaltiges Wachstum nicht aus der reinen Menge produzierter Güter, sondern aus neuen Ideen, Bildung und verbesserten Technologien, und dies stets im Rahmen ökologischer Realitäten.

In wirtschaftswissenschaftlichen Kreisen wurde wirtschaftliches Wachstum lange Zeit vornehmlich quantitativ verstanden. Erst in jüngerer Zeit gewinnen qualitative Aspekte wie Umweltverträglichkeit und Lebensqualität zunehmend an Bedeutung.[6] Dies zeigt sich auch in der Entstehung neuer wirtschaftspolitischer Leitlinien und Zielsetzungen auf internationaler Ebene, etwa in den Nachhaltigkeitszielen der Vereinten Nationen, die explizit eine qualitativere Ausrichtung des Wachstums verfolgen.[7]

Diese Ansätze vereinen, dass nur ein qualitatives Wachstum auch ein zukunftsfähiges Wachstum sein kann. Es muss soziale und ökologische Dimensionen gleichermaßen integrieren und darf nicht länger auf Kosten zukünftiger Generationen stattfinden. Wirtschaftswachstum im 21. Jahrhunderts verstehen zu wollen, fordert von uns, den Begriff tiefergehend zu reflektieren und neu zu definieren. Denn nur wenn wir erkennen, dass wahre Prosperität mehr als nur das bloße Steigern des Outputs ist, können wir eine nachhaltige und gerechte Wirtschaft erschaffen. Ein Wachstum, das in der Lage ist, langfristig gesellschaftlichen Fortschritt und ökologische Stabilität miteinander zu verbinden.

---

[5] Vgl. Romer (1994), S. 3–22.

[6] Siehe beispielsweise Stiglitz et al. (2018), S. 148.

[7] Die Agenda 2030 verkörpert in der Praxis viele Ideen, wie Wachstum anders gedacht werden kann. Sie ist ein internationales Handlungsprogramm, das Wachstum mit ökologischer Nachhaltigkeit und sozialer Gerechtigkeit verknüpft. Ihre 17 Nachhaltigkeitsziele (Sustainable Development Goals, *SDGs*) zeigen, dass auch globale Institutionen Wachstum neu interpretieren; vom schnellen, konsumgetriebenen Wachstum hin zu Wachstum an Lebensqualität (vgl. UN, 2015, S. 14–27).

In diesem Sinne ist Wachstum weder selbstverständlich noch unendlich. Es ist vielmehr eine bewusste, gestaltbare Größe; ein komplexes, facettenreiches Konzept, das ständig hinterfragt und präzisiert werden muss, um wirklich sinnvollen Fortschritt zu ermöglichen.

1.2   Grenzen des Wachstums: Realität oder Mythos?

Spätestens seit 1972 zum ersten Mal *Die Grenzen des Wachstums* offiziell als Studie zur Zukunft der Weltwirtschaft vom Club of Rome vorgestellt wurde, gab es kritische Stimmen zum Wachstumsnarrativ der Moderne. Eine zentrale Aussage, die daraus in Erinnerung geblieben ist, lautet:

> „Wenn die gegenwärtige Zunahme der Weltbevölkerung, der Industrialisierung, der Umweltverschmutzung, der Nahrungsmittelproduktion und der Ausbeutung von natürlichen Rohstoffen unverändert anhält, werden die absoluten Wachstumsgrenzen auf der Erde im Laufe der nächsten hundert Jahre erreicht.“[8]

Mit diesem Bericht – 30 Mio. Mal verkauft und in 30 Sprachen übersetzt, so viel wie keine andere wissenschaftliche Studie – wurde der Club of Rome weltweit überhaupt erst bekannt. Der Club wurde erst vier Jahre vorher als Expertengremium bestehend aus Ökonomen, Unternehmern und Wissenschaftlern unterschiedlicher Disziplinen aus zahlreichen Ländern in Rom 1968 gegründet. Die Grundlage zu den *Grenzen des Wachstums* legte Aurelio Peccei, ein italienischer Industrieller, der vor seiner beeindruckenden Karriere beim Automobilhersteller Fiat als Widerständler gegen das faschistische Italien gekämpft und philosophische Kommentare zum Weltgeschehen der 60er verfasst hatte. In seinem Bestreben, einen Beitrag zum intellektuellen Gedankenaustausch der 68er zu leisten, betätigte er sich als Mitbegründer des Club of Rome, der Denkfabrik, die es sich zum Ziel machte, Lösungsvorschläge für die drängenden wirtschaftlichen Probleme der Menschheit zu entwickeln. Diese

---

[8] Meadows et al. (1972), S. 23.

Denkfabrik nahm sich mit Peccei auch der Herausforderung an, die Vereinbarkeit von grenzenlosem Wachstum mit ökologischer Nachhaltigkeit zu untersuchen. Auf dessen Vermittlung fand sich am Massachusetts Institute for Technology ein 29-jähriger Professor für Systemdynamik namens Dennis Meadows. Dieser hatte erst kürzlich zuvor bei der Entwicklung des für die damaligen Verhältnisse sehr leistungsfähigen Computersimulationsprogramms World3 mitgewirkt und erklärte sich mit großem Enthusiasmus bereit, dieses für die *Grenzen des Wachstums* anzuwenden.

Damit ausgestattet untersuchten Meadows und sein Team globale Wachstumstrends zwischen 1900 und 1970. Diese Trends extrapolierten sie auf die Zukunft und entwickelten daraus 12 Szenarien, wie sich die weitere wirtschaftliche Entwicklung bis zum Jahr 2100 auf unsere Umwelt auswirken könnte. Schwerpunkt der Analyse war dabei Meadows Fachgebiet – Systemdynamiken. Das Team unterteilte dafür planetare Grenzen in zwei Kategorien: Quellen und Senken. Quellen sind die Dinge, die wir für das Funktionieren unserer Zivilisation aus der Natur brauchen: z. B. Süßwasser, Ackerflächen, Mineralien, seltene Erden und fossile Brennstoffe. Senken beziehen sich auf die Fähigkeit des Planeten, Verschmutzungen des Bodens, der Luft und des Wassers zu absorbieren, sowie auf die Fähigkeit der Atmosphäre, Kohlenstoff und andere Treibhausgase aufzunehmen. Eines der Zukunftsszenarien wurde als Standardlauf bzw. business-as-usual bekannt, bei dem die gegenwärtigen Wachstumstrends der Weltbevölkerung, der Industrialisierung, der Umweltverschmutzung, der Nahrungsmittelproduktion und der Ressourcenerschöpfung unverändert weitergehen. Hierbei sei „[d]as wahrscheinlichste Ergebnis [...] ein ziemlich plötzlicher und unkontrollierbarer Rückgang sowohl der Bevölkerung als auch der industriellen Kapazität [...]".[9] Diese Schlussfolgerung fasst die Kritik am nicht auf Nachhaltigkeit ausgerichteten Wirtschaftswachstum gut zusammen. Demnach seien die Grundlagen unserer industriellen Wirtschaftstätigkeit, einerseits durch die Menge an verfügbaren Ressourcen und andererseits durch die Aufnahmefähigkeit des Planeten von Schadstoffen, begrenzt. Wächst die Weltwirtschaft daher immer weiter, kommt sie daher unweigerlich irgendwann an einen Punkt, ab dem entweder keine weite-

---

[9] Ebd.

ren Ressourcen mehr zur Veredlung übrig seien oder andererseits der Output menschlicher Wirtschaftstätigkeit den Planeten zu seinem ökologischen Kollaps treibe. So oder so erreiche das (bisherige) Wirtschaftswachstum also früher oder später eine Grenze, da es sich mit zunehmendem Wachstum selbst die Grundlagen entziehe.

Neuere Forschungen bestätigen diese Befürchtungen. Johan Rockström und sein Team vom Stockholm Resilience Centre entwickelten das Konzept der planetaren Grenzen, das zeigt, dass es neun zentrale ökologische Belastungsgrenzen gibt, die nicht überschritten werden sollten – darunter beispielsweise Klimawandel, Biodiversitätsverlust und Süßwasserverbrauch. Rockström und sein Team warnen deswegen, dass ein kontinuierliches Überstrapazieren der Natur dazu führe, dass das Ökosystem nicht mehr in der Lage sein werde, sich selbst zu regenerieren.[10] Zahlreiche Studien und Analysen haben diese Diskussion aufgegriffen und stellen zunehmend kritischer die Frage, ob ein *grünes* Wachstum, also eine absolute Entkopplung von Wirtschaftswachstum und Ressourcenverbrauch, tatsächlich realistisch ist.[11] Solche Untersuchungen zeigen immer wieder sehr deutlich, dass unbegrenztes Wachstum innerhalb der planetaren Grenzen mit den bisherigen Methoden unrealistisch erscheint, da wirtschaftliche Expansion bisher stets mit einem erhöhten Energie- und Rohstoffverbrauch einherging, der langfristig nicht nachhaltig ist.

Auch internationale Organisationen wie die UN-Umweltorganisation warnen eindringlich vor den Konsequenzen grenzenlosen Wachstums. So stehen beispielsweise hinsichtlich der Biodiversität weltweit etwa eine Million Arten vor dem Aussterben, eine direkte Folge von Überkonsum und ungezügeltem wirtschaftlichen Wachstum.[12] Die drastische Reduktion der Artenvielfalt und der Verlust essenzieller Ökosystemleistungen unterstreichen die Dringlichkeit, ökologische Belastungen ernst zu nehmen und Wachstum grundlegend anders zu gestalten.

---

[10] Vgl. Rockström et al. (2009), S. 472.

[11] Siehe hierfür beispielsweise Hickel/Kallis (2019), die empirisch den Zusammenhang von wirtschaftlichem Wachstum und Ressourcenverbrauch analysieren und zu dem Schluss kommen, dass das Konzept des grünen Wachstums unwahrscheinlich ist, da historische Daten keine ausreichend starke Entkopplung von Wirtschaft und Umweltbelastung aufzeigen.

[12] Vgl. UNEP (2023).

Einfach weniger konsumieren – Problem gelöst? Aber wie viel weniger wäre denn genau nötig? Würde es reichen, einfach weniger Fleisch zu essen, auf Autos sowie Flugreisen zu verzichten, Elektrizität zu rationieren und Technik nicht mehr weiterzuentwickeln? Die Reduzierung des Konsums auf ein maßvolles Niveau ist sicher ein wichtiger Faktor, aber in der totalen Konsequenz keine Lösung. Wirtschaftswachstum basiert, wie wir in Kap. 2 und 3 ausführlich betrachten werden, eben nicht (nur) auf trivialer Ausbeutung natürlicher Ressourcen, sondern vielmehr auf Wissen. Dem Wissen, wie mehr Wert (Output) aus weniger Ressourcen (Input) generiert werden kann. In diesem Sinne speisen sich Wirtschaftswachstum und insbesondere die den technischen Fortschritt prägenden Innovationen eher aus der Knappheit von Ressourcen. Da die Ressourcenknappheit Antreiber jeder Ökonomie, in philosophischer Hinsicht vielleicht eine immerwährende Nebenbedingung unserer Existenz, ist, stellt das Wachstum unserer Wirtschaftstätigkeit in gewissem Sinne nur einen Gradmesser dar, wie effizient die Menschheit weltweit mit der Ressourcenknappheit umgeht. Solange Ressourcenknappheit herrscht, werden Menschen immer etwas finden, was sie noch effizienter, noch besser gestalten können und betreiben so technischen und wirtschaftlichen Fortschritt. Fundamentale Wachstumsgegner hegen deswegen vielleicht den Irrglauben, dass wir heute schon alles wüssten und könnten, was es zu wissen und zu können gibt.

Wir halten deswegen die Ideen derjenigen, die aus ganz prinzipiellen Gründen Wirtschaftswachstum als gesellschaftliches Ziel ablehnen, für gefährliche akademische Gedankenspiele, die sich für die praktische Umsetzung wenig eignen. Zwar lässt sich nicht leugnen, dass die Sensibilisierung für die ökologischen und sozialen Effekte und Schäden unseres wirtschaftlichen Handelns höchste Wichtigkeit haben muss, jedoch fehlt es aus unserer Sicht an mehrheitsfähigen Instrumenten, mit denen man die formulierten Ziele einer Schrumpfung oder Post-Wachstumsökonomie erreichen könnte. Es gibt viele wissenschaftliche Überlegungen, wie man Arbeitslosigkeit, Ungleichheit, Klimaschäden reduzieren könnte, doch gehen die meisten Ideen nicht über steuerliche Anreizmechaniken oder das Drehen an Stellschrauben hinaus.[13] Wir erachten deswegen die Diskussion, ob es Wirtschaftswachstum geben soll oder nicht, als irrelevant und zugleich unsozial, da sie bestimmte Gesellschaftsschichten von den Chancen eines Wohlstandswachstums regelrecht ausschließen. Wesentlich dringender ist jedoch die Diskussion, welche Form Wachstum annehmen muss und welche politischen Rahmenbedingungen für die Einhegung der Ökonomie in die nicht zu leugnenden Grenzen der Ökologie notwendig sind.[14]

Somit stehen wir vor einer fundamentalen Herausforderung: Wachstum neu zu definieren und so zu gestalten, dass es sozial verträglich und ökologisch nachhaltig ist. Nachhaltigkeit als Trias aus Ökonomie, Ökologie und Gesellschaft. Es geht nicht darum, Wachstum vollständig zu verneinen, sondern es innerhalb eines Rahmens zu organisieren, der planetare Grenzen respektiert. Die Frage lautet daher nicht mehr, ob Wachstum überhaupt unendlich möglich ist, sondern vielmehr, wie ein nachhaltiges und qualitatives Wachstum praktisch umgesetzt werden kann.

1.3   Wachstum im Lauf der Geschichte

Die Vorstellung, dass Wirtschaftswachstum eine natürliche, stetige Konstante sei, ist nicht nur akademisch ein vergleichsweise junges Phänomen. Über Jahrtausende hinweg lebten Gesellschaften unter nahezu stationären ökonomischen Bedingungen – geprägt von agrarischen Zyklen, natürlichen Ressourcenbeschränkungen und dem Fehlen systematischen technischen Fortschritts.[15]

In vorindustriellen Zeiten war ökonomisches Wachstum weitgehend begrenzt durch biologische und physikalische Faktoren: Ernten schwankten mit Wetter und Klima, Transport war langsam, Kommunikation

---

[13] Siehe beispielsweise als einflussreichen Wortführer der Degrowth- bzw. Postwachstumsbewegung das 2009 erschienene Buch *Prosperity without Growth* von Tim Jackson.

[14] Wie wir noch sehen werden, bleiben insbesondere Rebound-Effekte eine wesentliche Herausforderung: Effizienzgewinne des technischen Fortschritts führen häufig dazu, dass Ressourcen letztlich stärker genutzt werden, als ursprünglich intendiert. Das heißt, dass technologische Innovation allein nicht ausreicht, um die ökologischen Belastungen dauerhaft zu verringern. Neben technologischen Lösungen braucht es daher auch kulturelle und gesellschaftliche Veränderungen.

[15] Vgl. Galor (2011), S. 9–66.

mühselig. Produktivitätssteigerungen vollzogen sich in winzigen Schritten über Generationen hinweg. Die Idee, dass Wohlstand systematisch und kontinuierlich vermehrbar sei, war den meisten Gesellschaften fremd. Reichtum entstand durch Aneignung – sei es durch Krieg, Handel oder Erbschaft – nicht durch Wachstum. Wachstum war kein kollektives Projekt, sondern ein Nullsummenspiel: Der Gewinn des einen war oft der Verlust des anderen.

Der Beginn der Industriellen Revolution veränderte diese Grundannahme fundamental. Technische Innovationen wie die Dampfmaschine, mechanische Webstühle oder später die Elektrizität entkoppelten erstmals ökonomisches Wachstum von der unmittelbaren Verfügbarkeit menschlicher oder tierischer Muskelkraft. Die Produktion konnte gesteigert werden, ohne dass proportional mehr Menschen oder Rohstoffe notwendig waren. Dieser Produktivitätsschub leitete eine Ära ein, in der Wirtschaftswachstum zur Normalität wurde. Im 19. Jahrhundert wuchs das Bruttoinlandsprodukt pro Kopf in Europa und Nordamerika erstmals in signifikantem Maßstab; ein historischer Paradigmenwechsel. Nun setzte sich die Idee durch, dass wirtschaftliche Entwicklung dauerhaft gesteigert werden könne. Dieser historische Wandel markierte einen tiefgreifenden Umbruch in der Selbstwahrnehmung der Menschheit, von einer zyklischen Ordnung des Mangels hin zu einem linearen Narrativ des Fortschritts.[16]

Die klassische Ökonomie – etwa vertreten durch Adam Smith, David Ricardo oder John Stuart Mill – reflektierte diese Umbrüche und versuchte, die neuen Dynamiken theoretisch zu fassen.[17] Während Smith in *Wohlstand der Nationen* die Arbeitsteilung als Quelle des Wohlstands identifizierte, sah Ricardo in der Begrenztheit der natürlichen Ressourcen ein langfristiges Hindernis für weiteres Wachstum. Mill wiederum antizipierte bereits im 19. Jahrhundert die Idee eines stationären Zustands – einer Ökonomie ohne Wachstum, aber mit stabiler Wohlstandsverteilung. Diese frühe Skepsis gegenüber der Unendlichkeit von Wachstum

---

[16] Siehe dazu beispielsweise Roser (2021), der darauf hinweist, dass vor 200 Jahren rund drei Viertel der Weltbevölkerung sich grundlegende Güter nicht leisten konnten. Erst durch technische Innovationen und Industrialisierung erhöhte sich die Produktion von Gütern so dramatisch, dass materielle Lebensbedingungen in der Breite der (westlichen) Gesellschaften verbessert werden konnten.
[17] Vgl. Winch (1965), S. 4 f.

wurde jedoch im 20. Jahrhundert zunehmend von einem optimistischen Fortschrittsglauben überlagert.

Erst mit den formalen Modellen der Nachkriegszeit, insbesondere dem Solow-Swan-Modell, wurde Wachstum mathematisch als dauerhaftes Phänomen beschrieben. In dieser Logik wurde technischer Fortschritt zur zentralen Triebkraft ökonomischer Expansion. Wachstum war nun nicht länger von knappen Ressourcen abhängig, sondern eine Frage von Innovation, Kapitalakkumulation und Humankapital. Diese Sichtweise dominierte über Jahrzehnte das wirtschaftspolitische Denken und prägte die Leitlinien von Institutionen wie der Weltbank, dem IWF oder der OECD.

Der historische Rückblick zeigt: Wachstum ist keine Selbstverständlichkeit, sondern das Resultat spezifischer historischer, technischer und institutioneller Bedingungen. Der immense ökonomische Aufstieg Europas und Nordamerikas im 19. und 20. Jahrhundert war eng verknüpft mit Kolonialismus, Ressourcenzugriffen, politischer Stabilität und der Etablierung kapitalistischer Marktstrukturen. Dabei wurde Wachstum zunehmend nicht nur als Mittel zum Zweck, sondern als Ziel an sich verstanden; ein Wandel, der die ökonomische Logik bis heute prägt.

Ökonomen wie Karl-Heinz Paqué betonen beispielsweise, dass – historisch betrachtet – Wirtschaftswachstum entscheidend zur Reduktion von Armut beigetragen hat.[18] Insbesondere im 20. Jahrhundert führte die Kombination aus wachsender Produktivität, sozialstaatlicher Absicherung und demokratischer Teilhabe zu einem bisher einmaligen Wohlstandsniveau in vielen Industrieländern. Wachstum wurde zum Versprechen gesellschaftlicher Integration, sozialer Mobilität und individueller Selbstverwirklichung.

Die Rolle des Staates in der wirtschaftlichen Entwicklung ist historisch differenziert zu betrachten. Die ordoliberale Neuordnung nach 1945 legte den Grundstein für das wirtschaftliche Erfolgsmodell der Bundesrepublik Deutschland in den 1950er- und 1960er-Jahren, das unter dem Leitbild „Wohlstand für alle" breite Bevölkerungsschichten erreichte. Während die Weltwirtschaftskrise der 1930er-Jahre tatsächlich die Grenzen unregulierter Marktmechanismen offenbarte, stellt die Ölkrise der

---

[18]Vgl. Paqué (2013), S. 38–41.

1970er-Jahre ein Beispiel für staatlich induziertes Marktversagen dar – verursacht durch das OPEC-Staatskartell mit monopolistischer Machtstellung. Die keynesianische Fiskalpolitik, die in dieser Zeit an Einfluss gewann, blieb in ihrer praktischen Umsetzung hinter ihren Möglichkeiten zurück: Statt produktiver Investitionen dominierte vielfach die Ausweitung des Staatskonsums, was langfristig fiskalische Spielräume einschränkte. Der Mangel an Investitionen in zentrale Zukunftsfelder wie Infrastruktur, Digitalisierung und Energieversorgung wirkt bis heute als Wachstumshemmnis.

Mit wachsendem Wohlstand treten nun auch die Schattenseiten des Wachstums zutage: Umweltzerstörung, Ressourcenübernutzung und soziale Polarisierung. Diese Entwicklung stellt die historische Erzählung vom ungebrochenen Fortschritt infrage. Die gegenwärtige ökologische Krise sowie die zunehmende soziale Spaltung zwingen uns, das Wachstumsideal kritisch zu hinterfragen und seine historische Genese zu reflektieren. Was einst als Fortschritt galt, erscheint zunehmend als Ursache neuer globaler Risiken. So wird deutlich: Die historische Erfolgsgeschichte des Wachstums ist keine lineare, sondern eine ambivalente, geprägt von Eroberungen und Entbehrungen, Durchbrüchen und Nebenwirkungen.

Eine differenzierte historische Perspektive erlaubt es uns, das heutige Ringen um nachhaltiges Wachstum besser einzuordnen. Sie zeigt, dass Wohlstand stets mit politischen und gesellschaftlichen Rahmenbedingungen verknüpft war und dass Wachstum nie Selbstzweck, sondern stets Ausdruck einer normativen Ordnung war. Der Wandel vom industriellen zum postindustriellen Zeitalter, die digitale Revolution, die Globalisierung – all diese Entwicklungen verändern nun nicht nur die Form des Wachstums, sondern auch seine Funktion. Wachstum im 21. Jahrhundert muss sich neuen Anforderungen stellen: ökologisch tragfähig, sozial inklusiv und global gerecht.

Hinzu kommt eine geopolitische Dimension: Während westliche Staaten historisch über Jahrhunderte hinweg Zeit und Ressourcen hatten, um ihre Wachstumspfade zu entwickeln, stehen viele Schwellen- und Entwicklungsländer heute unter einem enormen Druck, ähnliche Wohlstandsniveaus in deutlich kürzerer Zeit zu erreichen – und das unter Bedingungen knapper werdender globaler Ressourcen. Dies wirft fundamentale Gerechtigkeitsfragen auf: Wer hat wie lange auf Kosten anderer wachsen dürfen? Und wie lässt sich künftig globales Wachstum innerhalb ökologischer Grenzen fair gestalten?

Die Wirtschaftswissenschaftlerin Kate Raworth stellt beispielsweise mit ihrer *Doughnut-Ökonomie* ein innovatives Konzept vor, das den Wachstumsbegriff grundlegend erweitert. Ihr Ansatz definiert klare Grenzen: Einerseits das soziale Fundament, also die Grundbedürfnisse, die für ein menschenwürdiges Leben erforderlich sind, und andererseits die ökologischen Obergrenzen, welche die Belastbarkeit unseres Planeten markieren.[19] Raworths Modell plädiert eindrucksvoll dafür, dass wirtschaftliche Aktivitäten innerhalb dieser beiden Grenzen stattfinden sollten. Wachstum soll somit nicht mehr als unendliche Expansion begriffen werden, sondern als nachhaltige Entwicklung innerhalb definierter sozialer und ökologischer Parameter.

Parallel hierzu gewinnt das Konzept der zirkulären Ökonomie, bzw. Kreislaufwirtschaft, zunehmend an Bedeutung. Die zirkuläre Ökonomie stellt den bisherigen linearen Prozess – produzieren, nutzen, wegwerfen – radikal infrage und propagiert stattdessen geschlossene Produktionskreisläufe, die Abfall minimieren, Ressourcen langfristig erhalten und so nachhaltiges Wachstum ermöglichen.[20] Diese Kreislaufwirtschaft fordert einen Paradigmenwechsel in Produktionsmethoden und Konsummustern; ein Ansatz, der wirtschaftliches Wachstum nicht beendet, sondern qualitativ transformiert.

Diese neuen theoretischen und praktischen Ansätze werden auch von der internationalen politischen Gemeinschaft zunehmend anerkannt und implementiert, was insbesondere in der Agenda 2030 der Vereinten Nationen deutlich wird. Mit ihren 17 Nachhaltigkeitszielen (SDGs) skizziert die Agenda eine globale Vision von Wachstum, die soziale Gerechtigkeit, ökologische Nachhaltigkeit und wirtschaftliche Prosperität miteinander verbindet. Die Agenda setzt klare Prioritäten, wie etwa Armutsbekämpfung, Zugang zu hochwertiger Bildung und nachhaltige

---

[19] Vgl. Raworth (2017), S. 43 ff.
[20] Vgl. Kirchherr (2017), S. 227 ff.

Ressourcennutzung, und verdeutlicht damit, dass modernes Wachstum weitaus umfassender gedacht werden muss als bisher.[21]

Dabei lehnt die Debatte um modernes Wachstum vehement eine reine Wachstumsverweigerung ab. Vielmehr erkennen Ökonomen, Politiker und internationale Organisationen an, dass Wachstum weiterhin essenziell bleibt, um gesellschaftliche Herausforderungen wie Armut, Klimawandel und soziale Ungerechtigkeit effektiv anzugehen. Wachstum darf dabei allerdings nicht mehr blind dem Streben nach maximalem Konsum und materieller Expansion folgen. Stattdessen wird betont, dass qualitative Dimensionen, wie Innovation, Bildung, Gesundheit und ökologische Nachhaltigkeit, zukünftig zentrale Messgrößen für gesellschaftlichen und wirtschaftlichen Fortschritt sein sollten.

Ein weiterer moderner Ansatz, der immer stärker an Bedeutung gewinnt, ist das Konzept des inklusiven Wachstums. Dieses Konzept verbindet gezielt wirtschaftliche Entwicklung mit sozialen und ökologischen Aspekten.[22] Ziel ist es, eine Wirtschaftspolitik zu etablieren, die bewusst Chancengleichheit, Bildungsgerechtigkeit und nachhaltige Ressourcennutzung integriert. Inklusives Wachstum orientiert sich an der Idee, dass Wohlstand breit verteilt und allen Gesellschaftsschichten zugänglich sein sollte. Politische Maßnahmen umfassen daher nicht nur wirtschaftliche, sondern auch soziale Instrumente wie bessere Bildungsangebote, fairere Arbeitsbedingungen und gezielte Unterstützung benachteiligter Gruppen.

Die Neuausrichtung des Wachstumsbegriffs ist somit nicht nur eine wirtschaftliche, sondern auch eine gesellschaftspolitische und kulturelle Herausforderung. Sie verlangt eine enge Kooperation zwischen Wissenschaft, Wirtschaft, Politik und Zivilgesellschaft, um ein Wirtschaftssystem zu schaffen, das nicht nur heute, sondern auch für künftige Generationen lebensfähig und gerecht ist. Letztlich geht es darum, Wachstum als Instrument für nachhaltigen Wohlstand und umfassenden Fortschritt zu begreifen und die notwendigen Rahmenbedingungen dafür aktiv zu gestalten.

---

[21] Vgl. UN (2015), S. 14–27.
[22] Vgl. Agarwal (2024).

Insgesamt kristallisiert sich in diesen modernen Ansätzen ein erweitertes und zunehmend qualitativ geprägtes Verständnis von Wachstum heraus. Wirtschaftswachstum wird nicht mehr ausschließlich als monetäre Größe begriffen, sondern umfasst nun auch Faktoren wie soziale Gerechtigkeit, ökologische Nachhaltigkeit und persönliche Entwicklungschancen. Wachstum definiert sich damit als umfassender, ganzheitlicher Fortschritt, der nicht nur ökonomischen Wohlstand, sondern auch ökologische Stabilität und soziale Fairness einschließt.

Der Weg zu diesem neuen Wachstumsverständnis erfordert tiefgreifende Veränderungen. Es ist eine Chance, unser Verständnis von Wohlstand und Fortschritt grundlegend neu auszurichten – hin zu einem Wirtschaftssystem, das zukunftsfähig, gerecht und nachhaltig zugleich ist. So betrachtet, ist Wachstum keine Sackgasse, sondern eine Möglichkeit, die Herausforderungen unserer Zeit verantwortungsvoll und erfolgreich zu meistern.

1.4 Warum wir mehr wollen: Die Sehnsucht nach Wachstum als kulturelle Erzählung

Wirtschaftswachstum ist nicht nur ein ökonomisches Phänomen, sondern tief eingebettet in kulturelle Muster, mentale Infrastrukturen und psychologische Leitbilder moderner Gesellschaften. Die Idee, dass Wachstum gleichbedeutend mit Fortschritt, Erfolg und Wohlstand sei, ist dabei nicht naturgegeben, sondern das Ergebnis historischer Sinnzuschreibungen und insbesondere prägend für das Selbstverständnis der Moderne.

Harald Welzer spricht in diesem Zusammenhang von einer „mentalen Infrastruktur", die das Prinzip des Wachstums so tief in unser kollektives Bewusstsein eingeschrieben hat, dass es kaum noch hinterfragt wird.[23] Wachstum ist zum kulturellen Reflex geworden, als Fortschrittserzählung, als Lebensziel, als Identitätsangebot. Diese Vorstellung prägt nicht nur politische Programme, sondern auch individuelle Lebensentwürfe: Der Wunsch nach beruflichem Aufstieg im Sinne von Titel und Macht,

---

[23] Welzer (2011), S. 7.

materieller Absicherung, Konsumsteigerung oder Statussymbolen ist eng mit der Verheißung von Wachstum verknüpft.

Diese psychologisch-kulturelle Verankerung ist keineswegs irrational. Vielmehr erfüllt das Wachstumsversprechen mehrere tief menschliche Bedürfnisse: Sicherheit, Anerkennung, Selbstwirksamkeit. Wachstum verspricht, dass morgen besser sein wird als heute, und bietet damit einen emotionalen Gegenentwurf zu Angst, Unsicherheit und Stillstand. Gerade in Zeiten gesellschaftlicher Umbrüche oder wirtschaftlicher Krisen erweist sich das Wachstum als symbolischer Rettungsanker: Als Garantie, dass Probleme über ökonomische Expansion lösbar sind, statt durch Verzicht oder Umverteilung.

Psychologisch gesehen spiegelt sich diese Orientierung in einem spezifischen Glücksmodell wider: dem Glück durch Mehr. Doch dieses Modell ist zunehmend infrage gestellt. Die viel beachteten Arbeiten von Daniel Kahneman und Angus Deaton zeigten, dass das subjektive Wohlbefinden mit dem Einkommen nur bis zu einer gewissen Schwelle zunimmt.[24] Ab einem bestimmten Punkt stagniert das emotionale Glück, auch wenn der materielle Wohlstand weiter steigt. Dieses Ergebnis wirft grundlegende Fragen auf: Warum streben wir nach immer mehr, wenn das „Mehr" uns nicht wirklich glücklicher macht? Und warum halten wir kollektiv an einem Wachstumsmodell fest, das psychologisch längst entzaubert ist?

Hinzu kommt das Phänomen der sozialen Vergleichsprozesse. Zahlreiche Studien zeigen, dass Glück und insbesondere *happiness* stark relativ empfunden wird: Es hängt nicht nur davon ab, wie viel man besitzt, sondern vor allem davon, wie viel „mehr" andere haben.[25] In einer Kultur, die Wachstum und Konsum zum Maßstab des Erfolgs erklärt, wird dieser Vergleich zur ständigen Quelle von Unzufriedenheit. Das Resultat ist ein paradoxes System: Selbst in wohlhabenden Gesellschaften herrscht verbreitete Angst vor dem sozialen Abstieg und damit ein permanenter Druck, weiterzuwachsen, koste es, was es wolle. Clive Hamilton beschreibt diese Dynamik als „Wachstumsfetisch": eine kulturelle Fixierung auf Expansion, die selbst dann bestehen bleibt, wenn ihre Versprechen

---

[24] Vgl. Kahnemann/Deaton (2010), S. 4 f.
[25] Vgl. Hamilton (2003), S. 183.

erodieren.[26] Wachstum wird nicht mehr als Mittel zur Verbesserung menschlicher Lebensbedingungen betrachtet, sondern als Selbstzweck. In einer solchen Logik erscheinen Genügsamkeit, Selbstbegrenzung oder Achtsamkeit nicht als Tugenden, sondern als Defizite. Diese kulturelle Entwertung von Alternativen macht es so schwer, postmaterielle Werte politisch und gesellschaftlich zu etablieren.

Dabei spielen Medien, Werbung und Bildung eine zentrale Rolle. Sie reproduzieren, bewusst oder unbewusst, das Wachstumsnarrativ und schreiben es in unsere Alltagskultur ein. In der Werbung suggerieren uns Bilder von Luxus, Jugend und Geschwindigkeit, dass ein erfülltes Leben nur über Konsum erreichbar ist. In Schulen wird zukünftiger, beruflicher Erfolg teilweise mit persönlichem Glück gleichgesetzt, während alternative Lebensentwürfe – etwa Subsistenz, Ehrenamt oder freiwillige Einfachheit – als romantisch, aber weltfremd abgetan werden.[27]

Ein solcher kultureller Wandel ist jedoch kein Automatismus, sondern ein konfliktreicher Prozess. Er erfordert eine Neubewertung gesellschaftlicher Werte, ein Umdenken in Bildung, Medien, Kunst und Alltag. Es geht darum, neue Narrative zu entwickeln, die jenseits der quantitativen Wachstumslogik Sinn stiften können: Geschichten von Kooperation und Konkurrenz, von Maß statt Maßlosigkeit, von innerem Reichtum statt äußerem Überfluss.

1.5   Wenn die Natur nicht mehr mitwächst

Wirtschaftliches Wachstum und ökologische Nachhaltigkeit. Diese beiden Begriffe stehen in einem zunehmend angespannten Verhältnis zueinander, wie schon ausführlicher beschrieben wurde. Was einst als

---

[26] Ebd.

[27] Dabei greift die Darstellung alternativer Lebensentwürfe wie Subsistenz, Ehrenamt oder freiwillige Einfachheit als gesellschaftlich marginalisiert zu kurz. Zwar dominieren in Werbung und Bildung häufig konsumorientierte Narrative, doch ehrenamtliches und gesellschaftliches Engagement wird in vielen Bereichen ausdrücklich wertgeschätzt und gefördert. Ehrenamtliches Engagement steht nicht im Widerspruch zu beruflichem oder persönlichem Erfolg, sondern begleitet oder unterstützt diesen häufig sogar. Eine pauschale Gleichsetzung von Leistungsgesellschaft mit der Abwertung nicht-marktlicher Tätigkeiten verkennt die komplexen Wechselwirkungen zwischen individuellen Lebensentwürfen und gesellschaftlicher Anerkennung.

Fortschritt gefeiert wurde, hat längst tiefe Spuren in den ökologischen Systemen unseres Planeten hinterlassen. Klimawandel, Artensterben, Bodenversiegelung, Luft- und Wasserverschmutzung sowie die Übernutzung natürlicher Ressourcen sind Ausdruck eines Wirtschaftsmodells, das auf permanentem Wachstum basiert, aber die ökologischen Grenzen unseres Lebensraums systematisch missachtet.

Diskussionen zu den planetaren Grenzen des Wirtschaftswachstums markieren einen paradigmatischen Wendepunkt im Verständnis der ökologischen Tragfähigkeit unseres Wirtschaftens. Sie identifizieren neun ökologische Schwellenwerte, deren Überschreitung katastrophale und unumkehrbare Veränderungen des Erdsystems zur Folge haben kann. Bereits heute gelten mehrere dieser Grenzen als überschritten, unter anderem im Bereich der Biodiversität und des Stickstoffkreislaufs.[28] Diese Befunde machen deutlich: Ökonomisches Wachstum, wie es derzeit betrieben wird, gefährdet die ökologischen Grundlagen unserer Zivilisation.

Besonders bedenklich ist dabei das sogenannte Kipppunkt-Risiko: In komplexen Systemen wie dem Klima, dem Ozean oder dem Permafrost kann eine kleine Veränderung einen unkontrollierbaren Dominoeffekt auslösen. Schmilzt etwa der arktische Permafrost in größerem Maßstab, werden gewaltige Mengen Methan freigesetzt; ein Gas, das den Treibhauseffekt um ein Vielfaches stärker antreibt als CO_2.[29] Die Folgen wären potenziell unumkehrbar. In diesem Licht erscheinen Wachstumsmodelle, die auf unendliche Ausbeutung natürlicher Ressourcen setzen, nicht nur naiv, sondern gefährlich.

Hinzu kommt die Tatsache, dass Effizienzsteigerungen, etwa durch technologische Innovationen, häufig von sogenannten Rebound-Effekten begleitet werden. Ein Beispiel: Autos werden effizienter, verbrauchen weniger Treibstoff pro Kilometer, doch weil sie günstiger im Betrieb werden, fahren wir mehr. Ähnliches gilt für Heiztechnik, Beleuchtung, Produktionsprozesse. Das Nettoergebnis: Die absoluten Emissionen sinken nicht, sondern steigen mitunter sogar weiter. Diese Dynamik stellt

---

[28] Vgl. Steffen et al. (2015), S. 5.
[29] Vgl. Ebd.

die Hoffnung infrage, dass Technologie allein ausreichen könnte, um das Wachstumsmodell ökologisch einzuhegen.[30]

Der Weltklimarat warnt jedes Jahr wieder vor den Konsequenzen eines ungebremsten Wirtschaftens. Um die Erderwärmung auf 1,5 Grad Celsius zu begrenzen und so ökologische Kipppunkt-Risiken zu minimieren, müssten die weltweiten Emissionen in einem noch nie dagewesenen Tempo reduziert werden. Doch viele Klimaziele bleiben symbolische Bekenntnisse, während das tatsächliche Wirtschaften weiterhin auf Outputwachstum ausgerichtet bleibt. Die CO_2-Budgets, die uns für eine klimaverträgliche Zukunft verbleiben, schrumpfen rapide.

Zahlreiche bereits betrachtete Konzepte versuchen, ein solches ökologisches Wirtschaftsmodell zu konkretisieren. Die Kreislaufwirtschaft setzt auf geschlossene Materialflüsse, Wiederverwendung und Recycling, um Ressourcenverbrauch zu minimieren. Die Idee der Postwachstumsökonomie zielt auf eine Wirtschaftsform, die nicht auf Expansion, sondern auf Erhaltung und Qualität basiert. Und die Donut-Ökonomie verbindet soziale Mindeststandards mit ökologischen Obergrenzen. Allen gemeinsam ist die Überzeugung, dass ökologisch verantwortliches Wirtschaften innerhalb planetarer Grenzen möglich ist, wenn politische Weichenstellungen und kulturelle Narrative sich verändern.

Es wäre jedoch verkürzt, aus ökologischer Perspektive ein generelles Wachstumsverbot abzuleiten: Vielmehr geht es um die Unterscheidung zwischen zerstörerischem und regenerativem Wachstum. Wachstum in Bereichen wie Bildung, Pflege, erneuerbare Energien, Biodiversitätswiederherstellung oder Kreislaufwirtschaft kann durchaus ökologisch sinnvoll sein, wenn es Ressourcen regeneriert, statt sie zu zerstören, soziale Teilhabe fördert, statt sie zu untergraben.

---

[30] Siehe dazu auch Parrique et al. (2019), die im Rahmen einer Untersuchung für die European Environmental Bureau (EEB) die Entkopplungshypothese untersucht haben. Ihnen nach gibt es keinen empirischen Beleg dafür, dass Wirtschaftswachstum in dem benötigten Maßstab vom Ressourcenverbrauch entkoppelt werden könnte.

1.6   Wachstum für wen? Über Verteilung, Teilhabe und das Versprechen des Wohlstands

Wirtschaftliches Wachstum wurde lange Zeit als Königsweg zur Lösung sozialer Probleme betrachtet. Es sollte Arbeitsplätze schaffen, Armut lindern, Aufstiegsmöglichkeiten eröffnen, die Lebensverhältnisse insgesamt verbessern und den sprichwörtlichen Kuchen für Alle größer werden lassen. Diese Vorstellung war besonders nach dem Zweiten Weltkrieg dominant, als das sogenannte goldene Zeitalter durch hohe Wachstumsraten, steigende Realeinkommen und eine aktive Sozialpolitik geprägt war; die *trente glorieuses*. In dieser Zeit erschien es möglich, ökonomische Dynamik mit sozialem Ausgleich zu verbinden. Doch diese Annahme ist in den vergangenen Jahrzehnten zunehmend unter Druck geraten.

Der Internationale Währungsfonds hat in mehreren Berichten darauf hingewiesen, dass wachsende soziale Ungleichheit langfristig das Wirtschaftswachstum selbst gefährdet.[31] Gesellschaften, in denen der Wohlstand extrem ungleich verteilt ist, leiden nicht nur unter sozialen Spannungen, sondern auch unter einem Rückgang von Investitionen in Bildung, Gesundheit und Infrastruktur. Darüber hinaus schwächen hohe Ungleichheiten die gesamtwirtschaftliche Nachfrage, da breite Bevölkerungsschichten nicht ausreichend am Konsum partizipieren können. Wirtschaftliche Polarisierung wird so zu einer systemischen Instabilität.

Thomas Piketty hat in seinem vielbeachteten Werk *Das Kapital im 21. Jahrhundert* gezeigt, dass die Renditen auf Kapitalerträge langfristig höher ausfallen als die Anstiege der Löhne bzw. das Wirtschaftswachstum selbst.[32] Dies führt im zeitlichen Ablauf zu einer strukturellen Vermögenskonzentration, bei der sich Eigentum in den Händen weniger akkumuliert, während die Mehrheit der Menschen vom Produktivitätsfortschritt deutlich weniger profitiert. Diese Entwicklung stellt das meritokratische Versprechen moderner Gesellschaften – dass Leistung sich lohnt –

---

[31] Siehe hierzu beispielsweise Berg/Ostry (2011), S. 3.
[32] Vgl. Piketty (2014), S. 501.

zunehmend infrage. Wachstum allein scheint also keine Garantie für soziale Mobilität mehr zu sein. Vielmehr droht ein Rückfall in oligarchische Strukturen, in denen ökonomische Macht politische Mitsprache ersetzt.

Gleichzeitig gibt es auch optimistische Perspektiven. Wenn Wachstum gerecht verteilt und gezielt gestaltet wird, kann es sehr wohl ein Instrument sozialer Integration und Stabilität sein. Investitionen in Bildung, soziale Sicherheit und öffentliche Daseinsvorsorge können helfen, die Erträge des Wachstums breiter zu streuen. Inklusionsorientierte Wirtschaftspolitiken, etwa durch höhere Mindestlöhne, progressive Steuersysteme oder gezielte Sozialtransfers, schaffen Voraussetzungen dafür, dass alle Teile der Gesellschaft von ökonomischer Dynamik profitieren. Gerade in Zeiten des technologischen Wandels könnten gezielte Investitionen in menschliches Kapital dafür sorgen, dass niemand abgehängt wird.[33]

Die Frage ist also nicht, ob Wachstum gerecht ist, sondern wie es gerecht gemacht werden kann. Hierzu gehört auch ein neuer Blick auf das Verhältnis von Arbeit und Kapital. In einer Wirtschaft, die zunehmend durch Digitalisierung und Automatisierung geprägt ist, drohen klassische Arbeitsverhältnisse an Bedeutung zu verlieren. Das birgt die Gefahr, dass die Lohnquote weiter sinkt und prekäre Beschäftigungsverhältnisse zunehmen, mit negativen Folgen für die soziale Kohäsion. Umso wichtiger wird es, neue Modelle der Teilhabe zu entwickeln: etwa durch die Förderung von Mitbestimmung, kooperativen Unternehmensformen, Plattformgenossenschaften oder einer gerechten Verteilung der Produktivitätsgewinne durch staatliche Mechanismen wie Bürgerdividenden oder öffentliche Beteiligungsfonds.

Darüber hinaus ist soziale Gerechtigkeit nicht nur eine Frage der Verteilung, sondern auch der Anerkennung. Gesellschaften, die bestimmte Gruppen systematisch benachteiligen, sei es aufgrund von Herkunft, Geschlecht, Behinderung oder sozialem Status, berauben sich selbst wichtiger Potenziale.[34] Ein gerechtes Wachstum muss daher auch inklusiv sein

---

[33] Siehe hierfür beispielsweise OECD (2018a), wonach Investitionen in Humankapital, Sozialschutz und faire Arbeitsmärkte Rahmenbedingungen schaffen, damit Wohlstandswachstum nicht an den Schwächsten vorbeigeht.

[34] Vgl. Honneth/Fraser (2003), S. 15–42.

im Sinne von Diversität, Chancengleichheit und Partizipation. Auch die regionale Dimension von Gerechtigkeit darf nicht übersehen werden. In vielen Ländern – darunter auch in Deutschland – erleben wir eine wachsende Kluft zwischen urbanen Wachstumszentren und ländlichen Räumen. Während die Städte florieren, geraten periphere Regionen ins Hintertreffen: wirtschaftlich, infrastrukturell und sozial.[35] Ein gerechtes Wachstumsmodell muss auch diese territorialen Ungleichheiten berücksichtigen, etwa durch gezielte Investitionen in strukturschwache Regionen, Förderung dezentraler Wirtschaftsstrukturen und gleichwertige Lebensverhältnisse.

Die Herausforderung besteht darin, die Dynamik des Marktes mit den Prinzipien sozialer Verantwortung zu verbinden. Soziale Gerechtigkeit darf kein nachgelagertes Korrektiv sein, sondern muss integraler Bestandteil wirtschaftlicher Prozesse werden. Dies bedeutet auch, dass politische Institutionen gestärkt und demokratische Beteiligung ausgeweitet werden müssen. Nur so lässt sich sicherstellen, dass wirtschaftliche Entscheidungen nicht allein von den Interessen weniger gelenkt werden. Die Legitimität wirtschaftlicher Systeme hängt langfristig davon ab, ob sie als gerecht empfunden werden, nicht nur in ihrer Funktionsweise, sondern auch in ihren Ergebnissen.

Letztlich ist soziale Gerechtigkeit nicht nur ein moralischer Imperativ, sondern auch eine ökonomische Notwendigkeit. Gesellschaften, die Teilhabe ermöglichen, sind stabiler, innovativer und langfristig erfolgreicher.[36] Wachstum, das nur wenigen zugutekommt, untergräbt nicht nur das Vertrauen in die Demokratie, sondern auch die Grundlage ökonomischer Nachhaltigkeit. Umgekehrt stärkt ein gerechtes Wachstum die Resilienz gegenüber Krisen, die Bereitschaft zur Veränderung und das kollektive Gefühl, Teil eines gemeinsamen Projekts zu sein.

Die zentrale Herausforderung der kommenden Jahrzehnte wird darin bestehen, das Verhältnis von Wachstum und Gerechtigkeit neu zu justieren. Ein Wachstum, das nicht polarisiert, sondern integriert; das nicht ausschließt, sondern einbindet; das ist die Voraussetzung für eine friedliche, solidarische und prosperierende Gesellschaft im 21. Jahrhundert.

---

[35] Vgl. OECD (2018b), S. 45.
[36] Vgl. OECD (2015), S. 22.

Gerechtigkeit darf dabei nicht als Kostenfaktor, sondern muss als produktive Kraft begriffen werden, als Grundlage für ein zukunftsfähiges, inklusives und demokratisch verankertes Wachstumsmodell.

1.7 Gewissen des Fortschritts – Ethik im Dienst des Morgen

Wenn wir über wirtschaftliches Wachstum sprechen, sprechen wir nicht nur über Zahlen, Indikatoren und Produktionsmengen. Wir sprechen auch über Werte, über das Gute und Richtige im Handeln, über unser Verständnis von Verantwortung – kurz: über Ethik. In einer Zeit, in der die planetaren und sozialen Nebenwirkungen des Wachstums immer deutlicher werden, kann die Frage nicht länger lauten: Wie viel wachsen wir? Sondern: Warum wachsen wir, wofür und unter welchen Bedingungen?

Diese ethische Dimension des Wachstums beginnt mit einer intergenerationellen Perspektive: Haben wir das Recht, Ressourcen und ökologische Stabilität in einem Maße zu beanspruchen, das zukünftigen Generationen keine gleichen Lebenschancen mehr ermöglicht? Diese Frage führt zur Diskussion um Nachhaltigkeit als moralischem Imperativ. Der berühmte Brundtland-Bericht der UN definierte nachhaltige Entwicklung als jene, die die Bedürfnisse der heutigen Generation befriedigt, ohne die Möglichkeiten zukünftiger Generationen zu gefährden.[37] Dieses Prinzip ist mehr als eine ökologische Richtlinie, es ist ein ethisches Postulat der Gerechtigkeit über Zeit hinweg.

Doch die moralischen Fragen des Wachstums reichen noch weiter. Sie betreffen auch die globale Gerechtigkeit: Während einige Länder jahrhundertelang durch industrialisiertes Wachstum enormen Reichtum anhäufen konnten, leiden andere bis heute unter Armut, Ausbeutung und fehlender Infrastruktur. Ist es gerecht, wenn reiche Länder heute von Schwellen- und Entwicklungsländern verlangen, ihre Wachstumspfade zu begrenzen, obwohl diese bisher kaum zum Klimawandel beigetragen haben? Eine ethisch begründete Wachstumspolitik muss diese

---

[37] Vgl. Weltkommission für Umwelt und Entwicklung (1987).

asymmetrischen Startbedingungen und historischen Verantwortlichkeiten mitbedenken.

Zudem stellt sich die Frage nach der moralischen Qualität von Wachstum: Welche Arten von Wachstum sind wünschenswert, welche destruktiv? Ein Wachstum, das soziale Ungleichheit verstärkt, Umwelt zerstört oder kulturelle Vielfalt untergräbt, kann schwerlich als moralisch legitim gelten; auch wenn es das BIP steigert. Dagegen kann ein qualitatives Wachstum in Bereichen wie Bildung, Gesundheit, Pflege oder ökologischer Regeneration einen echten moralischen Mehrwert erzeugen, auch wenn es statistisch unspektakulär erscheint.[38]

Manche argumentieren, dass Wachstum moralisch vertretbar, ja sogar wünschenswert ist, weil es die Basis für individuelle Freiheit und gesellschaftlichen Fortschritt bildet.[39] Sie verstehen Wachstum als Ermöglichungsbedingung menschlicher Potenzialentfaltung. Doch sie blenden aus, dass die Mittel und Folgen des Wachstums entscheidend dafür sind, ob es als ethisch gelten kann. Die Frage ist nicht, ob Wachstum an sich moralisch ist, sondern ob seine Bedingungen, Verteilungen und Auswirkungen mit unseren Wertvorstellungen vereinbar sind. Auch aus der Sicht der Umweltethik wird diese Ambivalenz deutlich. Vertreter einer tiefen Ökologie wie Arne Naess fordern eine Abkehr von einer anthropozentrischen Ethik, die allein den Menschen als Maßstab aller Dinge setzt. Stattdessen müsse ein moralisches Verhältnis zur Natur selbst etabliert werden, mit Rechten für Tiere, Ökosysteme und zukünftige Generationen.[40] In einer solchen Perspektive ist Wachstum nicht mehr automatisch gut, sondern nur dann vertretbar, wenn es in Einklang mit der natürlichen Mitwelt steht. Wirtschaftswachstum darf in einem ethisch reflektierten Gesellschaftsmodell nie zum Selbstzweck verkommen. Es muss stets eingebettet sein in normative Leitplanken, die definieren, was ein

---

[38] Wird dieser qualitative Wachstumsschub jedoch überwiegend staatlich finanziert und organisiert, fehlt häufig die individuelle Beteiligung, wodurch gesellschaftliche Wertschätzung und nachhaltige Verankerung in den kollektiven Wertvorstellungen erschwert werden.

[39] Vgl Sen (1999), S. 14.

[40] Vgl. Naess (1995), S. 225–239.

gutes Leben ausmacht und welche Formen von Fortschritt wir anstreben.[41]

Nicht zuletzt stellt sich auch eine existentielle Frage: Was treibt uns eigentlich an, immer weiter wachsen zu wollen? Liegt darin ein Ausdruck menschlicher Kreativität, oder ein Zeichen kollektiver Angst vor Stillstand und Endlichkeit? Die Ethik des Wachstums berührt damit auch tiefenpsychologische und kulturelle Dimensionen. Vielleicht braucht eine zukunftsfähige Gesellschaft nicht nur neue Technologien und Indikatoren, sondern auch eine neue Haltung zur Begrenzung; nicht als Mangel, sondern als Ausdruck von Reife, Verantwortung und Maß.

In einer zunehmend globalisierten Welt stellt sich zudem die Frage, wie sich ethische Maßstäbe im Kontext kultureller Pluralität und geopolitischer Machtverhältnisse durchsetzen lassen. Wer entscheidet darüber, was ethisch verantwortbares Wachstum bedeutet? Gibt es universelle Prinzipien, oder müssen ethische Kriterien an kulturelle und regionale Kontexte angepasst werden? Eine kosmopolitische Ethik des Wachstums muss diese Spannungsfelder reflektieren, ohne in moralischen Relativismus zu verfallen, aber auch ohne westliche Dominanzansprüche unreflektiert fortzuschreiben.

Ein weiteres zentrales ethisches Spannungsfeld betrifft das Verhältnis zwischen individuellem Verhalten und strukturellen Rahmenbedingungen. Während viele Debatten über nachhaltiges Wachstum auf die Verantwortung des Einzelnen zielen – Konsumverhalten, Mobilitätsentscheidungen, Ernährungsgewohnheiten – geraten dabei oft die Systembedingungen aus dem Blick, die individuelles Verhalten überhaupt erst prägen. Eine ethisch konsistente Wachstumspolitik muss daher strukturelle Anreize schaffen, die nachhaltiges und solidarisches Handeln erleichtern oder sogar belohnen, etwa durch Gemeinwohlökonomie, Bürgerhaushalte oder ökologische Steuerreformen.[42]

---

[41] Die ethische Einbettung von Wirtschaftswachstum ist zentral, doch die praktische Umsetzung normativer Leitbilder bleibt herausfordernd. Sozialutopien und sozialistische Theorien reklamieren diesen Anspruch häufig mit dem Ziel gesellschaftlicher Umerziehung – ein Ansatz, der mit den Prinzipien parlamentarischer Demokratien schwer vereinbar ist. Eine dogmatische Verabsolutierung solcher Modelle sollte daher kritisch reflektiert werden.

[42] Siehe hierzu beispielsweise Moore Jr. (1998), S. 4–29, der historisch-kulturell über Wirtschaftswachstum und Ethik reflektiert. Er weist darauf hin, dass Wachstum als Selbstzweck nie allein als moralisch gerechtfertigt betrachtet wurde: Gesellschaften stellten immer Fragen nach Gerechtig-

Auch die Rolle der Unternehmen bedarf einer ethischen Neubewertung. Während das Leitbild der Corporate Social Responsibility (CSR) in vielen Bereichen Einzug gehalten hat, bestehen weiterhin Spannungsfelder zwischen Profitmaximierung und Gemeinwohlorientierung.[43] Diese sind jedoch nicht als grundsätzliche Gegensätze zu verstehen: Sowohl Gewinnstreben als auch Gemeinwohlorientierung sind zentrale und gesetzlich verankerte Prinzipien einer sozialen Marktwirtschaft. Ihre konstruktive Verbindung stellt eine wesentliche Herausforderung für unternehmerisches Handeln dar. Eine tiefgreifendere Antwort bieten hierfür Konzepte wie das Benefit-Corporation-Modell oder die Gemeinwohlbilanzierung, die ethische Zielsetzungen verbindlich ins unternehmerische Handeln integrieren. Der Maßstab ist dabei nicht nur wirtschaftlicher Erfolg, sondern gesellschaftlicher Mehrwert; ein Paradigmenwechsel, der auch auf makroökonomischer Ebene Nachahmung verdient.

Damit schließt sich ein Kreis: Die Frage nach Wachstum ist letztlich die Frage nach dem guten Leben. Sie ist zutiefst moralisch und verlangt eine Antwort, die über Technik und Ökonomie hinausgeht. Sie verlangt Werte, Visionen, Verantwortung. Und vor allem: den Mut zur Begrenzung in einer Welt, die Maßlosigkeit lange mit Modernität verwechselt hat.

1.8   Fazit

Wachstum ist kein Naturgesetz, kein unhintergehbares Prinzip. Es ist eine kulturelle Konstruktion, ein ökonomischer Rahmen, ein psychologisches Versprechen, ein moralisches Dilemma. In diesem Kapitel haben wir den Versuch unternommen, die vielen Facetten dieses Phänomens zu durchdringen.

Im ersten Abschnitt haben wir gesehen, dass Wachstum in seiner begrifflichen Tiefe weit über das hinausgeht, was makroökonomische In-

---

keit, Tugend und dem guten Leben. So diskutiert er etwa, wie in verschiedenen Epochen Religion und Moral das Wachstumstempo und seine Folgen hinterfragten (z. B. Mitleid mit Armen oder Umweltsorge). Seine Essays zeigen, dass ökonomisches Wachstum immer in moralischen Kontext für soziale Ziele eingebettet sein muss.

[43] Vgl Harrach (2023), S. 27–47.

dikatoren wie das Bruttoinlandsprodukt erfassen. Wachstum ist biologisch, technologisch, gesellschaftlich. Es ist weder eindeutig noch eindimensional, sondern eine Vieldeutigkeit, die Orientierung verlangt. Es ist Prinzip und Problem, Triebkraft und Trugbild zugleich. Seine Unschärfe ist sein größter Reiz und seine größte Gefahr.

Abschnitt zwei zeigte, dass die planetaren Grenzen nicht länger Theorie sind, sondern längst Realität. Das unbegrenzte Wachstum von industriellem Output stößt auf endliche Ressourcen und auf einen Planeten, der nicht schneller regenerieren kann, als wir verbrauchen. Wachstum, so wurde deutlich, ist nicht nur eine ökonomische Frage, sondern eine ökologische und existentielle. Das Anthropozän beginnt dort, wo die Erde die Rechnung präsentiert, für ein Jahrhundert unbedingter Expansion.

Die Abschnitte drei und vier haben uns den Weg gewiesen, wie modernes, qualitatives und inklusives Wachstum aussehen könnte, jenseits der dogmatischen Gegenüberstellung von Wachstum und Degrowth. Es ist nicht die Quantität des Wachstums, sondern seine Qualität, die über seine Zukunftsfähigkeit entscheidet. Die Frage ist nicht „ob" Wachstum, sondern: „wie", „wofür" und „für wen" Wachstum als Transformation, nicht als lineare Akkumulation.

Die Abschnitte fünf bis sieben haben die Dimensionen des Wachstums in Kultur, Ökologie, Gerechtigkeit und Ethik weiter aufgefächert, um die in den weiteren Kapiteln folgenden Diskussionen vorzubereiten. Die Multidimensionalität zeigt: Wachstum ist mehr als Statistik. Es ist eingebettet in kulturelle Prägungen, psychologische Dynamiken, politische Ordnungen und ethische Grundentscheidungen. Es wird, je nach Perspektive, als Heilsversprechen oder als notwendiges Übel gedeutet.

Doch was folgt daraus? Wachstum ist kein Widerspruch zur Nachhaltigkeit. Aber es ist auch keine Garantie für Wohlstand. So verstanden ist die Frage nach Wachstum kein technisches Problem, sondern eine zutiefst philosophische: Wie wollen wir leben? Der Weg zu möglichen Antworten auf diese Frage wird uns zunächst abverlangen, die Treiber von Wirtschaftswachstum, sowohl in seiner quantitativen als auch qualitativen Form, besser zu verstehen.

Literatur

Agarwal, R. (2024). What is inclusive growth? *Finance & Development*. International Monetary Fund. https://www.imf.org/en/Publications/fandd/issues/2024/03/B2B-what-is-inclusive-growth-Ruchir-Agarwal

Berg, A. G., & Ostry, J. D. (2011). *Inequality and unsustainable growth: Two sides of the same coin?* (IMF Staff Discussion Note No. 11/08). International Monetary Fund.

Galor, O. (2011). *Unified growth theory.* Princeton University Press. https://doi.org/10.2307/j.ctvcm4h7m

Hamilton, C. (2003). *Growth fetish.* Allen & Unwin.

Harrach, C. (2023). Gemeinwohl-Check. In *Transformation von Unternehmen mit der Gemeinwohl-Ökonomie* (Essentials). Springer Gabler. https://doi.org/10.1007/978-3-662-68546-4_4

Hickel, J., & Kallis, G. (2019). Is green growth possible? *New Political Economy.* Advance online publication. https://doi.org/10.1080/13563467.2019.1598964

Honneth, A., & Fraser, N. (2003). *Umverteilung oder Anerkennung? Eine politisch-philosophische Kontroverse.* Suhrkamp.

Jansen, A., Wang, R., Behrens, P., & Hoekstra, R. (2024). Beyond GDP: A review and conceptual framework for measuring sustainable and inclusive well-being. *The Lancet Planetary Health, 8*(9), e695–e705. https://doi.org/10.1016/S2542-5196(24)00147-5

Kahneman, D., & Deaton, A. (2010). High income improves evaluation of life but not emotional well-being. *Proceedings of the National Academy of Sciences, 107*(38), 16489–16493. https://doi.org/10.1073/pnas.1011492107

Kirchherr, J., Reike, D., & Hekkert, M. P. (2017). Conceptualizing the circular economy: An analysis of 114 definitions. *SSRN Electronic Journal.* https://doi.org/10.2139/ssrn.3037579

Meadows, D. H., Meadows, D. L., Randers, J., & Behrens, W. W., III. (1972). *The limits to growth.* Universe Books.

Moore, B., Jr. (1998). *Moral aspects of economic growth, and other essays.* Cornell University Press.

Naess, A. (1995). Self-realization: An ecological approach to being in the world. In G. Sessions (Ed.), *Deep ecology for the twenty-first century* (pp. 225–239). Shambhala.

Organisation for Economic Co-operation and Development [OECD]. (2015). *In it together: Why less inequality benefits all.* OECD Publishing. https://doi.or g/10.1787/9789264235120-en

OECD. (2018a). *Opportunities for all: A framework for policy action on inclusive growth.* OECD Publishing. https://doi.org/10.1787/9789264301665-en

OECD. (2018b). *Divided cities: Understanding intra-urban inequalities.* OECD Publishing. https://doi.org/10.1787/9789264300385-en

Paqué, K.-H. (2013). Ohne Wachstum ist alles nichts. *Internationale Politik, 4*(7/8), 38–41.

Parrique, T., Barth, J., Briens, F., Kerschner, C., Kraus-Polk, A., Kuokkanen, A., & Spangenberg, J. H. (2019). *Decoupling debunked: Evidence and arguments against green growth as a sole strategy.* European Environmental Bureau.

Piketty, T. (2014). *Das Kapital im 21. Jahrhundert* (8th ed.). C. H. Beck.

Raworth, K. (2017). *Doughnut economics: Seven ways to think like a 21st-century economist.* Random House Business.

Rockström, J., Steffen, W., Noone, K., Persson, Å., Chapin, F. S., III, Lambin, E., … Foley, J. (2009). A safe operating space for humanity. *Nature, 461,* 472–475. https://doi.org/10.1038/461472a

Romer, P. M. (1994). The origins of endogenous growth. *Journal of Economic Perspectives, 8*(1), 3–22. https://www.jstor.org/stable/2138148

Roser, M. (2021). What is economic growth? And why is it so important? *Our World in Data.* https://ourworldindata.org/what-is-economic-growth

Schäfer, A. (2018). Wachstum. In *Springer Gabler Wirtschaftslexikon.* Retrieved July 1, 2025, from https://wirtschaftslexikon.gabler.de/definition/wachstum-48617/version-271868

Sen, A. (1999). *Development as freedom.* Oxford University Press.

Steffen, W., Richardson, K., Rockström, J., Cornell, S. E., Fetzer, I., Bennett, E. M., … Sörlin, S. (2015). Planetary boundaries: Guiding human development on a changing planet. *Science, 347*(6223), 1259855. https://doi.org/10.1126/science.1259855

Stiglitz, J. E., Fitoussi, J.-P., & Durand, M. (2018). *Beyond GDP: Measuring economic development and social progress.* OECD Publishing.

United Nations [UN]. (2015). *Transforming our world: The 2030 Agenda for Sustainable Development* (A/RES/70/1). https://sdgs.un.org/2030agenda

United Nations Environment Programme [UNEP]. (2023). Five drivers of the nature crisis. https://www.unep.org/news-and-stories/story/five-drivers-nature-crisis

Weltkommission für Umwelt und Entwicklung. (1987). *Our common future.* Oxford University Press. https://sustainabledevelopment.un.org/content/documents/5987our-common-future.pdf

Welzer, H. (2011). Mentale Infrastrukturen: Wie das Wachstum in die Welt und in die Seelen kam (Schriftenreihe Ökologie, Band 14). Heinrich-Böll-Stiftung.

Winch, D. (1965). *Classical political economy and colonies.* London School of Economics and Political Science.

2

Wissen neu denken – Kapital der Zukunft und Motor des Wachstums

Es geht nun über Wissen. Und damit über Macht, über Zukunft, über das, was Gesellschaften im Innersten antreibt, oder lähmt. Denn Wissen ist längst nicht mehr nur ein akademischer Begriff, ein Kapitel in Schulbüchern oder ein Schlagwort in Innovationsstrategien. Wissen ist zum dominierenden Produktionsfaktor geworden, zur Währung der Moderne, zum Schlüssel für wirtschaftliche Dynamik, politische Gestaltungskraft und gesellschaftliche Teilhabe.

Doch was heißt das eigentlich: Wissen als Kapital? Und was folgt daraus? Die Ökonomie des 21. Jahrhunderts ist keine Fabrik mehr, sie ist ein Netzwerk. Wert entsteht nicht mehr primär durch Rohstoffe, Maschinen oder Arbeitszeit, sondern durch Ideen, durch Kreativität, durch die Fähigkeit, Daten in Information und Information in Bedeutung zu verwandeln. Wer Wissen produktiv machen kann, formt die Märkte von morgen. Wer Wissen kontrolliert, gestaltet die Spielregeln. Und wer keinen Zugang zu Wissen hat, bleibt außen vor; ökonomisch, kulturell, politisch.

In diesem Kapitel gehen wir der Frage nach, wie genau Wissen zum Motor von Wachstum wird. Wir analysieren die ökonomischen Modelle,

© Der/die Autor(en), exklusiv lizenziert an Springer Fachmedien Wiesbaden GmbH, ein Teil von Springer Nature 2026
M. Pätzold et al., *Wachstum neu denken*,
https://doi.org/10.1007/978-3-658-50406-9_2

die den Zusammenhang von Humankapital, technologischem Fortschritt und gesellschaftlicher Produktivität erklären wollen, und blicken auf die Institutionen, in denen Wissen erzeugt, geschützt, verteilt und angeeignet wird, von Schulen über Universitäten bis zu digitalen Plattformen. Auch diskutieren wir die globalen Asymmetrien, die entstehen, wenn Wissen ungleich verteilt ist, und gehen ethischen Fragen nach: Wer darf wissen? Und zu welchem Zweck?

Die Prämisse dieses Buches ist einfach – und zugleich eine Herausforderung: Wenn Wissen wirklich das entscheidende Kapital der Zukunft ist, dann muss es auch als solches behandelt werden. Es braucht Investitionen, Schutzmechanismen, aber auch neue Formen des Zugangs, der Teilhabe, der Anerkennung. Denn Wissen ist ein besonderes Gut: Es vermehrt sich durch Teilen, es erschöpft sich nicht durch Gebrauch, es verändert sich im Moment seiner Anwendung. Das macht es so mächtig und so anfällig.

Wie können wir sicherstellen, dass Wissen nicht zur Ware weniger, sondern zur Ressource vieler wird? Wie verhindern wir, dass der Zugang zu Bildung, zu Technologie, zu Forschungsergebnissen zur neuen sozialen Trennlinie wird? Und wie schaffen wir eine Wissensordnung, die nicht nur effizient, sondern auch gerecht ist?

Nachfolgende Abschnitte unternehmen den Versuch, Antworten zu formulieren. Nicht in Form einfacher Lösungen, sondern als Einladung zum Nachdenken. Wir wollen dafür die Konturen einer lernenden Gesellschaft nachzeichnen, in der Wissen nicht nur produziert, sondern auch geteilt, hinterfragt, reflektiert wird. Eine Gesellschaft, in der Lernen nicht mit Schulpflicht endet, sondern als kollektive Praxis verstanden wird. Eine Gesellschaft, in der Innovation nicht nur disruptiv, sondern auch verantwortungsvoll ist.

Denn am Ende, so die stille These dieses Buches, ist Wissen nicht nur ein ökonomischer Faktor. Es ist ein kultureller Spiegel. Es zeigt, was wir wissen wollen und was wir lieber verdrängen. Es zeigt, wer gehört wird und wer nicht. Es zeigt, was wir als möglich denken und wo wir unsere Grenzen ziehen. Wer also über Wissen spricht, spricht immer auch über Gesellschaft. Und über Zukunft.

Und vielleicht liegt genau darin das politische Moment der Wissensfrage: Sie zwingt uns, Haltung zu beziehen. Nicht nur gegenüber der

Wissensproduktion an sich, sondern gegenüber den gesellschaftlichen Prozessen, in die sie eingebettet ist. Ist unsere Forschung frei oder funktionalisiert? Ist Bildung ein Recht oder eine Ware? Fördert unser Umgang mit Wissen das Gemeinwohl oder privatisiert er die Zukunft? Diese Fragen sind nicht randständig. Sie sind zentral.

Denn der Glaube, dass mehr Wissen automatisch zu mehr Fortschritt führt, ist eine gefährliche Illusion. Wissen ist kein Garant. Es ist ein Werkzeug. Wie jedes Werkzeug kann es konstruktiv oder destruktiv eingesetzt werden. Der Klimawandel etwa ist kein Ausdruck mangelnden Wissens, sondern mangelnden politischen Willens, vorhandenes Wissen wirksam umzusetzen. Die soziale Spaltung in digitalen Gesellschaften ist kein Mangel an Information, sondern ein Mangel an Deutung, Verbindung, Verantwortung.

In diesem Sinne ist die Auseinandersetzung mit Wissen eine Auseinandersetzung mit uns selbst. Was für eine Gesellschaft wollen wir sein und was sind wir bereit, dafür zu lernen?[1] Welches Wissen braucht eine offene Demokratie? Welche Lernräume braucht eine widerstandsfähige Wirtschaft? Welche Formen des Erinnerns, Verlernens, Neulernens braucht eine gerechte Zukunft?

Wir laden Sie dazu ein, diese Fragen ernst zu nehmen. Wir wollen nicht belehren, sondern anstoßen. Nicht abschließen, sondern öffnen. Denn das Nachdenken über Wissen ist nie abgeschlossen. Es beginnt immer neu, mit jedem Mensch, der eine Frage stellt, mit jeder Idee, die ein Dogma hinterfragt, mit jedem Dialog, der Gewissheiten irritiert. Lernen ist ein Akt der Hoffnung. Und Hoffnung ist ein Entwurf.

Ein Entwurf einer Welt, in der Wissen nicht trennt, sondern verbindet. Nicht kontrolliert, sondern ermächtigt. Nicht reproduziert, sondern transformiert. In dieser Welt ist Wissen kein Statussymbol, sondern ein Versprechen. Ein Versprechen auf Selbstbestimmung, auf Gerechtigkeit, auf eine Zukunft, die wir gemeinsam gestalten. Dieses Buch ist eine Einladung, dieses Versprechen einzulösen.

---

[1] Die Frage nach gesellschaftlichem Lernen berührt ein komplexes Gefüge heterogener Gruppen mit teils widersprüchlichen Interessen. Gesellschaftliche Werte sind wandelbar, doch ihr Wandel vollzieht sich selten linear, sondern in langwierigen, oft kontroversen Aushandlungsprozessen.

Denn nur wer weiß, dass Wissen nie nur Antwort, sondern immer auch Frage ist, wird begreifen, was auf dem Spiel steht. Und verstehen, warum Wissen als zentraler Treiber eines modernen, qualitativ verstandenen Wirtschaftswachstums zählt. Jetzt mehr denn je.

2.1   Gedankengold – Wissen als Kapital des 21. Jahrhunderts

Wir haben bereits gesehen: Wachstum ist mehr als das stete Vermehren von Kapital und Arbeit, mehr als die Zunahme statistischer Kennzahlen. In den Tiefen der ökonomischen Entwicklungsgeschichte hat sich ein Gut hervorgetan, das sich jeder klassischen Produktionslogik entzieht: Wissen. Aber warum ist das so? Der Unterschied zwischen Wissen und klassischen Produktionsfaktoren wie Arbeit und Kapital liegt in seiner besonderen Eigenschaft: Es ist ein nicht-endliches, nicht-rivales Gut. Das bedeutet, dass ein Individuum oder ein Unternehmen Wissen nutzen kann, ohne dass es für andere verloren geht. Ein einmal erfundenes mathematisches Prinzip oder ein Algorithmus kann unbegrenzt oft genutzt werden, ohne verbraucht zu werden. Es nutzt sich nicht ab und verliert auch nicht an Wert. Diese Eigenschaften machen Wissen zu einem entscheidenden Faktor für nachhaltiges Wachstum. Während Fabriken und Maschinen mit der Zeit veralten, können wissenschaftliche Erkenntnisse und technologische Errungenschaften über Generationen hinweg genutzt und weiterentwickelt werden.

Immaterielle Vermögenswerte wie Forschung, Software und organisatorisches Know-how leisten inzwischen einen zentralen Beitrag zum Produktivitätswachstum, oft mehr als physisches Kapital.[2] Hier zeichnet sich ein Paradigmenwechsel ab: Von der industriellen zur wissensbasierten Ökonomie. Was früher eine Randnotiz war, ist heute das Fundament: Ideen, Informationen, Intelligenz.

---

[2] Siehe hierzu beispielsweise Corrado et al. (2009), die zeigten, dass Investitionen in immaterielle Vermögenswerte einen erheblichen Anteil am Wirtschaftswachstum ausmachen und erstmals umfassend das "Wissenskapital" der USA quantifizierten. Im Ergebnis fanden sie, dass immaterielles Kapital in den 1990er und frühen 2000er-Jahren ähnlich wichtig für das Produktivitätswachstum war wie traditionelles Sachkapital.

Wissenskapital ist kein zufälliger Überbau wirtschaftlicher Tätigkeit, sondern zunehmend ihr innerster Kern. Jonathan Haskel und Stian Westlake sprechen in ihrem Werk *Capitalism without Capital* von einer immateriellen Revolution, deren Logik sich radikal von jener der materiellen Wirtschaft unterscheidet. Immaterielles Kapital sei nicht greifbar, aber allgegenwärtig.[3] Es zeige sich in Algorithmen, in Designprozessen, in digitalen Plattformen, in wissenschaftlichen Erkenntnissen, und sei maßgeblich durch seine Skalierbarkeit gekennzeichnet. Wo das erste produzierte Auto teuer war, ist die hundertste Kopie eines Algorithmus nahezu kostenfrei.

Doch was ist Wissen im ökonomischen Sinne? Es ist mehr als Information. Der Unterschied liegt in der Verknüpfung, im Verstehen, in der Anwendbarkeit.[4] Erst durch Integration in Kontexte, durch die Fähigkeit zur praktischen Nutzung und zur kreativen Kombination wird aus bloßer Information wirtschaftlich relevantes Wissen. Es ist diese Kompetenz, nicht der bloße Besitz von Daten, der Wachstum erzeugt. So wird das Wissenskapital zu einem Kapital mit Gedächtnis: es speichert vergangene Erkenntnisse und wird durch heutige Nutzung besser.

Diese Transformation bringt jedoch auch Herausforderungen mit sich. Während klassische Produktionsmittel wie Maschinen oder Fabriken problemlos bilanziert, bewertet und versichert werden können, bleibt das Wissenskapital oft unsichtbar. Es verschwindet in den Zwischenräumen von Bilanzen und taucht höchstens implizit in Innovationsstatistiken auf. Der ökonomische Wert von Kreativität, von Zusammenarbeit, von institutionellem Lernen lässt sich kaum in Zahlen fassen, und doch ist er real, ja zentral. Das bedeutet nicht nur ein Umdenken für die Unternehmen selbst, sondern auch für Investoren, Wirtschaftsprüfer und Staaten.

Investitionen in wissensbasiertes Kapital sind eng mit Resilienz, Innovationsfähigkeit und langfristigem Wachstum verbunden.[5]

---

[3] Vgl. Haskel/Westlake (2018), S. 61–70.

[4] Vgl. Floridi (2013), S. 320ff.

[5] OECD (2013a) identifiziert wissensbasiertes Kapital als neue Quelle des Wachstums und fordert Rahmenbedingungen, die Investitionen in Wissen fördern. Anhand internationaler Daten wird gezeigt, dass immaterielle Werte wie Forschung, Daten, betriebsinternes Know-how und Organisationskapital immer wichtiger für Produktivität und Innovation werden. Die OECD empfiehlt u. a. Bildungsinvestitionen, steuerliche Anreize für F&E und stärkere Schutzrechte, aber auch Wettbewerbspolitik, um Wissenskapital optimal zu nutzen.

Wissensintensive Sektoren, sei es Biotechnologie, Software oder Bildung, wachsen nicht nur schneller, sie reagieren auch flexibler auf externe Schocks. In einer Welt, in der sich Märkte, Technologien und politische Rahmenbedingungen rapide verändern, ist Anpassungsfähigkeit zur neuen Währung geworden. Und Wissenskapital ist ihre wichtigste Reserve.

Diese Resilienz ist kein Zufallsprodukt. Sie speist sich aus der Natur des Wissens selbst: seiner Offenheit für Neukombination, seiner Fähigkeit zur Selbstaktualisierung. Wer einmal verstanden hat, wie ein System funktioniert, kann es nicht nur nutzen, sondern auch weiterentwickeln. Wissen ist daher nicht nur Werkzeug, sondern auch Reflexion: es kann sich selbst verbessern. Diese rekursive Eigenschaft ist einmalig unter den Produktionsfaktoren und erklärt, warum Wissen langfristig stabiler, effizienter und wachstumswirksamer ist als andere Inputs, wie menschliche manuelle Arbeit oder technisches Kapital.

Gleichzeitig stellt Wissenskapital klassische Wachstumslogiken infrage. Während Maschinen altern und Kapital verzehrt wird, bleibt Wissen im Idealfall erhalten. Es kann weitergegeben, rekombiniert und skaliert werden. Der Wert eines einmal erfundenen mathematischen Satzes, eines Protokolls zur Impfstoffherstellung oder eines Programmcodes steigt mit seiner Anwendung. Wissen vermehrt sich nicht durch Lagerung, sondern durch Bewegung, durch Austausch, durch Anwendung, durch Neugier.

Diese Eigenschaft bedingt aber auch eine fundamentale Ambivalenz: Wissen ist nur dann wertvoll, wenn es zirkuliert. Doch gerade durch seine digitale Reproduzierbarkeit wird es auch zur Quelle neuer Machtkonzentrationen. Wer Plattformen kontrolliert, kontrolliert heute nicht selten auch den Zugang zu Wissen. Daraus ergeben sich neue Fragen an die wirtschaftliche Ordnung: Wem gehört Wissen? Wer darf es wie nutzen? Welche Wissensformen werden gefördert, welche marginalisiert? Und wie verhindert man, dass aus einem öffentlichen Gut ein privates Monopol wird? Diese Fragen greifen in spätere Kapitel vor, sind aber bereits hier als Schattenriss zu erkennen.

Die Rolle der Bildung ist dabei zentral; aber nicht jede Bildung ist gleich Wissenssteigerung. Es geht nicht um Jahre, sondern um Inhalte, um Kompetenzen, um die Fähigkeit zum selbstständigen Denken. Immer wieder wurde gezeigt, dass es nicht die Dauer der Schulzeit ist, die über das Wachstumspotenzial entscheidet, sondern die Qualität des Gelernten, gemessen an kognitiven Fähigkeiten.[6] Investitionen in Bildung, wenn klug getätigt, sind Investitionen in die langfristige Wettbewerbsfähigkeit eines Landes.

Diese Erkenntnis birgt politischen Sprengstoff. Denn Bildung ist teuer, aber schlechte Bildung ist noch teurer. Staaten, die bei der Bildungsqualität sparen, sparen am Fundament ihrer Zukunft. Dabei reicht es nicht, mehr Universitäten zu bauen oder mehr Stunden zu unterrichten. Es braucht neue didaktische Konzepte, die Kreativität, kritisches Denken und Interdisziplinarität fördern. Es braucht Bildungssysteme, die nicht starr Wissen vermitteln, sondern die Fähigkeit zum Wissenserwerb kultivieren. Bildung als Formung einer lernenden Gesellschaft. Das ist der Anspruch.

Doch gerade weil Wissenskapital immateriell ist, wird es leicht übersehen – in Bilanzen, in Wirtschaftsstatistiken, in politischen Debatten. Wir haben bereits gesehen, dass das Bruttoinlandsprodukt Output misst, nicht Erkenntniszuwachs. Es misst Arbeit, nur kaum bis gar nicht Inspiration. Deshalb plädieren Ökonomen wie Haskel und Westlake, aber auch internationale Organisationen wie die OECD, für neue Indikatoren, die Wissensintensität, kreative Leistung und gesellschaftlichen Mehrwert abbilden.[7]

Die Herausforderung liegt darin, neue Messgrößen zu etablieren, ohne in Beliebigkeit zu verfallen. Wie misst man Neugier? Wie bewertet man ein wissenschaftliches Paper, das in zehn Jahren eine bahnbrechende Innovation ermöglicht? Wie kalkuliert man die gesellschaftliche Rendite eines offenen Bildungssystems? Solche Fragen zeigen: Die Ökonomie des Wissens verlangt andere Instrumente, aber auch eine andere Haltung; geduldiger, reflektierter, langfristiger.

Wissen als Kapital verlangt also neue Denkweisen. Es verlangt auch neue Institutionen: Bildungssysteme, die auf kritisches Denken setzen. Unternehmen, die auf Offenheit und Lernen statt Hierarchie bauen. Staaten, die Forschung und Kooperation fördern, statt Wissensmonopole

---

[6] Vgl. Hanushek/Woessmann (2020), S. 174 f.
[7] Vgl. Haskel/Westlake (2018), S. 61–70; OECD (2013c), S. 11 f.

zu zementieren. Hochschulen, die nicht nur lehren, sondern zum Ort des Dialogs zwischen Disziplinen, Kulturen und Generationen werden. Schulen, die nicht auf das Reproduzieren von Lehrplänen setzen, sondern auf das Entdecken, Erproben und Erklären.

Die moderne Ökonomie wird nicht mehr von Öl, Stahl und Beton angetrieben, sondern von Ideen, Austausch und Imagination. Dort, wo Wissen frei zirkuliert und produktiv gemacht wird, entsteht Wohlstand. Nicht weil Wissen einfach da ist, sondern weil es genutzt, geteilt, geschützt und weiterentwickelt wird. Wissenskapital ist damit nicht nur ökonomischer Produktionsfaktor, sondern zivilisatorischer Fortschrittsträger.

Die Frage, wie wir Wissen fördern, teilen und nutzen, ist damit keine technische, sondern eine zutiefst politische und gesellschaftliche. Sie wird bestimmen, ob Wachstum künftig bloße Zahlenproduktion bleibt oder zum Vehikel einer nachhaltigen, gerechten und lernenden Gesellschaft wird. Denn die wohl zentralste Erkenntnis über das Wissenskapital ist zugleich seine größte Hoffnung: Es wächst nicht trotz seiner Verbreitung, sondern durch sie. Wie fundamental dieser Paradigmenwandel für ökonomische Modelle sein muss, zeigt sich erst nach einem historischem Abriss bisheriger Wirtschaftswachstumsmodelle.

2.2   Theorien des Wirtschaftswachstums

Wachstum – dieses schlichte Wort trägt eine erstaunliche Last an Hoffnungen, Versprechen und Streitfragen. Kaum ein Begriff hat in der ökonomischen Theorie eine so zentrale Stellung und zugleich so viele Kontroversen ausgelöst. Was treibt das Wachstum einer Volkswirtschaft an? Welche Kräfte lassen Einkommen pro Kopf steigen, Wohlstand wachsen, Innovationen entstehen? Und warum gelingt dieser Aufstieg manchen Ländern, während andere über Jahrzehnte stagnieren oder zurückfallen?

Seit den Anfängen der Nationalökonomie ringen Ökonomen um Antworten auf diese Fragen. Ihre Modelle sind nicht nur Rechenwerke, sondern auch Deutungsangebote, Weltbilder und nicht selten politische Programme. Besonders in den letzten siebzig Jahren ist das Verständnis von

Wachstum zu einem eigenständigen Forschungsfeld geworden, in dem mathematische Eleganz auf empirische Komplexität trifft.

Im Zentrum dieser Entwicklungen steht eine fundamentale Verschiebung: von der Vorstellung eines rein faktorbasierten Wachstums hin zu einem Verständnis, das Wissen, Innovation und institutionelle Rahmenbedingungen ins Zentrum rückt. Diese Verschiebung spiegelt sich in der Unterscheidung zwischen exogenen und endogenen Wachstumstheorien wider. Während die einen den technischen Fortschritt als außenstehenden Impuls betrachten, versuchen die anderen, ihn aus dem ökonomischen Verhalten selbst zu erklären, als Resultat von Investitionen in Forschung, Bildung und Wissensdiffusion.

Nachfolgender Abschnitt bietet einen systematischen Überblick über die wichtigsten theoretischen Zugänge zur Erklärung von Wachstum. Wir beginnen mit den neoklassischen Modellen (Abschn. 2.2.1) und gehen dann über zu endogenen Theorien (Abschn. 2.2.2). Abschn. 2.2.3 bietet eine Einordnung beider Denkansätze. Dabei wird sich zeigen: Die Geschichte der Wachstumstheorie ist keine Geschichte von Irrtum und Ersatz, sondern eine von Ergänzung und zunehmender Komplexität.

Denn letztlich geht es um mehr als nur akademische Modellbildung. Es geht um die Frage, wie wir Wirtschaft gestalten können, damit sie Wohlstand erzeugt, dauerhaft, gerecht, wissensbasiert. In einer Zeit globaler Unsicherheit, ökologischer Grenzen und technologischer Umbrüche ist diese Frage aktueller denn je. Die Wachstumstheorie liefert dafür keine endgültigen Antworten, aber sie bietet Orientierung, und damit das Rüstzeug für eine reflektierte ökonomische Praxis.

Im Folgenden widmen wir uns zunächst dem exogenen bzw. neoklassischen Erklärungsansatz, insbesondere dem Solow-Swan-Modell, das bis heute die Grundlage vieler volkswirtschaftlicher Überlegungen bildet.

2.2.1 Neoklassische Wachstumsmodelle

Unter denjenigen, die den technischen Fortschritt als exogene Variable betrachten, haben sich vor allem in den 1950er-Jahren des letzten Jahrhunderts die beiden Ökonomen Robert Solow und Trevor Swan hervorgetan.[8] Unabhängig voneinander haben sie, Solow in Amerika und Swan in Australien, das bis dahin allgemein verwendete keynesianische Harrod-Domar-Modell weiterentwickelt. Aufgrund der Ähnlichkeit ihrer Überlegungen wurden ihre Ergebnisse später als Solow-Swan-Modell (nachfolgend auch nur als Solow-Modell bezeichnet) bekannt, das auch heute noch als Fundament jeder neoklassischen Theorie gilt. Wenngleich dieses in den letzten sieben Jahrzehnten vielfach adaptiert und weiterentwickelt wurde, erkennt man die grundlegenden Überzeugungen der Neoklassik noch immer am besten am Fundament.

Im Folgenden wird es deswegen darum gehen, die Grundzüge dieses Modells auszuarbeiten. Dabei halten wir uns nah an die originalen Gedanken von Robert Solow, die 1956 mit dem Titel *A Contribution to the Theory of Economic Growth* veröffentlicht wurden. Solow nahm an, dass wirtschaftliches Einkommen durch die Produktionsfaktoren Kapital und Arbeit bestimmt wird, und ging davon aus, dass Produktion konstanten Skalenerträgen gehorcht. Eine Erhöhung von Kapital oder Arbeit wirkt sich also immer in gleichem Maße positiv auf das wirtschaftlich generierte Einkommen aus. Wesentlich für die Entwicklung dieses wirtschaftlichen Einkommens ist also das Verhältnis von Kapital zu Arbeit, oder wie viel Kapital (sei es monetärer oder materieller Natur) auf jede Arbeitskraft kommt. Kurz zusammengefasst steht im Zentrum dieses Modells eine aggregierte Produktionsfunktion – in der Regel eine Cobb-Douglas-Funktion -, die den Output einer Volkswirtschaft als Funktion der eingesetzten Mengen an physischem Kapital und Arbeit beschreibt.[9]

Der technologische Fortschritt wird hierbei als exogener Faktor behandelt. Der Output wächst mit dem technologischen Fortschritt, der Kapitalmenge und der Zahl der Arbeitskräfte, jedoch unter abnehmenden Grenzerträgen. Gerade diese Annahme des abnehmenden Grenzertrags führt im Solow-Modell zu einem zentralen Ergebnis: Reines Kapitalwachstum kann langfristig kein unbegrenztes Wirtschaftswachstum

---

[8] Exogen bedeutet in diesem Sinne außenstehend. Technischer Fortschritt wird demnach nicht durch das Modell selbst erklärt, sondern als außenstehend hingenommen.

[9] Für den wirtschaftlichen Output unter dem Einsatz von physischem Kapitel (K), Arbeit (L) und technologischem Fortschritt A(t) gilt im kontinuierlichen Zeitablauf t mit einer Produktionselastizität in Bezug auf Kapital $0 < \alpha < 1$:

$$Y(t) = K(t)^{\alpha} \cdot (A(t) \cdot L(t))^{(1-\alpha)}$$

erzeugen, da bei gleichbleibenden Faktor Arbeit jede zusätzliche Einheit an Kapital einen immer kleineren Effekt hat. In anderen Worten: der wirtschaftliche Output einer Volkswirtschaft wird irgendwann so marginal wachsen, dass er real gar nicht mehr wächst, aber durch weiteres Wachstum der Status Quo gleichgewichtsartig aufrechterhalten wird. Solow nennt dies einen Gleichgewichtszustand, bei dem das Niveau des Kapitals pro Arbeitnehmer konstant bleibt. Die Kapitalintensität bleibt langfristig konstant. Bei diesem Gleichgewichtspfad bleibt auch das Pro-Kopf-Einkommen konstant. Demnach generiert sich das Wirtschaftswachstum vor allem durch das Verhältnis aus Kapital und Arbeit, das seinerseits determiniert wird durch die Sparrate der Bevölkerung, das Bevölkerungswachstum sowie durch die Kapitalvernichtung.

Der technische Fortschritt fungiert in diesem Modell als Katalysator von Arbeit und Kapital. Oder anders: Je fortschrittlicher eine Ökonomie ist, umso mehr Output generiert sie aus der gleichen Menge an Inputs. Dies ist entscheidend. Langfristiges Wachstum ist im Solow-Modell nur durch technologischen Fortschritt möglich. Dieser technologische Fortschritt wird jedoch nicht erklärt, sondern als exogen vorgegeben angenommen. Eine Annahme, die zur größten Schwäche des Modells zählt. Solow selbst bezeichnete diesen Faktor später als das Solow-Residuum: den Teil des Wachstums, der sich nicht durch Kapital- oder Arbeitszuwachs erklären lässt, sondern auf einen unerklärten Produktivitätsfortschritt zurückgeführt wird. In seiner berühmten empirischen Analyse von 1957 schätzte er, dass mehr als 80 % des Wachstums der US-Wirtschaft auf diesen residuellen Fortschritt entfielen.[10] Eine provokante Feststellung, die dem Modell zugleich seinen Ruhm wie seine Kritik einbrachte. In der Konsequenz heißt dies, dass der technische Fortschritt unbegrenzt wachsen kann und so qualitatives Wirtschaftswachstum generiert. Rein quantitativ erreicht jede Volkswirtschaft jedoch eine Wachstumsschranke sobald sie in den Gleichgewichtszustand eintritt, in dem das Kapital-Arbeits-Verhältnis optimal wird. Bis dahin liefert die Produktionsfunktion zwar konstante Skalenerträge, aber folgt dem Gesetz des abnehmenden Grenznutzens.

---

[10] Vgl. Solow (1957), S. 320.

Trotz dieser Einschränkungen bietet das Solow-Modell wichtige Einsichten. Es zeigt, dass langfristiges Wachstum ohne technologischen Wandel nicht möglich ist. Zudem ist es methodisch bedeutsam, weil es erstmals die Rolle des Kapitalstocks und der Ersparnisrate systematisch in Beziehung zur Wachstumsdynamik setzte. Investitionen erhöhen den Kapitalstock, doch wegen der Kapitalabschreibung und des Bevölkerungswachstums muss eine bestimmte Investitionsrate aufrechterhalten werden, um das Kapitalniveau zu stabilisieren.

Ein weiterer Beitrag liegt in der empirischen Testbarkeit des Modells. In den frühen 1990er-Jahren zeigten Mankiw, Romer und Weil, dass sich das Modell durch die Einbeziehung von Humankapital, etwa durch die durchschnittliche Schulbildung, verbessern lässt.[11] Die erweiterte Version des Solow-Modells konnte so einen größeren Teil internationaler Wachstumsunterschiede erklären. Dennoch blieb die Frage nach der Quelle des technischen Fortschritts bestehen.

Das Solow-Modell geht von idealisierten Bedingungen aus: perfekte Konkurrenz, konstante Skalenerträge, keine Verzerrungen durch Marktunvollkommenheiten oder staatliche Eingriffe. Diese Vereinfachungen ermöglichen zwar analytische Klarheit, stehen aber im Widerspruch zur komplexen Realität moderner Volkswirtschaften. Auch institutionelle Faktoren, Innovationskosten oder sektorale Differenzierungen bleiben unbeachtet. Dennoch bleibt das Modell ein Meilenstein der Wachstumstheorie, ein Referenzpunkt, von dem spätere Theorien sich abgrenzen oder auf den sie aufbauen.

Gerade durch diese Begrenztheit wurde das Solow-Modell zum Ausgangspunkt der sogenannten endogenen Wachstumstheorien, die versuchten, den technologischen Fortschritt innerhalb des ökonomischen Modells zu verorten. Damit verschob sich der Fokus von der Akkumulation traditioneller Produktionsfaktoren auf die Frage, wie Wissen entsteht, verbreitet wird und als zentraler Wachstumstreiber wirkt. Diese Fragestellung wird nun im nächsten Abschnitt vertieft behandelt.

---

[11] Vgl. Mankiw et al. (1992), S. 430ff.

2.2.2 Endogene Wachstumsmodelle

Die Kritik am Solow-Swan-Modell war so naheliegend wie grundlegend: Wenn der technische Fortschritt der zentrale Wachstumstreiber ist, dieser jedoch als exogen angenommen wird, dann fehlt dem Modell seine eigentliche Erklärungskraft. Gerade diese Leerstelle bot Raum für eine neue Theoriegeneration, die das Wachstumsmodell von innen heraus weiterentwickelte: die endogenen Wachstumstheorien.

Mit den Arbeiten von Paul Romer, Robert Lucas und später Philippe Aghion und Peter Howitt wurde das Fundament für eine neue Sichtweise gelegt. Technologischer Fortschritt und Wissensakkumulation wurden nun nicht länger als Zufallsprodukte oder exogene Schocks betrachtet, sondern als Ergebnis wirtschaftlicher Entscheidungen und institutioneller Kontexte verstanden. Wachstum, so das zentrale Postulat der endogenen Theorien, ist gestaltbar – durch gezielte Investitionen in Bildung, Forschung, Innovation und institutionelle Qualität.

Paul Romer: Ideenökonomie und Innovationsrendite
Romer stellte in seinem Modell von 1990 die Idee ins Zentrum der Produktion.[12] Unternehmen investieren in Forschung und Entwicklung, weil sie erwarten, damit Gewinne zu erzielen. Diese Investitionen führen zu neuen Ideen, sei es in Form von Technologien, Patenten oder Geschäftsmodellen. Wissen ist dabei ein besonderes Gut: nicht-rival und teilweise nicht-ausschließbar. Es verursacht hohe Fixkosten in der Entwicklung, aber geringe Grenzkosten in der Nutzung. Diese Eigenschaften führen zu zunehmenden Skalenerträgen und positiven Externalitäten. Beides Phänomene, die in der neoklassischen Theorie kaum Platz hatten.

Zudem schafft Romers Modell einen eleganten Mechanismus für stetiges Wachstum: Je mehr Menschen forschen, desto mehr neues Wissen entsteht, desto produktiver wird die Volkswirtschaft. Wachstum ergibt sich somit nicht mehr aus der bloßen Akkumulation von Kapital, sondern aus der Generierung und Nutzung neuer Ideen. Der Staat kann diesen Prozess aktiv unterstützen, durch Subventionen für Forschung, durch

---

[12]Vgl. Romer (1990).

Bildungsinvestitionen oder durch die Schaffung eines funktionierenden Patentsystems.

Robert Lucas: Humankapital und soziale Interaktion

Während Romer die technologische Innovation in den Mittelpunkt stellt, betont Lucas die zentrale Rolle des Humankapitals. Lernen ist in seinem Modell von 1988 nicht nur ein individueller Vorgang, sondern ein sozialer Prozess: Menschen lernen voneinander, in Unternehmen, in Städten, in Netzwerken.[13] Je höher das allgemeine Bildungsniveau, desto produktiver wird der Einzelne. Es entstehen Spillover-Effekte, durch die Bildung weit über den einzelnen Akteur hinauswirkt. Dadurch werden abnehmende Grenzerträge des Kapitals überwunden und stetiges Pro-Kopf-Wachstum ermöglicht, endogen angetrieben durch Investitionen in Bildung und Lernen.

Lucas zeigt, dass Volkswirtschaften mit hohem Humankapital langfristig nicht nur reicher, sondern auch innovativer und anpassungsfähiger sind. Investitionen in Bildung und Weiterbildung lohnen sich somit nicht nur individuell, sondern auch gesamtwirtschaftlich. Das hat tiefgreifende Implikationen für die Gestaltung von Bildungssystemen, Migrationspolitik und Stadtentwicklung.

Aghion und Howitt: Schumpeter reloaded

Eine weitere einflussreiche Erweiterung der endogenen Theorien stammt von Aghion und Howitt. Ihr Modell der *Schumpeter'schen Wachstumstheorie* von 1992 greift das Konzept der kreativen Zerstörung auf: Wirtschaftliches Wachstum erfolgt durch das ständige Ersetzen alter Technologien durch neue.[14] Innovationen entstehen, weil Unternehmen durch technologische Führerschaft temporäre Monopolrenten erzielen können. Diese Gewinne motivieren zur Forschung, doch sobald eine neue Innovation den Markt betritt, verliert die alte Technologie ihre Gültigkeit. Wachstum entsteht so endogen durch einen fortlaufenden

---

[13] Vgl. Lucas (1988).
[14] Vgl. Aghion/Howitt (1992).

Prozess von Innovation und Obsoleszenz. Wichtig ist, dass temporäre Monopolgewinne (etwa durch Patente) als Anreiz für Innovation dienen, aber die schöpferische Zerstörung zugleich alte Monopole entwertet und so dauerhaft Wettbewerb und Fortschritt sichert. Dieses Modell integriert Wettbewerbsintensität, Markteintrittsbarrieren und institutionelle Anreize in die Wachstumstheorie. Es erklärt, warum zu viel oder zu wenig Wettbewerb Innovationen hemmen kann, und liefert Argumente für eine differenzierte Wettbewerbspolitik. Zugleich betont es die Rolle langfristiger Forschungsanstrengungen, die oft jenseits kurzfristiger Renditekalküle liegen.

Trotz ihrer Unterschiede teilen die endogenen Modelle mehrere grundlegende Annahmen: Wachstum entsteht aus dem Inneren des Wirtschaftssystems heraus. Wissen ist kein passiver Input, sondern ein aktiver Prozess, der durch individuelle und kollektive Entscheidungen beeinflusst wird. Investitionen in Bildung, Forschung, Netzwerke und institutionelle Qualität haben nicht nur kurzfristige Effekte, sondern gestalten den langfristigen Wachstumspfad einer Volkswirtschaft. Demnach ergeben sich Innovationen nicht zufällig, sondern entstehen aus marktlichem Wettbewerbsdruck und den strukturellen Rahmenbedingungen der Volkswirtschaft. Eine Wirtschaft kann also technologisch aus sich selbst herauswachsen, solange die Treiber technologischer Innovationen Anreize haben und das strukturelle Umfeld stabil ist. Demnach unterliegt die Produktionsfunktion der Volkswirtschaft auch nicht der Beschränkung vom abnehmenden Grenznutzen. Solange die Produktionsfaktoren der Volkswirtschaft zunehmen oder besser genutzt werden, kann die Volkswirtschaft wachsen.

Diese Theorien verleihen der Wachstumspolitik eine neue Rolle: Sie ist nicht mehr nur Makrosteuerung oder Angebotsoptimierung, sondern aktive Gestaltungsaufgabe. Bildungspolitik, Wissenschaftsförderung, Innovationspolitik sowie Eigentumsrechte; all diese Bereiche werden zu zentralen Stellschrauben einer wissensbasierten Wachstumsstrategie. Die endogenen Wachstumstheorien haben das Verständnis ökonomischer Dynamik fundamental erweitert. Sie verleihen dem immateriellen Kapital – Wissen, Fähigkeiten, Institutionen – jene Bedeutung, die in der realen Welt längst offenkundig ist. Zugleich öffneten sie den Blick für neue Herausforderungen: Wie verhindern wir Wissensmonopole? Wie organisieren wir offenen Zugang? Wie bewerten wir Spillovers, die nicht bilanzierbar sind?

Diese Fragen werden in den folgenden Kapiteln weiter vertieft, insbesondere im Zusammenhang mit der Messung von Wissen, der Rolle geistiger Eigentumsrechte und den globalen Wissensungleichheiten. Doch schon hier zeigt sich: Wissen ist nicht nur ein Produktionsfaktor, sondern der lebendige Kern modernen Wachstums.

2.2.3 Intermezzo: Modelle zwischen Theorie und Wirklichkeit

Theorie ist der Anfang, aber nicht das Ende ökonomischer Erkenntnis. Die Relevanz jeder wirtschaftswissenschaftlichen Erklärung entscheidet sich im Spiegel der Wirklichkeit – dort, wo Daten auf Hypothesen treffen, wo empirische Evidenz Thesen stützt oder widerlegt. Die Wachstumstheorie bildet hier keine Ausnahme. Sowohl das Solow-Swan-Modell als auch die endogenen Theorien stehen unter dem kritischen Blick der Datenanalyse: Wie gut erklären sie tatsächliche Wachstumsverläufe? Und welche Grenzen offenbart die empirische Praxis?

Hier ergibt sich ein deutliches Bild: Länder, Branchen und Firmen, die mehr innovieren, wachsen tendenziell stärker. Beispielsweise untersuchte eine Studie vom Wirtschaftswissenschaftler Rana Maradana 19 europäische Länder über den Zeitraum 1989–2014 und fand einen signifikanten langfristigen Zusammenhang zwischen diversen Innovationsindikatoren und dem Pro-Kopf-Einkommen.[15] Ob Patentanmeldungen, FuE-Ausgaben, Zahl der Wissenschaftler oder Hightech-Exporte – all diese Größen korrelierten positiv mit dem BIP pro Kopf, und Kausalitätstests deuteten darauf hin, dass Innovation das Wachstum befeuert.[16] Auch auf Firmenebene gibt es eindrucksvolle Zahlen: Innovative Unternehmen schlagen ihre nichtinnovativen Konkurrenten deutlich. Eine Untersuchung der KfW Bankengruppe zeigte zum Beispiel, dass mittelständische Unternehmen, die erfolgreich Innovationsprojekte abgeschlossen hatten,

---

[15] Vgl. Maradana et al. (2019), S. 9ff.

[16] Teils gab es sogar wechselseitige Verstärkungen, was nicht überrascht: Wachstum schafft Mittel für neue Innovationen.

innerhalb von zwei Jahren rund 24 % höheres Umsatzwachstum erzielten als vergleichbare Firmen ohne Innovationen.[17] Ebenso stieg die Beschäftigtenzahl innovativer Mittelständler um 9,1 % – fast doppelt so viel wie bei den Innovationsmuffeln – und die Arbeitsproduktivität (Wertschöpfung je Mitarbeiter) lag um 3,6 % höher.[18] Diese Unterschiede sind erheblich und legen nahe, dass Innovation kein Luxus für gute Zeiten ist, sondern ein entscheidender Hebel für Wettbewerbsfähigkeit und Expansion.

Auch auf gesamtwirtschaftlicher Ebene werden Innovationskraft und Wohlstand heute praktisch gleichgesetzt: *„Innovationen und technischer Fortschritt sind aus gesamtwirtschaftlicher Perspektive die zentralen Motoren für langfristiges, nachhaltiges Wachstum und zunehmenden Wohlstand."*[19] So formuliert in der KfW-Studie, bringt es die gängige Meinung auf den Punkt. Innovative Volkswirtschaften erreichen ein höheres Pro-Kopf-Einkommen, sie sind anpassungsfähiger und können eher neue Jobs schaffen. Das liegt daran, dass Innovation Effizienzgewinne ermöglicht – man kann mit den gleichen Ressourcen mehr produzieren – und neue Märkte erschließt. Jede bedeutende Innovation schafft nicht nur ein neues Produkt, sondern oft einen ganzen neuen Bedarf, der vorher gar nicht existierte. Wer hätte 1990 gedacht, dass es einmal Millionen Jobs in der App-Programmierung, im Online-Marketing oder als Fahrer für Fahrdienst-Apps geben würde? Innovation öffnet Türen zu neuen Branchen und Tätigkeiten.

Ein eindrückliches historisches Beispiel für die Wachstumskraft der Innovation war die Produktivitätsbeschleunigung der späten 1990er-Jahre. Jahrzehntelang rätselten Ökonomen über das sogenannte *Solow-Paradox*: Robert Solow scherzte 1987, man sehe das Computerzeitalter überall – außer in der Produktivitätsstatistik.[20] Trotz Personalcomputer und IT-Investitionen blieb das gemessene Produktivitätswachstum in den 1970er- und 80er-Jahren relativ schwach. Doch dann, etwa Mitte der 1990er, drehte sich der Trend: Vor allem in den USA zog das

---

[17] Vgl. Zimmermann (2021), S. 4 f.

[18] Vgl. Ebd., S. 3.

[19] Ebd, S. 1.

[20] Vgl. Solow (1987).

Produktivitätswachstum deutlich an, parallel zum Durchbruch von Internet, Unternehmenssoftware und allgemeinen Verbreitung der Computertechnik. Eine Analyse vom Ökonom Dale Jorgenson belegte, dass gerade der massive Einsatz von Informations- und Kommunikationstechnologien einen wichtigen Beitrag zu dieser Beschleunigung leistete.[21] Die anfängliche Verzögerung erkläre sich dadurch, dass es Zeit brauche, bis neue Technologien wirklich in allen Prozessen diffundieren und organisatorische Anpassungen geschehen. Aber letztlich lösten die digitalen Innovationen das Paradoxon auf: ab Ende der 90er war klar: man sieht die Computer nun *doch* in den Produktivitätsdaten.

Dieses Beispiel illustriert zwei Punkte: Zum einen kann es Lags, Zeitverzögerungen, geben zwischen Innovation und messbarem Wachstumseffekt. Oft müssen erst ergänzende Innovationen (sogenannte Komplementärinnovationen) und neue Fähigkeiten entwickelt werden, damit eine Basistechnologie ihre volle Wirkung entfaltet. (So brauchte es z. B. auch neue Managementpraktiken und Qualifikationen, um die EDV-Produktivität zu heben.) Zum anderen zeigt es, dass manche Innovationen von geradezu allgemeiner Bedeutung sind – Ökonomen nennen sie General Purpose Technologies (GPTs), also *Allgemeine Schlüsseltechnologien.*[22] Dazu zählen historisch etwa die Dampfmaschine, Elektrizität, der Verbrennungsmotor – und heute eben Computer und Internet. Solche GPTs zeichnen sich dadurch aus, dass sie in fast allen Branchen anwendbar sind und eine Fülle weiterer Verbesserungen ermöglichen. Sie sind gleichsam die Basis-Infrastruktur für viele Anwendungen. Innovationsforschern zufolge sind es oft diese GPTs, die die langen Wachstumswellen antreiben.[23] Denn sie sorgen dafür, dass tausende kleinere Innovationen aufsetzen und kumulative Effekte erzeugen.

Es ist also wahrscheinlich, dass Innovationen auch künftig Wachstumsprozesse dominieren werden. Ohne Innovation stagniert die Wirtschaft langfristig, weil es immer abnehmende Erträge auf reine Kapitalanhäufung gibt – man kann eine Fabrik vergrößern oder mehr Mitarbeiter einstellen, aber irgendwann nimmt der Ertrag des nächsten zusätzlich

---

[21] Vgl. Jorgenson (2001).

[22] Diese Technologien sind zentraler Bestandteil von Kapitel 3.

[23] Vgl. Bresnahan/Trajtenberg (1995), S. 101 f.

investierten Euros ab. Nur neue Ideen können diesen Ertragsrückgang überwinden, indem sie neue Produktionsmöglichkeiten eröffnen.

Allerdings wäre es naiv, Innovation als automatische Maschine zur Wohlstandsmehrung zu betrachten. Es gibt Zeiten, in denen es trotz aller Technologie nicht so recht vorangeht. In den letzten 10–15 Jahren wurde zum Beispiel viel über das Produktivitätsrätsel diskutiert: Trotz rascher digitaler Innovation blieb das gemessene Produktivitätswachstum in vielen Industrieländern verhalten.[24] Woran liegt das? Eine Hypothese war, dass wir in Bereichen innovieren, die zwar Verbrauchern Freude bereiten (Smartphones, Social Media), aber nicht massiv die Arbeitsproduktivität steigern. Eine andere These war, dass die Diffusion neuer Technologien nachgelassen hat: Eine Studie für Deutschland deutet darauf hin, dass zwar die großen Unternehmen weiter kräftig in FuE investieren, aber immer weniger kleine und mittlere Unternehmen sich an formellen Innovationsprozessen beteiligen.[25] Wenn aber die Breite des Mittelstands – oft das Rückgrat der Wirtschaft – nicht mithält, dann bleibt der gesamtwirtschaftliche Effekt gering. Es gibt jedoch andererseits auch Beobachtungen, dass es in der Realität häufig institutionelle Barrieren gibt, die verhindern, dass Investitionen in Wissen automatisch zu Wachstum führen.[26] Bürokratie, unzureichender Patentschutz oder mangelnde Infrastruktur können den Innovationsprozess behindern. Innovation würde sozusagen in Inseln stattfinden, statt die ganze Wirtschaft zu erfassen. Unabhängig von der genauen Erklärung steht fest: Innovation muss auch implementiert werden, sonst verpufft ihr Potenzial.

In der Mehrheit aller wissenschaftlichen Durchbrüche entsteht ein neues Erklärungsmodell als Synthese aus vermuteten Unterschieden, die gar keine sind. Und so wird sich auch vielleicht in der Zukunft herausstellen, dass auch exogenes und endogenes Wachstum sich nicht wirklich gegenseitig als Erklärungsmodelle ausschließen, sondern zwei verschiedene Seiten ein und derselben Medaille sind. Aktuelle Forschungsansätze gehen deswegen auch in die Richtung einer Großen Vereinigten Theorie, die sowohl die erklärungsstarken Gedanken der Neoklassik als

---

[24] Vgl. OECD (2018), S. 26–28.
[25] Vgl. Peters et al. (2018), S. 43.
[26] Vgl. Jones (1995), S. 779ff.

auch der endogenen Wachstumstheorie zusammenführen will.[27] Der große Durchbruch lässt jedoch noch auf sich warten.

2.3   Was braucht eine Gesellschaft, um zu wachsen?

Klar ist: wirtschaftliches Wachstum entsteht nicht im luftleeren Raum. Es ist kein Naturgesetz, sondern das Ergebnis sozialer, institutioneller und technologischer Prozesse, die miteinander verwoben sind und sich gegenseitig verstärken oder hemmen können. Die klassischen Wachstumsmodelle haben versucht, diese Prozesse durch theoretische Abstraktion zu erfassen. Doch der Blick in die empirische Realität zeigt: Der Motor des Wachstums ist komplexer, nuancierter und pfadabhängiger als es jede Formel je abbilden könnte.

Im Zentrum dieses komplexen Gefüges steht die Bildung. Nicht als statistische Größe, sondern als gesellschaftliches Fundament. Länder, in denen Bildung mehr ist als Schulpflicht und Prüfungsroutine, in denen Lernen als aktiver, kreativer und kritischer Prozess verstanden wird, verfügen über ein stabiles Reservoir an Anpassungsfähigkeit. Es ist diese Fähigkeit zum Denken, zum Verstehen und zum Anwenden, die ökonomische Dynamik erzeugt.[28] Bildung, die nicht auf die Reproduktion von Wissen, sondern auf seine produktive Transformation zielt, ist kein Kostenfaktor, sondern die klügste aller Investitionen.

Doch Bildung allein genügt nicht. Ohne einen institutionellen Rahmen, der Innovation ermöglicht, Talente schützt und wirtschaftliche Initiative belohnt, bleibt selbst exzellentes Humankapital wirkungslos. Institutionen sind das unsichtbare Rückgrat jeder funktionierenden Ökonomie. Eigentumsschutz, Rechtsstaatlichkeit, transparente Verwaltungsstrukturen; all dies sind keine bürokratischen Nebenschauplätze, sondern die stille Infrastruktur ökonomischer Kreativität.[29]

---

[27] Vgl Galor (2011), S. 9–66.
[28] Vgl. Hanushek/Woessmann (2008), S. 660ff.
[29] Vgl. Acemoglu et al. (2001), 1395ff.

Ebenso entscheidend ist die technologische Infrastruktur. Sie bildet die materielle Grundlage der Wissensökonomie, von Glasfasernetzen über Rechenzentren bis hin zu digitalen Schnittstellen zwischen Verwaltung, Wirtschaft und Wissenschaft. Doch auch hier gilt: Infrastruktur entfaltet nur dann Wirkung, wenn sie genutzt, verstanden und weiterentwickelt wird. Der produktive Einsatz von Technologie setzt Bildung voraus, setzt Organisation voraus, setzt Offenheit voraus.[30] Viele Länder haben in den Ausbau digitaler Netze investiert, doch nur wenige haben es geschafft, daraus echte Innovationssysteme zu formen.

Diese Innovationssysteme wiederum gedeihen besonders gut in offenen, vernetzten Gesellschaften. Wissen kennt keine Grenzen. Es zirkuliert über Forschungskooperationen, über internationale Unternehmen, über Migrantennetzwerke, über digitale Plattformen. Länder, die sich dieser Zirkulation bewusst öffnen, profitieren mehrfach: Sie importieren nicht nur Ideen, sondern auch neue Denkstile, neue Perspektiven, neue Herausforderungen. Offenheit ist damit nicht nur eine Frage des Handels oder der Kapitalmobilität, sondern ein mentaler Zustand: die Bereitschaft, sich in globale Wissensdynamiken einzubringen und daraus produktiv zu lernen.

Doch die Offenheit des Systems allein genügt nicht, wenn es an der inneren Kohärenz fehlt. Gesellschaftlicher Zusammenhalt, politische Verlässlichkeit und Vertrauen in öffentliche Institutionen sind keine weichen Standortfaktoren, sondern harte Wachstumsbedingungen.[31] In einer Welt, in der Wandel zur Konstante geworden ist, wird Stabilität zur Voraussetzung für Beweglichkeit. Ökonomische Transformation gelingt nur, wenn sie getragen ist von einem Minimum an Gerechtigkeit, Partizipation und sozialer Kohäsion. Instabile, polarisierte Gesellschaften mögen kurzfristig Wachstum erzeugen können, langfristig jedoch verlieren sie ihre Fähigkeit zur kooperativen Innovation.

---

[30] Vgl. World Economic Forum (2019), S. 11–23.

[31] Siehe hierzu beispielsweise Sala-i-Martin et al. (2004), S. 817f, die in ihrer Arbeit die Unsicherheit darüber adressieren, welche der vielen potenziellen Einflussfaktoren auf Wachstum tatsächlich robust sind. Mit Hilfe einer Bayesianischen Modellmittelung analysieren sie Dutzende Variablen aus der Wachstumsliteratur simultan. Sie finden, dass einige Variablen sehr konsistent positiv mit Wachstum verbunden sind (u. a. Schulbildung, Lebenserwartung, Offenheit für Handel, institutionelle Qualität), während andere Faktoren, die in einzelnen Studien wichtig schienen, im Gesamtvergleich an Bedeutung verlieren.

Hinzu tritt ein Faktor, der in der ökonomischen Diskussion lange unterbelichtet war: die kulturelle Dimension von Wachstum. Gesellschaften unterscheiden sich nicht nur durch ihre Institutionen, sondern auch durch ihre Werte, Erwartungen und sozialen Normen. Vertrauen, Zukunftsorientierung, Risikobereitschaft, Bildungsaspirationen: all das sind kulturelle Ressourcen, die Wachstum begünstigen oder hemmen können. Der Wirtschaftshistoriker David Landes brachte es auf den Punkt: „[C]ulture makes all the difference."[32] Eine wachstumsfördernde Kultur muss nicht einheitlich sein, wohl aber lernfähig, dialogbereit und offen für Veränderung.

Diese kulturelle Offenheit ist nicht zuletzt auch ein Produkt institutioneller Gestaltung. Bildung, Medien, öffentliche Debatte, sie alle tragen dazu bei, welches Bild von Zukunft, Leistung und Innovation in einer Gesellschaft verankert ist. Eine Gesellschaft, die Fehler als Lernchance versteht, wird anders innovieren als eine, die auf Konformität und Fehlervermeidung setzt. Eine Gesellschaft, die Vielfalt als Ressource begreift, wird eher in der Lage sein, Wissen zu kombinieren, zu rekombinieren und daraus Neues zu schaffen.

Auch wirtschaftliche Geografie und räumliche Strukturen spielen eine wachsende Rolle. Städte werden zu Zentren der Wissensproduktion, nicht weil sie groß sind, sondern weil sie Dichte, Diversität und Austausch ermöglichen. Urbanität erzeugt Spillover-Effekte, die weit über ökonomische Maßzahlen hinausreichen: Sie befördert Begegnung, provoziert Reibung und stimuliert Kreativität. In der Wissensökonomie ist die Stadt nicht nur Produktionsstandort, sondern soziales Laboratorium.

All dies zeigt: selbst durch Wissen getriebenes Wachstum ist kein Produkt einfacher Ursache-Wirkungs-Zusammenhänge. Es entsteht dort, wo Systeme lernfähig sind, wo Akteure zusammenarbeiten, wo Strukturen offen und zugleich verlässlich sind. So gelesen ist Wachstum eine emergente Eigenschaft funktionierender Wissenssysteme, eine Art gesellschaftlicher Intelligenzleistung, die weit über traditionelle ökonomische Indikatoren hinausweist.

Die Aufgabe der Wirtschaftspolitik besteht mit diesem Verständnis nicht mehr darin, Wachstum zu verordnen oder zu simulieren, sondern

---

[32] Landes (1999), S. 516.

darin, die Voraussetzungen zu schaffen, unter denen es sich organisch entfalten kann. Bildung muss als lebenslanger Prozess gestaltet werden, nicht als Durchlaufstation. Institutionen müssen Vertrauen stiften und Innovation ermöglichen. Technologie muss nutzbar gemacht, nicht nur bereitgestellt werden. Und gesellschaftliche Kohäsion darf nicht dem Markt überlassen bleiben, sondern muss politisch unterstützt werden. Gleiches gilt für Kultur und Raum: Sie sind nicht neutral, sondern gestaltbar, und damit Hebel moderner Wachstumspolitik.

In der Summe lässt sich sagen: Wirtschaftliches Wachstum im 21. Jahrhundert ist kein lineares Ergebnis klassischer Inputs, sondern das emergente Produkt gelingender Systeme. Wer wachsen will, muss lernen; individuell, institutionell und kollektiv. Diese Einsicht wird zur Richtschnur für jene Kapitel, die folgen: Denn wie Wissen verteilt, geschützt und weitergegeben wird, entscheidet darüber, ob es tatsächlich zur Quelle langfristiger Prosperität wird – oder zur Ressource weniger Privilegierter.

2.4 Wer das Wissen besitzt, besitzt die Zukunft?

Wissen ist ein besonderes Gut. Es erschöpft sich nicht durch Gebrauch, es lässt sich teilen, ohne dass der eine verliert, was der andere gewinnt. Diese nicht-rivale Natur macht Wissen zu einem idealen Wachstumstreiber. Doch gerade weil es sich grenzenlos vermehren ließe, stellt sich mit Wucht die Frage nach seiner Begrenzung. Wer kontrolliert das Wissen? Wer darf es nutzen? Und wie weit darf der Schutz von geistigem Eigentum gehen, ohne den Fluss der Innovation zu behindern?

Im Spannungsfeld zwischen Offenheit und Schutz entsteht ein zentrales Dilemma moderner Wissensgesellschaften. Einerseits brauchen wir Schutzrechte, um Innovationen zu belohnen. Ohne die Aussicht auf temporäre Monopolgewinne investieren weder Unternehmen noch Individuen in riskante Forschungsprozesse. Andererseits bergen zu starke Schutzmechanismen das Risiko, dass Wissen eingeschlossen, seine Nutzung verteuert und seine Weiterentwicklung blockiert wird. Was als Anreiz beginnt, kann schnell zur Barriere werden.

Die Ökonomen Michele Boldrin und David Levine haben diese Spannung mit seltener Deutlichkeit kritisiert. In ihrer Schrift *Against Intellectual Monopoly* argumentieren sie, dass viele geistige Eigentumsrechte nicht den Fortschritt fördern, sondern behindern.[33] Patente, so ihr Befund, werden zunehmend nicht als Innovationsanreiz genutzt, sondern als strategisches Sperrinstrument gegen Wettbewerber. Statt neue Ideen zu schaffen, werden bestehende Rechte gehortet, um Marktstellungen zu sichern, mit erheblichen Effizienzverlusten für die Gesamtwirtschaft.

Insbesondere in Hochtechnologiesektoren, in der Pharmaindustrie und bei digitalen Plattformen lassen sich solche Tendenzen beobachten. Patente werden nicht nur auf Erfindungen, sondern auf Prinzipien, Methoden und sogar Designansätze ausgeweitet. Das führt zu einer gefährlichen Konzentration von Wissensmacht: Einige wenige Akteure kontrollieren den Zugang zu Schlüsseltechnologien, während der Rest der Welt abhängig bleibt – ökonomisch, technologisch, rechtlich.

Dabei sind geistige Eigentumsrechte keineswegs naturgegeben. Sie sind rechtliche Konstruktionen, eingebettet in gesellschaftliche Aushandlungsprozesse. Ihre Reichweite, Dauer und Durchsetzbarkeit sind politisch gestaltbar, und sie müssen es auch sein, wenn Wissensgesellschaften nicht in neue Monopolstrukturen abgleiten wollen. Die Frage ist nicht, ob Wissen geschützt werden soll, sondern wie, unter welchen Bedingungen und mit welchen Folgen für das Gemeinwohl.

In dieser Debatte gewinnen Konzepte wie Open Access, Open Source und Creative Commons zunehmend an Bedeutung. Sie versuchen, den Zugang zu Wissen mit Anreizen zur Produktion zu verbinden. Open-Source-Software zeigt, dass kollektive Innovation auch ohne klassische Eigentumstitel möglich ist, getragen von Reputation, Kooperation und strategischen Geschäftsmodellen. Ähnliche Bewegungen entstehen im Bildungsbereich, in der Wissenschaftskommunikation und bei Bürgerwissenschaften.

Diese Entwicklungen sind nicht nur technische oder rechtliche Fragen. Sie sind Ausdruck eines tiefgreifenden Wandels im Selbstverständnis von Wissen. Längst ist die Wissensproduktion nicht mehr auf akademische Eliten oder staatlich finanzierte Forschungsabteilungen beschränkt.

---

[33] Vgl. Boldrin/Levine (2008), S. 7ff.

Der digitale Wandel hat den Raum der Wissensgenerierung stark erweitert: Von der kollaborativen Enzyklopädie über *open peer review* bis hin zu *citizen science* entstehen neue Formen des Teilens, Prüfens und Weiterentwickelns. Wissen wird dezentraler, durchlässiger, demokratischer. Zumindest in seiner Möglichkeit.

Doch diese Möglichkeit ist bedroht, wo Wissensräume privatisiert werden. Der Zugriff auf wissenschaftliche Publikationen etwa ist in vielen Ländern noch immer durch teure Lizenzen eingeschränkt, selbst wenn die zugrunde liegende Forschung öffentlich finanziert wurde. Ähnliches gilt für Bildungsinhalte, Forschungsergebnisse und sogar für kulturelle Güter wie Filme, Musik und Literatur. Immer dann, wenn digitale Reproduzierbarkeit auf analoge Eigentumslogik trifft, entsteht ein Spannungsfeld zwischen technischer Offenheit und ökonomischer Exklusivität.

Auch internationale Organisationen wie die UNESCO und die WHO fordern eine Reform des globalen Wissensregimes. Gerade im Kontext der COVID-19-Pandemie wurde deutlich, wie sehr der Zugang zu Impfstoffen, Diagnostika und medizinischem Wissen über Leben und Tod entscheiden kann. Der Ruf nach einer People's Vaccine, frei zugänglich und global verteilt, war Ausdruck einer neuen normativen Sensibilität: Wissen als öffentliches Gut, nicht als private Ware.

Gleichzeitig bleibt der Schutz von geistigem Eigentum ein wichtiges Instrument, um private Investitionen in unsichere Innovationsprozesse zu lenken.[34] Es braucht daher differenzierte Lösungen: kontextabhängige Schutzdauern, kluge Lizenzmodelle, verpflichtende Technologietransfers in öffentlichen Forschungsprojekten. Auch staatliche Förderung kann stärker an Offenheit und Nutzbarkeit geknüpft werden: Wer von öffentlicher Hand finanziert wird, sollte seine Ergebnisse stärker öffentlich machen müssen – als Teil eines neuen, inklusiveren Wissenskontrakts.

Eine besondere Herausforderung liegt in der Gestaltung internationaler Abkommen. Während einige Länder über hochentwickelte Patentstrukturen verfügen, bleibt der Schutz geistigen Eigentums in vielen Ent-

---

[34] Hier zeigt sich das besondere Spannungsverhältnis von geistigen Eigentumsrechten: Zu schwache Patentregeln nehmen Erfinder den Anreiz, zu starke aber können den Wissensfluss ersticken (vgl. Wiens/Jackson, 2015).

wicklungsländern entweder schwach oder wirtschaftlich blockierend. Handelsabkommen wie TRIPS haben zwar versucht, einheitliche Standards zu etablieren, doch ihre Umsetzung bleibt asymmetrisch. Der Zugang zu Bildung, Forschung und Technologie hängt damit nicht nur von lokalen Kapazitäten ab, sondern auch von globalen Spielregeln. Spielregeln, die bislang oft im Interesse der Wissensbesitzenden formuliert wurden.

Am Ende geht es um Balance: zwischen Exklusivität und Teilhabe, zwischen individueller Leistung und kollektiver Verwertung, zwischen Markt und Öffentlichkeit. Wissensmonopole sind nicht per se illegitim, doch sie bedürfen der kritischen Kontrolle. Denn wenn Wissen zur Ressource der Zukunft wird, dann entscheidet der Zugang dazu auch über die Verteilung von Chancen, Einfluss und Wohlstand.

Die Wissensökonomie lebt vom kreativen Fluss, nicht von der juristischen Einfriedung. Ihre Innovationskraft entsteht dort, wo Ideen frei zirkulieren, wo Wissen anschlussfähig bleibt, wo Lernen möglich ist. Auch ohne Lizenz. Es ist an der Zeit, geistiges Eigentum neu zu denken: nicht als Bollwerk gegen die Welt, sondern als Brücke zwischen individueller Kreativität und gesellschaftlicher Entwicklung. Nur dann kann Wissen seine Rolle als Motor eines nachhaltigen, gerechten und demokratischen Wachstums tatsächlich erfüllen.

2.5 Globale Wissensungleichheiten und die große Kluft

Die Verheißung der Wissensgesellschaft liegt in ihrer scheinbaren Universalität: Wissen als offene Ressource, zugänglich für alle, nutzbar durch viele, gestaltbar im Kollektiv. Doch diese Vision steht in einem scharfen Kontrast zur empirischen Realität globaler Wissensverteilung. Denn Wissen ist heute nicht nur Motor des Wachstums, sondern auch Indikator für Ungleichheit. Wer Zugang zu Wissen hat, kann sich entwickeln, gestalten, Einfluss nehmen. Wer ausgeschlossen ist, bleibt zurück. Der Zugang zu Bildung, zu Forschungseinrichtungen, zu digitalen Infrastrukturen, zu wissenschaftlicher Literatur oder zu technologischen Plattformen ist global extrem ungleich verteilt.[35] Während einige Länder in Smart Cities, künstliche Intelligenz und Quantentechnologie investieren, fehlt andernorts noch immer der stabile Stromanschluss oder ein funktionierendes Schulgebäude. Laut UNCTAD bleibt mehr als die Hälfte der Menschheit von grundlegender digitaler Infrastruktur ausgeschlossen.[36] Der Digital Divide ist nicht nur eine Frage der Technik, sondern der Gerechtigkeit.

Diese Kluft hat viele Ursachen: koloniale Pfadabhängigkeiten, asymmetrische Handelsbeziehungen, mangelhafte staatliche Institutionen, aber auch eine globale Ordnung, in der Wissensflüsse meist von Nord nach Süd verlaufen.[37] Wissen zirkuliert nicht frei.

Die Konsequenzen dieser asymmetrischen Wissensverteilung sind tiefgreifend. Entwicklungsländer bleiben strukturell in abhängigen Positionen: Sie konsumieren Technologien, ohne sie gestalten zu können; sie übernehmen Bildungsinhalte, ohne ihre eigenen Kontexte abzubilden; sie bleiben Zuschauer in einer globalen Arena, in der sie selbst kaum Einfluss haben. Das betrifft nicht nur wirtschaftliches Wachstum, sondern auch kulturelle Selbstbestimmung, politische Teilhabe und soziale Resilienz. Dabei wäre eine gerechtere Wissensordnung nicht nur moralisch geboten, sondern auch ökonomisch rational. Denn ungenutzte kognitive Potenziale in Afrika, Asien oder Lateinamerika sind verlorene Innovationschancen für die ganze Welt. Wenn Talente aufgrund von Herkunft, Sprache oder Ressourcenmangel nicht zur Entfaltung kommen, verliert nicht nur das Individuum, sondern die globale Gemeinschaft. Die Wissensgesellschaft kann nur dann global sein, wenn sie Teilhabe ermöglicht, und

---

[35] Dies verkompliziert auch die Aussagen zum geistigen Eigentum. Wie Greenhalgh/Rogers (2010), S. 329–352, systematisch untersuchen, beeinflussen Eigentumsrechte (Patente, Urheberrechte, Marken) Innovation und Wachstum in verschiedenen Ländern unterschiedlich stark. Patentstärke in entwickelten Ländern bewirke positives Wachstum, in ärmeren Ländern jedoch nur bei ausreichender Bildungs- und Innovationskapazität.

[36] Vgl. UNCTAD (2007). Hiernach sei Wissen ungleich verteilt – zwischen Nord und Süd, Arm und Reich. Entwickelte Länder vereinen den Großteil der Wissensproduktion und -gewinne, während ärmere Länder oft nur Konsumenten seien. So gingen über 50% aller weltweit gezahlten Lizenz- und Patentgebühren an ein einziges Land (die USA), weitere große Anteile an Japan und UK.

[37] Diese globale Wissenskluft, gespiegelt in der Armutsverteilung und überlagert mit dem Digital Divide, sieht beispielsweise so aus: Nur etwa 10 Staaten investieren 80% der weltweiten FuE-Ausgaben (vgl. UNESCO Institute for Statistics, n. d.).

zwar nicht erst am Ende der Wertschöpfungskette, sondern am Anfang der Erkenntnisprozesse.

Diese strukturellen Ungleichheiten manifestieren sich nicht nur in der Infrastruktur, sondern auch im Zugang zu wissenschaftlicher Publikation. Für Forschende im globalen Süden bedeutet das: Sie haben nicht nur eingeschränkten Zugang zu den neuesten Erkenntnissen, sondern auch geringere Chancen, selbst zu publizieren. Sprachliche Barrieren, finanzielle Paywalls und kulturelle Bewertungsmaßstäbe führen dazu, dass ganze Weltregionen epistemisch marginalisiert bleiben.[38]

Dabei haben viele Regionen – insbesondere indigene Gemeinschaften – ein tiefes, aber oft nicht formalisiertes Wissen über Umwelt, Landwirtschaft, Gesundheit oder soziale Organisation. Dieses Wissen wird jedoch in den globalen Wissenssystemen kaum anerkannt. Es fehlt an Mechanismen, um lokale Erkenntnisse in globale Diskurse einzubetten, ohne sie zu vereinnahmen. Wissensgerechtigkeit heißt deshalb auch: epistemische Diversität anerkennen, schützen und fördern.

Es gibt hoffnungsvolle Ansätze. Die Bewegung für Open Educational Resources (OER) etwa hat sich zum Ziel gesetzt, Bildungsinhalte frei verfügbar zu machen – digital, multilinguistisch, adaptierbar. Auch die UNESCO fördert explizit Formen des Wissensaustauschs, die auf Reziprozität statt Dominanz basieren. Wissenschaftskooperationen mit Ländern des Globalen Südens, Technologietransferprogramme, Stipendien und Partnerschaften auf Augenhöhe zeigen, dass eine andere Form globaler Wissensökonomie möglich ist. Doch diese Initiativen bleiben oft punktuell, fragmentiert und unzureichend finanziert. Die strukturellen Barrieren, von restriktiven Patentregimen bis zu einseitigen Datenflüssen, bestehen fort.[39]

Denn Wissen wächst nur dort, wo es geteilt wird. Und es entfaltet seine Wirkung nur dann, wenn es vielen zugänglich ist. Globale Wissensgerechtigkeit ist daher nicht nur ein moralisches Ziel, sondern eine ökonomische Notwendigkeit.[40] In einer Welt, die zunehmend auf Ideen,

---

[38] Vgl. Santos, 2014, S. 118.

[39] Vgl. OECD (2015).

[40] Vgl. Van Djik (2020), S. 175ff.

Vernetzung und digitale Fähigkeiten angewiesen ist, entscheidet nicht nur, was man weiß, sondern auch, wer Zugang zu diesem Wissen hat.

Damit rückt auch die Rolle internationaler Organisationen, philanthropischer Stiftungen und globaler Unternehmen in den Fokus. Sie können zum Hebel für Veränderung werden, oder zu Gatekeepern, die neue Ungleichheiten zementieren. Wenn etwa Technologiekonzerne über Bildungsplattformen oder KI-Modelle globale Wissensinfrastrukturen prägen, stellt sich dringlich die Frage nach demokratischer Kontrolle. Nicht alle Datenströme, die global fließen, führen zu mehr Teilhabe. Nicht jedes Plattformangebot ist ein Beitrag zu Gerechtigkeit.

Die Zukunft wird davon abhängen, ob es gelingt, Wissensflüsse zu demokratisieren, institutionelle Barrieren abzubauen und neue Formen transnationaler Kooperation zu schaffen. Nicht als Entwicklungshilfe, sondern als Co-Produktion. Nicht als Transfer, sondern als Dialog. Nicht als Geste, sondern als Struktur. Erst dann kann die globale Wissensgesellschaft mehr sein als ein Versprechen – nämlich eine geteilte Wirklichkeit.

2.6   Lernen, um zu bleiben: Bildung als Herzschlag nachhaltiger Entwicklung

In einer Welt, die sich technologisch, ökologisch und gesellschaftlich immer schneller verändert, ist die Fähigkeit des Lernens zur zentralen Überlebenskompetenz geworden. Für Individuen ebenso wie für Gesellschaften. Während frühere Generationen mit einem stabilen Kanon an Wissen ein ganzes Berufsleben gestalten konnten, ist heute die Halbwertszeit von Fähigkeiten dramatisch gesunken.[41] Neue Technologien, neue Geschäftsmodelle, neue Formen der Zusammenarbeit verlangen nach kontinuierlicher Aneignung, Anpassung und Reflexion. Lebenslanges Lernen ist damit nicht mehr Kür, sondern Kern ökonomischer Resilienz. Die ökonomische Bedeutung dieser Entwicklung kann kaum überschätzt werden. Denn in wissensbasierten Volkswirtschaften ist der

---

[41] In der Wissensökonomie ist Weiterbildung über die Lebensspanne zentral für Innovations- und Anpassungsfähigkeit. Bildungsexperten betonen, dass heutige Arbeitsmärkte ständigen Kompetenzwandel verlangen und Menschen lernen müssen, zu lernen, um sich immer wieder neu zu qualifizieren (vgl. Patrinos, 2020).

wichtigste Produktionsfaktor nicht länger Kapital oder Arbeit; es ist Wissen. Wer lernt, bleibt anschlussfähig. Wer nicht lernt, verliert. Nicht nur an Beschäftigungsfähigkeit, sondern auch an gesellschaftlicher Teilhabe. Lebenslanges Lernen ist damit nicht nur eine individuelle Anforderung, sondern eine politische und ökonomische Herausforderung ersten Ranges.

Dabei darf Lernen nicht mit reiner Weiterbildung verwechselt werden. Es geht nicht allein um das Nachholen formaler Qualifikationen oder die Bedienung technischer Neuerungen. Lebenslanges Lernen bedeutet vielmehr die Fähigkeit, mit Unsicherheit umzugehen, sich in neue Zusammenhänge einzuarbeiten, kritische Urteilsfähigkeit zu entwickeln und Verantwortung zu übernehmen. Es geht um Bildung im umfassenden Sinn. Als Persönlichkeitsentwicklung, als kulturelle Teilhabe, als Demokratiefähigkeit.

Diese Perspektive verändert auch den Blick auf Bildungssysteme. Schulen, Hochschulen und Weiterbildungseinrichtungen dürfen nicht mehr als getrennte Inseln betrachtet werden, sondern als Bestandteile eines lernenden Ökosystems. Es braucht Brücken, Übergänge, hybride Formate. Die Grenzen zwischen formellem und informellem Lernen, zwischen physischem und digitalem Raum, zwischen Lehren und Forschen verschwimmen. Wer Wissen schaffen will, muss Räume schaffen, in denen Lernprozesse möglich, sichtbar und anschlussfähig sind.

Besondere Bedeutung kommt dabei der betrieblichen Ebene zu. Unternehmen sind längst nicht mehr nur Orte der Produktion, sondern auch des Lernens. Doch hier zeigt sich ein wachsender Widerspruch: Während die Anforderungen an Qualifikation steigen, wird die Investition in Weiterbildung oft als Kostenfaktor betrachtet statt als strategische Zukunftssicherung.[42] Eine nachhaltige Wachstumspolitik muss hier an-

---

[42] Siehe hierzu beispielsweise den 4. *Global Report on Adult Learning and Education (GRALE4)* des UNESCO Institut for Lifelong Learning, welcher Umfragen aus über 150 Ländern zum Stand der Erwachsenenbildung ausgewertet hat. Darin zeigt sich, dass zwar fast alle Länder politisch Lebenslanges Lernen propagieren, die Umsetzung aber sehr unterschiedlich ist. In vielen Entwicklungsländern, aber auch in Teilen Europas, nehmen weniger als 5% der Erwachsenen regelmäßig an Weiterbildung teil. Die Bedeutung von Erwachsenenbildung kann hierbei nicht überbetont werden, nicht nur für Beschäftigungsfähigkeit und Wachstum, sondern auch für Gesundheit, soziale Teilhabe und aktive Bürgerschaft. GRALE4 lobt Fortschritte, z. B. Alphabetisierungskampagnen und Community-Learning-Zentren in einigen Ländern, mahnt jedoch an, dass ohne deutlich

setzen: mit Anreizen, mit Anerkennung, mit neuen Kooperationsmodellen zwischen Staat, Wirtschaft und Bildungsinstitutionen.

Auch die öffentliche Hand steht in der Pflicht. Lebenslanges Lernen braucht nicht nur individuelle Motivation, sondern strukturelle Ermöglichung: Zeit, Räume, finanzielle Unterstützung. Bildungspolitik muss sich vom Konzept der Einmalqualifikation verabschieden und die Idee einer Bildungsbiografie in den Mittelpunkt stellen. Das bedeutet auch, Bildungsangebote müssen flexibel, niedrigschwellig und lebensphasengerecht gestaltet sein.[43] Wer arbeitet, pflegt oder Kinder erzieht, braucht andere Formate als jemand im Übergang von der Schule in den Beruf. Vielfalt ist kein Problem, sondern Voraussetzung erfolgreicher Lernstrategien.

Nicht zuletzt ist lebenslanges Lernen auch eine Frage der digitalen Souveränität. In einer Welt der Algorithmen und Datenströme entscheidet nicht nur der Zugang zur Technik, sondern das Verständnis ihrer Funktionsweise. Medienkompetenz, Datenethik, algorithmische Grundbildung, all das sind keine Spezialthemen, sondern Basiskompetenzen für mündige Bürger. Eine lernende Gesellschaft ist eine reflektierte Gesellschaft. Doch Lernen ist mehr als ein ökonomisches Instrument. Es ist auch ein Ausdruck von Würde, von Selbstwirksamkeit, von Freiheit. Wer lernt, verändert sich – und verändert die Welt. Insofern ist lebenslanges Lernen der Schlüssel zu einer offenen, kreativen, widerstandsfähigen Gesellschaft. Nicht nur, weil es Wachstum ermöglicht, sondern weil es Wandel gestaltbar macht. In einer Zeit, die von Disruptionen geprägt ist, wird Lernen zur wichtigsten Form der Zukunftsfähigkeit.

Diese Zukunftsfähigkeit ist jedoch nicht gleich verteilt. Bildungsbiografien werden noch immer stark durch Herkunft, Geschlecht und soziale

---

mehr Investitionen und inklusive Programme insbesondere benachteiligte Gruppen zurückbleiben und das Wachstumspotenzial ungenutzt bleibt (vgl. UNESCO, 2019, S. 28–39).

[43] Die OECD untersucht regelmäßig, wie gut die Erwachsenenbildungssysteme der Mitgliedsländer auf die Anforderungen des Arbeitsmarkts im Zeichen von Digitalisierung und Strukturwandel vorbereitet sind. Viele Arbeitnehmer – insbesondere Geringqualifizierte und Ältere – nehmen aber kaum an Weiterbildungen teil. Hierfür identifiziert die OECD erfolgreiche nationale Strategien (etwa persönliche Weiterbildungskonten, steuerliche Anreize für Unternehmen, modulare Kurssysteme), die die Beteiligung erhöhen, und empfiehlt eine Reihe von Maßnahmen, um lebenslanges Lernen zu stärken: von besserer Beratung und Kompetenzfeststellung über Finanzierungshilfen bis hin zu einer Kultur, die Lernen im Erwachsenenalter fördert (vgl. OECD, 2019, S. 13–15).

Rahmenbedingungen geprägt. Der Zugang zu Weiterbildungsangeboten ist oft asymmetrisch: Je höher das Bildungsniveau, desto eher wird weiter gelernt. Je prekärer die Lebenslage, desto schwieriger der Zugang. Gerade deshalb muss lebenslanges Lernen auch als Instrument der sozialen Gerechtigkeit gedacht werden. Als Möglichkeit, Bildungsbenachteiligungen auszugleichen, soziale Mobilität zu fördern und gesellschaftliche Teilhabe abzusichern.

In diesem Sinne wird Weiterbildung zur neuen sozialen Infrastruktur. Bibliotheken, Volkshochschulen, Hochschulen, Lernzentren, digitale Plattformen; sie alle können Räume des Lernens öffnen, jenseits klassischer Bildungsinstitutionen. Aber auch Museen, Theater, Nachbarschaftshäuser und zivilgesellschaftliche Organisationen leisten Bildungsarbeit. Wenn Lernen als Kulturtechnik verstanden wird, wird Bildung zur Aufgabe des Gemeinwesens. Quer durch die Gesellschaft.

Auch das Verhältnis zwischen Wissensarbeit und körperlicher Arbeit muss neu austariert werden. Der Fokus auf digitale Kompetenz darf nicht dazu führen, dass andere Formen praktischen, handwerklichen oder pflegenden Lernens marginalisiert werden. Lebenslanges Lernen bedeutet nicht nur die Aneignung von Wissen, sondern auch von Können. Die Würde der Arbeit zeigt sich auch in der Anerkennung des lebenslangen Lernens im sogenannten Blaumann-Bereich, nicht nur in der Welt der „White collar"-Jobs.

Dabei rückt die Frage nach Motivation und Sinn in den Vordergrund. Warum lernen Menschen überhaupt, und was hindert sie daran? Wer Sinn in seiner Tätigkeit sieht, wer soziale Unterstützung erfährt, wer Autonomie erlebt, ist eher bereit, Neues zu lernen. Lebenslanges Lernen ist daher kein logistisches, sondern ein kulturelles Projekt. Es braucht Ermutigung, Anerkennung, positive Lernerfahrungen. Es braucht Lernbiografien, die von Erfolg erzählen. Nicht von Ausschluss.

Die Aufgabe der Politik besteht darin, diese Zukunftsfähigkeit nicht dem Zufall oder dem Markt zu überlassen. Es braucht eine Vision von Bildung, die nicht in Abschlüssen endet, sondern in Haltungen beginnt. Eine Vision, die nicht nur den Arbeitsmarkt stärkt, sondern die

Demokratie. Lebenslanges Lernen ist keine technokratische Agenda – es ist ein Gesellschaftsvertrag.[44]

Wachstum beginnt im Kopf, und Lernen ist der Ort, an dem es seinen Ausgang nimmt. Wenn die Wissensgesellschaft mehr sein will als ein rhetorisches Versprechen, dann muss sie sich daran messen lassen, wie gut sie die Menschen in ihrer Lernfähigkeit stärkt. Nicht punktuell, nicht selektiv, sondern systematisch über alle Lebensphasen hinweg, über soziale Grenzen hinweg, über disziplinäre Silos hinweg. Denn wer lernen kann, kann Zukunft gestalten. Und wer Zukunft gestalten will, muss das Lernen neu denken.

2.7　Wenn Ideen wandern lernen: Vom Labor ins echte Leben

Wissen ist keine statische Größe. Es entfaltet seine Wirkung erst im Moment der Anwendung. Die große Stärke der Wissensgesellschaft liegt nicht allein in der Generierung neuen Wissens, sondern in der Fähigkeit, dieses Wissen wirksam in die Praxis zu überführen. Der Wissenstransfer, also die Übersetzung, Vermittlung und Integration von wissenschaftlichen Erkenntnissen in gesellschaftliche und wirtschaftliche Kontexte, wird zu einem zentralen Hebel nachhaltigen Wachstums.

Doch dieser Transfer verläuft keineswegs automatisch. Zwischen Forschung und Anwendung klafft oft eine Lücke.[45] Wissenschaft produziert

---

[44] Goldin und Katz analysieren in ihrem Buch *The Race between Education and Technology* die Entwicklung der Bildungsbeteiligung und Lohnungleichheit in den USA im 20. Jahrhundert. Sie argumentieren darin, dass technischer Fortschritt kontinuierlich die Nachfrage nach höher qualifizierten Arbeitskräften erhöht hat. Immer dann, wenn das Bildungssystem ausreichend viele Menschen mit höheren Qualifikationen hervorbrachte (z. B. High-School-Bewegung um 1910–1940), konnten diese den Bedarf decken; die Löhne blieben egalitär und das Wachstum war inklusiv. Wenn jedoch die Bildungsexpansion ins Stocken geriet (z. B. seit den 1980ern stagnierende Hochschulabsolventenquoten), wuchs die Ungleichheit und das Wachstumspotenzial wurde nicht voll ausgeschöpft. Bildung (Angebot an Skills) muss mit dem technologischen Wandel (Nachfrage nach Skills) Schritt halten, um breiten Wohlstand zu ermöglichen (vgl. Goldin/Katz, 2008, S. 287–323).

[45] Wissenstransfer passiert nicht von selbst, es braucht entsprechende Kultur und Strukturen. Laut Argote (2024) erfordert erfolgreicher Transfer Motivation, geeignete Mechanismen und Begegnung zwischen Wissensgeber und -nehmer. In der Praxis entstehen dafür Interface-Strukturen: etwa gemeinsame Projekte zwischen Hochschulen und Betrieben, Innovationslabore, Wissensnetzwerke. Erfolgreiche Beispiele sind z. B. Transferzentren an Hochschulen, die Forschungsergebnisse mit

Erkenntnisse, deren Umsetzung im Alltag nicht trivial ist. Unternehmen, öffentliche Verwaltung und Zivilgesellschaft wiederum suchen nach Lösungen, doch der Zugang zu relevanter Forschung ist häufig durch Sprachbarrieren, durch institutionelle Trennung oder auch durch unterschiedliche Zeitlogiken begrenzt. Hier entstehen Reibungsverluste, Missverständnisse und ungenutzte Potenziale. Das Problem ist strukturell: Die Wissenssysteme unserer Gesellschaft sind arbeitsteilig organisiert. Vereinfacht dargestellt wird Forschung in Hochschulen und Instituten betrieben; Anwendung findet in Unternehmen, Verwaltungen, NGOs oder Initiativen statt. Die Übersetzungsleistung dazwischen, also die Transformation von abstrakter Erkenntnis in kontextbezogene Handlung, ist bislang zu wenig institutionalisiert, zu wenig finanziert und auch zu wenig gewürdigt.[46] Die Folge: Erkenntnisse bleiben im Elfenbeinturm, Bedarfe bleiben unerfüllt. Dabei zeigen erfolgreiche Beispiele, wie produktiv diese Brücke sein kann. In der Medizin etwa ist der Transfer zwischen Forschung, Klinik und Industrie nicht zuletzt durch gemeinsame Plattformen, gemeinsame Datenräume und translationales Denken hochentwickelt. Auch in der Energiewende, in der Landwirtschaft oder im Bildungsbereich entstehen zunehmend intermediäre Organisationen, die als Schnittstelle zwischen Forschung und Anwendung fungieren. Wissensallianzen, Living Labs, Reallabore oder transdisziplinäre Projekte sind Ausdruck dieses neuen Paradigmas.

Doch diese Formen des Transfers brauchen Unterstützung: institutionell, finanziell und kulturell. Es reicht nicht, Transfer als Verwertung oder Verbreitung zu denken. Vielmehr braucht es echte Ko-Produktion: eine Forschung, die von Anfang an gemeinsam mit Anwendenden entwickelt wird. Eine Praxis, die bereit ist, wissenschaftliche Erkenntnis als Im-

---

Industriepartnern umsetzen, oder Open Innovation Plattformen. Der effektive Brückenschlag zwischen Theorie und Praxis ist essentiell für eine beschleunigte Umsetzung von Ideen in marktfähige Innovationen, die wiederum Wachstum und Wettbewerbsfähigkeit fördern (vgl. Argote, 2024, S. 340ff).

[46] Siehe hierzu beispielsweise Perkmann et al. (2013), die mit ihrem umfassenden Literaturüberblick den Forschungsstand zu Kooperationen zwischen Hochschulen und Unternehmen zusammenfassen. Dabei unterscheiden sie zwei Formen des Wissenstransfers: erstens *academic engagement* wie informelle Zusammenarbeit, gemeinsame Forschung oder Auftragsforschung, und zweitens *Kommerzialisierung* wie Patente, Spin-offs oder Lizenzierung (vgl Perkmann et al., 2013, S. 423–439).

puls zu nutzen.[47] Eine Politik, die den Transfer als zentrale Zukunftsaufgabe erkennt und strukturell fördert. Denn Wissen entfaltet seine wirtschaftliche und gesellschaftliche Kraft erst dann vollständig, wenn es anschlussfähig wird. Dafür braucht es jenseits wissenschaftlicher Journale und technokratischer Berichte neue Formate der Kommunikation. Es braucht verständliche Sprache, offene Daten, dialogische Räume. Wissenschaftskommunikation ist kein PR-Instrument, sondern ein demokratischer Auftrag. Zugleich muss auch die Forschung selbst lernfähig werden. Sie muss bereit sein, Fragen aus der Praxis ernst zu nehmen, ihre eigenen Begriffe zu hinterfragen, Interdisziplinarität zuzulassen. Der Wissenstransfer ist keine Einbahnstraße, sondern ein wechselseitiger Prozess, in dem auch die Wissenschaft selbst wächst.[48] Erkenntnis entsteht im Austausch. Innovation entsteht im Dialog.

Was auf institutioneller Ebene gefordert ist, beginnt jedoch im Mindset der Beteiligten. Forschende müssen lernen, nicht nur in Richtung der eigenen Peergroup zu publizieren, sondern auch in Richtung der Praxis zu kommunizieren. Praktiker wiederum müssen die Bereitschaft entwickeln, wissenschaftliche Perspektiven nicht als abstrakt, sondern als konstruktive Irritation zu begreifen. Transfer ist kein Downloadprozess, sondern eine gemeinsame Reflexion über das, was ist, und das, was sein könnte.

Eine besondere Herausforderung liegt in der Anerkennung dieser Übersetzungsarbeit. In der akademischen Welt zählt nach wie vor die klassische Publikation, gemessen an Impact-Faktoren, Zitationen und Rankings. Transferleistungen dagegen, etwa die Mitwirkung an kommunalen Entwicklungsprozessen, die Moderation von Stakeholderdialogen

---

[47] Cohen und Levinthal haben das Konzept der absorptiven Kapazität eingeführt als die Fähigkeit eines Unternehmens (oder einer Organisation), externes Wissen aufzunehmen und nutzbar zu machen. Sie argumentieren, dass ein gewisses Maß an eigenem Vorwissen (z. B. durch eigene FuE oder gut ausgebildetes Personal) nötig ist, um extern erzeugtes Wissen, etwa aus wissenschaftlicher Forschung, überhaupt verstehen und anwenden zu können. Unternehmen sollten daher nicht nur in Forschung investieren, um selbst zu erfinden, sondern auch um auf dem Laufenden zu bleiben und fremde Erfindungen adaptieren zu können. Dieses Konzept ist fundamental, um Erfolg oder Misserfolg von Wissenstransfer zu erklären (vgl. Cohen/Levinthal, 1990, S. 149f).

[48] Die OECD geben beispielsweise zur Förderung vom Wissensaustausch konkrete Empfehlungen zur Ausgestaltungen von Patentgesetzen (Bayh-Dole-Act-ähnliche Regelungen), zur Qualifizierung von Transferpersonal und zur Schaffung von Begegnungsräumen zwischen Wissenschaft und Wirtschaft ab (vgl. OECD, 2013b, S. 11 f).

oder die Erstellung praxisnaher Handlungsempfehlungen, bleiben oft unsichtbar, werden weder finanziert noch karrierewirksam anerkannt. Hier braucht es ein neues Verständnis von wissenschaftlicher Exzellenz: nicht nur als Tiefe der Erkenntnis, sondern als Breite der Wirkung. Hinzu kommt, dass der Transferprozess nicht neutral ist. Wer bestimmt, was als relevantes Wissen gilt? Wer hat Zugang zu den Entscheidungsprozessen, in denen Wissen Wirkung entfalten soll?

In der digitalen Transformation eröffnen sich neue Räume des Transfers. Plattformen für Open Science, partizipative Forschungsformate, digitale Zwillinge von Reallaboren. All das kann helfen, Wissen zugänglich und anschlussfähig zu machen. Doch auch hier gilt: Technologie ersetzt nicht die soziale Dimension. Vertrauen, Beziehung und Dialog, sie bleiben die Grundlage jedes gelingenden Transfers. Es reicht nicht, Informationen bereitzustellen. Es braucht Austausch, Verbindlichkeit und gegenseitige Lernbereitschaft.

Gerade angesichts der großen Herausforderungen unserer Zeit wird deutlich, dass isoliertes Wissen nicht genügt. Nur im Zusammenwirken unterschiedlicher Perspektiven und nur im kreativen Zusammenspiel von Wissenschaft und Praxis entstehen Lösungen, die tragfähig und anschlussfähig sind. Wissenstransfer ist damit nicht nur eine technische Aufgabe, sondern ein zivilgesellschaftlicher Imperativ.

Wenn wir den Übergang zu einer nachhaltigen, gerechten und innovationsfähigen Gesellschaft ernst meinen, müssen wir den Transfer als zentrales Element in den Mittelpunkt unserer Bildungs-, Wissenschafts- und Innovationsstrategien rücken. Es ist an der Zeit, die Brücken zu bauen, die notwendig sind, damit das Wissen, das wir haben, auch wirken kann. Denn Wissen, das nicht wandert, bleibt Theorie. Und Theorie, die nicht berührt, bleibt folgenlos.

2.8 Wissen mit Gewissen: Über Verantwortung im Zeitalter der Informationsflut

Wissen ist Macht, und mit Macht erwächst Verantwortung. In einer Zeit, in der Wissen zur entscheidenden Ressource wirtschaftlicher Entwicklung, politischer Gestaltung und gesellschaftlicher Teilhabe geworden ist, wird die Frage nach dem ethischen Umgang mit Wissen zu einer Schlüsselfrage unserer Epoche. Wie wir Wissen erzeugen, verteilen, nutzen und begrenzen, ist kein rein technisches oder ökonomisches Problem. Es ist ein zutiefst normatives. Denn Wissen ist nicht neutral. Es entsteht in sozialen Kontexten, spiegelt Interessen, formt Realitäten. Was als relevantes Wissen gilt, hängt nicht nur von epistemischen Standards ab, sondern auch von Machtverhältnissen, kulturellen Prägungen und institutionellen Setzungen. Ethik in der Wissensgesellschaft bedeutet daher, diese Bedingungen sichtbar zu machen und sich der Verantwortung bewusst zu sein, die mit der Produktion und Anwendung von Wissen verbunden ist.

Zugleich stellt sich die Frage, wem Wissen gehört, und wer es nutzen darf. Wenn Wissen zum zentralen Produktivfaktor wird, dann entscheidet der Zugang dazu auch über soziale Gerechtigkeit. Ein Wissenssystem, das auf Ausschluss beruht, produziert Ungleichheit. Ein System, das Wissen als Gemeingut versteht, schafft Teilhabe. Zwischen diesen Polen muss sich die Wissensgesellschaft positionieren und klären, wie sie Offenheit, Schutz und Verteilung in ein gerechtes Verhältnis bringt.[49] Besonders drängend wird diese Frage im digitalen Zeitalter. Algorithmen entscheiden über Kredite, Versicherungen, Bewerbungschancen. Künstliche Intelligenz trifft Vorhersagen, automatisiert Prozesse, beeinflusst Meinungsbildung. Doch wer versteht, wie diese Systeme funktionieren? Wer kontrolliert ihre Logiken? Wer haftet für ihre Folgen? Die Technologisierung der Wissensverarbeitung wirft fundamentale ethische

---

[49] Im digitalen Wissenszeitalter tragen Akteure besondere Verantwortung für den Umgang mit Information und Technologie. Die UNESCO mahnt seit Jahren an, dass wissenschaftlicher und technologischer Fortschritt nur mit starken ethischen Leitplanken nachhaltig gelingen kann (vgl. Scholze, 2006).

Fragen auf: über Transparenz, Verantwortung, Diskriminierung und Kontrolle.[50]

Auch in der Forschung selbst verschärft sich der normative Druck. Was darf erforscht werden und zu welchem Zweck? Welche Risiken sind vertretbar, welche nicht? Wie transparent muss Forschung sein, wie unabhängig? Die zunehmende Drittmittelfinanzierung, der Druck zur Verwertung, die Nähe zu politischen oder wirtschaftlichen Interessen werfen Fragen auf, die über das wissenschaftliche Ethos hinausgehen. Ethikkommissionen, Publikationsrichtlinien, Forschungsfreiheitsdebatten. Sie alle sind Ausdruck eines gesellschaftlichen Ringens um die Integrität der Wissensproduktion. Hinzu kommt auch noch die Frage nach der Repräsentation: Wessen Wissen zählt und wessen nicht? Eine ethische Wissensgesellschaft muss sich auch ihrer epistemischen Ausschlüsse stellen und Diversität nicht nur als soziale, sondern als erkenntnistheoretische Kategorie begreifen.

Verantwortung bedeutet aber nicht nur Selbstbegrenzung, sondern auch aktive Gestaltung. Wer Wissen nutzt, muss Folgen abschätzen. Wer Wissen teilt, muss Verständlichkeit sichern. Es reicht nicht, Wissen zu generieren. Es muss verantwortungsvoll in gesellschaftliche Prozesse eingebettet werden. Das betrifft Bildung ebenso wie Politikberatung, Medienarbeit ebenso wie Unternehmensentscheidungen. Die Herausforderung liegt dabei nicht zuletzt in der Ambivalenz des Wissens. Dasselbe Wissen kann befreien oder kontrollieren, heilen oder zerstören, aufklären oder manipulieren.[51] Ethik bedeutet hier nicht, einfache Antworten zu

---

[50] So hat die UNESCO 2021 die erste globale Empfehlung zur AI-Ethik verabschiedet, der alle 194 Mitgliedstaaten zustimmen. Diese fordert etwa den Schutz der Menschenrechte, Nicht-Diskriminierung und Transparenz bei KI-Systemen. Generell gilt: Wissen schafft Macht – und damit ethische Pflichten. Etwa müssen Algorithmen so eingesetzt werden, dass sie keine unfairen Verzerrungen einführen oder Grundrechte verletzen (vgl. UNESCO, 2021, S. 17–20).

[51] Grundmann und Stehr untersuchen in ihrem Buch *The Power of Scientific Knowledge: From Research to Public Policy*, wie wissenschaftliches Wissen in politische Entscheidungen einfließt und welche Hürden und Verantwortlichkeiten dabei bestehen. Sie argumentieren, dass Wissen allein nicht automatisch zu rationaler Politik führt. Faktoren wie politisches Interesse, Werte, aber auch Unsicherheiten im Wissensstand beeinflussen die Nutzung. Dabei liege die Verantwortung sowohl bei der Wissenschaft, ihr Wissen verständlich und ehrlich zu kommunizieren, als auch bei der Politik, dieses Wissen ernsthaft zu berücksichtigen. Gleichzeitig warnen die Autoren vor Technokratie: Expertise muss demokratisch eingebettet sein. Das Konzept der Wissensgesellschaft wird dahingehend kritisch beleuchtet, ob mehr Wissen wirklich zu besseren Entscheidungen führt, wenn nicht ethische Reflexion und Dialog stattfinden (vgl Grundmann/Stehr, 2012, S. 179–194).

geben, sondern im Wissen um die Tragweite und Begrenztheit jeder Erkenntnis bewusste Entscheidungen zu treffen. Es braucht Räume der Reflexion, Institutionen der Kontrolle und Kulturen der Verantwortung. Diese Kulturen wachsen nicht von allein. Sie müssen gelernt, gelebt und verteidigt werden. Ethik darf nicht zur Checkliste verkommen, sondern muss integraler Bestandteil von Bildungswegen, Forschungspraktiken und Innovationsprozessen sein. Vielleicht braucht es eine neue Aufklärung – nicht als Abstraktion, sondern als Alltagskompetenz: kritisch, empathisch, urteilsfähig.

In einer Wissensgesellschaft, die sich als demokratisch, gerecht und nachhaltig versteht, kann die Ethik keine nachgelagerte Instanz sein. Sie muss als Kompass, als Korrektiv und als Quelle gesellschaftlicher Selbstverständigung im Zentrum stehen. Denn Wissen ist eben nicht nur Macht, es ist auch Verantwortung. Und wie wir mit dieser Verantwortung umgehen, wird darüber entscheiden, ob die Wissensgesellschaft eine Gesellschaft des Fortschritts oder des Ausschlusses wird.

Um dieser Verantwortung gerecht zu werden, müssen auch die Strukturen der Wissensproduktion verändert werden. Es genügt nicht, ethische Reflexion an den Rand zu delegieren. Etwa in Form einer Ethikkommission, die am Ende eines Projekts Empfehlungen ausspricht. Vielmehr braucht es ein Ethikbewusstsein, das bereits im Design von Forschungsfragen beginnt: Was sind die impliziten Annahmen? Welche Gruppen könnten von den Ergebnissen profitieren oder benachteiligt werden? Welche Alternativen wurden verworfen und warum?

Auch auf globaler Ebene stellen sich drängende ethische Fragen. Wenn der Großteil digitaler Infrastruktur, wissenschaftlicher Veröffentlichungen und technologischer Standards im Globalen Norden verankert ist, droht eine neue epistemische Kolonialität. Die ethische Wissensgesellschaft des 21. Jahrhunderts muss deshalb auch offen für vielfältige Erkenntnisformen, sensibel für historische Ungleichheiten sowie solidarisch im Zugang zu Bildungs- und Forschungsressourcen sein.

Nicht zuletzt braucht es eine Ethik der Zukunft. Die Wissensgesellschaft muss lernen, langfristig zu denken. Über Generationen hinweg, über Arten und Ökosysteme hinaus. Wissen, das heute generiert wird, prägt die Handlungsspielräume von morgen. Ob Gentechnik,

Geoengineering oder digitale Überwachung. Viele Technologien werfen Fragen auf, deren Tragweite erst in Jahrzehnten erkennbar wird.[52]

Die Wissensgesellschaft, wie sie sich heute entwickelt, steht an einem Scheideweg. Entscheidend wird sein, ob es gelingt, die ethische Dimension des Wissens nicht als Zusatz, sondern als Kern zu begreifen. Denn am Ende geht es nicht nur um das, was wir wissen, sondern um das, was wir aus diesem Wissen machen. Um die Welt, die wir damit gestalten. Und um die Frage, ob diese Welt allen zugutekommt oder nur wenigen.

2.9　Fazit

Wissen ist kein neutrales Gut. Es ist ein schöpferischer, zutiefst sozialer Prozess. Fragil, kontextgebunden und voller Ambivalenzen. In diesem Kapitel haben wir versucht, dem Phänomen des Wissenskapitals gerecht zu werden, indem wir Wissen nicht nur als ökonomischen Produktionsfaktor behandeln, sondern als kulturellen, politischen und ethischen Brennpunkt unserer Gegenwart.

Die zentrale Einsicht ist dabei einfach und radikal zugleich: Die moderne Ökonomie wächst nicht mehr durch die schiere Akkumulation von Kapital oder Arbeit, sondern durch die Fähigkeit, Wissen zu generieren, weiterzugeben und produktiv zu nutzen. Doch damit ist Wissen kein passives Gut. Es verlangt nach Struktur, nach Vertrauen, nach Offenheit. Es braucht Systeme, die Lernen ermöglichen, Institutionen, die Teilhabe sichern, und Kulturen, die Diversität fördern.

Die Wachstumstheorien haben in ihrer Differenz – zwischen exogenen und endogenen Modellen – gezeigt, dass technischer Fortschritt nicht vom Himmel fällt, sondern aus Humankapital, Investitionsklima und

---

[52] Zuboff analysiert in ihrem Buch *The Age of Surveillance Capitalism*, wie große Technologieunternehmen ein neues Wirtschaftsmodell etabliert haben, das auf der großflächigen Sammlung und kommerziellen Auswertung persönlicher Daten beruht – von ihr als Überwachungskapitalismus bezeichnet. Sie zeigt, wie diese Konzerne mittels allgegenwärtiger Datenerfassung Verhaltensvorhersagen treffen und beeinflussen können, was tiefgreifende Folgen für Privatsphäre, individuelle Autonomie und demokratische Gesellschaften hat. Zuboff warnt, dass ohne Regulierung eine asymmetrische Machtkonzentration entsteht: Wenige Unternehmen besitzen unermessliches Wissen über Milliarden Menschen (Wissensmonopol in Form von Daten) und entziehen sich bisher weitgehend gesellschaftlicher Kontrolle (vgl. Zuboff, 2019, S. 352ff.).

institutionellem Rahmen entsteht. Doch auch ihre Grenzen wurden deutlich: Weder das Solow-Modell noch die endogenen Theorien können vollständig erklären, warum manche Gesellschaften in die Wissensökonomie aufsteigen und andere daran scheitern. Es sind Faktoren wie Bildung, Vertrauen, Rechtsstaatlichkeit, aber auch Geschichte und Geografie, die Wachstum bedingen – und deren Zusammenwirken wir immer nur in Fragmenten verstehen.[53] Diese Erkenntnis lenkt den Blick auf die politischen Dimensionen des Wissenskapitals. Denn was als Bildung gilt, wie Forschung organisiert ist, wie geistiges Eigentum geschützt oder geteilt wird; das sind keine naturwüchsigen Prozesse, sondern Ergebnis gesellschaftlicher Aushandlung. Die Fragen des Zugangs, der Qualität, der Teilhabe und der Repräsentation sind nicht randständig, sondern konstitutiv. Wer Wissen besitzt, besitzt nicht nur Produktionsmittel. Er besitzt Zukunft.

Die Analyse globaler Wissensungleichheiten hat deutlich gemacht: Die Wissensgesellschaft ist bislang keine globale. Zu viele bleiben ausgeschlossen: durch mangelnde Infrastruktur, fehlende Bildungschancen oder asymmetrische Eigentumsrechte. Lebenslanges Lernen erweist sich dabei nicht als technisches Update-Programm, sondern als Grundlage gesellschaftlicher Resilienz. In einer Welt permanenter Veränderung wird Bildung zum sozialen Grundrecht. Quer durch Lebensalter, Herkunft, Profession. Doch dafür braucht es ein Bildungssystem, das nicht nur Qualifikation vermittelt, sondern Urteilsfähigkeit, Selbstwirksamkeit und Weltbezug. Die lernende Gesellschaft ist keine Ansammlung zertifizierter Individuen. Sie ist ein kollektiver Möglichkeitsraum.

Damit dieses Wissen wirken kann, muss es wandern. Der Wissenstransfer – zwischen Wissenschaft, Wirtschaft, Zivilgesellschaft und Politik – ist der entscheidende Knotenpunkt der Wissensökonomie. Doch Transfer ist keine Einbahnstraße. Er erfordert Vertrauen, Kommunikation, Anerkennung von Differenz. Nur wo Wissen nicht nur verbreitet, sondern verhandelt wird, entstehen echte Innovationen. Nicht das Wissen selbst erzeugt Wandel, sondern das gemeinsame Lernen.

All das mündet in ethischen Fragen: Wie gehen wir mit der Macht um, die Wissen verleiht? Wie gestalten wir die Systeme, die Wissen formen

---

[53] Vgl. OECD (2015), S. 7.

und verteilen? Wie verhindern wir, dass die Wissensgesellschaft zur Kontrollgesellschaft wird? Und wie sichern wir ihre Offenheit, ihre Gerechtigkeit, ihre Zukunftsfähigkeit? Die Antwort liegt nicht in einer bloßen Technikfolgeabschätzung, sondern in einer kulturellen, politischen und philosophischen Selbstverständigung. Die Ethik ist nicht der Feinschliff des Wissenssystems. Sie ist sein Fundament.

Die Zukunft wird nicht jenen gehören, die am meisten wissen. Sondern jenen, die am besten teilen können. Wissenskapital ist keine Ressource wie jede andere. Es wächst, wenn man es nutzt. Es wird stärker, wenn man es teilt. Es wird wirksam, wenn man es versteht. Die große Aufgabe unserer Zeit besteht darin, aus Wissen Gemeingut zu machen. Nicht in idealistischer Naivität, sondern in institutioneller Ernsthaftigkeit. Denn Wissen, das in den Händen vieler liegt, erzeugt nicht nur Innovation, sondern auch Gerechtigkeit.

Am Ende steht ein Bild: Die Wissensgesellschaft ist keine Fabrik, kein Markt, kein Archiv. Sie ist ein Netzwerk. Ein Netzwerk von Fragenden, Forschenden, Lernenden, Teilenden. Ein Netzwerk, das nur dann stabil bleibt, wenn es durch Vertrauen gehalten, durch Bildung genährt, durch Ethik geleitet wird. Die lernende Gesellschaft ist kein Zustand. Sie ist ein Prozess. Und dieser Prozess beginnt mit einer Entscheidung: Wissen nicht zu horten, sondern zu öffnen. Denn vielleicht ist das die eigentliche Pointe des Wissenskapitals: dass es nicht im Eigentum seinen höchsten Ausdruck findet, sondern in der Teilhabe. Wissen, so verstanden, ist nie fertig. Diese Offenheit ist keine Schwäche, sondern die tiefste Stärke einer aufgeklärten Gesellschaft: zu wissen, dass man nicht alles weiß, und daraus den Impuls zu schöpfen, gemeinsam zu lernen. Die Wirtschaft der Zukunft wird nicht durch die Produktion von Dingen wachsen, sondern durch die Produktion von Bedeutung.

Bedeutung aber entsteht nicht durch Information, sondern durch Beziehung. Erst im Kontext, im Austausch, im gemeinsamen Deuten wird Wissen lebendig. Die lernende Gesellschaft ist deshalb nicht nur ein ökonomisches, sondern ein zivilisatorisches Projekt. So schließt sich der Kreis: Wissen als Kapital ist kein Versprechen des ewigen Wachstums, sondern ein Angebot an die Zukunft.

Literatur

Acemoglu, D., Johnson, S., & Robinson, J. A. (2001). The colonial origins of comparative development: An empirical investigation. *American Economic Review, 91*(5), 1369–1401. https://doi.org/10.1257/aer.91.5.1369

Aghion, P., & Howitt, P. (1992). A model of growth through creative destruction. *Econometrica, 60*(2), 323–351.

Argote, L. (2024). Knowledge transfer within organizations: Mechanisms, motivation, and consideration. *Annual Review of Psychology, 75*, 405–431. https://doi.org/10.1146/annurev-psych-022123-105424

Barro, R. J. (1991). Economic growth in a cross section of countries. *Quarterly Journal of Economics, 106*(2), 407–443. https://doi.org/10.2307/2937943

Boldrin, M., & Levine, D. K. (2008). *Against intellectual monopoly.* Cambridge University Press. https://doi.org/10.1017/CBO9780511510854

Bresnahan, T., & Trajtenberg, M. (1995). General purpose technologies "engines of growth"? Journal of Econometrics, 65(1), 83–108. https://doi.org/10.1016/0304-4076(94)01598-T

Cohen, W. M., & Levinthal, D. A. (1990). Absorptive capacity: A new perspective on learning and innovation. *Administrative Science Quarterly, 35*(1), 128–152.

Corrado, C., Hulten, C., & Sichel, D. (2009). Intangible capital and U.S. economic growth. *Review of Income and Wealth, 55*(3), 661–685. https://doi.org/10.1111/j.1475-4991.2009.00343.x

Floridi, L. (2013). *The ethics of information.* Oxford University Press.

Galor, O. (2011). *Unified growth theory.* Princeton University Press. https://doi.org/10.2307/j.ctvcm4h7m

Goldin, C., & Katz, L. F. (2008). *The race between education and technology.* Harvard University Press. https://doi.org/10.2307/j.ctvjf9x5x

Greenhalgh, C., & Rogers, M. (2010). *Innovation, intellectual property, and economic growth.* Princeton University Press.

Grundmann, R., & Stehr, N. (2012). *The power of scientific knowledge: From research to public policy.* Cambridge University Press. https://doi.org/10.1017/CBO9781139137003

Hanushek, E. A., & Woessmann, L. (2008). The role of cognitive skills in economic development. *Journal of Economic Literature, 46*(3), 607–668. https://doi.org/10.1257/jel.46.3.607

Hanushek, E. A., & Woessmann, L. (2020). Education, knowledge capital, and economic growth. In S. Bradley & C. Green (Eds.), *The economics of education*

(2nd ed., pp. 171–182). Academic. https://doi.org/10.1016/B978-0-12-815391-8.00014-8

Haskel, J., & Westlake, S. (2018). *Capitalism without capital: The rise of the intangible economy.* Princeton University Press.

Jones, C. I. (1995). R&D-based models of economic growth. *Journal of Political Economy, 103*(4), 759–784.

Jorgenson, D. W. (2001). Information technology and the U.S. economy. *American Economic Review, 91*(1), 1–32. https://doi.org/10.2139/ssrn.257536

Landes, D. S. (1999). *The wealth and poverty of nations: Why some are so rich and some are so poor.* W. W. Norton & Company.

Lucas, R. E., Jr. (1988). On the mechanics of economic development. *Journal of Monetary Economics, 22*(1), 3–42. https://doi.org/10.1016/0304-3932(88)90168-7

Mankiw, N. G., Romer, D., & Weil, D. N. (1992). A contribution to the empirics of economic growth. *Quarterly Journal of Economics, 107*(2), 407–437. https://doi.org/10.2307/2118477

Maradana, R. P., Pradhan, R. P., Dash, S., Gaurav, K., Jayakumar, M., & Chatterjee, D. (2017). Does innovation promote economic growth? Evidence from European countries. *Journal of Innovation and Entrepreneurship, 6*, Article 2. https://doi.org/10.1186/s13731-016-0061-9

Organisation for Economic Co-operation and Development [OECD]. (2013a). *Supporting investment in knowledge capital, growth and innovation.* OECD Publishing.

Organisation for Economic Co-operation and Development [OECD]. (2013b). *Commercialising public research: New trends and strategies.* OECD Publishing.

Organisation for Economic Co-operation and Development [OECD]. (2015). *OECD innovation strategy 2015: An agenda for policy action.* OECD Publishing.

Organisation for Economic Co-operation and Development [OECD]. (2018). The productivity-inclusiveness nexus. OECD Publishing. https://doi.org/10.1787/9789264292932-en

Organisation for Economic Co-operation and Development [OECD]. (2019). *Getting skills right: Future-proofing adult learning.* OECD Publishing.

Patrinos, H. (2020, April 22). Lifelong learning. *World Bank Blogs.* Retrieved July 5, 2025, from https://blogs.worldbank.org/en/education/lifelong-learning

Perkmann, M., Tartari, V., McKelvey, M., Autio, E., Broström, A., D'Este, P., … Sobrero, M. (2013). Academic engagement and commercialization: A review of the literature on university–industry relations. *Research Policy, 42*(2), 423–442. https://doi.org/10.2139/ssrn.2088253

Peters, B., Mohnen, P., Saam, M., Blandinières, F., Hud, M., Krieger, B., & Niebel, T. (2018). *Innovationsaktivitäten als Ursache des Productivity Slowdowns? Eine Literaturstudie* (Studien zum deutschen Innovationssystem 10-2018). Expertenkommission Forschung und Innovation (EFI).

Romer, P. M. (1990). Endogenous technological change. *Journal of Political Economy, 98*(5, Pt. 2), S71–S102.

Sala-i-Martin, X., Doppelhofer, G., & Miller, R. I. (2004). Determinants of long-term growth: A Bayesian averaging of classical estimates (BACE). *American Economic Review, 94*(4), 813–835.

Santos, B. de S. (2014). *Epistemologies of the South: Justice against epistemicide.* Routledge. https://doi.org/10.4324/9781315634876

Scholze, S. (2006). Setting standards for scientists: For almost ten years, CO-MEST has advised UNESCO on the formulation of ethical guidelines. *EMBO Reports, 7*(Suppl 1), S65–S67. https://doi.org/10.1038/sj.embor.7400709

Solow, R. M. (1956). A contribution to the theory of economic growth. *Quarterly Journal of Economics, 70*(1), 65–94. https://doi.org/10.2307/1884513

Solow, R. M. (1957). Technical change and the aggregate production function. *Review of Economics and Statistics, 39*(3), 312–320.

Solow, R. M. (1987, 8. Dezember). Prize lecture: Lecture to the memory of Alfred Nobel. NobelPrize.org. https://www.nobelprize.org/prizes/economic-sciences/1987/solow/lecture/

UNESCO. (2021). *Recommendation on the ethics of artificial intelligence.* UNESCO.

UNESCO Institute for Lifelong Learning. (2019). *4th global report on adult learning and education (GRALE 4).* UNESCO Publishing.

UNESCO Institute for Statistics. (2025). How much does your country invest in R&D? Retrieved July 5, 2025, from https://uis.unesco.org/apps/visualisations/research-and-development-spending

United Nations Conference on Trade and Development [UNCTAD]. (2007, July 9). *The knowledge divide and the poverty divide* [Pressemitteilung].

van Dijk, J. A. G. M. (2020). *The digital divide.* Polity Press.

Wiens, J., & Jackson, C. (2015). *How intellectual property can help or hinder innovation.* Ewing Marion Kauffman Foundation. https://www.kauffman.org/resources/entrepreneurship-policy-digest/how-intellectual-property-can-help-or-hinder-innovation

World Economic Forum. (2019). *The global competitiveness report 2019.* World Economic Forum.

Zimmermann, R. (2021). Innovationen und technischer Fortschritt sind Treiber des Wachstums (KfW Research, Fokus Volkswirtschaft Nr. 361). KfW Bankengruppe. https://www.kfw.de/PDF/Download-Center/Konzern-themen/Research/PDF-Dokumente-Fokus-Volkswirtschaft/Fokus-2021/Fokus-Nr.-361-Dezember-2021-Innoeffekte.pdf

Zuboff, S. (2019). *The age of surveillance capitalism: The fight for a human future at the new frontier of power.* PublicAffairs.

3

Wo das Neue entsteht – Innovation als Herzschlag des Fortschritts

Innovation scheint als Destillat des Wissenskapitals wie der unsichtbare Fluss, der die Konturen der Geschichte immer wieder neu zeichnet. Sie ist der ständige Widerhall menschlicher Sehnsucht, die Grenzen des Vorhandenen zu überschreiten, das Mögliche zu wagen, das Unvorstellbare denkbar zu machen. Wo Menschen Innovation entfesseln, dort verändern sie nicht nur Werkzeuge und Methoden. Sie erschaffen neue Wirklichkeiten, neue Weisen, sich in der Welt zu bewegen, zu arbeiten, zu träumen.

Innovation als der Motor des Fortschritts; eine beinahe schon abgedroschene Floskel, und doch ringt jede Generation neu mit ihrer Bedeutung. Vom Funken, der das erste Feuer entfachte, über die Dampfmaschine bis hin zur künstlichen Intelligenz hat der Einfallsreichtum der Menschheit immer wieder Grenzen verschoben. Heute stehen wir erneut an einer Schwelle: Wir verfügen über technologische Möglichkeiten, die früher undenkbar waren, und zugleich sehen wir uns Herausforderungen gegenüber, die unser hergebrachtes Denken in Frage stellen. Wie kann technischer Fortschritt zu qualitativem Wachstum führen – Wachstum, das Wohlstand mehrt, ohne unsere sozialen und ökologischen Grund-

© Der/die Autor(en), exklusiv lizenziert an Springer Fachmedien Wiesbaden GmbH, ein Teil von Springer Nature 2026
M. Pätzold et al., *Wachstum neu denken*,
https://doi.org/10.1007/978-3-658-50406-9_3

lagen zu zerstören? Diese Frage wird uns im weiteren Verlaufe dieses Buches immer wieder beschäftigen.

Während in früheren Jahrhunderten Land, Arbeitskraft oder Kapital die zentralen Produktionsfaktoren waren, spricht man heute von einer Wissensökonomie. In dieser modernen Wirtschaft beruht die Wertschöpfung wesentlich auf immateriellen Gütern: Ideen, Informationen, Know-how. Tatsächlich hängt der Wert von Unternehmen und Volkswirtschaften immer stärker von Human- und Wissenskapital ab, also vom Können der Menschen, ihrer Bildung, Kreativität und ihrem technologischen Know-how, und weniger von physischen Rohstoffen. Wissen vermehrt sich, indem man es teilt, und es nutzt sich nicht ab, wenn man es gebraucht. Diese besondere Eigenschaft macht es zum Wachstumstreiber par excellence. Doch Wissen allein wirkt nicht, es muss angewandt, in neue Produkte, Verfahren und Organisationsformen umgesetzt werden: Innovation ist der Prozess, der Wissen in Wohlstand verwandelt.

Doch bedeutet mehr Innovation automatisch ein besseres Leben? Diese Frage ist keineswegs trivial. Wir sehen auf der einen Seite, wie bahnbrechende Erfindungen Krankheiten heilen, harte Arbeit erleichtern und Kommunikation über Kontinente hinweg ermöglichen. Auf der anderen Seite wachsen Ängste: Werden Maschinen uns die Arbeit wegnehmen? Führt unendliches Wachstum in einer endlichen Welt nicht zwangsläufig in die Katastrophe? Statt den Fortschritt zu bremsen, sollten wir lernen, ihn verantwortungsvoll zu steuern.

Die folgenden Abschnitte spannen dafür einen weiten Bogen. Die Reise führt von der Dampfmaschine zur künstlichen Intelligenz, vom Erfindergeist einzelner Tüftler zu globalen Innovationsnetzwerken, von historischen technologischen Revolutionen bis zu den Missionen der Zukunft, die unsere größten Probleme lösen sollen. Die Erkenntnis, die sich dabei abzeichnet: Innovation ist weder Selbstzweck noch Allheilmittel; aber ohne Innovation werden wir die drängenden Aufgaben des 21. Jahrhunderts nicht bewältigen. Es braucht Menschen mit Ideen, Mut und Kompetenz; es braucht Institutionen und Politik, die Neues ermöglichen und in die richtige Bahn lenken; und es braucht eine Gesellschaft, die neugierig bleibt und bereit ist, Veränderungen anzunehmen.

Wir laden Sie ein, die Innovationskraft unserer Zeit aus verschiedenen Blickwinkeln zu betrachten. Lassen Sie uns gemeinsam erkunden, wie technischer Fortschritt entstehen und wohin er uns führen kann, wenn wir ihn klug gestalten. Im besten Fall öffnen sich neue Horizonte: hin zu einer qualitativen Form des Wachstums, die sowohl unseren Planeten als auch unsere Menschlichkeit respektiert.

3.1 Die Evolution der Innovation: Innovation als Herzschlag des Fortschritts

Wenn man sich dem Wesen des technischen Fortschritts annähert, wird man rasch von einem seltsamen Phänomen überrascht: Er schreitet nicht gemächlich voran, nicht gleichmäßig, nicht linear. Sondern eruptiv. Die Geschichte des Fortschritts ist eine Geschichte der Verdichtungen, der Zuspitzungen, der radikalen Umbrüche. Und diese Umbrüche folgen einem Takt, der sich erst bei näherem Hinsehen offenbart: Innovationen kommen in Wellen.

Diese Wellen sind wie die Herzschläge der Moderne. Sie treiben Gesellschaften voran. Nicht in einem harmonischen Rhythmus, sondern in einem Spiel von Spannung und Entladung. Zeiten der Erfindung werden von Phasen der Reife abgelöst, dann von Krisen erschüttert, aus denen neue Lösungen hervorgehen. So wiederholt sich ein Muster, das nicht nur Technologien hervorbringt, sondern neue Lebensformen, neue Weltanschauungen, neue Formen des Zusammenlebens.

Bereits Joseph Schumpeter, der große Chronist des Kapitalismus als dynamisches System, erkannte, dass Innovation nicht bloß Verbesserung bedeutet, sondern Zerstörung. Genauer: schöpferische Zerstörung. Seine These war ebenso elegant wie unbequem: Damit Neues entstehen kann, muss das Alte weichen. Innovation ist keine freundliche Evolution, sie ist eine Kraft, die auf Umbruch zielt.[1] Was sie antreibt, ist nicht der lineare Fortschritt, sondern die Unzufriedenheit mit dem Bestehenden, das sich als überholt entpuppt.

In dieser Tradition steht auch der russische Ökonom Nikolai Kondratjew, der Anfang des 20. Jahrhunderts ein faszinierendes Muster entdeckte: Die großen Phasen wirtschaftlicher Transformation verlaufen in

---

[1] Vgl. Schumpeter (1939).

etwa 50 bis 60 Jahre dauernden Zyklen, die jeweils von einer dominanten Schlüsseltechnologie getragen werden.[2] Diese sogenannten Kondratjew-Zyklen sind keine starren Gesetzmäßigkeiten, aber sie bieten ein verblüffend konsistentes Raster zur Einordnung des ökonomisch-technologischen Wandels. Historisch gesehen lassen sich ungefähr sechs große Wellen identifizieren, deren Einfluss bis heute nachhallt.[3]

Die *erste* begann Ende des 18. Jahrhunderts mit der industriellen Revolution: Die Dampfmaschine verwandelte Handarbeit in maschinelle Produktion, Fabriken entstanden, Städte wuchsen, Gesellschaften wurden in neue Zeitregime gedrängt. Die *zweite* Welle, im 19. Jahrhundert, stand im Zeichen von Eisenbahn, Stahl und Dampfschifffahrt. Sie komprimierte Raum und Zeit, machte Mobilität zur Grundlage des Wirtschaftslebens und verband vormals isolierte Märkte. Die *dritte* setzte um 1880 mit Elektrizität, Chemie und Automobilität ein. Sie brachte das Licht in die Städte, den Verbrennungsmotor auf die Straßen und eröffnete ein neues Kapitel industrieller Fertigung; flankiert von einer neuen Kommunikationsordnung: Telegrafie und später Telefon. Ab etwa 1930 begann die *vierte* Welle mit der Massenproduktion, der Fließbandarbeit und der petrochemischen Revolution. Kunststoff, Konsumgesellschaft, Elektrotechnik: Es war die Geburt der industriellen Moderne, die bis in die späten 1970er-Jahre dominierte. Dann kam die *fünfte* Welle, die digitale Revolution: Computer, Internet, Automatisierung. Sie verwandelte Informationsverarbeitung in Echtzeitkommunikation, erschuf globale Märkte, Plattformökonomien und eine neue Logik der Vernetzung.

Und heute? Wir stehen bereits mitten in der *sechsten* Welle, mit Künstlicher Intelligenz, Biotechnologie und nachhaltigen Energiesystemen als Leittechnologien. Die Welt scheint sich selbst neu zu entwerfen.

Doch diese Wellen sind nicht bloß technische Revolutionen. Sie sind gesellschaftliche Verwerfungen, kulturelle Umdeutungen, strukturelle Machtverschiebungen. Die Einführung der Dampfmaschine veränderte nicht nur Produktion, sondern das Verhältnis von Mensch und Maschine. Elektrizität machte nicht nur Licht, sondern schuf das 24-Stunden-

---

[2] Vgl. Kondratjew (1922).
[3] Vgl. Perez (2002), S. 151–158.

Zeitalter. Das Internet veränderte nicht nur Kommunikation, sondern Öffentlichkeit und Wahrheit selbst. Mit jeder Welle werden alte Branchen obsolet, neue entstehen. Die Eisenbahn verdrängte die Postkutsche, Elektrizität machte Dampfmaschinen überflüssig, das Internet ließ ganze Medienlandschaften verschwinden. Nun steht die KI bereit, Routinearbeit zu automatisieren, ärztliche Diagnosen zu unterstützen, juristische Prüfungen vorzunehmen. Sie fordert uns heraus, das Verhältnis zwischen menschlicher und maschineller Intelligenz neu zu denken.

Doch nicht alle Gesellschaften surfen gleichermaßen auf diesen Wellen. Wer nicht rechtzeitig aufspringt, wird abgehängt. Und so stellt sich die Frage: Wie bereit sind wir für das, was kommt?

Während Schumpeters Theorie uns lehrt, dass kreative Zerstörung notwendig ist, um Dynamik zu erzeugen, mahnen neuere Beobachtungen zur Vorsicht. OECD-Studien etwa zeigen, dass Länder, die Innovation mit sozialer Stabilisierung verbinden, besser durch disruptive Phasen navigieren.[4] Deutschland, Skandinavien, auch Südkorea investieren gezielt in Weiterbildungsprogramme, in digitale Bildung, in Forschung und Transferinfrastrukturen. Sie schaffen die Voraussetzungen, damit technologische Umwälzung nicht zu sozialem Zerfall führt. Denn jede Welle hat ihre sozialen Kosten. Wer alte Industrien verliert, braucht neue Perspektiven. Wer Digitalisierung will, muss Inklusion ermöglichen. Wer Innovation propagiert, muss auch Verteilungsgerechtigkeit denken.

Zudem beobachten wir heute ein weiteres, paradoxes Phänomen: Trotz der unbestrittenen Innovationskraft der Gegenwart wächst die Produktivität in vielen Industrienationen langsamer als in früheren Zyklen. Eine Studie im Auftrag der Expertenkommission Forschung und Innovation fasst dies wie folgt zusammen: Die Technologie sei zwar da, aber ihre Wirkung werde durch fehlende Diffusion, unzureichende Infrastruktur und mangelnde Anpassung blockiert.[5] Und noch ein Unterschied zur

---

[4] Vgl. OECD (2019), S. 23.

[5] Peters et al. (2018), S. 39 f., weisen darauf hin, dass die ungleiche Verteilung von Innovationsaktivitäten unter den Unternehmen ein besorgniserregender Trend sei. Daten zeigen, dass in vielen europäischen Ländern vor allem kleine und mittlere Unternehmen zunehmend seltener Innovationen durchführen. Innovationsanstrengungen konzentrieren sich auf einige große Firmen, während der große Teil der KMU oft zurückbleibt; mit der Folge, dass ein beträchtliches Potenzial für technologische Fortschritte ungenutzt bleibt.

Vergangenheit fällt auf: Während frühere Wellen eher nacheinander abliefen, erleben wir heute eine Gleichzeitigkeit der Revolutionen. Biotechnologie, Künstliche Intelligenz, Energie; sie entstehen parallel, bedingen sich gegenseitig, beschleunigen sich. Das erhöht die Komplexität, die Geschwindigkeit. Aber auch die Unvorhersehbarkeit.

Die historische Perspektive lehrt uns mehrere Dinge: Erstens, Innovationen kommen nicht gleichmäßig, sondern ballen sich. Zeiten radikalen Wandels wechseln mit Zeiten inkrementeller Verbesserungen. Zweitens, technische Revolutionen sind eng verknüpft mit umfassenden gesellschaftlichen Veränderungen. Jede Welle neuer Technologien ging einher mit neuen Geschäftsmodellen, veränderten Lebensgewohnheiten und oft auch institutionellen Anpassungen.[6] Drittens, es gibt eine gewisse Unvorhersehbarkeit: Welche Erfindungen den nächsten großen Schub bringen, ist im Vorhinein oft unklar. Anfang der 1970er sah man etwa in der bemannten Raumfahrt den Gipfel des Fortschritts, während die unscheinbare Entwicklung des Mikroprozessors die wahre Revolution in Gang setzte.

Und heute? Viele fragen sich, ob wir am Ende einer solchen langen Welle stehen oder am Beginn einer neuen. Die Digitalisierung prägt nun seit einigen Jahrzehnten die Wirtschaft. Manche, wie der Ökonom Robert Gordon, argumentieren, die großen Sprünge lägen hinter uns: Die Errungenschaften von 1870 bis 1970 (Elektrizität, Automobil, moderne Sanitärtechnik, Massenproduktion etc.) hätten einen beispiellosen und einmaligen Anstieg der Produktivität und Lebensstandards gebracht, den die Computer- und Internetrevolution nicht mehr erreicht hat.[7] Gordons umfangreiche historische Analyse der USA legt nahe, dass das Wachstum seit den 2000er-Jahren deutlich langsamer ist und dass viele digitale Innovationen zwar schick, aber ökonomisch weniger transformativ seien als frühere Pioniertechnologien.

Demgegenüber stehen Tech-Optimisten, die argumentieren, wir stünden jetzt vor dem nächsten großen Sprung: der vierten industriellen Revolution. Dieser Begriff, geprägt von Klaus Schwab, beschreibt eine Ver-

---

[6] Die Eisenbahn etwa erforderte neue Zeitzonen und Logistiksysteme; das Internetzeitalter brachte neue Formen der Kommunikation, aber auch Regulierungsbedarf etwa beim Datenschutz.
[7] Vgl. Gordon (2016), S. 566–604.

schmelzung von physischen, digitalen und biologischen Sphären durch neue Technologien wie künstliche Intelligenz, Robotik, Biotechnologie, Internet der Dinge und Quantencomputing.[8] Schwab meint, wir seien an der Schwelle einer Revolution, die in Schnelligkeit und Ausmaß ohne Beispiel sei und praktisch alle Branchen und Lebensbereiche transformieren werde. Tatsächlich sehen wir bereits Anzeichen: Fortschritte in der KI ermöglichen Dinge, die vor wenigen Jahren Science-Fiction waren, von selbstfahrenden Autos bis zur Entdeckung neuer Medikamente mittels Machine Learning. Die Frage bleibt jedoch offen, wie breit und tief diese Veränderungen wirken werden: Stehen uns Produktivitätsschübe und ein neuer Wohlstandsboom bevor, oder erleben wir zwar spannende Gadgets, aber wenig grundlegende Verbesserung im Lebensstandard?

Ein Aspekt, der heutige Innovation von früheren Epochen unterscheidet, ist die Globalisierung und Vernetzung. Ideen verbreiten sich heute viel rascher um den Globus. Ebenso sind Innovationsprozesse international geworden: Forschungsteams aus verschiedenen Ländern arbeiten via Internet zusammen, multinationale Unternehmen führen neue Produkte gleichzeitig in Dutzenden Ländern ein, und aufstrebende Volkswirtschaften wie China spielen eine immer größere Rolle als Innovationsführer. In gewisser Weise könnte man sagen, die aktuelle Innovationswelle – nennen wir sie die digitale Revolution – läuft anders ab, weil jeder Teil der Welt (zumindest potentiell) daran partizipieren kann. Allerdings gibt es auch hier Ungleichzeitigkeiten: Einige Regionen oder Länder sind Vorreiter, andere hinken hinterher. So zeigt der European Innovation Scoreboard, dass zwar die Innovationsleistung in Europa steigt, aber Europa immer noch hinter den globalen Innovationsführern (wie Südkorea, USA, Japan) zurückliegt.[9] Gleichzeitig holen innerhalb Europas vormals schwächere Länder relativ auf, was eine gewisse Konvergenz in der EU andeutet. Das bestätigt, dass Innovationsfähigkeit kein statisches Privileg einiger Weniger ist. Sie kann sich verbreiten, wenn die richtigen Voraussetzungen geschaffen werden.

Was folgt daraus? Dass der Innovationsprozess nicht mehr allein den Marktkräften überlassen werden kann. Er braucht politische Gestaltung,

---

[8] Vgl. Schwab (2017).
[9] Vgl. Europäische Kommission (2021), S. 16–21.

ethische Reflexion sowie gesellschaftliche Teilhabe. Und doch, bei aller Ambivalenz bleibt eine Konstante: Innovation ist die Triebfeder des Fortschritts.[10] Die Logik der Innovationszyklen macht sichtbar, wie sich Gesellschaften erneuern. Sie zeigt, dass technologischer Wandel, technischer Fortschritt, nicht linear ist, sondern rhythmisch. Er zerstört Bestehendes, um Neues zu ermöglichen.

3.2   Moderne Innovationen im Fokus

Nicht jede technologische Neuerung schreibt Geschichte. Manche Innovationen bleiben Fußnoten, lokale Episoden ohne nachhaltige Strahlkraft. Andere jedoch durchbrechen die Gegenwart, verändern Strukturen, schaffen neue Welten. Es sind jene seltenen Technologien, die nicht nur Märkte, sondern Lebensweisen umwälzen. Sie gelten als Pioniertechnologien.[11] Ihr Kennzeichen ist ihre universelle Anwendbarkeit, ihre Durchdringungskraft und ihre Fähigkeit, als Triebfeder ganzer Innovationszyklen zu fungieren.

Wirtschaftshistoriker wie Bresnahan und Trajtenberg sprechen in diesem Zusammenhang von General Purpose Technologies.[12] Allzwecktechnologien mit einer solchen Reichweite und Tiefe, dass sie als Infrastruktur für zahlreiche weitere Innovationen dienen. Die Dampfmaschine war eine solche, ebenso die Elektrizität, später der Computer und das Internet. Solche Technologien entstehen nicht im luftleeren Raum. Sie sind eingebettet in gesellschaftliche und ökonomische Kontexte, erwachsen aus bestehenden Infrastrukturen und wissenschaftlichen Fortschritten. Der Computer etwa war ohne die Elektronik der Nachkriegszeit ebenso wenig denkbar wie das Internet ohne vorherige Netzwerktechnologien. Jede Pioniertechnologie ist damit das Ergebnis eines sich

---

[10] Sie hierzu beispielsweise Zimmermann (2021), S. 4 f., bei dem Innovationen und technischer Fortschritt als zentrale Motoren für langfristiges Wachstum und Wohlstand gelten. Hiernach verbessern sie die Ressourceneffizienz, treiben den strukturellen Wandel voran und ermöglichen hochwertigere Produkte; und tragen somit auch zur Lösung großer gesellschaftlicher Herausforderungen (z. B. Krankheiten, Klimawandel) bei.

[11] Vgl. Bresnahan/Trajtenberg (1995), S. 101 ff.

[12] Vgl. Ebd.

überlagernden, sich beschleunigenden Prozesses von Wissen, Kapital und Notwendigkeit. Und mehr noch: Sie verändern die Spielregeln dessen, was eine Gesellschaft leisten, produzieren und erkennen kann.

Pioniertechnologien durchlaufen charakteristische Phasen: Sie beginnen als Visionen in der Grundlagenforschung, gelangen in Nischenanwendungen, bevor sie sich mitunter explosionsartig in der Breite durchsetzen. Die entscheidenden Voraussetzungen für diesen Sprung in die gesellschaftliche Wirksamkeit sind technologischer Reifegrad, wirtschaftliche Anschlussfähigkeit und gesellschaftliche Akzeptanz. Nur wenn diese drei Bedingungen zusammentreffen, kann sich die transformative Kraft einer Technologie vollständig entfalten. Und selbst dann ist ihr Erfolg nicht garantiert. Oft entscheidet das Zusammenspiel mit kulturellen Narrativen, mit politischem Willen und mit institutioneller Bereitschaft zur Transformation darüber, ob eine Pioniertechnologie lediglich möglich bleibt oder real wirksam wird.

Wenn man sich die Gegenwart mit wachem Blick betrachtet, ist man nicht Zeuge eines einzigen technischen Umbruchs, sondern lebt inmitten einer ganzen Konstellation bahnbrechender Entwicklungen. Nie zuvor war der technologische Wandel so facettenreich, so vielschichtig und so tiefgreifend. Und selten war er so rasch.

Während frühere Innovationswellen von einer dominanten Leittechnologie geprägt waren, erleben wir heute einen vielstimmigen Chor radikaler Erneuerung.[13] Die Welt der Innovation gleicht einem dichten Geflecht aus parallelen Aufbrüchen: Künstliche Intelligenz, Biotechnologie, neue Energiesysteme. Sie alle verändern nicht nur Produkte und Prozesse, sondern das Denken selbst. Es ist nicht übertrieben zu sagen: Die Technologien, die sich heute entfalten, werden das 21. Jahrhundert so prägen, wie Dampfmaschine und Elektrizität das 19. und 20. Jahrhundert prägten. Doch anders als damals geschieht der Wandel nicht im Takt der Jahrzehnte, sondern im Rhythmus von Monaten.

Im Zentrum dieses Umbruchs steht Künstliche Intelligenz als vielleicht folgenreichste Entwicklung unserer Zeit. Sie ist kein weiteres Werkzeug, sondern ein Prinzip: ein System, das lernt, das abstrahiert, das Entscheidungen trifft. Anders als frühere Maschinen, die Muskelkraft er-

---

[13] Vgl. Freemann/Louca (2001).

setzten, greift KI in den Kern menschlicher Fähigkeiten ein: Mustererkennung, Sprache, Intuition. Ihre Anwendungsmöglichkeiten reichen von medizinischer Diagnostik über industrielle Produktion bis hin zur Finanzwelt. Und je tiefer sie in Prozesse eindringt, desto stärker transformiert sie nicht nur Aufgaben, sondern Berufe, Sektoren, ganze Geschäftsmodelle.[14] Doch der wirtschaftliche Nutzen ist nur die eine Seite. Die andere ist gesellschaftlich. Denn KI verändert auch unsere Vorstellungen von Verantwortung, von Kontrolle, von Autonomie. Wer entscheidet, wenn Algorithmen autonom handeln? Wer haftet, wenn Vorhersagen über Menschen getroffen werden? Und wie lässt sich verhindern, dass sich algorithmische Verzerrungen zu systemischen Ungleichheiten verdichten?[15]

Eine zweite Innovationslinie verläuft entlang der Biotechnologie. Einem Feld, das nicht weniger revolutionär ist. Mit Verfahren wie CRISPR/Cas9, der präzisen Genom-Editierung, erhält die Menschheit Werkzeuge an die Hand, die tief in die Grundlagen des Lebens eingreifen. Individuell zugeschnittene Therapien, genetisch optimierte Nutzpflanzen, synthetisch erzeugte Organismen; die Grenze zwischen Natur und Technik beginnt zu verschwimmen. Die COVID-19-Pandemie hat in drastischer Deutlichkeit gezeigt, wie mächtig biotechnologische Innovation sein kann. In Rekordzeit wurden mRNA-basierte Impfstoffe entwickelt, die nicht nur Millionen Leben retteten, sondern auch eine neue Ära der Medizin einleiteten. Diese Fortschritte werfen jedoch fundamentale Fragen auf: Wie weit dürfen wir eingreifen in das Genom? Wer entscheidet, was verbessert und was belassen wird? Und wie verhindern wir, dass aus einer heilenden Technologie ein neues Instrument der sozialen Selektion wird?

Neben der Intelligenz der Maschinen und der Entschlüsselung des Lebens schreitet auch die Energietechnologie voran. Getrieben von der Dringlichkeit der Klimakrise erleben wir einen Innovationsschub, der das Energiesystem in seiner Logik umkehrt. Statt fossiler Brennstoffe, die endlich sind, setzen immer mehr Länder auf Photovoltaik, Windkraft, Speichertechnologien und Wasserstofflösungen. Hier entscheidet sich

---

[14] Vgl. Brynjolfsson/McAfee (2014).
[15] Diese Fragen werden in Kap. 4 vertiefend aufgegriffen.

nicht weniger als die ökologische Zukunft der Menschheit. Und zugleich das wirtschaftliche Schicksal ganzer Industrienationen. Die Investitionen in grüne Technologien haben 2021 erstmals die in fossile übertroffen.[16] In Ländern wie Südkorea, Deutschland oder Dänemark wird die Energiefrage zunehmend zur Innovationsfrage und damit zur Standortfrage.

Diese drei Felder – KI, Biotechnologie, grüne Energie – dominieren die gegenwärtige Innovationslandschaft. Doch sie sind keine abgeschlossenen Sphären. Sie vernetzen sich, beeinflussen sich wechselseitig, erzeugen neue Möglichkeitsräume. In der Kombination liegt das transformative Potenzial: KI-gestützte Arzneientwicklung, biobasierte Speicherlösungen, autonom gesteuerte Energieinfrastrukturen.

Was diese Innovationen gemeinsam haben, ist ihr Bedarf an Netzwerken, Plattformen, Schnittstellen. Der Einzelkämpfer im Labor ist längst zur Randfigur geworden. Innovation ist heute ein kollektiver Prozess, der auf Austausch, Kooperation und Offenheit beruht. Unternehmen, die sich in abgeschotteten Forschungsabteilungen verriegeln, werden abgehängt. Erfolg haben jene, die in Ökosystemen denken, in Allianzen mit Start-ups, mit Universitäten, mit der Zivilgesellschaft. Die Idee der Open Innovation, wie sie von Henry Chesbrough formuliert wurde, ist heute mehr als ein Managementkonzept.[17] Sie ist ein Innovationsparadigma.

Auch die Plattformökonomie ist Teil dieser neuen Logik. Unternehmen wie Google, Amazon, Tesla oder Apple verdanken ihren Aufstieg nicht nur technologischer Exzellenz, sondern der Fähigkeit, Netzwerkeffekte zu erzeugen: Je mehr Nutzer, desto wertvoller das System. Diese Netzwerke organisieren Märkte, verändern Wettbewerbsdynamiken, prägen Konsumgewohnheiten, und stellen zugleich neue Fragen an Regulierung, Wettbewerbsschutz und demokratische Kontrolle.[18]

Nicht zuletzt zeigt sich auch die Bedeutung staatlicher Strategien. Viele der heute führenden Innovationsregionen verdanken ihre Position kluger, langfristig angelegter Politik. Ob das Silicon Valley, die israelische Start-up-Nation oder Südkoreas Hightech-Cluster, überall zeigt sich: Innovation ist nicht nur eine Frage des Marktes, sondern auch der Gestal-

---

[16] Vgl. IEA (2022), S. 10.
[17] Vgl. Chesbrough (2017), S. 35–38.
[18] Vgl. Brynjolfsson/McAfee (2014).

tung. Infrastruktur, Bildung, Förderung von Grundlagenforschung, steuerliche Anreize. Sie alle bilden das Fundament, auf dem Innovation gedeihen kann. Und dennoch: Technologie ist kein Selbstzweck. Sie ist so gut wie der gesellschaftliche Kontext, in dem sie wirkt. Sie braucht Akzeptanz, Regelwerke, ethische Leitplanken. Nur wenn Bildungssysteme Schritt halten, wenn Menschen befähigt werden, Wandel mitzugestalten, wenn gesellschaftliche Debatten über Zweck, Ziel und Grenzen von Technologie geführt werden, nur dann kann aus technischem Fortschritt auch gesellschaftlicher werden.

Pioniertechnologien zeigen uns: Die Zukunft wird nicht von einer einzelnen Erfindung dominiert, sondern von einem Netz sich gegenseitig verstärkender Entwicklungen. Innovation findet heute nicht mehr nur in Laboren statt, sondern in einem vielschichtigen Zusammenspiel von Forschung, Märkten, Gesellschaft und Staat. Dabei bleibt eines entscheidend: Wie wir mit diesen Technologien umgehen, wird prägen, ob sie uns befreien oder beherrschen, ob sie Gerechtigkeit fördern oder Ungleichheiten vertiefen. Die ethischen Fragen sind keine Nebenprodukte des Fortschritts, sondern seine Hauptbedingung.

In einer Zeit, in der technologische Entwicklung nicht nur Fortschritt, sondern auch Entfremdung mit sich bringen kann, ist ein reflektierter Umgang mit Pioniertechnologien keine moralische Kür, sondern eine zivilisatorische Notwendigkeit. Wer die Technologien der Zukunft gestaltet, gestaltet zugleich die Gesellschaft von morgen. Und je früher wir beginnen, diese Gestaltung bewusst anzugehen, desto größer ist die Chance, dass Pioniertechnologien nicht nur die Wirtschaft antreiben, sondern das Gemeinwohl stärken. Sie tragen die Kraft zur Transformation in sich. Doch ihre Richtung liegt in unserer Hand.

Die Innovationswelle unserer Zeit ist vielstimmig, schnell und komplex. Sie durchdringt nahezu alle Lebensbereiche und fordert Gesellschaften dazu heraus, sich neu zu erfinden. Dabei gilt: Je vernetzter die Welt, desto vernetzter auch die Innovation. Und je schneller der Wandel, desto größer die Notwendigkeit, ihn nicht nur zu verstehen, sondern zu gestalten.

3.3 Mehr Output, weniger Input?

Technologischer Wandel ist nicht Selbstzweck. Er will Wirkung entfalten, möglichst messbar, greifbar, volkswirtschaftlich spürbar. Und so steht die Produktivität seit jeher im Zentrum der Innovationsdebatte: als Gradmesser für die Effizienz einer Volkswirtschaft, als Indikator für Wohlstand, Wettbewerbsfähigkeit und Fortschritt. Doch was bedeutet Produktivität im Zeitalter digitaler Disruption, und wie genau beeinflusst technologische Innovation ihre Entwicklung?

Traditionell wird Produktivität als das Verhältnis von Output zu Input verstanden: mehr produzieren mit denselben Mitteln oder dasselbe mit weniger Aufwand. In der klassischen Industriegesellschaft war dieser Zusammenhang leicht zu erkennen. Automatisierung ersetzte menschliche Arbeit, Maschinen steigerten die Stückzahl, Prozesse wurden optimiert.[19] Jede neue Technologie versprach die Produktivität zu heben, und tat es in vielen Fällen auch. Die Landwirtschaft ist ein eindrucksvolles Beispiel: Wo früher viele Hände notwendig waren, reichen heute wenige Maschinen, um vielfache Ernten einzufahren. Die Mechanisierung befreite die Landwirtschaft von ihrer körperlichen Schwere und legte damit die Basis für die Industrialisierung. Doch im digitalen Zeitalter verschwimmen diese einfachen Gleichungen. Dienstleistungen ersetzen Produkte, Informationen ersetzen Materie, und nicht selten entzieht sich der Produktivitätsgewinn einer direkten Beobachtung. Wenn eine Suchmaschine Milliarden Anfragen in Millisekunden beantwortet, ohne sichtbare physische Leistung, wo liegt dann der Output? Wenn ein Algorithmus Betrugsfälle verhindert, wie lässt sich das in volkswirtschaftlichen Kennziffern erfassen? Und wenn ein Unternehmen wie Google mit relativ wenigen Mitarbeitern extreme Marktwerte erreicht, wie bildet sich das in der gesamtwirtschaftlichen Produktivität ab?

Die moderne Produktivitätsmessung steht vor einem Paradoxon. Auf der einen Seite erleben wir technologische Durchbrüche von historischer Tragweite. Auf der anderen Seite wachsen Produktivitätskennzahlen in vielen Industrieländern langsamer als je zuvor.[20] Ökonomen sprechen

---

[19] Vgl. Solow (1957), S. 312–320.
[20] Vgl. Peters et al. (2018), S. 43.

vom Produktivitätsparadoxon: Trotz Digitalisierung, Automatisierung, KI und globaler Vernetzung lässt sich kein ähnlich starker Produktivitätsschub wie in früheren Innovationszyklen beobachten.[21] Während die Erwartungen an KI & Co. ins Unermessliche steigen, zeigen die Statistiken erstaunliche Ernüchterung. Dieses Rätsel hat mehrere Ursachen. Erstens dauert es mitunter Jahre oder gar Jahrzehnte, bis sich technologische Potenziale in breiter Produktivitätswirkung entfalten. Die Einführung von Elektrizität etwa führte erst dann zu signifikanten Produktivitätsgewinnen, als auch Organisationsformen und Arbeitsmodelle angepasst wurden. Innovation wirkt nicht allein durch Technik, sondern durch deren sinnvolle Einbettung in Prozesse, Qualifikationen und Institutionen. Es braucht also nicht nur die Idee, sondern auch das System, das sie trägt.

Zweitens sind nicht alle Unternehmen gleichermaßen innovationsfähig. Wie das EFI-Gutachten zeigt, konzentriert sich ein Großteil der Innovationsaktivität auf wenige Großunternehmen, während der Mittelstand als Rückgrat vieler Volkswirtschaften oft hinterherhinkt.[22] Diese Innovationskluft innerhalb des Unternehmenssektors wirkt wie eine Bremse für den gesamtwirtschaftlichen Produktivitätsschub. Wo kleine und mittlere Unternehmen technologisch abgehängt werden, geht nicht nur wirtschaftliche Dynamik, sondern auch soziale Stabilität verloren.

Drittens sind viele moderne Innovationen zwar qualitativ eindrucksvoll, zahlen sich aber erst langfristig aus oder schlagen sich in indirekten Effekten nieder. Ein Chatbot, der Kundenanfragen beantwortet, spart Zeit und verbessert den Service. Aber wie genau lässt sich dieser Gewinn in klassischen Produktivitätsmaßen erfassen? Auch Bildungs- oder Gesundheitsinnovationen, deren Wirkungen sich über Jahrzehnte entfalten, fordern die Geduld ökonomischer Statistik. Gerade in einer wissensbasierten Dienstleistungsökonomie wird der Nutzen von Innovation oft unsichtbar. Er zeigt sich in besserer Qualität, in höherer Zufriedenheit, in Zeitersparnis. Aber wie misst man einen Gewinn an Zeit?

---

[21] Vgl. OECD (2018), S. 26–28.
[22] Vgl. Peters et al. (2018), S. 39.

Und doch zeigen Studien immer wieder, dass Unternehmen, die in Innovation investieren, langfristig produktiver sind.[23] Mittelständische Betriebe mit innovativer Ausrichtung weisen im Durchschnitt ein deutlich höheres Umsatzwachstum, mehr Beschäftigung und eine höhere Wertschöpfung pro Mitarbeiter auf als vergleichbare nicht-innovative Firmen. Das bedeutet: Auch wenn sich Produktivität auf Makroebene nur schleppend verbessert, ist sie auf der Mikroebene klar sichtbar. Dort, wo Innovationskultur aktiv gelebt wird, entstehen betriebliche Ökosysteme, die flexibel, anpassungsfähig und resilient sind.

Was folgt daraus? Wir müssen den Begriff der Produktivität neu denken. Nicht mehr nur als Frage der Produktionseffizienz, sondern als Ausdruck intelligenter Wertschöpfung in einer vernetzten, wissensbasierten Welt. Künftige Produktivitätssteigerung wird weniger von härterer Arbeit kommen, sondern von klügeren Systemen, von verbesserten Schnittstellen zwischen Mensch und Maschine, von gelingender Kooperation im digitalen Raum. Sie wird davon abhängen, wie gut wir in der Lage sind, Wissen zu generieren, zu teilen und nutzbar zu machen.

Die eigentliche Frage lautet daher nicht: Wieviel Output erzeugen wir pro Stunde? Sondern: Wie gestalten wir Prozesse, die aus Kreativität, Wissen und Technik neue Lösungen für reale Probleme schaffen? Produktivität im 21. Jahrhundert ist keine rein ökonomische Größe mehr. Sie ist ein Indikator für Zukunftsfähigkeit, für soziale Innovationskraft, für die Qualität unseres Umgangs mit Komplexität.

In einer Welt, in der Ressourcen begrenzt, Erwartungen aber hoch sind, wird sie zur Frage kollektiver Intelligenz: Wie produktiv sind unsere Strukturen im Dienst des Gemeinwohls? Wie wirksam unsere Investitionen in das, was zählt: Bildung, Gesundheit, Nachhaltigkeit? Die nächste Welle technologischer Innovation wird nur dann ihr volles Potenzial entfalten, wenn wir lernen, Produktivität nicht als Selbstzweck, sondern als Resonanz zwischen Technik und Mensch, zwischen Effizienz und Sinn zu verstehen. Produktivität wird damit zur kulturellen Frage: Wie wollen wir arbeiten? Was bedeutet Fortschritt in einer Welt, in der das Mehr an Leistung nicht automatisch ein Mehr an Lebensqualität bedeutet? Und wie schaffen wir es, Innovation so zu gestalten, dass sie nicht

---

[23] Siehe hierzu beispielsweise Zimmermann (2021), S. 3.

nur Maschinen, sondern auch Menschen wirksamer macht? Diese Fragen markieren den Beginn eines neuen Verständnisses von Produktivität.

3.4   Soziale Funken – Wenn Ideen Gesellschaft formen

Spricht man von Innovation, denken viele zuerst an Hightech-Geräte, Laborerfindungen oder Ingenieurskunst. Die Innovationsgeschichte scheint vor allem eine Geschichte des Technischen zu sein. Doch dieser Blick greift zu kurz. Denn Innovationen, die Gesellschaften wirklich transformieren, gehen weit über Technik hinaus. Sie betreffen Formen des Zusammenlebens, des Wirtschaftens, des Denkens. Es sind die oft unbeachtet gebliebenen sozialen Innovationen, die den Boden bereiten für technischen Wandel, ihn möglich machen, regulieren, einhegen oder erst zur Wirkung bringen. In ihnen zeigt sich, wie eine Gesellschaft mit ihren Möglichkeiten umgeht.

Soziale Innovationen sind neue Praktiken, Regeln, Organisationsformen oder Lebensstile, die auf gesellschaftliche Bedürfnisse reagieren und zugleich soziale Beziehungen, Machtverhältnisse und Institutionen verändern. Sie entstehen nicht im Labor, sondern im Alltag, in sozialen Bewegungen, in zivilgesellschaftlichen Experimenten, manchmal in Kommunen, manchmal in globalen Netzwerken. Sie reichen von neuen Arbeitszeitmodellen über Kooperationsplattformen bis hin zu Bildungsmodellen oder gemeinwohlorientierten Wirtschaftsformen. Oft bringen sie unterschiedliche Akteure zusammen – Kommunalpolitik und Sozialunternehmen, Ehrenamtliche und Start-ups -, um gemeinsam Antworten auf ungelöste Herausforderungen zu finden.

Der Wert sozialer Innovationen wird ökonomisch oft unterschätzt.[24] Das liegt auch daran, dass sie sich schwerer messen lassen als technische

---

[24] Siehe hierzu beispielsweise Bathuure (2021), S. 231–250, nach dem soziale Innovationen als neue Lösungen für gesellschaftliche Bedürfnisse beträchtlich zur wirtschaftlichen Entwicklung beitragen. Insbesondere internet-basierte soziale Innovationen (z. B. digitale Bildungsplattformen, Telemedizin in ländlichen Räumen) tragen nachhaltig zum Wachstum bei. Die Wirkung komme teils indirekt: So verbessern soziale Innovationen oft Humankapital, Integration und Lebensqualität, was produktivitätssteigernd wirkt.

Patente oder monetäre Erträge. Und doch ist ihre Wirkung enorm. Die Etablierung der Krankenversicherung war ebenso eine soziale Innovation wie das Konzept der Schulpflicht. Auch Genossenschaften, Gewerkschaften, Crowdfunding-Plattformen, das Konzept der Sharing Economy oder neue Formen kooperativer Stadtentwicklung sind soziale Innovationen. Diese Art Innovation verbessert meist direkt das Humankapital (beispielsweise durch bessere Bildung oder Gesundheitsversorgung) und fördert die Integration benachteiligter Gruppen oder entlegener Regionen in die Wirtschaft. Wenn mehr Menschen gesünder leben und besser ausgebildet sind, steigt natürlich auch die gesamtwirtschaftliche Produktivität. Sie schaffen neue Märkte, regulieren Ungleichheit, bauen Vertrauen auf, steigern Teilhabe. Kurz: Sie wirken tief in die gesellschaftliche Infrastruktur hinein. Dabei sind soziale und technologische Innovationen keineswegs Gegensätze. Sie bedingen einander. Ohne soziale Innovationen bleibt technischer Fortschritt oft folgenlos oder destruktiv.

In der Forschung und Innovationspolitik wurde die Bedeutung sozialer Innovationen lange vernachlässigt. Erst in den letzten Jahren rückt sie stärker ins Zentrum.[25] Programme der EU, aber auch nationale Innovationsstrategien erkennen zunehmend an, dass technischer Fortschritt ohne soziale Einbettung nicht nachhaltig sein kann. Die deutsche *Zukunftsstrategie Forschung und Innovation* etwa spricht explizit davon, soziale Innovationen zu fördern und ihre Wirkung systematisch zu erfassen.[26] Auch neue methodische Ansätze wie Social Innovation Labs, Reallabore oder partizipative Designprozesse gewinnen an Bedeutung. Sie schaffen experimentelle Räume, in denen neue gesellschaftliche Lösungen unter realen Bedingungen mit Bürgern, Verwaltung, Wirtschaft und Wissenschaft gemeinsam erprobt werden können.

---

[25] Siehe hierzu beispielsweise das Konzept des sozialen Kapitals. Darunter versteht man vereinfacht die Netzwerke, Normen und das Vertrauensgefüge in einer Gesellschaft. Gesellschaften mit hohem sozialem Kapital – in denen Menschen einander vertrauen, gut kooperieren können und in lebendigen Gemeinschaften organisiert sind – haben es leichter, Neuerungen umzusetzen. Denn Innovation braucht oft Kooperation (z. B. zwischen Forschern und Anwendern, zwischen Bürgern und Behörden bei kommunalen Projekten etc.). Zudem sorgt Vertrauen dafür, dass neue Ideen mit weniger Reibungsverlusten übernommen werden; Menschen haben weniger Angst vor Veränderung, wenn ein Grundvertrauen da ist. Das erklärt, weshalb soziale Innovationen in manchen Kontexten florieren und in anderen scheitern: Es hängt vom gesellschaftlichen Klima ab.

[26] Vgl. BMBF (2023).

Diese Entwicklung ist überfällig. Denn in unserer Gegenwart der multiplen Krisen braucht es mehr als technologische Lösungen. Es braucht neue Formen des Zusammenlebens, neue Narrative des Fortschritts, neue Praktiken des Wirtschaftens. Soziale Innovationen sind hier nicht Beiwerk, sondern Kern der Lösung. Ihre Stärke liegt dabei nicht in der Disruption, sondern in der Integration. Sie schaffen Verbindungen, wo technologische Innovation oft Fragmentierung hinterlässt.

Auch die Rolle von Digitalisierung in sozialen Innovationsprozessen wird zunehmend relevant. Plattformen ermöglichen neue Formen des Engagements, der Selbstorganisation, der Verteilung von Ressourcen. Digitale Werkzeuge wie Blockchain-Technologien oder partizipative Plattformen erlauben transparente Entscheidungsprozesse, neue Vertrauensstrukturen und kooperative Eigentumsmodelle. Hier entstehen hybride Innovationsformen, in denen Technik nicht isoliert, sondern als Ermöglichungsstruktur für gesellschaftliche Erneuerung wirkt.

Wer also über die Zukunft der Innovationskraft spricht, darf über soziale Innovationen nicht schweigen. Sie sind der unterschätzte Wachstumsfaktor, das gesellschaftliche Innovationskapital, das uns erlaubt, Technik in Dienst zu nehmen für das, was zählt: Lebensqualität, Zusammenhalt, Resilienz. Ihre Förderung ist keine Spielart der Sozialpolitik, sondern Teil strategischer Zukunftssicherung.[27] Eine Innovationskultur, die nicht nur Produkte, sondern auch Beziehungen erneuert, ist der wahre Maßstab einer lernfähigen Gesellschaft.

Für nachhaltiges Wachstum ist dieses Humankapital – also Bildung, Fähigkeiten und Gesundheit der Bevölkerung – fundamental, und hier überschneiden sich technologische und soziale Innovation. Bildungsinnovationen etwa, wie neue digitale Lernplattformen, ermöglichen einer breiteren Bevölkerung hochwertige Ausbildung. Dies steigert langfristig die Innovations- und Anpassungsfähigkeit der gesamten Volkswirtschaft.

---

[27] Beispielsweise gelten Mikrokredite (eine soziale Innovation) als Motor für Unternehmertum in Entwicklungsländern. Auch wird Social Entrepreneurship (Geschäftsmodelle mit sozialem Mehrwert) zunehmend als Wachstumsfeld erkannt. Lange am Rand wahrgenommen, rücken soziale Innovationen jetzt ins Zentrum und werden durch globale Herausforderungen (Klimawandel, Demografie) immer wichtiger. Es gilt also, diesen unterschätzten Faktor bewusst zu fördern, etwa durch Sozialinnovationsfonds, rechtliche Anerkennung (Genossenschaften, Sozialunternehmen) und Messen ihres Impacts, um inklusives, qualitatives Wachstum zu stärken (vgl. Bonnici/Schwab, 2025).

Ein interessanter Aspekt: In der Wissensökonomie kann Humankapital als der Innovationsinput betrachtet werden – aber umgekehrt braucht es Innovationen, um Humankapital ständig weiterzuentwickeln (beispielsweise neue Trainingsmethoden, E-Learning, adaptive Lernsoftware etc.). Innovation fördert Humankapital, und Humankapital fördert Innovation. Dieser positive Kreislauf ist für nachhaltiges Wachstum entscheidend.

3.5 Dürfen wir alles, was wir können? Über Verantwortung im Schatten des Fortschritts

Innovation, egal ob technisch oder sozial, gilt als das große Versprechen der Moderne. Sie soll Leben verbessern, Krankheiten heilen, Arbeit erleichtern, Kommunikation beschleunigen, Wissen demokratisieren. Aber: Mit großer Innovationskraft geht große Verantwortung einher. Jede neue Technologie wirft unweigerlich Fragen auf. Dürfen wir das? Wollen wir das? Wer trägt die Konsequenzen, wenn etwas schiefgeht? Denn wo Technologien tief in Lebensbereiche eingreifen, wo sie Entscheidungen automatisieren, Körper modifizieren oder soziale Prozesse digitalisieren, dort wächst auch das Bedürfnis nach Orientierung, nach Maß und Mitte. In dieser Spannung entfaltet sich das zentrale Thema der Innovationsethik: Was dürfen wir tun, nur weil wir es können?

Die Geschichte technischer Erfindungen ist zugleich eine Geschichte ethischer Debatten. Von den moralischen Dilemmata der Atomforschung über die Kontroversen rund um embryonale Stammzellen bis hin zu den aktuellen Diskussionen über Künstliche Intelligenz, Gen-Editing und Überwachungstechnologien. Stets stellt sich die Frage nach den normativen Grundlagen und gesellschaftlichen Konsequenzen des technologischen Fortschritts. Doch während sich die Innovationsgeschwindigkeit weiter beschleunigt, scheint die ethische Reflexion oft hinterherzuhinken. Die Technik ist schneller als das Recht, schneller als die Politik. Dabei ist Ethik kein Innovationshemmnis. Im Gegenteil: Sie ist eine Voraussetzung für Akzeptanz, für Legitimität, für gesellschaftliche Tragfähigkeit. Es gilt nicht, Innovation zu verhindern, sondern ihr Leitplanken zu setzen. Nur eine Innovation, die als gerecht, transparent und verantwortbar empfunden wird, kann ihre Wirkung voll entfalten.[28] Das zeigen nicht zuletzt die Debatten um algorithmische Entscheidungsfindung: Wenn KI in Kreditvergabe, Justiz oder Gesundheitswesen zum Einsatz kommt, entscheidet sie nicht nur über Effizienz, sondern über Menschen. Über Teilhabe, über Chancen, über Lebensverläufe. Umso wichtiger ist es, dass solche Systeme nachvollziehbar und kontrollierbar bleiben.

Ein zentrales Spannungsfeld ergibt sich dabei aus dem Verhältnis von Freiheit und Regulierung. Wie viel Spielraum brauchen Innovationen und wo beginnt die Pflicht zur Begrenzung? Die Antwort darauf fällt selten eindeutig aus. Zu viel Regulierung kann kreative Prozesse lähmen, zu wenig kann Vertrauen zerstören. In der Ethik des Fortschritts geht es daher weniger um harte Grenzziehungen als um kluge Gestaltung.[29] Es wäre falsch, Ethik als Gegenpol zur Innovation zu sehen. Genauso wie Verkehrsregeln Autos nicht abschaffen, sondern das sichere Fahren ermöglichen, sollen ethische Regeln und Gesetze den Raum abstecken, in dem sich Innovation entfalten darf, ohne Schaden anzurichten. Man spricht heute von Responsible Innovation: Ein Innovationsprozess, der Stakeholder frühzeitig einbindet (beispielsweise in Bürgerdialogen bei umstrittenen Themen wie 5G-Netzausbau oder Gentests), der Werte wie Nachhaltigkeit, Datenschutz, Fairness mitdenkt, und der im Zweifel auch bereit ist, auf eine bestimmte Anwendung zu verzichten, wenn sie fundamentale Werte verletzt. Governance statt Verbote, Leitplanken statt Blockaden. In Bereichen wie der medizinischen Forschung oder der Nutzung genetischer Daten etwa braucht es multilaterale Standards, die wissenschaftlichen Fortschritt ermöglichen, ohne Grundrechte zu kompromittieren. Natürlich gibt es auch Konflikte zwischen Ethik und kommerziellem Innovationsdruck. Unternehmen stehen im Wettbewerb; wer sich freiwillig begrenzt, hat Sorge, den Anschluss zu verlieren. Hier ist

---

[28] Die EU hat dies insbesondere in Hinblick auf KI erkannt und 2019 Ethikleitlinien für vertrauenswürdige KI vorgelegt.

[29] James (2023) bemerkt hierzu, dass die Möglichkeiten einerseits rasant voran schreiten, doch die Lücke zwischen dem, was wir tun können, und dem, was wir tun sollten, noch nie so groß war. Letztlich müsse Innovation in gesellschaftliche Werte eingebettet sein; Fortschritt finde seine Grenzen dort, wo grundlegende Rechte, die Menschenwürde oder die Umwelt gefährdet werden.

Kooperation gefragt: In sensiblen Bereichen kann es sinnvoll sein, dass ganze Branchen gemeinsame Ethik-Kodizes vereinbaren, um keine Alleingänge zuzulassen. Zudem ist die globale Dimension herausfordernd: Was, wenn ein Land ethische Schranken hoch hält, ein anderes jedoch alles erlaubt und damit kurzfristig Vorteile erzielt? Man denke an den Umgang mit Daten – während Europa strenge Datenschutzgesetze hat, sind etwa in China viele Datennutzungen erlaubt, die in Europa illegal wären, was zu einem Standortvorteil für China in KI führen könnte. Langfristig allerdings wird Vertrauen zum Standortfaktor: Bürger und Konsumenten bevorzugen Lösungen, denen sie vertrauen können. Wer innovative Produkte baut, die vertrauenswürdig sind, wird damit wohl nachhaltiger Erfolg haben als jemand, der ethische Bedenken ignoriert und dafür vielleicht kurzfristig schneller ist, aber später möglicherweise auf Widerstand oder Skandale stößt.

Eine weitere Perspektive ist die philosophische: Innovation zwingt uns immer wieder, neu zu definieren, was ein gutes Leben ist und welche Grenzen wir unserer Gestaltungsmacht setzen. Etwa in der Biotechnologie: Haben wir das Recht, das menschliche Erbgut beliebig zu verändern? Oder in der KI: Wollen wir Maschinen entwickeln, die irgendwann ein Bewusstsein haben könnten? Und: Welche Verantwortung hätten wir ihnen gegenüber? Solche Fragen mögen heute abstrakt klingen, doch die Technologien entwickeln sich schnell. Philosophen und Ethiker sind daher gefordert, nicht im Nachhinein Kommentatoren zu sein, sondern proaktiv mitzudenken.

Am Ende muss Innovation immer dem Menschen dienen, nicht umgekehrt. Das klingt banal, aber es gerät manchmal aus dem Blick, wenn der Wettlauf um das nächste große Ding voll entbrannt ist. Eine Technologie, die die Menschenwürde verletzt, Vertrauen zerstört oder die Umwelt irreparabel schädigt, ist unterm Strich kein Fortschritt – selbst wenn sie kurzfristig Nutzen oder Gewinn bringt. Fortschritt muss daher qualitativ bewertet werden: Trägt er zu einem besseren, lebenswerteren Dasein bei? Das ist der Maßstab, an dem sich Innovation messen lassen sollte.

Darüber hinaus rückt mit dem Aufstieg autonomer Systeme auch die Verantwortung neu ins Zentrum. Wenn Maschinen lernen, eigene Entscheidungen zu treffen, wenn Prozesse zunehmend entkoppelt von menschlichem Zutun ablaufen, verschiebt sich auch die Frage nach der

Zurechenbarkeit. Wer trägt Verantwortung, wenn ein KI-System falsch entscheidet? Der Programmierer? Der Betreiber? Der Nutzer? Oder das System selbst? Noch fehlen belastbare Antworten, aber die Fragen sind nicht länger theoretisch. Sie berühren das Fundament unseres Rechts- und Moralsystems: die Idee von Schuld, von Haftung, von moralischer Verantwortung.

In diesem Kontext wächst die Bedeutung interdisziplinärer Diskurse. Innovationsethik darf kein Nischenthema für Fachgremien sein. Sie muss Eingang finden in Bildung, in unternehmerisches Handeln, in öffentliche Debatten. Nur wenn technologische Entwicklung von Anfang an mit ethischer Reflexion verbunden wird, lassen sich Spätfolgen vermeiden. Das bedeutet auch: Innovationsprozesse sollten nicht nur technikgetrieben, sondern gesellschaftsorientiert konzipiert werden. Das verlangt neue Formate der Beteiligung: Ethikforen, Bürgerräte, Zukunftswerkstätten, die systematisch mitentwickelt werden und nicht bloß kommentierend am Rand stehen.

Immer mehr Unternehmen, vor allem in der Tech-Branche, erkennen das und investieren in sogenannte Ethical AI Labs, in Impact Assessments und in transparente Governance-Strukturen. Doch oft bleiben solche Initiativen symbolisch. Was fehlt, ist eine verbindliche ethische Infrastruktur in Form von Aufsichtsgremien, Rechenschaftspflichten, Ethikbeiräten mit echter Entscheidungskompetenz.[30] Innovation braucht ethische Institutionalisierung, nicht bloß Imagepflege. Und sie braucht gesetzliche Rahmenbedingungen, die nicht erst eingreifen, wenn Schäden entstehen, sondern proaktiv Leitplanken setzen. Dabei sollte Ethik nicht als Bremse, sondern als Ermöglichungsbedingung einer nachhaltigen Innovationskultur verstanden werden.

Auch die Frage der globalen Gerechtigkeit stellt sich mit neuer Dringlichkeit. Wer profitiert von technologischen Entwicklungen? Wer bleibt zurück? Während Industrienationen an der KI der nächsten Generation forschen, fehlen in vielen Teilen der Welt grundlegende digitale Infrastrukturen. Wenn Innovationen Ungleichheiten vertiefen, statt sie zu mindern, verlieren sie ihre legitimierende Kraft. Deshalb ist ethische Innovationspolitik immer auch eine Frage der Verteilung: von Wissen,

---

[30] Vgl. Jobin et al. (2019), S. 392.

von Chancen, von Aufmerksamkeit.[31] Nur eine gerechte Innovationsordnung kann auf Dauer Akzeptanz schaffen und Fortschritt in gesellschaftlichen Nutzen überführen.

Ethik bedeutet auch, sich der Begrenztheit menschlicher Urteilskraft bewusst zu sein. Die Komplexität moderner Technologien übersteigt häufig die kognitiven Kapazitäten einzelner Entscheidungsträger. Schließlich stellt sich auch eine existenzielle Frage: Wie viel Veränderung verträgt der Mensch? Es geht nicht mehr nur um Funktionen, sondern um das Selbstbild: Was heißt es, Mensch zu sein in einer Welt, die von nichtmenschlicher Intelligenz mitgestaltet wird? Wird der Mensch zum Objekt technologischer Optimierung, oder bleibt er Subjekt seiner Weltgestaltung?

3.6   Grüne Innovationen – Kann Technik die Welt retten?

Wenn wir heute von Innovation sprechen, dürfen wir nicht länger an Fortschritt im rein ökonomischen Sinn denken. Innovation ist nicht bloß ein Motor für neue Produkte, Effizienzsteigerungen oder Wettbewerbsvorteile. Sie ist, oder sollte es sein, ein Instrument zur Gestaltung einer lebenswerten, nachhaltigen Zukunft.

Die vielleicht drängendste Frage unserer Generation lautet: Können wir unseren hohen Lebensstandard mit den ökologischen Grenzen des Planeten in Einklang bringen? Und welche Rolle spielt Innovation dabei? Die Diskussion wird oft polarisiert geführt zwischen Techno-Optimisten, die auf grünes Wachstum setzen – also darauf, dass neue Technologien Umweltprobleme lösen und Wirtschaftswachstum weiter ermöglichen – und Techno-Skeptikern, die sagen, ohne einen grundlegenden Wandel unseres Lebensstils (Stichwort Suffizienz) werde es nicht gehen. Die

---

[31] Cirera/Maloney (2017), S. 1–4, geben außerdem zu bedenken, dass eine Innovationskluft zu Entwicklungs- und Schwellenländern bestünde. Obwohl dort die potenziellen Renditen auf Investitionen in Technologie und Forschung extrem hoch wären, teils höher als in Industrieländern, investieren Unternehmen und Regierungen überraschend wenig in Innovation. Ärmere Länder könnten durch Übernahme bestehender Technologien riesige Produktivitätssprünge erzielen, tun dies aber nicht im erwarteten Ausmaß.

Wahrheit liegt vermutlich in der Mitte: Ohne Innovation werden wir die Klimakrise nicht meistern, und ohne Verhaltensänderungen wahrscheinlich auch nicht.

Fakt ist: Wir benötigen einen massiven Innovationsschub in allen Bereichen der nachhaltigen Technologie. Erneuerbare Energien müssen effizienter und speicherbar werden, Schwerindustrie-Prozesse (Stahl, Zement, Chemie) brauchen völlig neue Ansätze, Agrarwirtschaft muss produktiver und zugleich umweltschonender werden, und nicht zuletzt brauchen wir Lösungen, um bereits entstandenen Schaden zu begrenzen (z. B. CO_2 aus der Atmosphäre zu entfernen). Die IEA-Prognose, dass rund die Hälfte der benötigten Emissionsminderungen bis 2050 durch Technologien erreicht werden muss, die heute noch im Entwicklungsstadium sind, verdeutlicht den Handlungsbedarf.[32] Stillstand ist hier Rückschritt. Jedes Jahr ohne Durchbruch bei Speichertechnologien oder ohne Fortschritt bei alternativen Kraftstoffen macht es unwahrscheinlicher, die Klimaziele zu erreichen.

Die Geschichte zeigt aber auch, dass Krisen Innovation beschleunigen können. Der Ölpreisschock in den 1970ern beispielsweise führte zu Effizienzinnovationen in der Automobilindustrie und legte den Grundstein für die Erforschung erneuerbarer Energien. Die aktuelle Klimakrise, so zynisch es klingt, wirkt in Teilen als Innovationsbeschleuniger: Plötzlich fließen enorme Investitionen in E-Mobilität, in grüne Wasserstoffverfahren, in Batterierecycling etc., die vor 15 Jahren in dem Ausmaß undenkbar gewesen wären. Gleichzeitig hat uns die COVID-19-Pandemie vor Augen geführt, wozu wir fähig sind, wenn es wirklich dringend ist: Innerhalb eines Jahres wurden mehrere wirksame Impfstoffe entwickelt. Ein Prozess, der sonst ein Jahrzehnt dauert. Das war nur möglich durch weltweite Kooperation, öffentlich-private Partnerschaften und das entschlossene Verfolgen eines klaren Missionsziels (Pandemie-Eindämmung).

Allerdings warnen Wirtschaftswissenschaftler wie Timothée Parrique davor, alle Hoffnung allein auf grünes Wachstum durch Effizienzgewinne zu setzen. Analysen deuten darauf hin, dass es bisher kein Land geschafft hat, Wachstum dauerhaft absolut vom Ressourcenverbrauch zu entkop-

---

[32] Vgl. IEA (2021), S. 47.

peln.[33] Die Ressourcenintensität (Ressourcen pro BIP) sank zwar in vielen Fällen, aber das absolute BIP-Wachstum fraß die Einsparungen mehr als auf. Daraus kann man schließen: Wir brauchen neben technischen Lösungen auch weniger konsumorientierte Lebensstile und neue Geschäftsmodelle, die nicht auf Verschleiß und Neuverkauf, sondern auf Langlebigkeit und Teilen setzen. Effizienz (mehr Output pro Input-Einheit) ist notwendig, aber Suffizienz (geringerer Input insgesamt, wo möglich) darf nicht vernachlässigt werden. Das klingt nach Verzicht, muss aber keiner sein. Suffiziente Innovation kann bedeuten, dass wir denselben Nutzen mit weniger Ressourcen erhalten. Beispielsweise Carsharing statt individuellem Autobesitz: Die Mobilitätsbedürfnisse werden erfüllt, aber mit insgesamt weniger Autos, die dafür intensiver genutzt werden. Das ist eine soziale Innovation unterstützt von digitaler Technik, die Nachhaltigkeit fördert.

Trotz dieser Mahnungen bleibt Innovation der zentrale Hebel, um Nachhaltigkeit überhaupt erreichbar zu machen. Schon heute sehen wir Beispiele, wie clevere Ideen Umwelt und Wirtschaft zugleich voranbringen: Etwa Kreislaufwirtschafts-Innovationen, die Abfälle wieder zu Rohstoffen machen (Recycling 2.0, Urban Mining); oder Präzisionslandwirtschaft, die mittels Sensoren und KI den Einsatz von Wasser, Dünger und Pestiziden minimiert – das erhöht den Ertrag und schont die Umwelt; oder grüne Chemie, die fossile Ausgangsstoffe durch Pflanzenbasalte ersetzt und giftige Nebenprodukte vermeidet. Viele dieser Innovationen stehen noch am Anfang, haben aber das Potenzial, ganze Branchen umzuwälzen.

Wichtig ist, dass die politischen Rahmenbedingungen die Innovationskraft in nachhaltige Bahnen lenken. Es reicht nicht, auf den freien Markt zu vertrauen, dass er es schon richten wird, denn im Markt sind Umweltgüter oft nicht korrekt bepreist.[34] Innovation scheint notwendig, aber nicht hinreichend für Nachhaltigkeit. Sie muss gezielt gefördert und flankiert werden, damit sie ihr Potential entfalten kann, anstatt eventuell in die falsche Richtung zu laufen (z. B. Innovation für noch schnellere Autos anstatt für umweltfreundlichere Mobilität). Unter dem Strich lässt

---

[33] Vgl. Parrique et al. (2019), S. 3–5.
[34] Vgl. Umweltbundesamt (2020), S. 16–19.

sich aber sagen: Die Menschheit hat mit Innovation schon oft scheinbar unlösbare Probleme gelöst. Warum sollte es uns nicht gelingen, die Transformation zu einer nachhaltigen Wirtschaftsweise zu schaffen, wenn wir unser klügstes Kapital – unseren Erfindergeist – dafür einsetzen?

Tatsächlich gibt es Grund zur Hoffnung: Weltweit steigen die Investitionen in grüne Technologien seit Jahren an, und trotz mancher Rückschläge gibt es stetige Verbesserungen. Erneuerbare Energien etwa sind heute unter den richtigen Rahmenbedingungen die günstigste Stromquelle in vielen Regionen – ein Triumph der Innovation.[35] Elektroautos werden dank Batteriesprunginnovationen immer erschwinglicher und leistungsfähiger. Neue Materialinnovationen (z. B. in der Batterieforschung oder beim Recycling) stehen in den Startlöchern. Und die junge Generation von Gründern ist oft intrinsisch motiviert, mit ihren Start-ups nicht nur Geld zu verdienen, sondern auch einen sinnhaften, gesellschaftlichen Beitrag zu leisten. Dieses Zusammenspiel aus Druck (durch Krisen) und Zug (durch Idealismus und Marktchancen) kann eine enorme Innovationswelle für Nachhaltigkeit erzeugen.

Damit grünes Wachstum mehr wird als ein Schlagwort, müssen wir jedoch bereit sein, alte Pfade zu verlassen. Geschäftsmodelle, die rein auf Verschleiß und Absatz beruhen, gehören überdacht. Politik, die klimaschädliches Verhalten subventionieren (z. B. fossile Brennstoffe), muss konsequent beendet werden. Angesichts der globalen Krisen unserer Zeit – vom Klimawandel über soziale Ungleichheit bis hin zu Ressourcenknappheit – wird klar: Technologischer Fortschritt alleine genügt nicht. Ohne eine bewusste Ausrichtung auf ökologische Tragfähigkeit, soziale Gerechtigkeit und kulturelle Resilienz kann Innovation ihre Versprechen als Treiber von Wirtschaftswachstum nicht einlösen. Sie wird dann bestenfalls zum kurzlebigen Hype, schlimmstenfalls zum Brandbeschleuniger gesellschaftlicher und ökologischer Krisen.

Institutionen wie die OECD, die Europäische Kommission oder die Weltbank fordern heute explizit, dass Innovationspolitik die Erreichung der SDGs unterstützen muss.[36] Innovation ist damit nicht mehr nur eine ökonomische, sondern eine gesellschaftspolitische Aufgabe. Doch was

---

[35] Vgl. Kost et al. (2024), S. 2.
[36] Vgl. OECD/Eurostat (2018), S. 3 f.

bedeutet es konkret, Innovation auf nachhaltige Entwicklung auszurichten?

Zunächst braucht es eine neue Innovationskultur, die über kurzfristige Profiterwartungen hinausblickt. Grüne Technologien, wie Photovoltaik, Windkraft, Wasserstoffsysteme, sind sichtbare Beispiele für technische Innovationen mit Nachhaltigkeitsziel. Aber echte Transformation erfordert mehr: Systeminnovationen, die ganze Sektoren umgestalten, wie etwa die Entwicklung einer Kreislaufwirtschaft, die nicht auf endlosen Ressourcenverbrauch, sondern auf Wiederverwertung und Regeneration setzt.

Soziale Innovationen spielen hierbei eine ebenso zentrale Rolle. Neue Formen des Zusammenlebens, des Wirtschaftens, des Arbeitens sind nötig, um technische Lösungen sinnvoll in Gesellschaften einzubetten. Beispiele wie Bürgerenergiegenossenschaften, solidarische Landwirtschaft, Gemeinwohlökonomie oder Plattformen für gemeinschaftsbasiertes Lernen zeigen, dass nachhaltige Innovation nicht nur in High-Tech-Laboren entsteht, sondern oft an der Schnittstelle von Technik, Kultur und Gemeinsinn.

Missionsorientierte Innovationspolitik, wie sie etwa von Mariana Mazzucato gefordert wird, bietet hier einen strategischen Rahmen: Statt Innovationsförderung auf technologieoffene Wachstumsprogramme zu beschränken, geht es darum, klare gesellschaftliche Ziele – etwa klimaneutrale Städte bis 2040 oder plastikfreie Ozeane – zu formulieren und Innovationsaktivitäten gezielt darauf auszurichten.[37] So wird Innovation bewusst gelenkt, ohne die kreative Freiheit einzuschränken.

Bildung wird zu einem entscheidenden Hebel. Nachhaltige Innovationskultur beginnt in den Schulen, Hochschulen und Weiterbildungsprogrammen. Kompetenzen wie systemisches Denken, soziale Verantwortung, transdisziplinäre Zusammenarbeit und ökologische Intelligenz müssen in Bildungsprogramme integriert werden. Nur wer die Zusammenhänge von Technik, Umwelt und Gesellschaft versteht, kann nachhaltige Lösungen entwickeln.

Auch neue Finanzierungsmodelle sind erforderlich: Impact Investing, Green Bonds, Nachhaltigkeitsfonds. All diese Instrumente sind Ansätze,

---

[37] Vgl. Mazzucato (2018).

Kapitalströme gezielt in nachhaltige Innovationsprojekte zu lenken. Staatliche Innovationsförderung sollte Nachhaltigkeitskriterien verpflichtend machen und nicht nur auf technische Exzellenz, sondern auch auf gesellschaftliche Wirkung achten.

Partizipation wird zum Schlüsselbegriff für die Gestaltung nachhaltiger Innovation. Betroffene und Akteure vor Ort müssen von Beginn an eingebunden werden. Nicht nur als Abnehmer neuer Technologien, sondern als Mitgestalter von Innovationsprozessen. Bürgerräte, Zukunftswerkstätten und partizipative Designprozesse gewinnen deshalb an Bedeutung. Nachhaltigkeit entsteht nicht top-down, nicht von oben herab, sondern im Dialog zwischen Wissenschaft, Politik, Wirtschaft und Zivilgesellschaft.

Dabei darf der Blick nicht an nationalen Grenzen enden. Viele der dringendsten Innovationsfelder, Klimaschutz, Gesundheitsversorgung, digitale Infrastrukturen, sind globale Aufgaben. Internationale Kooperation in der Innovationspolitik ist deshalb unabdingbar. Der freie Fluss von Wissen, Technologietransfer in Entwicklungs- und Schwellenländer, faire globale Partnerschaften und solidarische Innovationsfinanzierung sind Voraussetzung dafür, dass nachhaltige Innovation nicht zum Privileg der Industriestaaten wird. Deshalb sind neue Indikatoren erforderlich: etwa ökologische Bilanzwirkungen, soziale Inklusionseffekte, Beiträge zur globalen Resilienz. Innovationspolitik muss lernen, sich an den realen gesellschaftlichen Fortschritten zu messen, nicht nur an technologischen Outputs. Innovation für nachhaltige Entwicklung bedeutet, technische Kreativität mit ethischer Verantwortung, wirtschaftlicher Vernunft und gesellschaftlicher Vision zu verbinden.

3.7 Sand im Getriebe – Warum gute Ideen oft stecken bleiben

Bis hierhin sollte offenkundig geworden sein, dass Innovation keine naturwüchsige Kraft ist, die als ein sich selbst antreibender Prozess, der, einmal entfesselt, wie von allein Märkte durchdringt, Institutionen verändert und Wohlstand schafft. Denn dieser Mythos verkennt die Realität. Denn wo Innovation gedeiht, ist sie nicht selten gegen Widerstände gewachsen. Und wo sie ausbleibt, liegt das selten am Mangel an Ideen, sondern fast immer an den Bedingungen, unter denen Ideen zu Entwicklungen, Produkte zu Durchbrüchen und Lösungen zu gesellschaftlichem Nutzen werden sollen.

Innovationshemmnisse sind keine Ausnahmeerscheinung, sondern strukturprägende Realitäten. Sie wirken in Unternehmen ebenso wie in öffentlichen Verwaltungen, in Bildungsinstitutionen wie in der Gesetzgebung. Manche sind sichtbar und technischer Natur: fehlende Infrastruktur, unzureichende Datenverfügbarkeit, fragmentierte Schnittstellen. Andere sind subtiler: mentale Barrieren, institutionelle Trägheit, Angst vor Kontrollverlust oder schlicht der Mangel an Mut, das Gewohnte infrage zu stellen.[38]

Ein zentrales Hemmnis liegt in der Organisationskultur vieler Unternehmen. Während Innovationsrhetorik allgegenwärtig ist, herrscht in der Praxis oft Risikovermeidung, Silodenken und Hierarchiefixierung.[39] Mitarbeitern auf allen Ebenen mangelt es an Zeit, Ressourcen oder auch schlicht an der Erlaubnis, Experimente zu wagen. Fehlerkultur ist vielerorts nur eine Worthülse. Dabei zeigen Studien immer wieder: Organisationen, die sich Offenheit, Interdisziplinarität und Lernbereitschaft erlauben, sind nicht nur innovativer, sondern auch widerstandsfähiger gegenüber Krisen.[40]

Ein weiteres großes Hemmnis betrifft die Finanzierung. Gerade für kleine und mittlere Unternehmen, Start-ups oder sozial ausgerichtete Organisationen fehlt häufig der Zugang zu Wagniskapital, zu langfristiger Förderung oder zu schlanken Förderverfahren. Oft sind die bürokratischen Hürden so hoch, dass gerade die innovativsten Akteure daran scheitern. Nicht, weil ihre Ideen schlecht wären, sondern weil sie nicht in die Förderlogik passen. Wer Innovation will, muss also auch über neue Formen der Kapitalbereitstellung sprechen: über Mikrofinanzierung,

---

[38] Vgl. McKinney (2023).

[39] In einer McKinsey-Umfrage gaben 85 % der Führungskräfte an, Angstkultur halte Innovation oft oder immer zurück. Durchschnittliche Unternehmen tun wenig dagegen; Spitzen-Innovatoren hingegen bauen eine Kultur, die Fehler toleriert und Mitarbeiter emotional mitnimmt (vgl. Furstenthal et al., 2022).

[40] Vgl. Chesbrough (2017), S. 35–38.

missionsorientierte Fonds, über patient capital, das nicht sofort auf Rendite, sondern auf Wirkung zielt. Diese alternativen Finanzierungsformen sind nicht bloß Ergänzungen, sondern Voraussetzung für ein innovationsfreundliches Ökosystem.

Auch rechtlich-institutionelle Innovationsbarrieren wie veraltete Regulierungen oder fehlende Standards können Entwicklungen ausbremsen. Beispiele dafür finden sich etwa in der Gesundheitsforschung, im Datenschutz oder bei digitalen Plattformen. Was technologisch längst möglich wäre, etwa Telemedizin, autonomes Fahren oder digitale Bildungszertifikate, scheitert oft an gesetzlichen Grauzonen oder regulatorischen Inkonsistenzen. Besonders in föderalen Strukturen entstehen hier Reibungsverluste, die Innovation nicht nur verzögern, sondern bisweilen sogar verhindern. Es braucht daher regulatorische Innovationsfreiräume, sogenannte Sandboxes, in denen neue Technologien unter realen Bedingungen getestet werden können, bevor sie regulativ gefasst werden.

Ebenfalls nicht zu unterschätzen sind gesellschaftliche Hemmnisse. Technologischer Wandel erzeugt Unsicherheit, Berührungsängste, Ablehnung. Gerade bei radikalen Innovationen, etwa in der Gentechnik, der Robotik oder der KI, zeigt sich, dass gesellschaftliche Akzeptanz kein Automatismus ist. Sie muss durch Transparenz, Partizipation und vertrauenswürdige Kommunikation aktiv gefördert werden. Ohne gesellschaftliches Vertrauen bleibt selbst die beste Technologie ein Papiertiger. Hier liegt eine besondere Verantwortung bei den Entwicklern, aber auch bei Politik und Medien, einen verantwortungsvollen, aber nicht angstgetriebenen Diskurs über Technologie zu führen.

Zudem wirken Hemmnisse nicht isoliert, sondern systemisch. Häufig verstärken sich verschiedene Blockaden gegenseitig: Eine schwache Fehlerkultur führt zu Innovationsangst, Innovationsangst hemmt Investitionen, fehlende Investitionen bremsen die Entwicklung. Ein Teufelskreis, der sich nur durch systemische Interventionen durchbrechen lässt. Die größte Herausforderung liegt dabei in der Koordination. Wenn Bildungsreformen nicht auf technologische Trends reagieren, wenn Forschungspolitik nicht mit Sozialpolitik zusammengedacht wird, wenn Innovationsförderung nicht durch arbeitsrechtliche und steuerliche Rahmenbedingungen ergänzt wird, bleibt der Impuls stückwerkhaft.

Was also ist zu tun? Wer Innovationshemmnisse überwinden will, muss sich auf mehreren Ebenen gleichzeitig bewegen: strukturell, kulturell, regulatorisch, ökonomisch und kommunikativ. Es braucht eine Innovationspolitik, die nicht nur fördert, sondern auch zuhört. Eine, die Experimentierräume schafft, in Form von Reallaboren, Testregionen, Ausnahmezonen. Eine, die nicht nur das Neue feiert, sondern auch das Alte würdigt, wo es trägt, und es mutig hinterfragt, wo es blockiert. Vor allem aber braucht es politische Geduld und strategischen Langmut. Innovation ist kein Sprint, sondern ein Marathon durch das Dickicht institutioneller Routinen. Das bedeutet auch: Innovationsfreundlichkeit beginnt im Kopf – in der Haltung gegenüber dem Unfertigen, dem Ungewohnten, dem Widerständigen.

3.8 Der Nachtwächter wird zum Möglichmacher

Bei Innovation denken viele reflexartig an geniale Erfinder in Garagen oder dynamische Start-ups im Silicon Valley. Der Staat erscheint in diesem Bild höchstens als bürokratischer Bremser oder als Geldgeber im Hintergrund. Doch dieses Bild greift zu kurz. Tatsächlich war der Staat in der Geschichte oft ein zentraler Innovationsakteur – man denke an die Mondlandung (ein staatlich getriebenes Projekt), das Internet (aus staatlich finanzierten Forschungsnetzwerken hervorgegangen) oder die Entwicklung moderner Impfstoffe (mit riesigen öffentlichen Forschungsbeiträgen). Mariana Mazzucato, eine in diesem Kontext einflussreiche Ökonomin, prägte den Begriff vom *entrepreneurial state,* dem unternehmerischen Staat. Sie argumentiert, dass der Staat nicht nur regulieren und korrigieren, sondern gestalten und vorantreiben solle, wenn es um Innovation geht.[41]

Historisch galt in der Wirtschaftspolitik lange das Paradigma, der Staat solle Marktversagen beheben, also dort eingreifen (etwa mit Subventionen oder Gesetzen), wo der Markt allein nicht zu optimalen Ergebnissen führt, zum Beispiel bei Grundlagenforschung oder bei umweltschäd-

---

[41] Vgl. Mazzucato (2011).

lichen Auswirkungen von Industrien. Dieses reaktive Verständnis wird nun ergänzt durch ein proaktives: Der Staat solle Visionen und Ziele formulieren und dann gezielt Innovation mobilisieren, um diese Ziele zu erreichen. Mazzucato fasst dies sinngemäß in der Forderung zusammen: Statt nur im Nachhinein zu justieren, solle der Staat frühzeitig Schwerpunkte setzen – zum Beispiel durch die Zielvorgabe, erneuerbare Energien bis zu einem bestimmten Datum dominant zu machen, oder die Vision einer digital vernetzten, ressourceneffizienten Stadt der Zukunft entwerfen – und dann in diese Richtung investieren und kooperieren.[42]

Was macht einen unternehmerischen Staat aus? Zum einen Mut und Risikobereitschaft. Private Unternehmen scheuen manchmal sehr riskante Forschungsprojekte, weil der Ausgang ungewiss ist und die Investition sich vielleicht erst in 10–20 Jahren auszahlt, wenn überhaupt. Staaten können sich eher leisten, solche langfristigen, riskanten Wetten einzugehen, gerade wenn es um grundlegende Technologien geht, die gesellschaftlich wünschenswert sind. Ein klassisches Beispiel sind Raumfahrtprogramme: Ohne die staatlich finanzierte Grundlagenarbeit der NASA gäbe es heute weder Satellitennavigation noch viele Materialien und Verfahren, die später zivil genutzt wurden. Auch die Entwicklung der mRNA-Technologie, die hinter den COVID-19-Impfstoffen steckt, wurde jahrzehntelang durch öffentliche Gelder mitgetragen – Unternehmen allein hätten dieses Risiko kaum gestemmt. Mazzucato betont: Viele bahnbrechende Innovationen – vom Touchscreen über GPS bis zum Internet – basieren auf staatlich finanzierten Vorleistungen.[43] Der private Sektor hat dann diese Technologien aufgegriffen und kommerzialisiert, was wichtig ist; aber initial brauchte es oft den Anstoß der öffentlichen Hand.

Zum anderen bedeutet ein unternehmerischer Staat strategische Ausrichtung. Anstatt Gießkannenförderung zu betreiben, konzentriert man Ressourcen auf klar definierte Missionen. Die EU hat dieses Konzept aufgegriffen: In ihrem Rahmenprogramm für Forschung und Innovation wurden einige Missionen definiert – beispielsweise *100 klimaneutrale Städte bis 2030* oder *Heilung von Krebs* – um verschiedene Akteure zu

---

[42]Vgl. Mazzucato (2016), S. 24 f.
[43]Vgl. Ebd., S. 1.

bündeln und auf konkrete gesellschaftliche Ziele hinzuarbeiten.[44] Eine Mission orientiert sich also an einem Problem (beispielsweise Klimawandel, Krankheit, saubere Ozeane) und nicht an einer bestimmten Technologie. Das ist ein wichtiger Unterschied: Klassische Innovationspolitik hätte vielleicht gesagt „wir fördern Nanotechnologie" oder „wir fördern Biotech". Die missionsorientierte Politik sagt: „wir lösen Problem X" und ist offen dafür, welche Technologie oder Kombination von Lösungen dafür nötig ist. Dadurch will man Interdisziplinarität fördern und verhindern, dass man sich auf eine möglicherweise falsche technische Fährte verrennt.

Ein aktiver Staat im Innovationsbereich heißt jedoch nicht, dass der Staat alles selbst macht. Im Gegenteil, Partnerschaften sind zentral. Öffentlich-private Zusammenarbeit soll auf Augenhöhe stattfinden. Das bedeutet, der Staat bringt zwar Kapital oder Infrastruktur ein, aber er sucht die Kooperation mit Unternehmen und Hochschulen. Eine Herausforderung für den unternehmerischen Staat ist es, die richtige Balance zwischen Fördern und Fordern zu finden. Es geht nicht darum, planwirtschaftlich alles zentral zu steuern; die Kreativität dezentraler Akteure und der Wettbewerb sollen erhalten bleiben. Der Staat setzt aber Leitplanken und gibt Richtung: etwa durch CO_2-Preise, die klimaschonende Innovation attraktiver machen, oder durch Investitionen in Bildungs- und Forschungsinfrastruktur, die die Grundlagen für künftige Innovation legen. Nicht zuletzt muss der Staat auch regulatorisch innovativ sein, um mit dem Tempo der technischen Entwicklung Schritt zu halten. Das erfordert neue Kompetenzen in der Verwaltung, agile Gesetzgebungsprozesse und intensiven Dialog mit Wissenschaft und Wirtschaft.

In jüngerer Zeit wird zudem diskutiert, wie der Staat Erträge aus seinen Investitionen abschöpfen kann, um sie erneut ins System einzuspeisen. Wenn beispielsweise öffentliche Gelder ein Medikament mitentwickeln, das später ein Pharmaunternehmen teuer verkauft, sollte die öffentliche Hand dann nicht einen Anteil am Gewinn haben oder günstigere Preise aushandeln können? Solche Modelle (wie Innovationsfonds, die Beteiligungen halten) werden erprobt, sind aber auch politisch umstritten. Sie zeigen aber den Trend: Der Staat will nicht nur ermöglichen, son-

---

[44] Vgl. Europäische Kommission (2021).

dern auch teilhaben, um dauerhaft finanzielle Schlagkraft für zukünftige Aufgaben zu haben.

Die Forderung nach einem aktiven Staat rührt auch daher, dass die Herausforderungen immer komplexer und globaler werden. Digitalisierung und Klimawandel etwa sind Transformationen, die alle Bereiche der Gesellschaft durchziehen. Es braucht koordiniertes Handeln, um hier voranzukommen. Kein einzelnes Unternehmen und auch kein einzelner Staat kann das allein stemmen. Aber Staaten können gemeinsam Allianzen schmieden, Standards setzen und Großforschungsprojekte anstoßen (man denke an internationale Projekte wie ITER für Kernfusion oder das Human Genome Project, die weltweit koordiniert wurden).

3.9   Fazit

Innovation ist weit mehr als technischer Fortschritt. Sie ist die schöpferische Bewegung der Gesellschaft selbst. Ein stetes Überschreiten des Gegebenen, ein Aufbruch ins Mögliche. In den Wellen von Erfindung, Erschütterung und Erneuerung, die wir im Verlauf der Geschichte beobachten konnten, spiegelt sich ein tieferer Rhythmus: der unermüdliche Drang des Menschen, seine Welt neu zu denken und sich selbst dabei zu verwandeln.

Innovation folgt keinen einfachen Pfaden. Sie ist weder automatisch gut noch zwingend nachhaltig. Ihr Potenzial entfaltet sich erst, wenn technologische Kreativität mit gesellschaftlicher Verantwortung, wirtschaftlicher Intelligenz mit ethischer Reflexion, wissenschaftlicher Neugier mit kultureller Sensibilität verbunden wird. Die Analyse der historischen Innovationszyklen hat offenbart, dass Fortschritt nie linear verläuft, sondern von Brüchen, Widersprüchen und schöpferischer Zerstörung begleitet ist. Jede große Welle technologischer Erneuerung brachte tiefgreifende gesellschaftliche Umbrüche mit sich und verlangte Antworten auf neue Fragen von Gerechtigkeit, Teilhabe und Sinn.

In der Gegenwart erleben wir eine Beschleunigung dieser Dynamiken. Künstliche Intelligenz, Biotechnologie und nachhaltige Energiesysteme bilden die Triebkräfte einer neuen Epoche. Doch ihre transformative Kraft ist ambivalent: Sie kann befreiend wirken oder entfremden, emanzipieren oder neue Abhängigkeiten schaffen. Es liegt an uns, diesen Wandel bewusst zu gestalten.

Innovation entfaltet sich dabei nicht im Vakuum. Ihre Verwirklichung hängt von der Qualität der institutionellen Rahmenbedingungen ab, von der Fähigkeit, Innovationshemmnisse zu überwinden, Humankapital zu fördern, soziale Innovationen zu ermöglichen und ethische Leitplanken zu setzen. Der Staat tritt dabei nicht mehr als bloßes Korrektiv auf, sondern als aktiver Mitgestalter, als Initiator gesellschaftlicher Missionen, die technologischen Fortschritt in den Dienst des Gemeinwohls stellen.

Die große Erkenntnis dieses Kapitels lautet: Innovation ist keine bloße Anhäufung neuer Technologien als Ausguss des Wissenskapitals zum Zwecke ökonomischen Wachstums, sondern ein kultureller Prozess, ein gesellschaftlicher Vertrag mit der Zukunft. Sie erfordert nicht nur Mut zur Erneuerung, sondern auch die Weisheit der Selbstbegrenzung; nicht nur Dynamik, sondern auch die Kunst der Resonanz zwischen Technik, Mensch und Natur. Innovation muss zum Träger einer neuen Aufklärung werden. Einer Aufklärung, die das Technische mit dem Ethischen, das Effiziente mit dem Gerechten, das Machbare mit dem Wünschenswerten versöhnt.

Abschließend darf ein wenig Optimismus stehen: Die menschliche Kreativität hat uns immer wieder überrascht. Oft staunt man erst rückblickend, welche Quantensprünge innerhalb weniger Jahrzehnte möglich waren. Vor gut 100 Jahren glaubte man, alle physikalischen Gesetze seien im Wesentlichen verstanden – dann kamen Quantenmechanik und Relativitätstheorie. Vor 50 Jahren hielt man die Kommunikation über Bildtelefone für ferne Zukunftsmusik – heute tragen wir das Internet in der Hosentasche. Es gibt keinen Grund anzunehmen, dass uns die Ideen ausgehen. Die Innovationskraft, ob in einem Tüftler in seiner Werkstatt, einer Forscherin im Labor, einem klugen Kopf in der Regierungsbehörde oder einer Gemeinschaft, die neue Wege des Zusammenlebens probiert, ist ein unerschöpflicher Quell, solange Neugier und Gestaltungswillen in uns wohnen.

Doch wir dürfen die Augen nicht vor den Gefahren verschließen: Klimawandel, soziale Polarisierung, Vertrauensverlust in Institutionen; all das sind reale Herausforderungen, die sich verschärfen, wenn wir untätig bleiben oder den falschen Weg einschlagen. Die Entscheidungen, die wir heute treffen, bestimmen, ob Innovation zum Problemlöser oder zum Brandbeschleuniger dieser bestehenden Herausforderungen wird. Nutzen wir das Wissen klug, kann es uns helfen, zu entkoppeln, was entkoppelt werden muss (Wachstum von Umweltverbrauch, Fortschritt von Ungleichheit) und zu verbinden, was verbunden werden muss (Technik und Ethik, Wohlstand und Nachhaltigkeit).

In gewisser Weise stehen wir an einem historischen Scheideweg, vergleichbar mit der industriellen Revolution, aber mit dem Vorteil, dass wir aus der Geschichte lernen können. Damals wie heute war Wissen der Treiber – doch heute haben wir die Möglichkeit, bewusster zu steuern, wohin die Reise geht. Innovation für qualitatives, nachhaltiges Wachstum ist kein Selbstläufer, aber sie ist machbar. Es ist ein Projekt, das Köpfe und Herzen braucht – analytische Strenge und moralische Tiefe.

Am Ende bleibt die Frage, die über alle Einzelentwicklungen hinausreicht: Wozu innovieren wir? Nicht jede Neuerung ist ein Fortschritt. Fortschritt ist nur das, was die menschliche Würde vertieft, die Freiheit mehrt, die Verbundenheit stärkt und die natürlichen Grundlagen unseres Lebens bewahrt.

Innovation ist somit kein Ziel. Sie ist ein Mittel. Ein mächtiges, ein gefährliches, ein verheißungsvolles Mittel. Sie ist der Kompass, den wir neu auszurichten lernen müssen. Wie dies konkret aussehen könnte, erforschen wir anhand der Pioniertechnologie KI im nächsten Kapitel.

Literatur

Akpemah Bathuure, I. (2021). The role of social capital and social innovation in economic growth. *The Economics and Finance Letters, 8*(2), 231–250.

Bonnici, F., & Schwab, H. (2025, 21. Januar). Commentary: Social entrepreneurs move from the margins to mainstream. *Caixin Global.* https://www.caixinglobal.com/2025-01-21/commentary-social-entrepreneurs-move-from-the-margins-to-mainstream-102281802.html.

Bresnahan, T., & Trajtenberg, M. (1995). General purpose technologies "engines of growth"? *Journal of Econometrics, 65,* 83–108. https://doi.org/10.1016/0304-4076(94)01598-T.

Brynjolfsson, E., & McAfee, A. (2014). *The second machine age: Work, progress, and prosperity in a time of brilliant technologies.* W. W. Norton & Company.

Bundesministerium für Bildung und Forschung (BMBF). (2023). *Zukunftsstrategie Forschung und Innovation der Bundesregierung.* https://www.bmbf.de/DE/Forschung/Zukunftsstrategie/zukunftsstrategie_node.html.

Chesbrough, H. (2017). The future of open innovation is more extensive, more collaborative, and more engaged with a wider variety of participants. *Research-Technology Management, 60*(1), 35–38. https://doi.org/10.1080/08956308.2017.1255054.

Cirera, X., & Maloney, W. F. (2017). *The innovation paradox: Developing-country capabilities and the unrealized promise of technological catch-up.* World Bank. https://doi.org/10.1596/978-1-4648-1160-9.

Europäische Kommission. (2021). *European Innovation Scoreboard 2021.* Publications Office of the European Union.

Europäische Kommission. (2021). *EU missions in Horizon Europe.* Abgerufen am 25. Juli 2025,von https://research-and-innovation.ec.europa.eu/funding/funding-opportunities/funding-programmes-and-open-calls/horizon-europe/eu-missions-horizon-europe_en.

Furstenthal, L., Morris, A., & Roth, E. (2022). Fear factor: Overcoming human barriers to innovation. *McKinsey & Company.* https://www.mckinsey.com/capabilities/strategy-and-corporate-finance/our-insights/fear-factor-overcoming-human-barriers-to-innovation.

Freeman, C., & Louçã, F. (2001). As time goes by: From the industrial revolutions to the information revolution. *Academy of Management Review, 27*(2). https://doi.org/10.2307/4134358.

Gordon, R. J. (2016). *The rise and fall of American growth.* Princeton University Press.

International Energy Agency [IEA]. (2021). *Net zero by 2050: A roadmap for the global energy sector.* IEA.

International Energy Agency [IEA]. (2022). *World energy investment 2022.* https://www.iea.org/reports/world-energy-investment-2022.

James, S. (2023). Age of AI: Why organizations need a chief ethics officer. *InformationWeek.* https://www.informationweek.com/machine-learning-ai/age-of-ai-why-organizations-need-a-chief-ethics-officer.

Jobin, A., Ienca, M., & Vayena, E. (2019). The global landscape of AI ethics guidelines. *Nature Machine Intelligence, 1*, 389–399. https://doi.org/10.1038/s42256-019-0088-2.

Kondratjew, N. D. (1922). *The world economy and its conjunctures during and after the war*. Regional Branch of the State Publishing House.

Kost, C., Müller, P., Sepúlveda Schweiger, J., Fluri, V., & Thomsen, J. (2024). *Stromgestehungskosten Erneuerbare Energien* (Studie). Fraunhofer-Institut für Solare Energiesysteme ISE.

Mazzucato, M. (2011). The entrepreneurial state. *Soundings, 49*, 131–141. https://doi.org/10.3898/136266211798411183.

Mazzucato, M. (2016). From market fixing to market-creating: A new framework for innovation policy. *Industry and Innovation, 23*(2), 140–156. https://doi.org/10.1080/13662716.2016.1146124.

Mazzucato, M. (2018). *Mission-oriented research & innovation in the European Union: A problem-solving approach to fuel innovation-led growth*. Publications Office of the European Union. https://doi.org/10.2777/360325.

McKinney. (2023). Breaking down barriers to innovation. *Killer Innovations*. https://killerinnovations.com/breaking-down-barriers-to-innovation/.

Organisation for Economic Co-operation and Development (OECD). (2018). *The productivity-inclusiveness nexus*. OECD Publishing. https://doi.org/10.1787/9789264292932-en.

Organisation for Economic Co-operation and Development (OECD). (2019). *Going digital: Shaping policies, improving lives*. OECD Publishing. https://doi.org/10.1787/9789264312012-en.

OECD/Eurostat. (2018). *Oslo manual 2018: Guidelines for collecting, reporting and using data on innovation* (4th ed.). OECD Publishing. https://doi.org/10.1787/9789264304604-e.

Parrique, T., Barth, J., Briens, F., Kerschner, C., Kraus-Polk, A., Kuokkanen, A., & Spangenberg, J. H. (2019). *Decoupling debunked: Evidence and arguments against green growth as a sole strategy for sustainability*. European Environmental Bureau.

Perez, C. (2002). *Technological revolutions and financial capital: The dynamics of bubbles and golden ages*. Edward Elgar.

Peters, B., Mohnen, P., Saam, M., Blandinières, F., Hud, M., Krieger, B., & Niebel, T. (2018). *Innovationsaktivitäten als Ursache des Productivity Slowdowns?* Studien zum deutschen Innovationssystem Nr. 10-2018. Zentrum für Europäische Wirtschaftsforschung.

Schumpeter, J. A. (1939). *Business cycles: A theoretical, historical, and statistical analysis of the capitalist process*. McGraw-Hill.

Schwab, K. (2017). *The fourth industrial revolution*. Crown Currency.

Solow, R. M. (1957). Technical change and the aggregate production function. *The Review of Economics and Statistics, 39*(3), 312–320. https://doi.org/10.2307/1926047.

Umweltbundesamt. (2020). *Umweltkosten von Konsumgütern als Ansatzpunkt zur Verbesserung marktlicher und nicht-marktlicher Verbraucherinformationen („Zweites Preisschild"):* Fachwissenschaftliche Unterstützung des Nationalen Programms für nachhaltigen Konsum – Teilvorhaben 3 Abschlussbericht.

Zimmermann, R. (2021). *Innovationen und technischer Fortschritt sind Treiber des Wachstums* (KfW Research, Fokus Volkswirtschaft Nr. 361). KfW Bankengruppe. https://www.kfw.de/PDF/Download-Center/Konzernthemen/Research/PDF-Dokumente-Fokus-Volkswirtschaft/Fokus-2021/Fokus-Nr.-361-Dezember-2021-Innoeffekte.pdf.

4

Von Bits zu Bots – Wie Algorithmen unsere Welt neu schreiben

Technologischer Fortschritt hat die Menschheitsgeschichte in Schüben vorangetrieben. Jede neue General Purpose Technology – sei es die Dampfmaschine, Elektrizität oder das Internet – eröffnete zuvor unvorstellbare Möglichkeiten, veränderte Wirtschaftsstrukturen und prägte das tägliche Leben. Heute stehen wir an der Schwelle eines nächsten großen Sprungs: Künstliche Intelligenz gilt vielen als die neue Allzwecktechnologie unserer Zeit. Tatsächlich durchdringen digitale Systeme und KI bereits weite Teile von Wirtschaft und Gesellschaft, von smarten Produktionsanlagen über selbstlernende medizinische Diagnosesysteme bis hin zu personalisierten Nachrichtenfeeds. Doch wie bei jeder großen technischen Revolution werfen diese Entwicklungen fundamentale Fragen auf: Wohin führt uns dieser Wandel? Wer profitiert und wer droht abgehängt zu werden? Wie lässt sich technischer Fortschritt so gestalten, dass er nicht nur wirtschaftlich, sondern auch ökologisch und sozial nachhaltig ist?

Eine zentrale These dieses Buches lautet, dass Wissen im digitalen Zeitalter zur vielleicht wichtigsten Ressource geworden ist. Wissen – kodiert in Daten, Algorithmen und menschlichem Know-how – treibt

© Der/die Autor(en), exklusiv lizenziert an Springer Fachmedien Wiesbaden GmbH, ein Teil von Springer Nature 2026
M. Pätzold et al., *Wachstum neu denken*,
https://doi.org/10.1007/978-3-658-50406-9_4

Innovation und Wachstum an, weit mehr als klassische Rohstoffe oder industrielle Maschinen. KI verkörpert dies in besonderem Maße: Sie macht Wissen unmittelbar produktiv, indem sie Informationen auf neue Weise verarbeitet und nutzbar macht. Gleichzeitig erhöht KI selbst den Stellenwert von Information und Daten als ökonomischem Gut. Doch wie jede machtvolle Technologie ist KI ambivalent. Sie kann helfen, drängende Probleme wie Klimawandel oder Krankheiten besser zu lösen, und könnte qualitatives Wachstum ermöglichen, wenn wir sie richtig einsetzen. Ebenso kann sie aber bestehende Ungleichheiten verschärfen, Privatsphäre aushöhlen oder einen beispiellosen Konzentrationsprozess von Wissen und Macht in den Händen weniger auslösen. Nicht zuletzt kann sie auch von Cyberkriminellen missbraucht werden und hohe Schäden an Unternehmen, Wirtschaftsleistung und gesellschaftlichem Vertrauen verursachen. Diese neue Realität zwingt uns, vertraute Kategorien zu überdenken: Was bedeutet Arbeit in einer von Algorithmen gesteuerten Ökonomie? Was heißt Wohlstand in einer Welt, in der immaterielle Werte und Datenströme produktiver sind als physische Güter? Und was verstehen wir künftig unter Wachstum, wenn Ressourcenknappheit, ökologische Belastungsgrenzen und soziale Spannungen uns die Grenzen der klassischen Expansionslogik unmissverständlich vor Augen führen?

In diesem Kapitel begeben wir uns auf eine Reise durch die vielfältigen Dimensionen dieses Wandels. Wir spüren den ökologischen, ökonomischen, politischen und kulturellen Auswirkungen der KI nach. Wir betrachten die Versprechen ebenso wie die Risiken dieser Technologien, und stellen hier stellvertretend für alle anderen genannten Pionierinnovationen die entscheidende Frage: Wie können wir den rapiden technologischen Fortschritt so gestalten, dass er im Dienst einer nachhaltigen, gerechten und menschlichen Zukunft steht?

Dabei wird sichtbar werden, dass diese tiefgreifende Transformation neue politische und gesellschaftliche Rahmenbedingungen erfordert. Die alten Regeln reichen nicht mehr aus, um die neuen Kräfte zu zähmen. Ohne gezielte Regulierung, ethische Leitlinien und demokratische Gestaltung droht KI, bestehende Ungleichheiten zu verschärfen und demokratische Errungenschaften zu untergraben. Schon heute ist absehbar, dass wir eine neue Wirtschaftsordnung brauchen werden, die den technologischen Fortschritt nicht nur ermöglicht, sondern ihn zugleich in den Dienst des Gemeinwohls stellt.

In diesem Abschnitt wollen wir deshalb nicht nur analysieren, sondern zum Nachdenken und Mitgestalten anregen. Wir laden Sie ein, die digitale Revolution nicht einfach geschehen zu lassen, sondern sie aktiv und verantwortungsvoll zu gestalten – mit Mut, Weitblick und einem klaren Kompass für eine lebenswerte Zukunft.

4.1   Bits in Bewegung – Wie Daten Wert schaffen

Wer den Charakter des digitalen Wirtschaftswandels verstehen will, muss erkennen, dass Wissen und Informationen heute so zentral sind wie einst Kohle oder Öl. In der Industriegesellschaft des 20. Jahrhunderts waren physisches Kapital, Rohstoffe und menschliche Arbeitskraft die dominierenden Produktionsfaktoren. Im 21. Jahrhundert hingegen hat sich ein Wandel vollzogen: Intangibles – Daten, Know-how, geistiges Eigentum, kreative Ideen – sind zu den entscheidenden Wertschöpfern avanciert. Ökonomen sprechen längst von der Wissensökonomie oder Kreativökonomie, in der kulturelle und technologische Kreativität Wachstumstreiber sind. So betonte ein Bericht der UNESCO schon 2013 den wachsenden Beitrag kreativer und wissensbasierter Industrien zur Entwicklung, ermöglicht durch digitale Plattformen und Globalisierung, und forderte Investitionen in Bildung, Kulturinstitutionen und digitale Infrastruktur, um dieses Potenzial auszuschöpfen.[1] Wissen ist also nicht länger nur ein Beiwerk im Produktionsprozess, sondern der zentrale Rohstoff der Wertschöpfung.

Künstliche Intelligenz illustriert diese Entwicklung in zweifacher Hinsicht. Erstens basiert KI selbst vollständig auf Wissen – in Form von Daten und Algorithmen. Moderne KI-Systeme lernen, indem sie enorme Datenmengen verarbeiten und daraus Muster extrahieren. Daten, also gespeichertes Wissen über die Welt, werden so direkt zum Produktionsfaktor: Ohne riesige Datensätze keine leistungsfähige KI. Zweitens

---

[1] Vgl. UNESCO/UNDP (2013), S. 153–155.

wandelt KI gewonnenes Wissen in Handlungsfähigkeit um. Ein trainiertes KI-Modell (sei es für Bilderkennung, Sprachanalyse oder Vorhersagen) verinnerlicht gewissermaßen menschliches Wissen und Erfahrung und kann dieses rund um die Uhr und im großen Maßstab anwenden, ob in der Kundenbetreuung durch Chatbots oder in der Qualitätskontrolle einer Fabrik. Damit verlängert und vervielfacht KI die Wirkung von Wissen in der Ökonomie. Sie macht Wissen skalierbar.

Für Unternehmen bedeutet dies, dass Wettbewerbsvorteile immer stärker durch Wissensvorsprünge erzielt werden. Firmen wie Google oder Amazon ziehen ihre Marktmacht aus gigantischen Datenbeständen und ausgefeilten Algorithmen. Ein Phänomen, das der Autor Nick Srnicek als Plattform-Kapitalismus bezeichnet hat.[2] Digitale Plattformunternehmen sammeln und kontrollieren unvorstellbare Mengen an Verhaltensdaten, was ihnen erlaubt, ihre Dienste stetig zu verbessern, Nutzer noch enger zu binden und Konkurrenten abzuhängen. Daten avancieren zum zentralen Rohstoff innerhalb dieser neuen Ordnung. Traditionelle Industriefirmen versuchen zwar, diese Logik zu adaptieren, doch die Dynamik begünstigt Winner-takes-all-Effekte: Je mehr Wissen (in Form von Daten und Modellen) ein Akteur kontrolliert, desto größer sein Vorsprung. Dies hat weitreichende Folgen für Marktstrukturen und die Verteilung von Macht – darauf gehen wir später noch ein.

Nicht nur im ökonomischen Sinne, auch im gesellschaftlichen Kontext beobachten wir den Siegeszug des Wissensfaktors. Bildung und digitale Kompetenz entscheiden heute maßgeblich über die Chancen von Individuen und Regionen. Zugang zu Informationen und Technologie kann Entwicklungspfaden Flügel verleihen – oder im Umkehrschluss ganze Gesellschaften abgehängt zurücklassen. So sind global gesehen nur etwa 20 % der Menschen in den ärmsten Ländern online; die Mehrheit bleibt vom digitalen Wertschöpfungsnetz ausgeschlossen.[3] Zugleich konzentriert sich der Wert der digitalen Wirtschaft hochgradig: Rund 90 % der Marktkapitalisierung der weltweit größten Digitalplattformen entfallen auf nur zwei Länder: die USA und China. Wissen und Daten,

---

[2] Vgl. Srnicek (2016), S. 125–129.
[3] Vgl. UNCTAD (2021), S. 191–193.

so scheint es, sind in unserer Zeit zu den begehrtesten Machtressourcen geworden, um die ein neuer geopolitischer Wettbewerb entbrannt ist.

Dieser Bedeutungswandel des Produktionsfaktors Wissen spiegelt sich auch in makroökonomischen Entwicklungen wider. Volkswirtschaften investieren heute mehr in Forschung, Entwicklung und Bildung als je zuvor; die Ausgaben für Software und immaterielle Güter wachsen schneller als die für Fabriken und Maschinen.[4] Doch der Übergang zur wissensbasierten Ökonomie bringt auch Herausforderungen mit sich. Wissen hat ungewöhnliche Eigenschaften als Ressource: Es vermehrt sich durch Gebrauch, es kann global nahezu kostenlos verteilt werden (man denke an Open-Source-Software oder Wikipedia), und sein Wert hängt stark vom Kontext ab. Diese Eigenschaften führen einerseits zu Visionen einer Welt mit Null Grenzkosten, in der Güter wie Software, Musik oder sogar Energie (via digitale Steuerung) praktisch gratis geteilt werden können – wie es der Ökonom Jeremy Rifkin in *Die Null-Grenzkosten-Gesellschaft* entwirft.[5] Andererseits entstehen neue Marktversagen: Informationsasymmetrien, Monopole durch Netzwerkeffekte und die Gefahr eines Überwachungskapitalismus, in dem persönliche Daten zur wichtigsten Ware werden und Tech-Konzerne unser Verhalten vorhersehen und beeinflussen.[6]

Wissen als Produktionsfaktor birgt also enormes Potenzial für qualitatives Wachstum. Doch ob dieses Potenzial ausgeschöpft wird und allen zugutekommt, hängt davon ab, wie wir die Rahmenbedingungen gestalten. Im nächsten Schritt müssen wir deswegen den Blick auf die Künstliche Intelligenz selbst richten: Wie hat sie sich historisch entwickelt, was kann sie heute – und warum wird sie als Allzwecktechnologie gehandelt, die sinnbildlich für den aktuellen technischen Fortschritt steht?

---

[4] Vgl. WIPO (2025).
[5] Vgl. Rifkin (2014).
[6] Vgl. Zuboff (2019), S. 495.

4.2 Von Schachcomputern zu Weltveränderern: Eine kurze Geschichte der Künstlichen Intelligenz

Die Idee denkender Maschinen fasziniert die Menschheit nicht erst seit gestern. Bereits in der Antike gab es Mythen von künstlichen Geschöpfen, und im 17. Jahrhundert entwarf Leibniz erste Rechenmaschinen. Doch als eigentliche Geburtsstunde der Künstlichen Intelligenz als Forschungsfeld gilt allgemein der Sommer 1956, als am Dartmouth College eine kleine Gruppe von Wissenschaftlern um John McCarthy den Begriff Artificial Intelligence prägte. Damals herrschte Aufbruchsstimmung: Man war überzeugt, innerhalb weniger Jahre würden Maschinen Übersetzungen leisten, komplexe Probleme lösen und vielleicht das menschliche Denken überflügeln. Diese optimistischen Anfänge – geprägt von dem Versuch, Intelligenz durch formale Regeln und Logik nachzubilden – wurden jedoch von der Realität enttäuscht. Mehrfach erlebte das Feld sogenannte KI-Winter: Phasen, in denen übertriebene Erwartungen an die Leistungsfähigkeit der KI in Ernüchterung und gekürzten Forschungsgeldern mündeten.

Trotz dieser Rückschläge entwickelten sich in den folgenden Jahrzehnten wichtige Grundlagen. Der britische Mathematiker Alan Turing hatte bereits 1950 mit der Frage „Can machines think?" und seinem berühmten Turing-Test die philosophische und technische Leitfrage formuliert, an der sich KI bis heute misst: Können Maschinen menschenähnliche Intelligenz zeigen?[7] In den 1960ern entstanden erste nützliche KI-Anwendungen wie das medizinische Diagnose-Expertensystem MYCIN oder frühe Robotik. Doch es wurde klar, dass das Programmieren aller notwendigen Regeln von Hand (symbolische KI) an Grenzen stößt. Die Welt ist zu komplex, um sie in vollständig vordefinierte Regeln zu pressen.

Eine alternative Herangehensweise gewann daher ab den 1980er-Jahren an Bedeutung: das Machine Learning. Statt Wissen manuell zu codieren, lässt man die Maschine aus Beispielen lernen. Dieses lernende Paradigma – insbesondere künstliche neuronale Netze, inspiriert vom

---

[7] Turing (1950), S. 1.

menschlichen Gehirn – führte schließlich zum heutigen Durchbruch der KI. Moderne KI-Methoden wie Deep Learning bestehen aus vielschichtigen neuronalen Netzen, die riesige Datenmengen durchlaufen und dabei selbstständig Muster und Merkmale erlernen. Ian Goodfellow und Kollegen erläutern in ihrem Standardwerk *Deep Learning* eindrücklich, dass ein solches mehrschichtiges Netz beispielsweise Gesichter in Bildern erkennen oder gesprochene Sprache in Text transkribieren kann, ohne dass dazu Regeln explizit einprogrammiert werden müssen.[8] Es ist diese Fähigkeit, aus Erfahrung zu lernen, die KI so leistungsfähig macht; allerdings zum Preis eines enormen Bedarfs an Rechenleistung und Daten.

Heute ist Künstliche Intelligenz kein monolithisches Konzept, sondern ein ganzer Werkzeugkasten unterschiedlicher Ansätze. Die Bandbreite reicht von symbolischer KI (regelbasierten Systemen und Wissensdatenbanken) über statistisches Lernen (beispielsweise Entscheidungsbäume, Bayes'sche Modelle) bis hin zu Neuronalen Netzen und Deep Learning. Hinzu kommen Spezialgebiete wie Computer Vision (sehen), Natural Language Processing (verstehen und erzeugen von Sprache) oder Robotics (Handlung in der physischen Welt). Die Wirtschaftswissenschaftler Andreas Kaplan und Michael Haenlein definieren KI allgemein als die Fähigkeit von IT-Systemen, menschenähnliche intelligente Verhaltensweisen zu zeigen.[9] Doch um dies zu erreichen, gibt es verschiedene Pfade.

Wichtig ist dabei auch die Abgrenzung zu verwandten Konzepten: Big Data etwa bezeichnet primär die Verfügbarkeit großer Datenmengen, das Internet der Dinge die Vernetzung von Geräten; beides sind Trends, die KI begünstigen, aber nicht KI selbst darstellen. KI-Systeme zeichnen sich besonders dadurch aus, dass sie aus großen Datenmengen lernen und aufgrund dieses Gelernten autonom Entscheidungen treffen können, ohne für jede Situation explizit programmiert worden zu sein. Dies eröffnet neue Möglichkeiten, bringt jedoch auch Herausforderungen mit sich: etwa Fehlentscheidungen oder Intransparenz, wenn nicht nachvollziehbar ist, wie ein komplexes Modell zu seinem Schluss gekommen ist.

---

[8] Vgl. Goodfellow et al. (2016), S. 443–478.
[9] Vgl. Kaplan/Haenlein (2019), S. 17 f.

Warum aber wird KI heute als transformative Technologie mit volkswirtschaftlicher Sprengkraft gehandelt? Einer der Gründe liegt darin, dass KI eine Art universeller Verbesserer für zahlreiche Prozesse sein kann. Einige KI-Experten – wie der Wirtschaftswissenschaftler Ajay Agrawal – argumentieren, KI sei im Kern eine Technologie zur drastischen Kostensenkung von Vorhersagen.[10] Ob es um die Prognose der Nachfrage nach einem Produkt, den nächsten Zug in einem Go-Spiel oder die Erkennung einer Krankheit auf einem Röntgenbild geht – KI liefert schnelle, präzise Vorhersagen und Analysen, die zuvor teuer, langsam oder gar unmöglich waren. Dieser dramatische Rückgang der Kosten für Vorhersagen macht KI vergleichbar mit Elektrizität: So wie Strom einst als Allzwecktechnologie nahezu jeden Sektor revolutionierte, vom Transport bis zur Chemie, kann KI als generelle Anwendung in nahezu jedem Bereich eingesetzt werden, der von Mustererkennung und automatisierten Entscheidungen profitiert. Durch ihre breite Einsetzbarkeit verändert KI ganze Geschäftsmodelle. Entscheidungen, die zuvor unter großer Unsicherheit getroffen werden mussten (etwa Kreditvergaben durch Banken), können nun durch KI-Modelle besser informiert oder sogar automatisiert getroffen werden, was neue Wertschöpfungspotenziale schafft.

Der israelische Ökonom Manuel Trajtenberg geht so weit zu sagen, KI sei die nächste General Purpose Technology – mit ähnlicher Tragweite wie die Dampfmaschine, Elektrizität oder das Internet.[11] GPTs zeichnen sich dadurch aus, dass sie breiten Einfluss haben, kontinuierliche Verbesserungen ermöglichen und zahlreiche Folgeinnovationen auslösen. KI erfüllt all dies: Sie kann quer durch alle Branchen Produktivitätsschübe auslösen und fungiert als Ermöglicher für weitere Innovationen (etwa personalisierte Medizin, autonome Fahrzeuge, intelligente Energie-Netze). Allerdings betont Trajtenberg auch, dass es auch politischer und gesellschaftlicher Anstrengungen bedarf, um die Vorteile einer solchen Technologie tatsächlich breit zu realisieren. Ähnlich argumentiert die OECD in einem Bericht von 2019: KI könne Wachstum treiben, durch bessere Analysen, Automatisierung und neue Innovationen, doch seien Rahmenbedingungen zu schaffen, damit diese Diffusion der KI

---

[10] Siehe hierzu Agrawal et al. (2018), Kap. 3.
[11] Vgl. Trajtenberg (2018), S. 12.

verantwortungsvoll und breit getragen erfolgt.[12] Dazu zählen Ethik-Regeln, Qualifizierung der Arbeitskräfte und Regeln für den Umgang mit Daten.

Bevor wir tiefer in diese Rahmenbedingungen und die konkreten Auswirkungen eintauchen, lohnt sich ein kurzer Blick auf die Gegenwart der KI-Forschung: Mit dem Aufkommen von Generativer KI (Systeme, die eigenständig Texte, Bilder oder sogar Videos erzeugen können) hat die KI-Debatte 2025 einen neuen Höhepunkt erreicht. Modelle wie GPT-4 und seine Nachfolger verblüffen mit menschenähnlichen Sprachfähigkeiten, und werfen zugleich neue Fragen auf, etwa nach Urheberrechten für KI-generierte Inhalte oder der Verlässlichkeit von KI-Ausgaben. Auf Aspekte wie diese kommen wir im Verlauf der nächsten Abschnitte zurück. Zunächst jedoch wollen wir beleuchten, wie sich die großartigen Versprechen der digitalen Revolution in der Realität ausgewirkt haben: Erleben wir dank KI und Digitalisierung tatsächlich ein beispielloses Wachstum und einen Wohlstandsschub – oder sind die digitalen Dividenden doch geringer und ungleicher ausgefallen als erhofft?

4.3   Digitale Teilhabe – Wer gewinnt, wenn alles vernetzt ist?

Als das Internet und später KI Einzug in die Wirtschaft hielten, war die Hoffnung groß, dies würde automatisch zu mehr Wachstum, Produktivität und Wohlstand für alle führen – zu digitalen Dividenden. Doch ein ernüchternder Befund des Weltentwicklungsberichts 2016 lautete: Digitale Technologien bringen diese Dividenden nicht automatisch.[13] Zwar können neue Technologien grundsätzlich Wachstum, Jobs und bessere Dienstleistungen ermöglichen, aber ohne passende analoge Ergänzungen wie Bildungsinvestitionen, moderne Regulierung und gute Regierungsführung verstärken sie oft bestehende Ungleichheiten. Die Weltbank-Analysten zeigten, dass die Digitalisierung vielerorts zunächst den gut Ausgebildeten, global Vernetzten und großen Unternehmen nützt,

---

[12] Vgl. OECD (2019), S. 15–17.
[13] Vgl. World Bank (2016), S. 29–35.

während geringqualifizierte Arbeitskräfte, kleine lokale Anbieter oder abgelegene Regionen oft kaum profitieren.[14] Länder mit schwachen Institutionen oder mangelnder Wettbewerbsfähigkeit sehen häufig keinen Produktivitätsschub trotz neuer Technik. Technologie allein garantiert kein Wachstum; im Gegenteil, in einem ungünstigen Umfeld kann sie die Kluft zwischen Vor- und Nachzüglern sogar vergrößern.

Diese Warnung spiegelt sich auch in den Wachstumszahlen wider. Der Ökonom Robert J. Gordon etwa argumentiert in *The Rise and Fall of American Growth,* dass die digitale Revolution – trotz aller spektakulären Innovationen in Computing und Internet – bislang einen kleineren Beitrag zum Produktivitätswachstum geleistet hat als frühere industrielle Umwälzungen.[15] Der elektrische Strom und der Verbrennungsmotor haben die Wirtschaft in der ersten Hälfte des 20. Jahrhunderts stärker beflügelt als Computer und Smartphones es in den letzten 20 Jahren getan haben. Gordon sieht hierin ein Indiz dafür, dass die großen Erfindungen hinter uns liegen könnten und wir abnehmenden Grenzerträgen der neuen Technologien gegenüberstehen. Zwar ist diese pessimistische Sicht umstritten – schließlich ist gut möglich, dass KI ihren Produktivitätsbeitrag erst noch voll entfalten wird -, doch erklärt sie zum Teil das sogenannte Produktivitätsparadoxon der letzten Jahrzehnte: Trotz aller Digitalisierung stieg die gemessene Arbeitsproduktivität in vielen entwickelten Volkswirtschaften langsamer als erwartet.

Ein Erklärungsansatz für dieses Paradoxon liefert die Theorie der Produktivitäts-J-Kurve von Erik Brynjolfsson und Kollegen. Demnach erfordern neue Allzwecktechnologien erhebliche Begleitinvestitionen in immaterielle Werte – wie Schulung der Mitarbeiter, Anpassung von Geschäftsprozessen und organisatorische Veränderungen -, bevor sie sich in Produktivität niederschlagen.[16] Anfangs sieht man daher viel Hype und hohe Investitionen, aber noch wenig Output (der J-Kurvenverlauf beginnt unten). Erst wenn genügend dieser komplementären Investitionen getätigt sind, steigt die Kurve an und die Technologie entfaltet ihren vollen Effekt. Bei KI und Digitalisierung befinden wir uns laut Brynjolfsson

---

[14]Vgl Ebd., S. 5–7.
[15]Vgl. Gordon (2016), S. 566–604.
[16]Vgl. Brynjolfsson et al. (2018), S. 35–37.

derzeit genau an der Schwelle zum steilen Anstieg: Nach Jahren, in denen die Durchdringung zwar sichtbar war, aber die Produktivität kaum beschleunigte, könnte nun, dank fortgeschrittener Infrastruktur und gelerntem Umgang mit der Technologie, der Knoten platzen. Sollten sie Recht behalten, stünden wir vor einem Jahrzehnt signifikanter Produktivitätsgewinne durch KI und Vernetzung.

Entsprechende Prognosen gibt es einige. So schätzt eine oft zitierte PwC-Studie, dass KI bis 2030 rund 15,7 Billionen US-Dollar zur Weltwirtschaft beitragen könnte – was etwa einem zusätzlichen globalen BIP-Wachstum von 14 % entspricht.[17] Haupttreiber seien zum einen Produktivitätsgewinne durch Automatisierung, zum anderen Nachfragesteigerungen durch personalisierte, KI-gestützte Produkte und Dienstleistungen. Interessanterweise würden laut dieser Analyse insbesondere China und Nordamerika überproportional profitieren (mit einem geschätzten BIP-Plus von 26 % bzw. 14 %), was auf deren führende Position in KI-Entwicklung und -Anwendung zurückzuführen ist. Branchenbezogen eröffnen sich vielfältige Effekte: In der Industrie erlaubt KI etwa prädiktive Wartung von Maschinen, was Ausfallzeiten minimiert, sowie eine effizientere Produktion; im Dienstleistungssektor schafft KI Wachstum durch personalisierte Kundenansprache und neue datenbasierte Geschäftsmodelle.

Doch so beeindruckend solche Summen sind, sie sagen wenig über die Verteilung der digitalen Wertschöpfung. Und hier zeigen sich besorgniserregende Tendenzen. In vielen Branchen beobachten Ökonomen einen Superstar-Effekt: Einige wenige hochproduktive Unternehmen erobern durch digitale Technologien einen immer größeren Marktanteil, während zahlreiche kleinere Wettbewerber zurückfallen. Gleichzeitig sinkt in diesen Branchen der Anteil der Arbeitseinkommen am Gesamtkuchen – sprich, relativ gesehen fließt weniger vom Wertschöpfungszuwachs in Löhne und mehr in Gewinne. Der MIT-Professor David Autor hat dies mit Kollegen empirisch für die USA belegen können und führt es u. a. darauf zurück, dass effiziente, digital führende Firmen Märkte dominieren (Skaleneffekte, Netzwerkeffekte), während die meisten Firmen

---

[17] Vgl. Rao/Verweij (2018), S. 23.

Marktanteile verlieren.[18] Die Gewinner dieser Entwicklung sind also einige kapitalkräftige Tech-Firmen und ihre Eigentümer, während breite Arbeitnehmergruppen ins Hintertreffen geraten – ablesbar am sinkenden Lohnanteil und stagnierenden Medianlöhnen in vielen Ländern.

Ein verwandtes Phänomen ist die Polarisierung des Arbeitsmarktes. David Autor und David Dorn zeigten bereits 2013, dass in den USA (und ähnlich in Europa) mittlere Qualifikationsstufen durch Digitalisierung und Globalisierung unter Druck geraten.[19] Routinetätigkeiten, sei es in der Fertigung oder in Büro und Verwaltung, werden zunehmend automatisiert oder ausgelagert, was zu einem Jobrückgang im mittleren Lohnsegment führt. Gleichzeitig wachsen am oberen Ende Arbeitsplätze für Hochqualifizierte (die beispielsweise komplexe Technik entwickeln, steuern oder die Strategie vorgeben) und im unteren Segment bestimmte service-orientierte Jobs, die schwer automatisierbar sind (etwa in Pflege oder Gastronomie). So entsteht eine U-förmige Verteilung: hochqualifizierte Arbeitskräfte und Tech-affine Unternehmen gewinnen, während viele Routinearbeiter verlieren. Diese Entwicklung trägt zur wachsenden Einkommensungleichheit in fortgeschrittenen Volkswirtschaften bei.

Auch global betrachtet droht eine Spaltung. Die digitale Kluft zwischen Ländern spiegelt sich nicht nur im Internetzugang, sondern auch in Wertschöpfungsanteilen wider. Laut dem *Digital Economy Report* der UNCTAD halten wie erwähnt die USA und China einen Löwenanteil der digitalen Plattformökonomie, während andere Länder – insbesondere Entwicklungsländer – Gefahr laufen, auf Dauer lediglich Datenlieferanten oder Konsumenten fremder digitaler Dienste zu bleiben.[20] Dieses Auseinanderdriften von Daten-Gewinnern und Verlierern droht laut UNCTAD die globalen Ungleichheiten zu verschärfen, sofern nicht gegengesteuert wird.

Die Befunde in diesem Kapitel deuten auf ein zentrales Zwischenfazit: Digitalisierung und KI entfalten durchaus enormes wirtschaftliches Potenzial, doch ihre Erträge sind ungleich verteilt – zwischen Firmen, Arbeitskräften und Ländern. Ohne flankierende Maßnahmen können

---

[18] Vgl. Autor et al. (2020), S. 681–683.
[19] Vgl. Autor/Dorn (2013).
[20] Vgl. UNCTAD (2021), S. 191–193.

digitale Technologien bestehende Konzentrations- und Polarisierungstendenzen verstärken. Daraus ergibt sich die Forderung, aktiv für einen Ausgleich zu sorgen; durch Bildung, Weiterqualifizierung, Wettbewerbspolitik und internationale Kooperation. Bevor wir jedoch auf politische Leitplanken eingehen, werfen wir einen genaueren Blick auf das vielleicht meistdiskutierte Feld der digitalen Revolution: die Zukunft der Arbeit.

4.4 Mensch und Maschine im neuen Takt: Wie KI die Arbeit neu ordnet

Wohl kein Aspekt der Digitalisierung wird so kontrovers diskutiert wie die Frage: Gehen uns durch KI und Automatisierung die Arbeitsplätze aus? Historisch betrachtet erwiesen sich Untergangsprognosen oft als unbegründet: nach Einführung der Mechanisierung oder des Computers entstanden mittelfristig stets neue Berufe und mehr Wohlstand. Doch die KI unterscheidet sich insofern von früheren Technologien, als sie nicht nur mechanische, sondern auch kognitive Routinetätigkeiten übernehmen kann. Werden Millionen von Fahrern, Buchhaltern oder sogar Journalisten obsolet, ersetzt durch Algorithmen? Oder sorgt KI am Ende für eine Evolution der Arbeit, bei der monotonere Aufgaben wegfallen und Menschen sich auf höherwertige Tätigkeiten konzentrieren?

Um die möglichen Entwicklungen greifbar zu machen, lohnt ein Blick auf Studien und Daten. Eine vielbeachtete Untersuchung von Carl Frey und Michael Osborne aus dem Jahr 2013 schätzte, dass knapp 47 % der US-Jobs ein hohes Automatisierungsrisiko aufweisen.[21] Vor allem Tätigkeiten in Transport, Logistik, Produktion und Verwaltung ließen sich mit fortschreitender KI und Robotik potenziell ersetzen. Die plakative Zahl 47 % war zwar umstritten und keine kurzfristige Prognose, wirkte aber wie ein Weckruf: Sie machte deutlich, dass enorme Teile der Arbeitswelt von einem disruptiven Wandel erfasst werden könnten, in dem traditionelle Berufsbilder verschwinden oder sich drastisch wandeln. Frey und Osborne betonten zugleich die Unsicherheit – neue Berufe könnten entstehen, und der Zeithorizont sei unklar – doch die Vorstellung einer

---

[21] Vgl. Frey/Osborne (2013).

hälftigen Automatisierung entfachte eine breite Debatte über Weiterbildung und soziale Absicherung.

Neuere Analysen zeichnen ein komplexeres Bild. So findet der McKinsey-Bericht *A Future That Works,* dass zwar rein technisch fast die Hälfte aller heutigen Arbeitsaktivitäten automatisierbar wäre, die tatsächliche Umwälzung aber sehr langsam erfolgt.[22] Bis 2030 könnten je nach Szenario etwa 15 % bis 30 % der Arbeitsstunden automatisiert werden. Entscheidend ist: Teilaufgaben werden automatisiert, nicht ganze Berufe auf einen Schlag. David Autor fragte provokativ: „Why are there still so many jobs?" und beantwortete es damit, dass Technologie zwar bestimmte Tätigkeiten ersetzt, aber auch ergänzt und neue Aufgaben schafft – von der Wartung der Roboter bis zur Interaktion mit Kunden, die plötzlich wichtiger wird, weil einfache Arbeit von Maschinen erledigt wird.[23] KI verändert also das Tätigkeitsfeld von Berufen, statt alle pauschal abzuschaffen.

Interessant sind die Befunde zur Polarisierung im Arbeitsmarkt und aktuelle Prognosen wie die des Weltwirtschaftsforums. Das Weltwirtschaftsforum hat 2020 Unternehmen weltweit befragt und kommt in seinem *Future of Jobs Report* zu dem Ergebnis, dass bis 2025 zwar etwa 85 Mio. Stellen durch die neue Arbeitsteilung zwischen Mensch und Maschine wegfallen könnten, gleichzeitig aber rund 97 mii. neue entstehen.[24] Unterm Strich also sogar ein Jobzuwachs – allerdings mit erheblichen Qualifikationsverschiebungen. Routineintensive Jobs verschwinden, während in Bereichen wie Datenanalyse, KI-Entwicklung, digitalen Dienstleistungen, aber auch in grünen Technologien und Pflegeberufen neue Nachfrage entsteht. Zudem prognostiziert das Weltwirtschaftsforum, dass bereits Mitte der 2020er-Jahre fast gleich viel Arbeitszeit von Maschinen wie von Menschen geleistet werden wird. Dieser rasante Wandel erfordert enorme Anpassungsfähigkeit: Demnach müssten bis 2025 etwa 50 % der Arbeitnehmer weiterqualifiziert werden, um mit den veränderten Anforderungen Schritt zu halten. Gefragt sind neben technischen Skills (Programmierung, Umgang mit Daten) mehr denn je Soft

---

[22] Vgl. Manyika et al. (2017), S. 1–20.
[23] Autor (2015), S. 3.
[24] Vgl WEF (2020), S. 5–7.

Skills wie Kommunikation, Problemlösung und Kreativität, da rein ausführende Tätigkeiten zunehmend automatisiert werden.

Was bedeutet das nun konkret am Arbeitsplatz? Zunächst ist festzustellen, dass Automatisierung sich bisher vor allem auf mittelqualifizierte Tätigkeiten konzentriert, während höherqualifizierte Berufe eher eine Transformation erfahren als verschwinden. Ein aktueller Bericht zeigt beispielsweise, dass selbst in hochbürokratischen Bereichen wie dem öffentlichen Sektor KI eher unterstützend wirkt: Bis zu ein Drittel der Arbeitszeit könnte hier durch KI-Tools assistiert werden, wodurch Mitarbeiter entlastet und mehr Kapazität für komplexe Fälle geschaffen würde.[25] Dieses Konzept der Augmented AI – KI zur Assistenz, nicht als Ersatz – ist wichtig. Es eröffnet die Chance, monotone Aufgaben (Dateneingabe, Standardanalysen, Routineentscheidungen) an Maschinen zu delegieren und Menschen dafür verstärkt in Bereichen einzusetzen, wo es auf menschliches Urteilsvermögen, Empathie und Kreativität ankommt. Etliche Unternehmen experimentieren bereits mit solchen Modellen, in denen beispielsweise KI Erstentwürfe oder Vorschläge erstellt und der Mensch final prüft und entscheidet (etwa in der Kundenkommunikation oder beim Erstellen von Berichten).

Doch dieser Übergang braucht Zeit und flankierende Politik. Es genügt nicht, KI-Systeme einzuführen. Die Belegschaften müssen dafür qualifiziert werden. Die größte Gefahr besteht darin, dass die Weiterbildung nicht Schritt hält mit dem Technikwandel. Wenn alte Jobs wegfallen, neue aber unbesetzt bleiben, weil die dafür benötigten Skills fehlen, drohen Arbeitslosigkeit und Fachkräftemangel paradoxerweise zugleich. Hier sind Unternehmen und Staat gefordert, massive Qualifizierungsoffensiven zu starten. Diskussionen gibt es auch über Arbeitszeitmodelle und soziale Sicherung: Einige schlagen vor, Produktivitätsfortschritte durch KI in verkürzte Arbeitszeiten für alle umzuwandeln, um Arbeitsplätze zu teilen und Stress zu reduzieren. Andere denken über ein Grundeinkommen nach, falls doch ein struktureller Mangel an Jobs eintreten sollte. Konsens ist bislang nicht in Sicht, doch klar ist: Ohne aktives Gegensteuern könnten die Früchte der KI-Produktivität ungleich verteilt werden, was gesellschaftlichen Unfrieden stiften würde.

---

[25] Vgl. Public First (2024).

Empirische Studien liefern derweil einen nüchternen Hinweis: Bisher war der Netto-Effekt von Automatisierung auf die Gesamtbeschäftigung moderat negativ, aber kein Zusammenbruch. So fanden die Ökonomen Daron Acemoglu und Pascual Restrepo anhand von US-Daten 1990–2007 heraus, dass pro zusätzlichem Roboter pro 1.000 Beschäftigten lokal etwa 0,2 Prozentpunkte der Jobs verloren gingen.[26] Hochgerechnet bedeutete das einen Verlust von 360.000–670.000 Jobs durch Industrie-Roboter; spürbar, aber in Relation zur Gesamtbeschäftigung gering. Allerdings waren bestimmte Regionen stärker betroffen (die Rust Belt-Industriegebiete mit vielen Routinejobs), und es zeigte sich, dass neue Jobs anderswo diesen Verlust kurzfristig nicht vollständig kompensierten. Acemoglu und Restrepo warnen auch, dass unsere Technologien bislang stärker auf Ersatz von Arbeit ausgerichtet sind als auf die Schaffung neuer komplementärer Tätigkeiten; eine Entwicklung, die man aber durch bewusste Gestaltung auch umlenken könnte. Die Botschaft lautet: Automatisierung muss nicht zwangsläufig massenhaft Jobs zerstören, aber sie kann es, wenn wir uns allein auf die Selbstregulierung des Marktes verlassen.

Insgesamt zeichnet sich ab, dass KI die Arbeitswelt transformieren wird – doch ob als Jobkiller oder Jobmotor, das liegt wesentlich in unserer Hand. Gelingt es, Bildungswege anzupassen, Menschen in den Wandel mitzunehmen und die Gewinne aus höherer Produktivität breit zu teilen, dann kann KI zu höherem Wohlstand mit mehr Freiräumen für den Einzelnen führen. Misslingt dies, droht eine Zuspitzung von Arbeitslosigkeit, Ungleichheit und sozialer Spannung. In diesem Sinne wird Arbeit im KI-Zeitalter zu einem Testfall dafür, wie Gesellschaft und Politik mit dem technischen Fortschritt umgehen.

Nachdem wir Ökonomie und Arbeit betrachtet haben, wenden wir uns einem Bereich zu, der auf den ersten Blick weniger greifbar, aber ebenso bedeutsam ist: Kultur und Wissen. Wie verändert die digitale Revolution die Art und Weise, wie kulturelle Werte geschaffen und verteilt werden? Und was passiert, wenn KI selbst kreativ wird?

---

[26] Vgl. Acemoglu/Restrepo (2020), S. 2239 ff.

4.5 Kreativität aus Code: Wie KI Denken, Lernen und Schaffen verändert

Kultur und Kreativität galten lange als Domäne des menschlichen Geistes – ein Bereich, in dem Technik zwar Werkzeuge stellt (vom Pinsel bis zur Filmkamera), aber nicht selbst schöpferisch tätig wird. Die Digitalisierung hat diese Vorstellung bereits mit Nachdruck relativiert. Digitalvertrieb und Streaming haben Musikkonzerne, Buchverlage und Filmstudios gezwungen, ihr Selbstverständnis zu überdenken. Die Produktions- und Distributionskosten für kreative Inhalte sind drastisch gesunken, jeder kann theoretisch weltweit publizieren. Joel Waldfogel spricht in seinem Buch *Digital Renaissance* gar von einer Wiedergeburt der Populärkultur dank digitaler Technologien.[27] Seine Analysen zeigen: Weil Musik, Videos und Texte online so leicht verfügbar und verbreitbar sind, hat sich die Vielfalt der angebotenen Werke massiv erhöht. Es entstehen mehr Songs, Filme, Bücher als je zuvor, oft von unabhängigen Künstlern, die früher nie ein Publikum gefunden hätten. Für Konsumenten und viele Kreative ist dies ein Segen – mehr Auswahl, mehr Nischen, direktere Wege zum Publikum. Zugleich wurden aber traditionelle Geschäftsmodelle erschüttert: Umsätze der Tonträgerindustrie brachen ein, Zeitungen kämpfen ums Überleben, da Anzeigen ins Netz wanderten. Insgesamt jedoch konstatiert Waldfogel positive Effekte für die kulturelle Vielfalt und zumindest eine Teil-Demokratisierung der Kreativindustrie.

Die Kreativwirtschaft ist damit zu einem Paradebeispiel geworden, wie Wissen und kulturelle Inhalte im digitalen Zeitalter an Bedeutung gewinnen. Ein UN-Bericht von 2013 unterstrich, dass kreative Industrien – von der Kunst über Medien bis Software – in vielen Ländern zu Wachstumssektoren avancieren, sofern die richtigen Voraussetzungen geschaffen werden.[28] Digitale Plattformen und globale Vernetzung können der Creative Economy einen Schub verleihen, aber es bleibt das Problem ungleicher Zugänge: Nicht überall haben Kreative die gleichen Chancen, ihre Werke zu vermarkten, und nicht jedes Land verfügt über die Infrastruktur, um seine kulturellen Schätze digital sichtbar zu machen. Daher

---

[27] Vgl. Waldfogel (2018), S. 252–258.
[28] Vgl. UNESCO/UNDP (2013), S. 153–155.

fordert der Bericht gezielte Politikmaßnahmen, um Bildung, Kulturförderung und digitale Infrastruktur auszubauen. Dieser Punkt, die Notwendigkeit analoger Ergänzungen, klingt bekannt und erinnert an die digitale Kluft, von der schon die vorherigen Kapitel handelten.

Spannend wird es nun, wenn Künstliche Intelligenz selbst zum Kreativakteur wird. Was vor wenigen Jahren noch Science-Fiction schien, ist heute Realität: Algorithmen komponieren Musikstücke, malen Gemälde, schreiben ganze Zeitungsartikel oder Drehbücher. KI-generierte Kunst gewinnt Preise, und aus Text-KIs sprudeln Romankapitel oder Marketing-Slogans. Wir sehen, dass KI die traditionellen Vorstellungen von Kreativität herausfordert.[29] Kreativität war lange umflort vom Mythos des einzig menschlichen Genies. Nun aber können Algorithmen mit genügend Daten und Trainingszeit Melodien oder Bilder erschaffen, die wir als kreativ einstufen würden. Bedeutet das, dass die Maschine kreativ ist? Oder ist sie nur ein Werkzeug, das menschliche Kreativität anders kanalisiert? Diese Fragen sind Gegenstand intensiver Debatten in Kunst, Design und Literatur.

In der Praxis zeigt sich ein hybrides Bild: Neue Mischformen kreativer Prozesse entstehen. KI kann etwa in der Architektur viele Varianten eines Entwurfs generieren (z. B. via Generative Adversarial Networks, GANs), aus denen der Architekt die besten auswählt und weiterverarbeitet. Ein KI-System kann als Co-Autor fungieren, der Vorschläge macht, die der Mensch kuratiert und verfeinert. In der Musik gibt es Tools wie Flow Machines, mit denen auch Laien Songs in Stilrichtungen bekannter Künstler erzeugen können – plötzlich kann also ein Hobbymusiker mit KI-Unterstützung ein Stück im Stile der Beatles komponieren. Das senkt einerseits Zugangsbarrieren gewaltig: Kreativität wird breiteren Massen zugänglich, weil technische Hürden oder mangelnde Virtuosität durch KI-Assistenz teilweise ausgeglichen werden.

Diese Entwicklung hat zwei Seiten. Viele Kreative sehen Chancen: In Umfragen einer Studie des deutschen Kompetenzzentrums Kultur- und Kreativwirtschaft glaubten 43 % der befragten Musikschaffenden, dass KI neue Formen von Kreativität fördern kann.[30] Etwa weil KI ungewohnte

---

[29] Siehe hierzu auch Kofler et al. (2024), S. 305 f.
[30] Vgl. Kompetenzzentrum Kultur- und Kreativwirtschaft des Bundes (2024), S. 20 f.

Impulse gibt, mit denen man selbst nie experimentiert hätte. Gleichzeitig herrscht Verunsicherung: Verliert kreative Arbeit an Wertschätzung, wenn Maschinen sie teilweise imitieren können? Wird künftig ein Bestseller-Roman vom Algorithmus geschrieben und die Autorin nur noch fürs Finetuning gebraucht? Und wie steht es um das Urheberrecht, wenn ein Bild von einer KI generiert wurde, die mit Millionen bestehenden Kunstwerken trainiert hat? Diese Fragen sind keineswegs geklärt. So vergleicht ein Beitrag des Weltwirtschaftsforums die aktuelle Generative-KI-Revolution mit der Erfindung des Buchdrucks – beides Sprünge, die die Produktion und Verbreitung von Inhalten schlagartig verändert haben.[31] GenAI erweitert die Möglichkeiten enorm (automatische Inhaltserstellung, Personalisierung, neue Partizipationsformen), bringt aber ebenso große Herausforderungen mit sich: Plötzlich lässt sich nicht mehr ohne Weiteres erkennen, ob ein Bild oder Text von einem Menschen stammt oder einem Algorithmus. Fragen nach Echtheit, nach der Wertschätzung originär menschlicher Kreativität und nach fairer Vergütung entstehen in diesem Zusammenhang.

Das Weltwirtschaftsforum betont daher die Notwendigkeit von Governance und ethischen Leitplanken, damit diese Technologien der Gesellschaft nutzen. Konkret geht es darum, Transparenz herzustellen (z. B. Kennzeichnung von KI-generierten Inhalten), Urheberrechte anzupassen (etwa dass Künstler, deren Stil von einer KI genutzt wird, eventuell Anspruch auf Beteiligung haben) und generell einen Diskurs darüber zu führen, welche Rolle wir kreativer KI einräumen wollen. Fest steht: Der Mythos von Kreativität als rein menschlicher Domäne bröckelt. KI wird zu einem Mit-Akteur im kreativen Schaffen. Aber wie in einer guten Band bleibt die Frage: Wer gibt am Ende den Ton an? Es liegt an uns, die Zusammenarbeit zwischen menschlicher und künstlicher Kreativität so zu gestalten, dass daraus ein neues Renaissance-Zeitalter entsteht und kein Kahlschlag kultureller Diversität oder Wertschätzung.

Nachdem wir uns nun den wirtschaftlichen, arbeitsmarktlichen und kulturellen Dimensionen gewidmet haben, richten wir den Blick auf zwei Querschnittsthemen, die in sämtlichen Bereichen von Bedeutung sind: Ethik und Macht in der KI-getriebenen Gesellschaft. Wie stellen

---

[31] Vgl. WEF (2025).

wir sicher, dass KI-Systeme fair, nachvollziehbar und zum Wohle der Menschen agieren? Und wie gehen Staaten und globale Akteure mit dem strategischen Potenzial der KI um?

4.6 Moral für Maschinen – Ethische Leitplanken für kluge Codes

Die rasante Entwicklung der KI hat eine Flut an ethischen Fragen ausgelöst. Von algorithmischen Vorurteilen über den Verlust von Privatsphäre bis zum Szenario außer Kontrolle geratener Maschinen. Die Palette potenzieller Probleme ist breit. Eines ist klar: Ohne ethische Leitplanken droht KI Vertrauen zu verspielen und gesellschaftlichen Schaden anzurichten. Daher bemühen sich weltweit Institutionen, Prinzipien für einen verantwortungsvollen KI-Einsatz zu formulieren.

Ein zentrales Problemfeld ist Bias (Voreingenommenheit) und Diskriminierung durch KI-Systeme. Zahlreiche Untersuchungen haben gezeigt, dass manche Algorithmen beispielsweise bei der Gesichtserkennung systematisch schlechter erkennen oder bei automatisierten Bewerbungsscreenings Frauen benachteiligen, wenn in den Trainingsdaten vorurteilshafte Muster stecken.[32] Die UNESCO stellte in ihrer Empfehlung zur Ethik der KI fest, dass solche Verzerrungen real sind und eine ethische Kompassnadel für die Entwicklung und Anwendung von KI deshalb unverzichtbar ist.[33] KI-Systeme übernehmen ethische Werte nicht automatisch, nur weil sie Daten verarbeiten. Wir müssen diese Werte bewusst einbauen. Die UNESCO-Empfehlung – der sich alle 193 Mitgliedsstaaten anschlossen – fordert daher, KI am Menschen zu orientieren und Prinzipien wie Menschenwürde, Menschenrechte und Demokratie ins Zentrum zu stellen.

Ähnliche Stoßrichtungen verfolgen viele Guidelines. Die OECD veröffentlichte bereits 2019 KI-Grundsätze, und die EU-Kommission ließ eine High-Level Expert Group detaillierte Anforderungen für

---

[32] Siehe hierzu beispielsweise Bender et al. (2021), S. 615 ff.; Mittelstadt et al. (2016).
[33] Vgl. UNESCO (2023), S. 12–15.

vertrauenswürdige KI ausarbeiten.[34] Diese Expertengruppe formulierte sieben Schlüsselanforderungen, darunter menschliche Autonomie, Vermeidung von Diskriminierung, Transparenz, Verantwortlichkeit und Datenschutz. Konkret bedeutet das: KI-Systeme sollen den Menschen nicht entmündigen, sondern ihn unterstützen; sie dürfen nicht ungerechtfertigt gegen bestimmte Gruppen voreingenommen sein; ihre Entscheidungsprozesse sollen nach Möglichkeit nachvollziehbar sein, und letztlich muss immer klar sein, wer die Verantwortung trägt, wenn etwas schiefgeht. Die EU-Leitlinien betonen, dass KI dem Menschen dienen muss und fordern z. B., dass ein menschliches Eingreifen in wichtige automatisierte Entscheidungen möglich bleibt. Praktisch hat die Expertengruppe auch ein Bewertungswerkzeug – eine Art Checkliste – entwickelt, mit dem Entwickler und Anwender prüfen können, ob ihre KI-Systeme diese ethischen Anforderungen erfüllen.

Ein besonders heikles Teilgebiet betrifft autonome Waffensysteme. Viele Experten – wie der Robotikforscher Noel Sharkey – plädieren dafür, niemals die Entscheidung über Leben und Tod an Maschinen zu delegieren.[35] Der Einsatz von KI im Militär wirft grundlegende ethische Fragen auf: Kann ein Algorithmus verantwortlich entscheiden, ob ein Ziel ein Kombattant oder Zivilist ist? Wer haftet für Fehler? Eine breite Koalition von Wissenschaftlern und Aktivisten fordert daher ein Verbot vollautonomer Waffen. Zwar gibt es hier noch kein internationales Regime, aber die Debatte zeigt die Grenzen dessen auf, was wir bereit sind, Algorithmen anzuvertrauen.

Neben solchen spezifischen Anliegen stellt sich generell die Frage nach dem Kontrollproblem hochentwickelter KI. Der renommierte KI-Forscher Stuart Russell warnt in seinem Buch *Human Compatible*, dass KI, die nach falsch oder zu eng definierten Zielen handelt, großen Schaden anrichten kann.[36] Russell schlägt dafür einen Paradigmenwechsel vor: KI sollte so entwickelt werden, dass sie unsere Präferenzen lernt und unsicher über ihre eigenen Ziele ist, anstatt stur ein vorgegebenes Ziel zu optimieren. Dadurch bliebe sie eher bereit, Korrekturen anzunehmen.

---

[34] Vgl. OECD (2024); High-Level Expert Group on AI (2019), S. 6–8.
[35] Vgl. Sharkey (2017), S. 180 f.
[36] Vgl. Russel (2019).

Ethik wird hier zur Designfrage. KI muss gewissermaßen Demut und Ungewissheit eingebaut werden, um nicht gefährlich zu werden. Zugleich unterstreicht er die Verantwortung der Entwickler: Entscheidungen einer KI müssen erklärbar sein. Institutionen sollten geschaffen werden, die KI-Systeme auf Sicherheit und Wertetreue prüfen.

Um ethische KI zu gewährleisten, gewinnt das Konzept der Algorithmischen Rechenschaftspflicht (Algorithmic Accountability) an Bedeutung. Bereits 2017 formulierte die ACM (Association for Computing Machinery) Prinzipien für Transparenz und Verantwortlichkeit algorithmischer Systeme.[37] Dazu gehören Forderungen nach Offenlegung (dass öffentliche Stellen beispielsweise mitteilen, wenn sie Algorithmen einsetzen), nach Auditierbarkeit (unabhängige Stellen sollen Algorithmen prüfen können) und nach Möglichkeit zur Korrektur im Falle von Fehlentscheidungen. Transparenz und Aufklärung sind Grundpfeiler für Vertrauen in digitale Entscheidungen. Denn viele wichtige Algorithmen operieren heute als Black Box: Die Bürger wissen oft gar nicht, wenn und wie ein Algorithmus sie bewertet (etwa bei Kreditwürdigkeit oder Stellenbewerbungen), geschweige denn, wie dieser funktioniert. Ein drastisches Bild zeichnet die Spaltung in „eine Klasse, die Algorithmen bedient, und eine Klasse, die von Algorithmen bedient wird."[38]

Glücklicherweise formiert sich auch zivilgesellschaftlicher Widerstand gegen undurchsichtige und unfaire Algorithmen. Ein bekanntes Beispiel stammt aus den Niederlanden: Dort setzte eine NGO vor Gericht ein Verbot des staatlichen Risiko-Algorithmus SyRI durch, der zur Betrugsdetektion im Sozialwesen eingesetzt wurde.[39] Das System sollte Sozialbetrug aufdecken, doch es war intransparent und zog ganze Wohnviertel ins Visier, was schließlich als Verstoß gegen Datenschutz und Antidiskriminierungsgrundsätze eingestuft wurde. Dieser Erfolg zeigt, dass demokratische Kontrolle möglich ist. Diskutiert werden inzwischen Instrumente wie Algorithmen-TÜVs, öffentliche Register aller von Verwaltungen genutzten Algorithmen oder ein Recht auf Erklärung automatisierter Entscheidungen (in Ansätzen bereits in der

---

[37] Vgl. Kossow et al. (2021), S. 13 ff.

[38] Rainie/Anderson (2017).

[39] Vgl. Vervloesem (2020).

EU-Datenschutzgrundverordnung verankert). Die Richtung ist klar: Gesellschaften müssen selbst bestimmen und überprüfen können, was automatisierte Systeme tun, wenn diese Systeme in das Leben von Menschen eingreifen.

Europa nimmt bei der Regulierung von KI eine Vorreiterrolle ein. Im April 2021 präsentierte die EU-Kommission den Entwurf für ein KI-Gesetz (Artificial Intelligence Act) – den weltweit ersten umfassenden Rechtsrahmen für KI. Dieser verfolgt einen risikobasierten Ansatz: Anwendungen werden je nach Gefährdungspotenzial in Kategorien eingeteilt. Unvertretbares Risiko (etwa Systeme zur Massenüberwachung oder soziales Scoring à la China) sollen komplett verboten werden. Hohes Risiko (beispielsweise KI in Bewerbungsverfahren, Kreditvergabe oder als medizinisches Diagnosewerkzeug) darf nur unter strengen Auflagen betrieben werden, mit Nachweis von Genauigkeit, Transparenzpflichten und menschlicher Aufsicht. Für überschaubares Risiko (etwa Chatbots oder Deepfakes) sind gewisse Transparenzanforderungen geplant, während Minimalrisiko-Anwendungen (Spam-Filter, Videospiel-KI) frei nutzbar bleiben. Zusätzlich soll eine Aufsichtsstruktur geschaffen werden: Festgelegte Stellen prüfen die Konformität, und es drohen empfindliche Geldbußen bei Verstößen. Das Ziel dieses Gesetzes ist es, Vertrauen in KI zu schaffen und Grundrechte zu schützen, ohne Innovation abzuwürgen. Europa geht hier einen dritten Weg zwischen Laissez-faire und autoritärer Kontrolle.

Zusammenfassend lässt sich sagen: Die Gestaltung ethischer Leitplanken für KI hat an Fahrt gewonnen. Von freiwilligen Unternehmensethikräten über internationale Empfehlungen bis zu harten Gesetzen spannt sich ein Netz an Initiativen. Doch am Ende werden Regeln allein nicht genügen. Es braucht eine breite gesellschaftliche Wertebasis. Algorithmen tragen keine Verantwortung, Menschen schon. Daher müssen Menschen, die KI entwickeln und einsetzen, ethische Prinzipien internalisieren. Und wir alle sollten zumindest ein Grundverständnis davon haben, was KI kann und wie sie entscheidet, um mündig in einer algorithmischen Welt zu agieren.

4.7 Wer herrscht über die Daten? Digitale Machtkämpfe im globalen Raum

Künstliche Intelligenz ist nicht nur ein Wirtschaftsfaktor, sondern auch zu einem Geopolitikum ersten Ranges geworden. Daten, Algorithmen und digitale Infrastruktur sind für Staaten strategische Ressourcen; vergleichbar mit Öl und Stahl in früheren Zeiten. Entsprechend entbrennt ein globaler Wettlauf um KI-Vorherrschaft, technologisches Know-how und die Kontrolle über digitale Plattformen. In diesem Zusammenhang fällt oft der Begriff digitale Souveränität. Was ist damit gemeint? Im Kern geht es darum, dass Staaten (oder auch Regionen wie die EU) die Kontrolle über ihre digitalen Systeme behalten und nicht in totale Abhängigkeit von ausländischer Technologie geraten. Dazu gehört, dass kritische Infrastrukturen wie 5G-Netze, Cloud-Dienste oder Halbleiterfertigung im eigenen Einflussbereich liegen. Für Europa ist dies in den letzten Jahren zur strategischen Priorität aufgestiegen: Man hat erkannt, dass Schlüsselbereiche aktuell von US-amerikanischen und chinesischen Firmen dominiert werden – sei es Cloud-Computing, Online-Plattformen oder Netzwerkausrüstung. Einer Umfrage des deutschen Digitalverbands Bitkom zufolge sehen 91 % der deutschen Unternehmen ihr Land in der Digitaltechnik stark abhängig.[40] Diese Abhängigkeit birgt Risiken, etwa wenn politische Konflikte den Zugang zu Technik plötzlich einschränken könnten.

Die EU reagiert darauf mit einer Vielzahl von Initiativen. In ihrer Digitalstrategie *Shaping Europe's Digital Future* wird technologische strategische Autonomie explizit als Ziel formuliert.[41] Das heißt, Europa will eigene Fähigkeiten in Schlüsseltechnologien wie KI, Halbleiter oder Cloud entwickeln, um nicht vollständig auf außereuropäische Anbieter angewiesen zu sein. Konkret entstehen Projekte wie Gaia-X, eine europäische Cloud-Infrastruktur, welche die Datensouveränität sichern soll. Gleichzeitig verschärft die EU die Regulierung globaler Tech-Konzerne durch Gesetze wie den Digital Markets Act (zur Begrenzung von Monopolstellungen großer Plattformen) und den Digital Services Act

---

[40] Vgl. bitkom (2025).
[41] Vgl. Europäische Kommission (2020).

(für mehr Verantwortlichkeit bei Inhalten). Auch in der KI-Politik setzt die EU auf einen eigenen, wertebasierten Ansatz – etwa mit dem oben erwähnten KI-Gesetz, das Transparenz und Risikoklassen vorgibt. Insgesamt will Europa seine Rolle als rule-maker nutzen, um einen dritten Weg zu etablieren: weder der unregulierte, marktgetriebene Ansatz der USA, noch das staatskontrollierte Digitalmodell Chinas, sondern ein auf Werten und Rechten basierender Weg, der Innovation mit Demokratie verbindet.

Politikwissenschaftler wie Jörg Pohle und Thorsten Thiel weisen allerdings darauf hin, dass digitale Souveränität kein Absolutzustand sein kann.[42] In einer global vernetzten Wirtschaft ist völlige Unabhängigkeit illusorisch. Sie plädieren dafür, Souveränität eher als strategische Autonomie zu verstehen: das bewusste Management von Abhängigkeiten im Digitalen. Europa wird immer auch auf ausländische Partner angewiesen sein – etwa bei der Chipproduktion oder bestimmten Softwarekomponenten -, doch es sollte kritische Bereiche identifizieren und dort eigene Kompetenzen aufbauen oder Alternativen diversifizieren. Dazu gehört Europäische Zusammenarbeit und Vorausschau, insbesondere bei Schlüsseltechnologien wie Cloud, KI, 5G/6G und Cybersecurity. Hierbei wird klar, dass der Begriff facettenreich ist: staatliche Souveränität (der Staat bestimmt Regeln und Infrastruktur), unternehmerische Souveränität (Unternehmen können über ihre Daten und IT selbst verfügen, statt alles an Dritte auszulagern) und individuelle Souveränität (Bürger behalten digitale Selbstbestimmung, etwa durch Datenschutz). All diese Ebenen gilt es zu betrachten, wenn man von digitaler Souveränität spricht.

Während Europa um eine selbstbestimmte Position ringt, hat sich global ein Spannungsfeld aufgetan, oft zugespitzt als KI-Wettrüsten bezeichnet. Die USA und China investieren zweistellige Milliardenbeträge in KI-Forschung und -Industrie, getrieben von der Annahme, dass technologische Führerschaft gleichbedeutend mit wirtschaftlicher und militärischer Vormacht ist. China verfolgt offensiv eine Strategie der Cyber-Souveränität, was im eigenen Land eine strikte staatliche Kontrolle des Internets bedeutet und nach außen die Förderung chinesischer

---

[42] Vgl. Pohle/Thiel (2020).

Technikstandards und Plattformen in anderen Ländern. Die Neue Seidenstraße umfasst beispielsweise auch digitale Infrastrukturen, bei denen chinesische Firmen Equipment liefern und damit Einfluss gewinnen. Die USA wiederum, traditionell Verfechter eines offenen, globalen Internets, haben in den letzten Jahren ebenfalls protektionistische Züge gezeigt – man denke an Exportverbote für bestimmte Halbleiter oder die Debatte um Huawei im 5G-Ausbau.

Das Misstrauen zwischen den Blöcken führt zu einer technologischen Entkopplung in einigen Bereichen. So entstehen separate Ökosysteme: etwa ein chinesisches und ein westliches 5G-Netz, unterschiedliche KI-Standards oder voneinander unabhängige Cloud-Infrastrukturen. Laut der Analyse vom KI-Experten des Weltwirtschaftsforums Benjamin Larsen schmieden westliche Demokratien Bündnisse wie den EU-USA Trade and Technology Council, um bei KI und Daten eine gemeinsame Linie gegen autoritäre Modelle zu finden.[43] China wiederum exportiert seine Vision vom staatlich kontrollierten Internet aktiv und gewinnt damit Einfluss in Teilen Afrikas und Asiens. Digitale Souveränität wird so zum Balanceakt: Jede Seite fürchtet, vom Zugang zu kritischer Technologie abgeschnitten zu werden, und dies treibt die Aufrüstung nur weiter. Worst-Case-Szenario wäre eine Fragmentierung des Internets und der High-Tech-Märkte entlang geopolitischer Linien – ein „Splinternet", in dem Daten, Wissen und Innovation nicht mehr frei global fließen, sondern von Blockgrenzen gestoppt werden.[44]

Dabei wäre gerade für globale Herausforderungen, von Cyberkriminalität bis Klimawandel, internationale Zusammenarbeit essentiell. KI könnte zum Beispiel in der Klimaforschung oder Pandemie-Früherkennung Enormes leisten, wenn Daten über Ländergrenzen hinweg geteilt würden. Doch wenn jedes Land seine Daten als nationale Schätze betrachtet, wird es schwieriger, globale Datensätze zu bilden. Hier zeigt sich das Dilemma zwischen Offenheit und Kontrolle: Offene Märkte fördern Innovation, aber sie können Abhängigkeiten schaffen; Abschottung fördert Autonomie, aber hemmt den freien Austausch von Ideen.

---

[43] Vgl. Larsen (2022).

[44] Zum Begriff des Splinternet siehe insbesondere Lemley (2021).

Ein Aspekt der Machtdynamik darf nicht unerwähnt bleiben: Überwachung und Demokratie. Shoshana Zuboff hat für unsere Ära den Begriff des Überwachungskapitalismus geprägt.[45] Damit beschreibt sie, wie Tech-Giganten durch das massenhafte Abgreifen von Verhaltensdaten einen Informationsüberschuss erzeugen – Daten, die über das für den Dienst nötige hinausgehen – und diesen in Prognoseprodukte umwandeln, die gewinnbringend vermarktet werden. Das klassische Beispiel sind personalisierte Werbeanzeigen, die auf Basis unseres vergangenen Verhaltens prognostizieren, wofür wir uns künftig interessieren werden. Das passiert oft ohne Wissen oder echte Zustimmung der Nutzer. Die Folge ist ein asymmetrisches Machtgefüge: Denn wer die Informationshoheit hat, kann Verhalten beeinflussen; sei es in Konsumentscheidungen oder im politischen Diskurs. Wir haben bereits in jüngster Vergangenheit gesehen, wie Social-Media-Algorithmen Echokammern und Desinformation begünstigen können, mit realen Konsequenzen für Wahlen und gesellschaftlichen Zusammenhalt.

Digitale Souveränität bedeutet in diesem Licht auch, die Souveränität der Bürger gegenüber übermächtigen Datensammlern zurückzugewinnen. Europa hat mit der Datenschutz-Grundverordnung einen wichtigen Schritt getan, um Nutzern Kontrolle über ihre Daten zu geben. Aber im KI-Zeitalter müssen wir wahrscheinlich noch weiterdenken: Etwa Rechte an den eigenen generierten Daten, Transparenzpflichten für KI-Systeme, die persönliche Entscheidungen beeinflussen (Beispiel: Facebooks Newsfeed-Algorithmus, der unsere Sicht auf die Welt mitbestimmt).

4.8 Energiehunger, Elektroschrott, Entkopplung: Kann die digitale Welt ökologisch sein?

Digitalisierung und KI werden gern als immaterielle Technologien gesehen: sauber, gewissermaßen ohne physischen Fußabdruck. Schließlich bestehen Daten aus Bits, nicht aus Atomen. Doch diese Sicht täuscht.

---

[45] Vgl. Zuboff (2019), S. 495.

Hinter Cloud-Diensten, Streaming, KI-Modellen und all den vernetzten Gadgets steht eine gewaltige physische Infrastruktur: Rechenzentren voller Server, globale Telekommunikationsnetze, Milliarden von Endgeräten von Smartphones bis Smart-TVs. Und diese Infrastruktur verbraucht erhebliche Mengen an Energie und Ressourcen. Schätzungen zufolge verursacht die IKT-Branche heute etwa 3–4 % der globalen CO_2-Emissionen; das ist bereits doppelt so viel wie der gesamte Flugverkehr.[46] Ohne Gegensteuern könnte dieser Anteil bis 2040 auf rund 14 % steigen. Damit würde die Digitalisierung zu einem der großen Klimafaktoren avancieren.

Woher kommt dieser Fußabdruck? Zum einen aus dem Betrieb der Systeme: Rechenzentren benötigen enorme Strommengen, ebenso die weltweit betriebenen Netzwerke (Mobilfunk, Breitband). Viele Rechenzentren laufen noch mit Strom aus fossilen Quellen, was direkte Emissionen verursacht. Hinzu kommt der Energiehunger moderner KI: Das Training eines einzigen großen KI-Modells kann so viel CO_2 ausstoßen wie fünf Autos über ihre gesamte Lebensdauer. Eine Studie bezifferte den CO_2-Ausstoß eines umfangreichen NLP-Modelltrainings auf über 626.000 Pfund – also rund 284 t – CO_2.[47] Mit dem Trend zu immer größeren Modellen potenzieren sich diese Emissionen weiter. Fortschritt in der KI wird derzeit also mit einem hohen Ressourcenverbrauch erkauft. Das hat eine Gegenbewegung stimuliert: Forschung zu Green AI, also energieeffizienten Algorithmen und Hardware, sowie Bewusstseinsbildung dafür, dass KI-Entwicklung in die Nachhaltigkeitsbilanzen integriert werden muss.

Neben dem Energieverbrauch ist der Ressourcenverschleiß ein Thema. Elektronikgeräte bestehen aus dutzenden Metallen und seltenen Erden. Die Herstellung eines einzelnen Smartphones verschlingt Rohstoffe aus aller Welt und gigantische Mengen an Wasser und Energie. Eine französische Studie hat erstmals detailliert den ökologischen Fußabdruck der Digitalisierung analysiert. Überraschendes Ergebnis: 79 % der CO_2-Emissionen der IT entfallen auf die Herstellung der Geräte – nur 21 % auf deren Nutzung.[48] Das heißt, der ständige Drang nach neuen

---

[46] Vgl. KPMG EMA TMT Sector (2024), S. 23.
[47] Vgl. Hao (2019).
[48] Vgl. ADEME/ARCEP (2022), S. 6–9.

Smartphones, Laptops, Fernsehern und IoT-Gadgets treibt die Umweltlast weit mehr als etwa der Stromverbrauch von Netflix-Streaming & Co. Ebenfalls alarmierend: Ohne Maßnahmen könnte sich der digitale CO_2-Fußabdruck bis 2050 verdreifachen – und das wohlgemerkt, ohne schon den vollen Boom an rechenintensiven KI-Anwendungen einzukalkulieren. Ähnliches zeigt der *Lean ICT*-Bericht des Shift Project: Bereits 2019 war der CO_2-Ausstoß digitaler Technologien bei 3–4 % der Welt-Emissionen, Tendenz steil steigend durch Streaming, Geräteproduktion und Netzausbau.[49] Ohne Kurswechsel drohte bis 2025 eine Verdoppelung.

Ein drittes Problemfeld ist Elektroschrott. Laut dem *Global E-Waste Monitor* fielen 2022 weltweit 62,6 Mio. t Elektronikschrott an – Tendenz stark steigend.[50] Nur gut ein Fünftel davon wurde ordnungsgemäß recycelt. Der Rest landet zum großen Teil auf Müllhalden oder in informellen Recycling-Prozessen, oft in Entwicklungsländern, wo Giftstoffe wie Blei und Quecksilber Umwelt und Gesundheit schädigen. Gleichzeitig gehen wertvolle Ressourcen verloren: Im Elektroschrott 2022 steckten schätzungsweise Metalle im Wert von über 50 Mrd. US-Dollar, darunter Gold und Seltene Erden. Wenn die Wegwerfkultur so weitergeht, prognostiziert der Bericht bis 2030 eine jährliche E-Schrott-Menge von 74 Mio. t. Das ist eine direkte Konsequenz der digitalen Konsumgesellschaft, in der jedes Jahr neue Must-haves generiert werden, oft ohne Rücksicht auf Langlebigkeit.

Angesichts dieser Befunde ist klar: Digitale Nachhaltigkeit muss auf die Agenda. Darunter versteht man zweierlei: *Erstens* die IT-Branche umweltfreundlicher gestalten, und zweitens digitale Lösungen nutzen, um Nachhaltigkeit in anderen Sektoren zu fördern. Zum Ersten gehören Maßnahmen wie: energieeffizientere Rechenzentren (Kühlung optimieren, Abwärme nutzen, wo möglich erneuerbare Energie einsetzen), grüne Clouds, längere Nutzungsdauer von Hardware (durch modulare Designs, Recht auf Reparatur, Software-Updates statt Neukauf-Zwang), Recycling und Kreislaufwirtschaft für Elektronik. Einige Tech-Konzerne haben sich inzwischen Klimaneutralität auf die Fahnen geschrieben,

---

[49] Vgl. The Shift Project (2019), S. 4.
[50] Vgl. ITU/UNITAR (2024).

investieren in eigene Solar- und Windparks oder in innovative Kühltechniken für Server. Staaten wie Deutschland entwickeln eine umweltpolitische Digitalagenda, die beispielsweise Kriterien für Ressourcen-Schonung von Geräten vorsieht. Bislang steht dieses Thema aber noch nicht genug im Fokus – man spricht vom versteckten CO_2-Rucksack der Digitalisierung, der in Diskussionen oft ignoriert wird.

Zum Zweiten – der positiven Seite – wird immer wieder betont, dass Digitalisierung enorme Hebel für Nachhaltigkeit bieten kann. Das Weltwirtschaftsforum argumentiert, dass digitale Lösungen bis zu 20 % der nötigen Emissionsreduktionen bis 2050 liefern könnten.[51] Beispiele: Smart Grids können Stromerzeugung und -verbrauch in Echtzeit optimieren, was erneuerbare Energien effizienter nutzbar macht; intelligente Verkehrssysteme und Logistik minimieren Staus und Leerkilometer; digitale Plattformen ermöglichen Sharing-Economy-Modelle, bei denen Ressourcen besser ausgelastet werden (z. B. Carsharing statt jeder besitzt ein Auto). Virtuelle Kollaborationstools reduzieren Reisebedarfe, was etwa in der Pandemie sichtbar wurde: Videokonferenzen ersetzten viele Dienstflüge. All dies kann dazu beitragen, Wirtschaftswachstum vom Ressourcenverbrauch teilweise zu entkoppeln und so den viel beschworenen Qualitätswachstum-Pfad zu ermöglichen: mehr Wertschöpfung, aber mit weniger ökologischem Fußabdruck.

Ob dieser Optimismus gerechtfertigt ist, bleibt abzuwarten. Studien wie die vom Umweltökonom Steffen Lange zeigen eher, dass Effizienzgewinne oft durch Rebound-Effekte überkompensiert werden.[52] Wenn digitale Technik etwas einspart, nutzen wir es hinterher umso mehr und heben den Vorteil wieder auf; etwa weil effiziente Fahrzeuge dazu führen, dass wir mehr fahren, oder stromsparende Geräte uns verleiten, überall Elektronik einzusetzen. Bisher stieg der absolute Energieverbrauch der IT trotz aller Effizienz stetig an. Das deckt sich mit den Limits-to-Growth-Analysen: Selbst mit High-Tech verläuft unser globaler Ressourcenverbrauch weiterhin auf einem nicht nachhaltigen Pfad. Die Herausforderung ist also, die digitale Transformation klimafreundlich zu

---

[51] Vgl. WEF (2022).
[52] Vgl. Lange et al. (2020), S. 13 f.

gestalten, damit digitaler Fortschritt nicht ökologischen Fortschritt konterkariert.

Letztlich liegt darin aber auch eine Doppelchance: Wenn wir Digitalisierung konsequent in den Dienst der Nachhaltigkeit stellen – vom Klimaschutz über Ressourceneffizienz bis zum Artenschutz (z. B. KI zur Auswertung von Biodiversitätsdaten) – und gleichzeitig die eigene Branche auf Diät setzen (Lean ICT, digitale Sobriety), kann Technologie Teil der Lösung werden statt Teil des Problems. Die kommenden Jahre werden zeigen, ob wir den politischen Willen aufbringen, beides zu erreichen: den digitalen Wandel und die ökologische Wende zu synchronisieren.

4.9 Fazit

Von den dampfenden Maschinen der Industrialisierung bis zu den denkenden Maschinen der Gegenwart – jeder technologische Fortschritt zwingt uns, neu über Wirtschaft, Gesellschaft und Werte nachzudenken. Künstliche Intelligenz als Allzwecktechnologie verkörpert die Verheißung und das Spannungsfeld des aktuellen technischen Fortschritts in einzigartiger Weise. Sie demonstriert, wie Wissen zum zentralen Produktionsfaktor unserer Zeit aufsteigt: Daten und Algorithmen treiben Wertschöpfung, Innovation und Effizienz. Gleichzeitig hält sie uns den Spiegel vor, welche Risiken und Verantwortungen mit solch durchschlagenden Innovationen einhergehen.

In der Betrachtung des tiefgreifenden Wandels, den Digitalisierung und insbesondere KI mit sich bringen, wird deutlich, dass wir uns an einem entscheidenden Wendepunkt unserer gesellschaftlichen und wirtschaftlichen Entwicklung befinden. Wir haben gesehen, dass KI eine transformative Kraft besitzt, die gleichermaßen immense Chancen und beachtliche Herausforderungen bereithält. Doch was bedeutet dies konkret für unser Verständnis von Wirtschaftswachstum und technischem Fortschritt, und wie sollten wir als Gesellschaft auf diese Entwicklungen reagieren?

Künstliche Intelligenz eröffnet uns im Kontext dieses Buchs die Möglichkeit einer tiefgreifenden Transformation: weg von einem rein quantitativen hin zu einem qualitativen Wirtschaftswachstum, das nicht bloß auf Expansion und Akkumulation, sondern auf nachhaltige Entwicklung und sozialen Fortschritt abzielt. KI-Technologien eröffnen hierbei revolutionäre Potenziale: Sie ermöglichen ressourceneffiziente Produktionsprozesse und fördern eine Kreislaufwirtschaft, in der nachhaltige und regenerative Ansätze den Vorzug gegenüber ressourcenverschwendenden Praktiken erhalten. Darüber hinaus könnten sie helfen, zentrale gesellschaftliche Herausforderungen zu adressieren, indem sie etwa Bildungssysteme durch personalisierte Lernangebote verbessern, den Zugang zu hochwertiger Gesundheitsversorgung demokratisieren und soziale Inklusion stärken.

Allerdings zeigt sich auch, dass diese positiven Potenziale keineswegs automatisch realisiert werden. Die Nutzung und Entwicklung von KI ist untrennbar mit ethischen Fragestellungen verbunden. Die Risiken algorithmischer Diskriminierung, des Verlustes der Privatsphäre oder einer monopolartigen Machtkonzentration großer Technologieunternehmen machen deutlich, dass technologischer Fortschritt niemals Selbstzweck sein darf. KI fordert von uns, unsere moralischen und gesellschaftlichen Grundwerte neu zu überdenken und ethische Standards festzulegen, die sicherstellen, dass technologischer Fortschritt allen Menschen gleichermaßen zugutekommt.

Philosophisch betrachtet zwingt uns die KI-Revolution dazu, unser Verhältnis zur Technik grundsätzlich neu auszurichten. Technologie darf nicht lediglich beherrscht werden, sondern muss bewusst, verantwortungsvoll und reflektiert gestaltet werden. KI erinnert uns daran, dass wir unser Verständnis von Wachstum, Wohlstand und menschlicher Würde fortlaufend hinterfragen und neu definieren müssen. Sie verlangt nach einer Renaissance ethischer Werte. Aus diesem Grund kann KI tatsächlich als Pionierinnovation gelten, die einen Paradigmenwechsel hin zu einer neuen Wirtschaftsordnung ermöglicht. Diese Wirtschaftsordnung sollte qualitativen Zielen verpflichtet sein – sie muss nachhaltig, ethisch verantwortlich und sozial gerecht gestaltet werden. Deutlich wird dabei, dass der rasante technologische Fortschritt dringend durch politische und gesellschaftliche Rahmenbedingungen eingehegt werden muss. Wir benötigen neue Formen der demokratischen Partizipation, klare ethische

Leitlinien und gezielte politische Maßnahmen, um die Chancen der KI verantwortungsvoll zu nutzen und ihre Risiken zu minimieren.

Zum Abschluss kehren wir zur Ausgangsbeobachtung zurück: Wissen ist der wichtigste Produktionsfaktor unserer Zeit geworden. Künstliche Intelligenz zeigt, wie aus Wissen unmittelbar produktive Macht wird. Damit stellt sich uns die uralte Frage in neuem Gewand: Wie nutzen wir die Macht, die aus Wissen erwächst? Die Antwort darauf wird die Zukunft von Wirtschaft und Gesellschaft maßgeblich bestimmen. Die Chance liegt darin, KI und Digitalisierung so zu gestalten, dass sie Werkzeuge unseres Fortschritts bleiben. Werkzeuge, mit denen wir die großen Probleme angehen können, anstatt neue zu schaffen. Dann, so darf man hoffen, wird die Formel von Bits zu Bots am Ende bedeuten: vom Datenwissen zur menschenzentrierten Technologie – und zu einer Welt, in der Wachstum, Gerechtigkeit und Nachhaltigkeit kein Widerspruch, sondern Ergebnis kluger Innovation sind.

Literatur

Acemoglu, D., & Restrepo, P. (2020). Robots and jobs: Evidence from US labor markets. *Journal of Political Economy, 128*(6), 2188–2244. https://doi.org/10.1086/708816

ADEME, & ARCEP. (2022). *Étude sur l'impact environnemental du numérique en France* [Studie]. Agence de la transition écologique & Autorité de régulation des communications électroniques, des postes et de la distribution de la presse.

Agrawal, A., Gans, J., & Goldfarb, A. (2018). *Prediction machines: The simple economics of artificial intelligence.* Harvard Business Review Press.

Autor, D. H. (2015). Why are there still so many jobs? The history and future of workplace automation. *Journal of Economic Perspectives, 29*(3), 3–30. https://doi.org/10.1257/jep.29.3.3

Autor, D. H., & Dorn, D. (2013). The growth of low-skill service jobs and the polarization of the U.S. labor market. *American Economic Review, 103*(5), 1553–1597. https://doi.org/10.1257/aer.103.5.1553

Autor, D. H., Dorn, D., Katz, L. F., Patterson, C., & Van Reenen, J. (2020). The fall of the labor share and the rise of superstar firms. *Quarterly Journal of Economics, 135*(2), 645–709.

Bender, E. M., Gebru, T., McMillan-Major, A., & Shmitchell, S. (2021). On the dangers of stochastic parrots: Can language models be too big? In *Proceedings of the 2021 ACM Conference on Fairness, Accountability, and Transparency* (S. 610–623). Association for Computing Machinery. https://doi.org/10.1145/3442188.3445922

bitkom. (2025, 15. Januar). *Deutschlands digitale Abhängigkeit steigt* [Pressemitteilung]. https://www.bitkom.org/Presse/Presseinformation/Deutschlands-digitale-Abhaengigkeit-steigt

Brynjolfsson, E., Rock, D., & Syverson, C. (2018). *The productivity J-curve: How intangibles complement general purpose technologies* (BFI Working Paper No. 2019–33). University of Chicago, Becker Friedman Institute.

Europäische Kommission (2020). *Shaping Europe's Digital Future.* Mitteilung der Kommission, Document 52020DC0067, Brüssel.

Frey, C. & Osborne, M. (2013). The Future of Employment: How Susceptible Are Jobs to Computerisation?. Oxford Martin. https://doi.org/114.10.1016/j.techfore.2016.08.019.

Goodfellow, I., Bengio, Y., & Courville, A. (2016). *Deep learning.* MIT Press.

Gordon, R. J. (2016). *The rise and fall of American growth.* Princeton University Press.

Hao, K. (2019, 6. Juni). Training a single AI model can emit as much carbon as five cars in their lifetimes. *MIT Technology Review.* https://www.technology-review.com/2019/06/06/239031/training-a-single-ai-model-can-emit-as-much-carbon-as-five-cars-in-their-lifetimes/

High-Level Expert Group on AI. (2019). *Ethics guidelines for trustworthy AI.* Europäische Kommission.

International Telecommunication Union, & United Nations Institute for Training and Research. [ITU & UNITAR.] (2024). *Global e-waste monitor 2024.*

Kaplan, A. M., & Haenlein, M. (2019). Siri, Siri, in my hand: Who's the fairest in the land? On the interpretations, illustrations, and implications of artificial intelligence. *Business Horizons, 62*(1), 15–25. https://doi.org/10.1016/j.bushor.2018.08.004

Kofler, I., El Moussaoui, M., Jamet, R., & Ca, S. (2024). AI's influence on the creative and cultural industries. *Imago, 13*, Article 22.

Kompetenzzentrum Kultur- und Kreativwirtschaft des Bundes. (2024). *Themendossier: Künstliche Intelligenz in der Kultur- und Kreativwirtschaft.* Berlin.

Kossow, N., Windwehr, S., & Jenkins, M. (2021). *Algorithmic transparency and accountability.* Transparency International.

KPMG EMA TMT Sector. (2024). *Chasing net zero: Are the ICT sector plans on track?* https://assets.kpmg.com/content/dam/kpmg/za/pdf/2024/Net%20Zero%20in%20ICT%20Industry.pdf

Lange, S., Santarius, T., & Pohl, J. (2020). Digitalization and energy consumption: Does ICT reduce energy demand? *Ecological Economics, 176*, Article 106760. https://doi.org/10.1016/j.ecolecon.2020.106760

Larsen, B. (2022). The geopolitics of AI and the rise of digital sovereignty. *Brookings Institution.* https://www.brookings.edu/articles/the-geopolitics-of-ai-and-the-rise-of-digital-sovereignty/

Lemley, M. A. (2021). The splinternet. *Duke Law Journal, 70*(6), 1397–1427.

Manyika, J., Chui, M., Miremadi, M., Bughin, J., George, K., Willmott, P., & Dewhurst, M. (2017). *A future that works: Automation, employment, and productivity.* McKinsey Global Institute.

Mittelstadt, B. D., Allo, P., Taddeo, M., Wachter, S., & Floridi, L. (2016). The ethics of algorithms: Mapping the debate. *Big Data & Society, 3*(2). https://doi.org/10.1177/2053951716679679

Organisation for Economic Co-operation and Development [OECD]. (2019). *Artificial intelligence in society.* OECD Publishing. https://doi.org/10.1787/eedfee77 en

Organisation for Economic Co-operation and Development [OECD]. (2024). *AI principles overview.* https://oecd.ai/en/ai-principles

Pohle, J., & Thiel, T. (2020). Digitale Souveränität. *Internet Policy Review, 9*(4), 1–19. https://doi.org/10.14763/2020.4.1531

Public First. (2024). *AI & the public sector* (Report commissioned by Google Cloud). https://www.publicfirst.co.uk/wp-content/uploads/2024/11/AI-and-the-Public-Sector_final.pdf

Rainie, L., & Anderson, J. (2017, 8. Februar). Theme 7: The need grows for algorithmic literacy, transparency and oversight. *Pew Research Center.* https://www.pewresearch.org/internet/2017/02/08/theme-7-the-need-grows-for-algorithmic-literacy-transparency-and-oversight/

Rao, A., & Verweij, G. (2018). *Global artificial intelligence study: Exploiting the AI revolution—Sizing the prize.* PwC.

Rifkin, J. (2014). *The zero marginal cost society: The Internet of Things, the collaborative commons, and the eclipse of capitalism.* Palgrave Macmillan.

Russell, S. (2019). *Human compatible: Artificial intelligence and the problem of control.* Viking.

Sharkey, N. (2017). Why robots should not be delegated with the decision to kill. *Connection Science, 29*(3), 177–186. https://doi.org/10.1080/0954009 1.2017.1310183

Srnicek, N. (2016). *Platform capitalism.* Polity Press.

The Shift Project. (2019). *Lean ICT – Towards digital sobriety* [Bericht].

Trajtenberg, M. (2018). *AI as the next GPT: A political-economy perspective* (NBER Working Paper No. 24245). https://doi.org/10.3386/w24245

Turing, A. M. (1950). Computing machinery and intelligence. *Mind, 59*(236), 433–460.

UNESCO & United Nations Development Programme [UNESCO & UNDP]. (2013). *Creative economy report 2013: Widening local development pathways.* United Nations.

UNESCO. (2023). *Recommendation on the ethics of artificial intelligence: Key facts.*

United Nations Conference on Trade and Development [UNCTAD]. (2021). *Digital economy report 2021: Cross-border data flows and development—For whom the data flow.* United Nations.

Vervloesem, K. (2020). *How Dutch activists got an invasive fraud detection algorithm banned.* Algorithm Watch. Bertelsmann Stiftung. https://automating-society.algorithmwatch.org/report2020/netherlands/netherlands-story

Waldfogel, J. (2018). *Digital renaissance: What data and economics tell us about the future of popular culture.* Princeton University Press.

World Bank. (2016). *World development report 2016: Digital dividends.* World Bank. https://openknowledge.worldbank.org/handle/10986/23347

World Economic Forum [WEF]. (2020). *The future of jobs report 2020.* World Economic Forum.

World Economic Forum [WEF]. (2022, 21. Mai). Why digitalization is our best shot at saving the planet. https://www.weforum.org/stories/2022/05/why-digitalization-is-our-best-shot-at-saving-the-planet/

World Economic Forum [WEF]. (2025, 21. Januar). *The impact of GenAI on the creative industries, and the ethics and governance we must put in place.* https://www.weforum.org/stories/2025/01/the-impact-of-genai-on-the-creative-industries/

World Intellectual Property Organization [WIPO]. (2025). *World intangible investment highlights 2025.* https://www.wipo.int/web-publications/world-intangible-investment-highlights-2025/en

Zuboff, S. (2019). *The age of surveillance capitalism: The fight for a human future at the new frontier of power.* PublicAffairs

5

Wachstum neu denken – Auf der Suche nach einem Kompass für Wohlstand und Fortschritt

Wirtschaftlicher Fortschritt, der einst verlässlich an harte Arbeit, greifbares Kapital und materielle Güter gebunden war, präsentiert sich heute zunehmend immateriell, komplex und schwer greifbar. Immer schneller dreht sich die Welt, angetrieben von Algorithmen, Plattformen, Märkten ohne Grenzen – und immer lauter wird die stille Frage: Wohin führt uns dieses Wachstum eigentlich noch? Die großen Narrative des Wachstums, die bisher Orientierung, Sicherheit und Hoffnung spendeten, stoßen an ihre Grenzen und verlangen nach neuen, tiefergehenden Perspektiven.

Einmal war es ein leuchtendes Versprechen. Wer sich anstrengte, dem öffneten sich Türen. Wachstum war mehr als Statistik – es war eine kulturelle Erzählung über Aufstieg, Hoffnung, Zukunft. Doch heute scheint dieses Narrativ brüchig geworden. Wir sehen die Schattenrisse an den Rändern: Ein Planet, der stöhnt unter der Last des Immer-Mehr. Gesellschaften, die auseinanderdriften. Technologien, die nicht mehr nur Werkzeuge sind, sondern Regeln schreiben.

Die Digitalisierung und insbesondere die Künstliche Intelligenz dringen nahezu unbemerkt, jedoch mit einer Geschwindigkeit und Intensität, die ihresgleichen sucht, in sämtliche Lebensbereiche vor. Sie verändern die Art, wie wir arbeiten, kommunizieren, lernen und interagieren,

© Der/die Autor(en), exklusiv lizenziert an Springer Fachmedien Wiesbaden GmbH, ein Teil von Springer Nature 2026
M. Pätzold et al., *Wachstum neu denken*,
https://doi.org/10.1007/978-3-658-50406-9_5

auf grundlegende Weise; eine stille Revolution, deren Tragweite noch kaum vollumfänglich erfasst werden kann. Dabei sind es nicht nur technische und wirtschaftliche Herausforderungen, die sich auftun; vielmehr zwingen uns diese Entwicklungen, unsere Werte, ethischen Grundannahmen und Vorstellungen von Menschsein grundsätzlich neu zu reflektieren.

Doch was bedeutet Wachstum in dieser neuen Realität überhaupt noch? Ist es nur eine Zahl, ein abstrakter Indikator auf dem Papier von Ökonomen, oder trägt es die Kraft in sich, Gesellschaften zu transformieren und individuelles Leben in tiefgreifender Weise zu verändern? Die drängende Herausforderung unserer Zeit ist es, den Begriff des Wachstums völlig neu zu interpretieren: weg von einer rein quantitativen und materiellen Zunahme hin zu einer qualitativen Dimension, die ethische Verantwortung, soziale Gerechtigkeit und ökologische Nachhaltigkeit in den Mittelpunkt stellt.

Dieses Buch möchte genau diese tiefere, philosophisch reflektierte Perspektive erkunden. Und in diesem Kapitel laden wir Sie dazu ein, über bloße ökonomische Statistiken hinauszublicken und jene unsichtbaren Verbindungen aufzuspüren, die technologische Innovationen und gesellschaftliche Transformationen miteinander verknüpfen. Die technologische Revolution fordert uns heraus, nicht nur zu fragen, wie wir wachsen können, sondern vor allem auch, wohin wir wachsen wollen – und mit welchem Ziel.

Künstliche Intelligenz stellt uns dabei vor Fragen, die weit über technologische oder wirtschaftliche Überlegungen hinausgehen. Sie berühren Kernbereiche unseres Menschseins und unseres Zusammenlebens. Sie zwingen uns, unsere grundlegenden Normen und moralischen Verpflichtungen zu hinterfragen und gesellschaftliche Verträge neu auszuhandeln. Die Art, wie wir mit Algorithmen umgehen, welche Rolle digitale Souveränität spielt und welche ethischen Leitlinien wir entwickeln, wird entscheidend sein für unsere Zukunft. Dabei geht es um nicht weniger als die Sicherung von Freiheit, Gerechtigkeit und Würde im digitalen Zeitalter.

Was also tun? Wir können nicht zurück – aber wir müssen anders weiter. Wachstum neu denken heißt nicht, es zu verwerfen, sondern es zu verwandeln. Es bedeutet: Wachstum nicht mehr als Endzweck, sondern als Mittel zu einem guten Leben zu begreifen. Einem Leben, das ökologisch tragfähig, sozial eingebettet, ethisch reflektiert und technologisch sinnvoll gestaltet ist.

5.1   Das Ende des alten Paradigmas – Wachstum am Wendepunkt

Wohlstand durch Wachstum – diese Gleichung schien im Industriezeitalter zuverlässig aufzugehen. Historisch betrachtet verdanken breite Bevölkerungsschichten ihren Lebensstandard dem Wirtschaftswachstum der letzten 200 Jahre. Doch bereits seit einiger Zeit häufen sich die Indizien, dass das alte Wachstumsparadigma an ein Ende kommt. Klassische wirtschaftspolitische Strategien – sei es das keynesianische Ankurbeln der Nachfrage oder neoliberal inspirierte Angebotsreformen – stoßen an Wirksamkeitsgrenzen, weil die Rahmenbedingungen sich fundamental gewandelt haben.

Eines der deutlichen Warnsignale ist die auseinandergehende Schere zwischen Wachstum und Verteilungsgerechtigkeit. Das traditionelle Trickle-down-Narrativ besagte, dass Wachstum automatisch alle mitzieht – doch empirisch zeigt sich etwas anderes. In vielen Ländern stieg trotz solider Wachstumsraten die Ungleichheit, anstatt zu sinken.[1] Die Früchte des Wachstums wurden ungleicher verteilt; höhere Unternehmensgewinne und Produktivitätszuwächse kamen oft vor allem Kapitaleignern zugute, während die Einkommen der Mittelschicht und Geringqualifizierten stagnierten.[2] Dieses Auseinanderdriften stellt die soziale Legitimation des bisherigen Wachstumspfads infrage. Wachstum allein garantiert keinen gesellschaftlichen Zusammenhalt mehr. Im Gegenteil: Wenn eine wachsende Wirtschaft nicht bei der breiten Bevölkerung ankommt, schwindet das Vertrauen in Politik und Markt; Populismus und Polarisierung gewinnen Zulauf.

Zugleich stößt die alte Wachstumsgleichung an ökologische Grenzen. Jahrzehntelang ignorierte die Wirtschaftspolitik weitgehend, dass

---

[1] Vgl. Stiglitz (2018).
[2] Vgl. Piketty (2014), S. 576–580.

kontinuierliches quantitatives Wachstum auf einem Planeten mit endlichen Ressourcen langfristig unmöglich ist. Doch der Klimawandel und das Schwinden der Biodiversität haben diese Realität ins Zentrum gerückt. Externes Wachstum – etwa in Form steigenden CO_2-Ausstoßes oder Raubbau an natürlichen Ressourcen – lässt sich nicht länger ausblenden. Was nützt ein höheres BIP, wenn zugleich Lebensgrundlagen zerstört werden? Wohlstand neu denken heißt daher, Nachhaltigkeit einzupreisen: Ein Wachstum, das die Umweltbasis kommender Generationen untergräbt, ist trügerisch und kurzsichtig. Die klassische Wachstumspolitik, fixiert auf das BIP, vernachlässigte solche Qualitätsaspekte des Wachstums – mit fatalen Folgen, die nun immer sichtbarer werden.

Hinzu kommt ein dritter Aspekt: Das bisherige Paradigma wurde in einer Zeit geformt, als volkswirtschaftliche Wertschöpfung vor allem aus Industrieproduktion und physischen Gütern bestand. Heute jedoch befinden wir uns in einer Wissensökonomie, in der Daten, Information und Innovation die zentralen Ressourcen sind. Diese spätmoderne Wirtschaftsform zeichnet sich durch ganz andere Dynamiken aus als die alte Industrieökonomie. Wissen vermehrt sich durch Gebrauch, digitale Güter können global nahezu ohne Grenzkosten verteilt werden, Netzwerkeffekte führen zu Marktkonzentrationen. Die etablierten Indikatoren und Politikinstrumente haben Mühe, diese neuen Realitäten angemessen abzubilden. So erhöht die digitale Verfügbarkeit vieler Leistungen den Nutzen für Verbraucher, ohne sich eins zu eins im BIP niederzuschlagen. Klassische Wachstumsindikatoren sind blind für qualitative Verbesserungen (etwa kostenlosen Zugang zu Wissen online) und ebenso blind für neue Risiken (beispielsweise die Verwundbarkeit digitaler Infrastrukturen).

Diese Entwicklungslinien – soziale Polarisierung, ökologische Gefährdung, struktureller Wandel zur Wissensökonomie – kulminieren in einem Wendepunkt. Wir können nicht länger Wachstumspolitik betreiben, als wären wir noch in den 1980ern. Der bisherige Kompass, ausgerichtet auf kurzfristige Steigerung des Outputs, zeigt in die falsche Richtung. Wir brauchen einen neuen Kompass, der Wohlstand umfassender definiert und uns sicher durch die Stürme der Gegenwart navigiert.

Dieses Kapitel markiert den kritischen Befund: Das alte Paradigma ist erschüttert. Die folgenden Abschnitte wenden sich den prägenden Kräften der Gegenwart zu, insbesondere dem technischen Fortschritt in der digitalen Ära, um daraus die Erfordernisse für eine neue Wachstumspolitik abzuleiten. Denn um zu wissen, wohin die Reise gehen muss, müssen wir zunächst verstehen, wie dramatisch sich die Welt um uns verändert hat – und warum klassisches Denken der Wirklichkeit nicht mehr gerecht wird.

5.2   Wer ist bereit für die Zukunft?

Kaum eine Entwicklung prägt Wirtschaft und Arbeitswelt so sehr wie die rasanten Fortschritte in Informations- und Kommunikationstechnologien, allen voran das Aufkommen künstlicher Intelligenz. Diese Revolution verändert die Regeln des ökonomischen Spiels grundlegend: Wertschöpfung verlagert sich in digitale Sphären, traditionelle Branchen werden durch disruptive Geschäftsmodelle herausgefordert, und Globalisierung nimmt neue Formen an. Um zu verstehen, warum klassische Wachstumsrezepte immer weniger greifen, lohnt ein Blick auf die zentralen Transformationen der Wissensökonomie.

Globalisierung 2.0: In der zweiten Hälfte des 20. Jahrhunderts war Globalisierung vor allem der Handel mit Gütern. Niedrigere Transportkosten und Handelsliberalisierung führten zu grenzüberschreitenden Wertschöpfungsketten. Doch inzwischen erleben wir eine neue Phase, die der Ökonom Richard Baldwin als *Globotics Upheaval* bezeichnet – eine Kontraktion aus Globalisierung und Robotik.[3] Gemeint ist die Ausweitung des globalen Wettbewerbs auf Dienstleistungen und wissensintensive Tätigkeiten, ermöglicht durch digitale Technologien. Highspeed-Internet, Videokonferenzen und KI-gestützte Übersetzung machen es möglich, dass selbst qualifizierte Bürojobs rund um den Globus verteilt werden. Tätigkeiten, die früher orts- oder sprachgebunden waren, können nun via Telepräsenz und Automation aus der Ferne erledigt werden. Baldwin argumentiert, dass diese Entwicklung unsere Arbeitsmärkte

---

[3] Vgl. Baldwin (2019), S. 235–264.

ebenso umwälzen kann wie einst die Verlagerung von Fabrikjobs ins Ausland. Wenn beispielsweise Radiologen-Befunde durch KI in einem anderen Land analysiert oder Architektur-Entwürfe über Nacht von einem globalen Talentpool geliefert werden, geraten hochqualifizierte Beschäftigte in den Industrieländern unter neuen Konkurrenzdruck. Die Folge könnte ein bisher ungekanntes Ausmaß an Disruption in vormals geschützten Berufsfeldern sein, was ohne begleitende Politik sozialen Backlash hervorrufen könnte.

Schon vor der digitalen Ära wusste man, dass Handel nicht allein auf klassischen komparativen Kostenvorteilen beruht. Nobelpreisträger Paul Krugman zeigte in seinem einflussreichen Modell von 1979, dass selbst ähnliche Volkswirtschaften Handel treiben und profitieren können, wenn man steigende Skalenerträge und Produktvielfalt berücksichtigt.[4] Steigende Skalenerträge bedeuten: Größere Produktionsmengen senken die Stückkosten, wodurch es vorteilhaft sein kann, internationale Märkte zu bedienen. Dieser Gedanke war bahnbrechend, denn er erklärte, warum beispielsweise Deutschland und Frankreich trotz ähnlicher Ressourcen Handel miteinander treiben – nämlich um jeweils von mehr Vielfalt und Größenvorteilen zu profitieren. In der Wissensökonomie werden diese Effekte noch potenziert: Digitale Güter (wie Software oder KI-Modelle) haben extrem hohe Anfangskosten, aber Grenzkosten nahe Null bei der Reproduktion. Wer zuerst einen Markt erobert, kann dank Skaleneffekten und Netzwerkeffekten Konkurrenten dominieren.

Künstliche Intelligenz verstärkt diese Tendenzen durch die Rolle von Daten. Große Datenmengen sind für KI-Systeme ein entscheidender Produktionsfaktor – in der Regel gilt: je mehr Daten, desto besser oft die Leistung. Dadurch entstehen Netzwerkeffekte: Eine Plattform, die viele Nutzer hat, generiert viele Daten und kann dadurch ihr Angebot weiter verbessern, was wieder neue Nutzer anzieht. Die Wirtschaftswissenschaftler Avi Goldfarb und Daniel Trefler argumentieren, dass KI-Technologien die klassischen Determinanten des Handels umfassend verändern.[5] Große Datenpools wirken wie Skalenvorteile, die wenigen Anbietern globale Vorteile verschaffen können. So könnte beispielsweise

---

[4]Vgl. Krugman (1979).
[5]Vgl. Goldfarb/Trefler (2018), S. 27 f.

ein Unternehmen mit Zugriff auf Milliarden von Nutzerdaten einen immer größeren Vorsprung in KI-gestützter Produktentwicklung erlangen, den Wettbewerber ohne diesen Datenschatz kaum aufholen können. Die Handelstheorie muss solche Effekte berücksichtigen: Es geht nicht mehr nur darum, wo Arbeitskosten niedriger sind, sondern wer die Kontrolle über Daten und KI-Expertise hat. Das bestimmt künftige Wettbewerbsvorteile im internationalen Handel.

Auch Handelsregeln selbst geraten durch die Digitalisierung unter Druck. Ein OECD-Studienpapier zeigt, dass KI den Handel erleichtern kann – etwa indem sie Logistik optimiert und Übersetzungen in Echtzeit ermöglicht –, aber gleichzeitig neue Herausforderungen mit sich bringt.[6] Beispielsweise werden Datenflüsse zur essenziellen Handelskomponente: welche Regeln gelten für den grenzüberschreitenden Austausch von Daten? Nationale Datenschutzgesetze oder Auflagen zur lokalen Datenspeicherung können plötzlich zu Handelshemmnissen werden. Die OECD fordern daher eine Anpassung der Handelsregeln an das KI-Zeitalter, etwa durch internationale Abkommen zu Daten und digitalen Diensten. Andernfalls könnten fragmentierte Regulierungen den freien Austausch von KI und digitaler Innovation behindern. Hier zeigt sich exemplarisch: Technischer Fortschritt macht alte Politikansätze obsolet. Handelsabkommen müssen nun Kapitel über Daten, Algorithmen und digitale Dienste enthalten, wollen sie die neuen Realität abbilden.

Ein weiteres Versprechen der digitalen Revolution ist eine erhebliche Steigerung der Produktivität. KI kann in Sekunden Analysen durchführen, für die Menschen Wochen bräuchten; automatisierte Systeme können ganze Fabriken effizienter machen. Einige empirische Mikrostudien zeigen bereits deutliche Produktivitätsgewinne in Unternehmen, die KI einsetzen.[7] Theoretisch könnte dies ein neues Zeitalter des Wachstums einläuten. Allerdings ist das aggregierte Bild unscharf: Auf gesamtwirtschaftlicher Ebene sind die Effekte von KI bisher schwer zu fassen. Es gibt Optimisten, die langfristig einen dauerhaft höheren Wachstumspfad erwarten, und Skeptiker, die darauf hinweisen, dass die bisher gemessenen Produktivitätsraten eher verhalten sind. Eine Gruppe von OECD-

---

[6] Vgl. Ferencz et al. (2022), S. 27–32.
[7] Vgl. Filippucci et al. (2024), S. 15–18.

Ökonomen um Francesco Filippucc beschreibt die Wirkung von KI auf Wachstum als ambivalent. Sie argumentieren, dass vieles vom Tempo der Diffusion abhängt – sprich davon, wie schnell und umfassend KI tatsächlich in alle Branchen und insbesondere in kleine und mittlere Unternehmen Einzug hält.[8] Ebenso entscheidend ist die Interaktion mit dem Arbeitsmarkt: Erhöht KI die Produktivität der Beschäftigten (menschenzentrierte KI) oder ersetzt sie ganze Tätigkeiten? Je nach Szenario variieren die prognostizierten Wachstumsschübe drastisch – von optimistischen +1 bis +1,5 Prozentpunkte zusätzliches Wachstum pro Jahr bis hin zu kaum +0,1 % in pessimistischen Fällen.[9] Diese Spannbreite zeigt: Technischer Fortschritt garantiert nicht automatisch Prosperität; es kommt auf eine begleitende Politik an. Die Ökonomen betonen beispielsweise, dass Regierungen rasch handeln müssen, um die KI-Adoption zu fördern (durch Investitionen in Forschung, Förderung des Technologieeinsatzes im Mittelstand) und negative Begleiterscheinungen abzufedern. Zwei Felder seien besonders wichtig: eine Wettbewerbspolitik, die verhindert, dass einige wenige KI-Plattformen den Markt dominieren, sowie Sozial- und Bildungspolitik, die Einkommensungleichheit durch Qualifizierung und Anpassung der sozialen Sicherungssysteme begegnet. Hier deutet sich bereits der Pfad an, den wir in späteren Kapiteln vertiefen: Ohne kluge Politik bleibt das Wachstumspotenzial der KI entweder ungenutzt oder kommt nur einer kleinen Elite zugute.

In Summe zeigt die digitale Revolution, dass wir es mit neuen Spielregeln zu tun haben. Die Ökonomie funktioniert in global vernetzten, digitalen Märkten anders als im Zeitalter von Stahl und Kohle. Skaleneffekte, Netzwerkeffekte und Wissensspillovers prägen das Geschehen stärker denn je. Traditionelle Vorstellungen – etwa dass Wettbewerb automatisch zu vielen Anbietern führt oder dass Qualifikation vor Konkurrenz schützt – gelten nicht mehr uneingeschränkt. Klassische Wachstumspolitik, die nur auf Makroaggregate schaut und Standardinstrumente anwendet, greift hier zu kurz. Stattdessen brauchen wir ein tiefes Verständnis der neuen Dynamiken, um adäquate Antworten zu finden. Die digitale Revolution liefert enorme Chancen für Wohlstand, keine Frage.

---

[8]Vgl. Ebd., S. 5 f.
[9]Vgl. Ebd., S. 20 f.

Aber sie droht auch, die Ungleichgewichte zu verstärken und die, die nicht mithalten können, abzuhängen.

5.3 Wettlauf um die Zukunft – Digitale Ungleichheiten und technologische Souveränität

Die digitale Revolution entfaltet sich global, aber keineswegs gleichmäßig. Ein neues Gefälle tut sich auf: zwischen Ländern und Regionen, die bei Digitalisierung und KI vorneweg marschieren, und solchen, die hinterherhinken. Diese digitale Kluft betrifft sowohl die technische Infrastruktur und Fähigkeiten eines Landes als auch die Kontrolle über Schlüsseltechnologien. Im 21. Jahrhundert wird die Frage, wer wirtschaftlich erfolgreich ist, stark davon abhängen, wer Zugang zu Daten, Rechenleistung, Talenten und Märkten der Zukunft hat. In diesem Abschnitt beleuchten wir zwei Seiten derselben Medaille: den internationalen Wettbewerb um technologische Vorreiterrolle einerseits und die Bemühungen um digitale Souveränität andererseits. Beide sind Reaktionen auf die zuvor beschriebenen neuen Spielregeln – und beide sind unverzichtbare Kontexte für eine zukunftsfähige Wachstumspolitik.

Indikatoren für die technologische Wettbewerbsfähigkeit von Staaten zeigen ein klares Muster: Hochentwickelte Volkswirtschaften führen, während viele ärmere Länder weit abgeschlagen sind. Der *Government AI Readiness Index,* den das Beratungsunternehmen Oxford Insights jährlich veröffentlicht, bewertet, wie gut Länder darauf vorbereitet sind, KI im öffentlichen Sektor einzusetzen. In der 2024er-Ausgabe etwa rangierten vor allem die üblichen Verdächtigen an der Spitze – die USA, Singapur, westeuropäische Staaten -, die durch starke Tech-Unternehmen, hohe Forschungsleistung und gute Bildungssysteme punkten.[10] Zugleich offenbart der Index aber massive regionale Disparitäten: Viele ärmere Länder liegen weit hinten, was vor allem an mangelnder digitaler Infrastruktur und am Fachkräftemangel liegt. Die KI-Revolution droht die

---

[10]Vgl. Oxford Insights (2024), S. 6–10.

bestehende Entwicklungs-Kluft weiter zu vergrößern. Während wirtschaftlich weiterentwickelte Staaten in Algorithmen und Robotik investieren, kämpfen ärmere oft noch mit der Grundversorgung an Internet oder der Ausbildung von IT-Fachkräften. Globalisierung im digitalen Zeitalter ist deshalb kein egalitäres Versprechen, sondern eher ein Multiplikator – wer schon gut aufgestellt ist, kann seinen Vorsprung ausbauen; wer zurückliegt, droht noch weiter abgehängt zu werden. Das stellt auch die internationale Politik vor neue Herausforderungen: Entwicklungspolitik muss heute auch digitale Entwicklung adressieren, um einen digitalen Kolonialismus – wenige Technologiemächte dominieren, der Rest sind Konsumenten – zu verhindern.

Doch auch innerhalb der Vorreiterstaaten gibt es blinde Flecken: Eine hohe technologische Leistungsfähigkeit garantiert nicht automatisch eine verantwortungsvolle Nutzung. Kritische Untersuchungen von ebendiesem AI Readiness Index stellten fest, dass die Spitzenreiter in punkto KI-Bereitschaft oft Defizite bei Ethik und Inklusion aufweisen.[11] So könnte man das Dilemma beschreiben: Länder wie die USA und China investieren massiv in KI und führen Rankings an, doch Prinzipien wie Transparenz, Datenschutz, Teilhabe bleiben teilweise auf der Strecke. Es wird gemahnt, dass Fortschritt in KI mit Verantwortlichkeit einhergehen müsse – ansonsten könne ein Land zwar technisch bereit sein, aber womöglich sozial unverantwortlich handeln. Dieser Aspekt ist wichtig, wenn wir später über normative Grundlagen reden: Der neue Wohlstandskompass darf ethische Dimensionen nicht ausklammern, weil sonst das Fundament brüchig ist (wirtschaftlicher Erfolg um den Preis gesellschaftlicher Werte wäre ein Pyrrhus-Sieg).

Um den Grad an Digitalisierung zu messen, sind Rankings wie der AI Readiness Index hilfreich, aber sie haben auch methodische Grenzen. So zeigt eine Analyse von Nasution et al., dass die Gewichtung der Indikatoren die Rangfolge der Länder erheblich beeinflusst.[12] Je nachdem, ob man etwa Governance-Aspekte höher gewichtet als technische Infrastruktur, verschiebt sich, wer vorne liegt. Die Datenwissenschaftler plädieren dafür, die Indexmethodik zu verfeinern, um versteckte Einsichten

---

[11] Vgl. Nzobonimpa/Savard (2023), S. 403 ff.
[12] Vgl. Nasution et al. (2024), S. 448–460.

zu gewinnen – beispielsweise Cluster von Ländern mit ähnlichem Profil, die der grobe Gesamtwert verbirgt. Dies mag ein technischer Punkt sein, aber er erinnert uns daran, dass Kennzahlen nie die ganze Wirklichkeit abbilden. Für die politischen Handlungsempfehlungen bedeutet es: Man sollte genauer hinschauen, wo die individuellen Stärken und Schwächen eines Landes liegen, statt nur einer Rangzahl hinterherzujagen.

Mit dem Wettlauf um KI und digitale Technologien gewinnt außerdem ein Begriff an Bedeutung, der noch vor wenigen Jahren im wirtschaftspolitischen Diskurs randständig war: digitale oder technologische Souveränität. Darunter versteht man die Fähigkeit eines Staates oder eines Wirtschaftsraumes, seine technologische Zukunft eigenständig und selbstbestimmt zu gestalten, ohne übermäßige Abhängigkeit von externen Akteuren (sei es andere Länder oder Konzerne). Im Klartext: Wer die Schlüsseltechnologien kontrolliert, der behält ökonomische Handlungsfreiheit. Umgekehrt offenbaren Krisen und geopolitische Spannungen die Risiken einseitiger Abhängigkeiten – man denke etwa an Lieferengpässe bei Halbleitern oder die Abhängigkeit Europas von ausländischen Cloud-Anbietern. Souveränität ist hier nicht im Sinne autarker Abschottung gemeint, sondern als strategische Autonomie.

Die Europäische Union hat dieses Thema spätestens seit der Erfahrung der Corona-Pandemie prominent auf die Agenda gesetzt. Plötzlich erkannte man, dass Lieferketten fragil sind und dass Europa in zentralen digitalen Bereichen gegenüber den USA und China hinterherhinkt. Digitale Souveränität wurde zum erklärten Ziel: Europa solle technologisch auf eigenen Beinen stehen können, um wirtschaftlich wettbewerbsfähig und politisch handlungsfähig zu bleiben. Konkret investiert die EU nun über den *European Chips Act* Milliarden in den Aufbau heimischer Halbleiterfertigung, fördert Open-Source-Alternativen in der Software und versucht mit dem Digitalen Binnenmarkt europäische Tech-Unternehmen zu stärken, damit sie Skalenvorteile erzielen können. Die Botschaft lautet: Nur wenn Europa im digitalen Bereich mithält, bleibt es langfristig wohlhabend und souverän. Digitale Souveränität wird somit explizit als Voraussetzung für zukünftigen Wohlstand gesehen.

Doch der Weg zur Souveränität ist ein Balanceakt, wie es treffend beschrieben wurde. Einerseits darf man nicht naiv in eine totale Abhängigkeit schlittern, andererseits wäre ein pauschaler Technik-Nationalismus ineffizient und teuer. Die Kunst besteht darin, gezielt in Schlüsselbereiche zu investieren und Partnerschaften mit gleichgesinnten Ländern einzugehen, um kritische Abhängigkeiten zu reduzieren. Genau das schlagen Innovationsexperten wie Jakob Edler und Kollegen vor, die technologische Souveränität als neuen Rahmen für Innovationspolitik analysiert haben. Sie argumentieren, es gehe nicht darum, alles selbst zu machen, sondern darum, strategische Handlungsfähigkeit zu erlangen.[13] Beispielsweise könnte Europa in bestimmten Hochrisikobereichen (etwa Cloud, Cybersecurity, KI-Chips) eigene Kompetenzen ausbauen, ohne aber den internationalen Technologietransfer oder Handel zu kappen. Ein Mittelweg also: Weder komplette Abhängigkeit noch totale Abschottung.

Der Ruf nach Souveränität wird auch durch die geopolitische Lage befeuert. Die Spannungen zwischen verschiedenen digitalen Ordnungen – man denke an das autoritäre Modell Chinas vs. das offene internetbasierte Modell des Westens – erzeugen einen Wettstreit um technologische Vormacht und Normsetzung. Chris Meserole von The Brookings Institution beschreibt, wie das Auseinanderdriften der Weltmächte im Digitalen einen Boom der Souveränitätsbestrebungen auslöst. Westliche Demokratien wollen Werte und Sicherheit schützen und stemmen sich gegen Praktiken wie Chinas staatliche Datenkontrolle oder Massenüberwachung.[14] Institutionen wie der *EU-US Trade and Technology Council* wurden gegründet, um gemeinsame Prinzipien (beispielsweise keine KI, die Grundrechte verletzt) hochzuhalten. Gleichzeitig fürchten viele Staaten – ob demokratisch oder nicht – die Erpressbarkeit in einer digitalisierten Welt. Was, wenn ein Land vom Zugang zu Chips oder Cloud-Diensten abgeschnitten wird? Diese Sorge treibt Regierungen um, eigene Kapazitäten aufzubauen. Wir sehen also eine Fragmentierung vormals global integrierter digitaler Märkte: Jeder möchte wenigstens in kritischen Bereichen autark oder in vertrauenswürdigen Netzwerken sein. Allerdings warnt Meserole auch, dass ein solches Decoupling mit Kosten und Ineffizienzen einhergeht – wenn jeder Block seine eigene Suppe kocht, gehen Skalenvorteile verloren, und die Innovationsdynamik könnte leiden.

---

[13]Vgl. Edler et al. (2023), S. 26–28.
[14]Vgl. Brookings Institution (2023).

Europa versucht, diese Quadratur des Kreises durch einen Dreiklang zu lösen, wie ihn Andreas Aktoudianakis vorgeschlagen hat: Bracing, Empowering, Engaging.[15] Bracing meint, sich gegen Risiken zu wappnen, beispielsweise die Abhängigkeiten bei Cloud, Cybersecurity und Chips. Empowering heißt, den eigenen Binnenmarkt und Innovationsökosystem zu stärken – digitale Dienstleistungen entbürokratisieren, den Zugang zu Daten verbessern, KMU beim Innovieren helfen, digitale Bildung forcieren. Engaging schließlich betont, dass man aktiv global mitgestalten muss – durch Allianzen und die Setzung internationaler Standards. Diese Strategie soll sicherstellen, dass Europas Wettbewerbsfähigkeit nicht leidet, während es strategisch autonomer wird. Hier zeigt sich ein wesentliches Prinzip: Souveränität durch Kooperation; etwa Kooperation unter demokratischen Ländern, um gemeinsam weniger abhängig von unzuverlässigen Partnern zu sein.

Für unsere Neuausrichtung der Wachstumspolitik bedeutet das: Ein Land (oder Kontinent), das im digitalen Zeitalter prosperieren will, kommt nicht umhin, sich aktiv um seine technologischen Grundlagen zu kümmern. Infrastruktur, Bildung, Forschung und industrielle Politik rücken wieder ins Zentrum; allerdings modern interpretiert, nicht als altmodischer Dirigismus, sondern als strategische Ausrichtung auf Zukunftstechnologien. Klassische Wachstumspolitik, die nur generelle Rahmenbedingungen setzt und ansonsten dem Markt vertraut, greift hier zu kurz. In einer Welt, in der technologische Vorherrschaft auch politische Dominanz bedeuten kann, wird die Fähigkeit zur eigenständigen Innovation zur Währung der Zukunft.

5.4 Märkte ohne Maß? Neue Regeln für das digitale Zeitalter

Die digitale Ökonomie hat in den vergangenen Jahren einen regelrechten Goldrausch erlebt. Gigantische Plattformunternehmen sind in wenigen Jahren aus dem Nichts geschossen und dominieren heute ganze Branchen – man denke an E-Commerce, soziale Netzwerke, Online-Werbung

---

[15] Vgl. Aktoudianakis (2020), S. 22 f.

oder mobile Betriebssysteme. Diese Entwicklung brachte Innovation und Bequemlichkeit für viele Verbraucher, zugleich aber auch Marktmonopole, Wildwuchs und neue Risiken. Nachhaltiges Wachstum im digitalen Zeitalter verlangt daher auch ein Update der ordnungspolitischen Leitplanken: Wir brauchen neue Regeln, um digitale Märkte fair, offen und gesellschaftsverträglich zu gestalten. Nachfolgend wollen wir diskutieren, wie Wettbewerbspolitik, Regulierung und Governance mit der Dynamik der Tech-Ökonomie Schritt halten müssen.

Digitale Geschäftsmodelle zeichnen sich oft durch starke Netzwerkeffekte und Skalenerträge aus, wie in vorigen Kapitel erörtert. Das begünstigt eine The-winner-takes-it-all-Dynamik: Einmal erfolgreiche Plattformen ziehen immer mehr Nutzer an, was sie für weitere Nutzer noch attraktiver macht, bis schließlich kaum ein Wettbewerber mehr Fuß fassen kann. Die Folge sind Monopol- bzw. Oligopolstrukturen im Online-Bereich, die lange Zeit ungebremst wachsen konnten. Man sah es als Ausdruck freien Wettbewerbs – wer die beste Idee hat, setzt sich eben durch. Doch mit der Zeit wuchsen die Sorgen vor Machtmissbrauch: Dominante Tech-Konzerne können Innovationshemmnisse aufbauen (etwa kleinere Konkurrenten aufkaufen oder ausschalten), ihre Marktmacht zur Ausnutzung von Kunden und Partnern einsetzen und faktisch zu privatwirtschaftlichen Regelsetzern werden. Kurzum, in den ungezügelten digitalen Märkten der 2010er-Jahre wuchsen Risiken für die ökonomische und gesellschaftliche Nachhaltigkeit heran.

Mittlerweile hat die Politik reagiert. Globale Trends der Digitalregulierung sind erkennbar: von Anti-Monopol-Klagen gegen große Plattformen in den USA über Datenschutzgesetze (wie die DSGVO in Europa) bis hin zu Debatten um die Verantwortung von sozialen Netzwerken für ihre Inhalte. Besonders Europa positioniert sich als Vorreiter einer regelbasierten digitalen Ordnung. Ein Beispiel ist der Digital Markets Act (DMA) der EU, der 2022 verabschiedet wurde. Dieses Gesetzespaket zielt auf die sogenannten Gatekeeper-Plattformen ab – also Big-Tech-Unternehmen, die aufgrund ihrer Größe und Marktstellung wie Wächter über zentrale Zugänge agieren. Der DMA zwingt diese Gatekeeper zu faireren Praktiken: etwa Interoperabilität zu ermöglichen (damit Nutzer Nachrichten zwischen verschiedenen Messengern austauschen können) und keine eigenen Dienste auf ihren Plattformen bevorzugt zu behandeln. Dadurch sollen Wettbewerbsfreiheit sichergestellt, Innovation offengehalten und Abhängigkeiten verringert werden.

Die EU erhofft sich von der Vollendung eines echten digitalen Binnenmarkts – inklusive solcher Regulierungen, aber auch dem physischen Ausbau von Breitband und 5G – erhebliche ökonomische Vorteile. Studien schätzen, dass dies jährlich zusätzliche 177 Mrd. EUR Wertschöpfung bringen könnte.[16] Hier zeigt sich ein wichtiges Prinzip: Wettbewerb und Wachstum bedingen einander. Ein Markt, in dem ein Monopolist alle Fäden zieht, mag kurzfristig effizient erscheinen, aber er ist weder innovativ noch verteilt er die Wertschöpfung breit. Nachhaltig im ökonomischen Sinn bedeutet daher: fairer Wettbewerb und Offenheit für neue Akteure. Die EU versucht dies mit dem DMA, aber auch anderen Instrumenten, zu erreichen. So wurden bereits früher Regeln erlassen wie die E-Commerce-Richtlinie oder die erwähnte Datenschutz-Grundverordnung (DSGVO), die globale Standards gesetzt haben.

Allerdings ist die Gratwanderung in der Digitalregulierung groß. Zu viel Regulierung kann Innovation abwürgen; Start-ups könnten im bürokratischen Dschungel nicht mehr durchstarten, und selbst große Firmen würden mehr Zeit mit Compliance als mit kreativer Entwicklung verbringen. Zu wenig Regulierung wiederum lässt Wildwest-Zustände, in denen einige dominierende Unternehmen die Spielregeln diktieren, Wettbewerb ersticken – was am Ende ebenfalls Innovation hemmt (weil kein Newcomer eine Chance hat) und negative externe Effekte für die Gesellschaft erzeugt. Negative externe Effekte im digitalen Raum können etwa sein: Verletzung von Privatsphäre, Verbreitung von Desinformation, Filterblasen, Cyberkriminalität, um nur einige Beispiele zu nennen. Eine nachhaltige Digitalwirtschaft muss also eine Balance finden: Innovation fördern, aber Leitplanken setzen, wo es nötig ist, um Gemeinwohl zu schützen.

Konkrete Felder, in denen neue Regeln diskutiert und teils erprobt werden, sind beispielsweise Transparenzpflichten für Algorithmen. So wird in Bezug auf soziale Netzwerke gefordert, dass die Mechanismen, welche Beiträge priorisieren (und damit potenziell Desinformation begünstigen), offengelegt und reguliert werden. Die EU verfolgt hier An-

---

[16] Vgl. Pierdonati/Hauk (2025).

sätze der Ko-Regulierung: Plattformen unterwerfen sich Verhaltens-kodizes, während Behörden die Einhaltung überwachen. Auch Wettbewerbsbehörden weltweit wappnen sich: Man geht neue Fragen an, etwa ob datenzentrierte Fusionen (ein Big-Tech kauft einen KI-Start-up nur wegen dessen Daten) untersagt werden sollten, oder ob gewisse Ökosysteme entflechtet werden müssen, damit nicht ein Konglomerat alle Dienste aus einer Hand liefert und Konkurrenten ausschließt. Wettbewerbsökonomen wie Nicolas Petit und David Teece argumentieren, man müsse Ökosystem-Wettbewerb ernster nehmen – statt nur einzelne Märkte zu betrachten, sehen sie das gesamte Wertschöpfungsnetzwerk, die ein Big-Tech-Konzern kontrolliert.[17] Das erfordert eventuell neue dynamische Kriterien in der Fusionskontrolle und Wettbewerbsanalyse.

Aus gesellschaftlicher Sicht sind auch Verbraucherrechte im digitalen Raum zentral. Nachhaltigkeit im Sinne von gesellschaftlicher Tragfähigkeit heißt, dass Nutzer nicht ausgeliefert sein dürfen – weder der Willkür von Konzernrichtlinien noch algorithmischen Entscheidungsprozessen, die sie nicht verstehen. Daher gehen einige Vorschläge dahin, eine Art digitalen Verbraucherschutz aufzubauen, der das Recht auf Erklärung algorithmischer Entscheidungen umfasst, oder das Recht, in wichtigen Fällen von einem Menschen statt einem Algorithmus beurteilt zu werden (Stichwort: algorithmenfreie Zonen, etwa im Bewerbungsverfahren). Solche Ideen finden zunehmend Eingang in Regulierungsdiskussionen, etwa beim verabschiedeten EU AI Act, der KI-Systeme nach Risiko einstuft und für Hochrisiko-Anwendungen strenge Auflagen (Transparenz, menschliche Aufsicht, Nicht-Diskriminierung) vorsieht.

Im Kern geht es immer darum, dass die digitalen Märkte den Menschen dienen und nicht umgekehrt. Das unterscheidet das neue Wachstumskonzept vom alten: Wachstum ist kein Selbstzweck, es soll menschliches Wohlergehen befördern. Wenn also bestimmte digitale Geschäftsmodelle Profit generieren, aber massiven sozialen Schaden (Desinformation, Sucht, Spaltung) anrichten, dann muss gegengesteuert werden – sei es durch Verbote, Auflagen oder Anreize zur Änderung.

Europa hat mit dem Digital Markets Act und dem Schwesterprojekt Digital Services Act (DSA) hier Pflöcke eingeschlagen. Ob diese neuen

---

[17] Vgl. Petit/Teece (2020), S. 12.

Instrumente die gewünschte Wirkung erzielen, muss sich noch zeigen. Klar ist aber bereits: Ohne kluge Regulierung drohen digitale Märkte sich in Oligopole mit negativen Externalitäten zu verfestigen – und das wäre weder innovativ noch gesellschaftlich wünschenswert.

Für die Wachstumspolitik bedeutet die Regulierungsperspektive: Staat und Politik müssen proaktiver werden, anstatt bloß zu reagieren, wenn das Kind in den Brunnen gefallen ist. Das erfordert einerseits Kompetenz – Regulierer brauchen technisches Verständnis, müssen mit der agilen Entwicklung mithalten können –, andererseits Mut, auch unkonventionelle Maßnahmen zu ergreifen. So wird diskutiert, ob Daten-Treuhänder oder Datenteilungspflichten eingeführt werden sollten, damit Start-ups Zugang zu Daten bekommen, die bisher in Silos der Großunternehmen liegen (denn Daten sind Marktmacht).[18] Andere schlagen vor, monopolartige Plattformen wie eine Infrastruktur zu behandeln, die bestimmten Gemeinwohlpflichten unterliegt (ähnlich wie bei Energie- oder Bahnnetzen).[19]

All dies zeigt: Der Ordnungsrahmen muss weiterentwickelt werden. Wachstum neu denken heißt in diesem Kontext, einen digitalem Ordoliberalismus zu entwerfen, der Wettbewerb und Innovation ermöglicht, aber zugleich klare Grenzen zum Schutz von Verbrauchern, Wettbewerb und grundlegenden Werten zieht. Die nächsten Kapitel werden diesen Neo-Ordoliberalismus weiterzeichnen –, doch schon hier in der Betrachtung der Marktregeln sehen wir: Ohne nachhaltige Digitalregulierung laufen wir Gefahr, dass der ökonomische Fortschritt an Dynamik verliert (weil Oligopole innovationsträge werden) und zugleich gesellschaftlich Akzeptanz verliert (weil Bürger die negativen Folgen spüren).

---

[18] Siehe hierzu Zingales(2021); Specht-Riemenschneider/Kerber (2022).
[19] Siehe hierzu Dijck et al. (2019).

5.5 Digitalisierung grün gestalten – Technik und Umwelt im Einklang

Wirtschaftswachstum und Umweltschutz wurden lange als Gegensätze betrachtet: Mehr Wachstum bedeutete mehr Ressourcenverbrauch und mehr Emissionen. Angesichts des Klimawandels hat sich die Erkenntnis durchgesetzt, dass nur ökologisch nachhaltiges Wachstum zukunftsfähig ist. Doch nun tritt eine neue Facette hinzu: die Rolle der Digitalisierung in der ökologischen Transformation. Digitalisierung kann wie bereits betrachtet zum Enabler für Nachhaltigkeit werden – oder zum Brandbeschleuniger, je nachdem wie wir sie gestalten. In diesem Abschnitt wollen wir noch einmal die ambivalente Beziehung von digitalem Fortschritt und Umwelt betrachten und Wege aufzeigen, wie technologischer Fortschritt in den Dienst der Nachhaltigkeit gestellt werden kann.

Digitale Technologien bieten enorme Möglichkeiten, Ressourcen effizienter zu nutzen. Beispiele gibt es viele: Smart Grids können das Stromnetz in Echtzeit steuern und erneuerbare Energien optimal einspeisen; intelligente Verkehrssysteme können Staus reduzieren und damit Emissionen senken; Präzisionslandwirtschaft mithilfe von Sensoren und KI kann Dünger und Wasser gezielt dosieren und so Umweltbelastungen verringern. Gleichzeitig aber hat die digitale Infrastruktur selbst einen wachsenden ökologischen Fußabdruck. Rechenzentren verschlingen Unmengen an Strom, Datenzentren für generative KI treiben den Energieverbrauch in die Höhe, die Herstellung von Smartphones und Laptops erfordert seltene Erden und produziert giftigen Elektroschrott. Kurz: Digitalisierung und Nachhaltigkeit stehen in einem Spannungsverhältnis.

Ein Expertenkonsortium hat dies in einem Perspektivartikel pointiert zusammengefasst: Sie fordern einen *Digital Green Deal*, also Politiken, die sicherstellen, dass Digitalisierung gezielt für Umwelt- und Klimaschutz eingesetzt wird und nicht dagegen arbeitet.[20] Der Hintergrund ist genau diese Ambivalenz: Digitaltechnik kann helfen, Ressourcen zu sparen und Umweltziele zu erreichen, erhöht aber zugleich selbst den Ressourcen- und Energieverbrauch. Die meisten Länder haben separate Stra-

---

[20] Vgl. Santarius et al. (2023), S. 12.

tegien: eine Digitale Agenda hier, eine Klimastrategie dort; doch die Verzahnung fehlt. Das Konsortium fordert daher, sämtliche Digitalstrategien mit Klima- und Ressourcenschutz zu verknüpfen und umgekehrt. Es geht um Policy-Kohärenz: Staatliche Stellen sollen dafür sorgen, dass digitale Innovation von vornherein grün ausgerichtet ist (sustainability by design) und dass Umweltpolitik die Hebel der Digitalisierung nutzt (beispielswiese Umweltdaten-Plattformen, KI für Klimamodellierung). Diese Forderung nach Kohärenz ist wichtig: Es genügt nicht, irgendwo ein paar grüne Leuchtturmprojekte im Digitalen zu haben, während gleichzeitig der Massenmarkt in die entgegengesetzte Richtung läuft (wie immer größere, kurzlebigere Geräte und immer energieintensivere Anwendungen).

Weitere Übersichtsarbeiten haben die Auswirkungen der digitalen Transformation auf die Umwelt untersucht und kommen zu einem ähnlichen Befund: Es gibt erhebliche Zielkonflikte.[21] Auf der einen Seite die Bedrohungen: Der digitale Sektor treibt den Stromverbrauch hoch, er erzeugt immer mehr Elektronikschrott, und für all die Geräte werden in großem Stil seltene Erden und andere Rohstoffe abgebaut. Ohne Gegenmaßnahmen könnte die IT-Branche in wenigen Jahren einer der größten CO_2-Emittenten sein. Auf der anderen Seite aber die Chancen: Richtig eingesetzt können digitale Technologien in traditionellen Sektoren Emissionen reduzieren – etwa durch effizientere Produktionsprozesse, smartere Logistik oder die Förderung von Sharing-Ökonomie-Plattformen, die den Ressourcenverbrauch pro Kopf senken. Es gibt zahlreiche sowohl technische als auch politische Lösungen, um diesen Spagat zu meistern. Zu den technischen Lösungen zählen die Entwicklung energieeffizienterer Hardware und Algorithmen, die Umstellung von Rechenzentren auf 100 % erneuerbare Energien, Förderung von Green IT, etc. Politisch gäbe es Maßnahmen wie ein Recht auf Reparatur (um die Lebensdauer von Geräten zu erhöhen) oder Transparenzpflichten zum Energieverbrauch von Software. Hier zeigt sich: Ein ganzes Bündel an Maßnahmen ist nötig, von Design-Standards über Anreize bis hin zu Verboten bestimmter verschwenderischer Praktiken, um die Digitalisierung in Einklang mit den Klimazielen zu bringen.

---

[21] Siehe hierzu beispielsweise Goel et al. (2024).

Die Vereinten Nationen betonen in ihrer *CODES*-Initiative diese duale Perspektive. Sie unterscheiden zwischen Digitalisierung für Nachhaltigkeit und nachhaltiger Digitalisierung.[22] Ersteres meint: digitale Tools gezielt entwickeln und einsetzen, um Umwelt- und Nachhaltigkeitsziele zu erreichen. Zweiteres bedeutet: sicherstellen, dass die Digitalisierung selbst umweltfreundlich und gerecht gestaltet ist. Beide Aspekte sind essenziell. So wird etwa hervorgehoben, dass die notwendigen Verhaltensänderungen für globale Nachhaltigkeit – sei es Energie sparen, Recycling, emissionsarme Mobilität – ohne digitale Helfer kaum in der Breite zu erreichen sind. Digitale Lösungen können durch Gamification oder intelligente Feedback-Systeme Menschen zu nachhaltigerem Verhalten motivieren, sie können transparenter machen, wo Produkte herkommen (Lieferkettentransparenz via Blockchain) oder den Zugang zu grünen Alternativen erleichtern (Mobility-as-a-Service statt eigenem Auto). Gleichzeitig mahnt die UN, dass digitale Innovation inklusiv und verantwortungsvoll erfolgen muss, um nicht neue Ungleichheiten oder Umweltprobleme zu schaffen. Es wäre kontraproduktiv, wenn digitale Anwendungen zwar CO_2 einsparen, aber nur für wenige verfügbar seien, oder wenn neue Technologien neue Abhängigkeiten und Müllberge schaffen. Daher fordert die *CODES*-Initiative globale Prinzipien, Best-Practice-Austausch und Pilotprojekte, um den digitalen Wandel ökologisch und sozial auszurichten.

Für die neue Wachstumspolitik ergeben sich aus all dem klare Leitlinien: Ökologisierung des Digitalen und Digitalisierung des Ökologischen müssen Hand in Hand gehen. Jeder Investitions- oder Förderentscheid im Digitalbereich sollte auch auf Umweltwirkungen abgeklopft werden. Und umgekehrt: Jeder Umweltpolitik-Baustein sollte die Möglichkeiten der Digitalisierung mitdenken (z. B. KI für Emissionsmonitoring, Big Data für bessere Klimaresilienz).

Vielleicht noch wichtiger ist ein kultureller Wandel: Nachhaltigkeit by design sollte zum Standard für Tech-Unternehmen werden. So wie heute kein Auto ohne Sicherheitsgurt zugelassen wird, sollte künftig kein digitales Produkt auf den Markt kommen, ohne dass es gewisse Effizienz- und Haltbarkeitsstandards erfüllt. Das wird teilweise regulatorisch zu

---

[22] Vgl. UNEP (2023).

verankern sein, teilweise aber auch vom Konsumentendruck abhängen. Hier kann Politik ebenfalls wirken, etwa durch Aufklärung (Energielabels für digitale Produkte) oder Förderung eines Kreislaufwirtschaftsmodells in der Elektronik.

5.6 Bildung als Wachstumskraft: Warum Schulen und Universitäten die Fabriken der Zukunft sind

In einer Wirtschaft, die immer mehr auf Wissen, Innovation und Anpassungsfähigkeit beruht, wird Bildung zur entscheidenden Ressource. Das ist eigentlich keine neue Erkenntnis – schon klassische Wachstumstheorien räumten dem Humankapital einen wichtigen Platz ein. Doch im digitalen Zeitalter hat Bildung eine noch zentralere, vielleicht sogar transformative Bedeutung: Sie ist der Schlüssel, um technischen Fortschritt in breiten Wohlstand zu übersetzen und zugleich gesellschaftlichen Zusammenhalt zu gewährleisten. In diesem Abschnitt argumentieren wir, dass eine Neuausrichtung der Wachstumspolitik ohne einen Schwerpunkt auf Bildung und Qualifikation zum Scheitern verurteilt wäre. Schulen und Universitäten sind gewissermaßen die Fabriken der Zukunft, in denen die Produkte keine Autos oder Maschinen sind, sondern befähigte Menschen, die die Wirtschaft voranbringen.

Bildung und langfristiges Wachstum: Ein berühmtes Modell von Robert E. Lucas Jr. stellte bereits vor Jahrzehnten heraus, dass Humankapital der Motor langfristigen Wachstums sei.[23] Lucas zeigte, dass individuelle Bildungsinvestitionen nicht nur private Renditen haben (bessere Jobs, höheres Einkommen), sondern auch positive Externalitäten für die gesamte Volkswirtschaft erzeugen. Wenn mehr Menschen gebildet sind, steigt die Innovationsfähigkeit eines Landes, es kommt zu Wissensspillovern, und insgesamt erhöht sich das Produktivitätswachstum. Ohne Berücksichtigung dieser externen Effekte, so Lucas, könne man weder das Einkommensniveau noch das Wachstumstempo von Ländern erklären.

---

[23] Vgl. Lucas (1988), S. 39–41.

Unterschiede in der Humankapitalausstattung – sprich im Bildungsgrad und den Fertigkeiten der Bevölkerung – erklären einen großen Teil der enormen Wohlstandsunterschiede weltweit. Seine Schlussfolgerung: Eine breit angelegte, qualitativ hochwertige Schul- und Hochschulbildung ist Schlüssel für eine sich selbst verstärkende Wachstumsspirale. Diese Einsicht hat in der Folge die Wachstumspolitik vieler Länder geprägt, allerdings nicht überall mit dem notwendigen Nachdruck.

Heute sehen wir in vielen Teilen der Welt leider eher eine Bildungskrise als einen Bildungserfolg. Der Weltentwicklungsbericht der Weltbank etwa trägt den bezeichnenden Titel *Learning to Realize Education's Promise*. Darin wird hervorgehoben, dass viele Bildungssysteme zwar quantitativ aufgeholt haben – d. h. mehr Kinder gehen zur Schule als je zuvor -, aber qualitativ hinterherhinken.[24] Es besteht eine regelrechte Lernkrise: Kinder mögen eingeschult sein, aber viele lernen nicht das Nötige. Ohne Qualitätsbildung jedoch können Länder nicht das Humankapital aufbauen, das für Innovation und Wachstum nötig ist. Die Weltbank plädiert für Investitionen in frühkindliche Förderung, eine Aufwertung und Verbesserung der Lehrerqualität und mehr Rechenschaftsmechanismen in Bildungssystemen, damit tatsächlich Lernergebnisse erzielt werden. Diese Befunde zeigen: Es geht nicht nur um formale Abschlüsse oder hohe Einschulungsquoten, sondern um die tatsächlichen Fähigkeiten und Kompetenzen, die vermittelt werden.

Historische Analysen – etwa von der Nobelpreisträgerin Claudia Goldin und dem Harvard-Professor Lawrence Katz für die USA – untermauern die immense Bedeutung von Bildung für inklusives Wachstum. Im 20. Jahrhundert ermöglichte die Ausweitung von Sekundar- und Hochschulbildung den USA ein beeindruckendes Wirtschaftswachstum und zugleich relativ geringe Einkommensungleichheit über weite Strecken.[25] Immer wenn die Bildungsangebote mit dem technischen Fortschritt Schritt hielten (mehr Leute mit High-School- und College-Abschluss), konnten breite Bevölkerungsschichten von neuen Technologien profitieren, weil genug Fachkräfte da waren, um die Technologien produktiv zu nutzen. In Phasen hingegen, wo die Bildungsexpansion

---

[24] Vgl. World Bank (2018), S. 95 ff.
[25] Vgl. Goldin/Katz (2007), S. 26–29.

stockte und die Nachfrage nach neuen Skills das Angebot überstieg, wuchs die Ungleichheit, weil die wenigen Qualifizierten hohe Löhne bekamen, während viele andere abgehängt blieben. Das lehrt uns: Bildung ist nicht nur Wachstumsmotor, sondern auch signifikanter Teil des sozialen Kitts, der Gesellschaften zusammenhält – oder sollte es zumindest sein. Wenn Bildungspolitik versagt, manifestieren sich die Vorteile des technischen Fortschritts nur bei einer Elite, und soziale Spannungen nehmen zu.

In der heutigen Wissensökonomie gilt dies mehr denn je. Lebenslanges Lernen wird zum Gebot der Stunde, denn die Halbwertszeit von Wissen schrumpft. Die Berufsbilder wandeln sich schneller, ganze Branchen entstehen und verschwinden in wenigen Jahren. Um hier mitzuhalten, müssen Menschen kontinuierlich neue Fähigkeiten erwerben können. Das klassische Modell – einmal studieren oder eine Lehre machen und dann 40 Jahre vom selben Wissen zehren – funktioniert nicht mehr. Wachstumspolitik muss also Bildungspolitik über die Lebensspanne sein: von frühkindlicher Förderung über Schule, Ausbildung, Hochschule bis hin zur stetigen Weiterbildung im Erwachsenenalter. Länder, die das erkannt haben, investieren in Weiterbildungsprogramme, Umschulungsinitiativen und flexible Lernangebote für alle Altersgruppen.

Ein Beispiel: Digitale Kompetenzen. Der digitale Wandel erfordert, dass ein Großteil der Bevölkerung zumindest grundlegende digitale Fähigkeiten hat – analog zur früheren Notwendigkeit der Alphabetisierung. Derzeit klafft hier noch eine Lücke: In der EU hatten 2021 nur 54 % der Erwachsenen zumindest grundlegende digitale Skills, obwohl 90 % aller Jobs digitale Fertigkeiten erfordern.[26] Diese Diskrepanz – fast die Hälfte der Erwachsenen fehlt wichtiges Rüstzeug – ist alarmierend. Viele Länder haben reagiert, indem sie Informatik und Digitalkunde in den Schulunterricht integrieren und nationale Weiterbildungsstrategien für die aktuelle Arbeitnehmerschaft auflegen. Zudem rückt MINT-Förderung (Mathematik, Informatik, Naturwissenschaft, Technik) stärker in den Fokus, um genügend Fachkräfte für die Tech-Branchen heranzubilden. Auch Medienkompetenz und kritisches Denken sind wichtig, damit jeder Bürger in der Lage ist, Informationen im Netz zu bewerten

---

[26] Vgl. European Commission (2022).

und seine Daten zu schützen. Hier zeigt sich wiederum der integrale Zusammenhang: Bildung dient nicht nur dem Arbeitsmarkt, sondern der mündigen Teilhabe in einer digitalen Gesellschaft. Somit ist sie doppelt relevant für unser neues Wachstumskonzept; ökonomisch und demokratisch.

Ein Blick auf Europa illustriert zudem, dass Humankapital und Technologieführerschaft eng beieinander liegen. Eine Studie der Ökonomen Bjöörn Brey und Erik van der Marel untersuchte die Verteilung von KI-Fachkräften in Europa. Das Ergebnis: Regionen, die in der Vergangenheit stark in MINT-Bildung und Humankapital investiert haben, sind heute die Vorreiter bei der Einführung von KI in Unternehmen.[27] Mit anderen Worten, dort wo es konzentriert hochqualifizierte Menschen gibt, wird neue Technik schneller adaptiert und produktiv eingesetzt. Gleichzeitig warnt die beiden Ökonomen vor einem Brain-Drain: Europa verliere Talente an die USA und China, und innerhalb Europas seien die fortgeschrittenen Regionen weit voraus, während etwa osteuropäische Regionen zurückliegen. Wenn diese Trends anhalten, könne Europa Mühe haben, mit dem globalen Produktivitätswachstum Schritt zu halten. Die Forderung ist eindeutig: massive Investitionen in Bildung und Talentbindung sind nötig, um nicht zurückzufallen. Hier sehen wir, dass Bildungspolitik sogar auf geopolitischer Ebene als Wettbewerbsfaktor zählt – es geht darum, attraktiv für kluge Köpfe zu sein und eigene Leute bestmöglich auszubilden, sonst verliert man im technologischen Wettrennen.

Ein Aspekt, der häufig betont wird, ist die Komplementarität von Mensch und Maschine. In einem Beitrag des Weltwirtschaftsforums wird der Begriff *Authentic Intelligence* geprägt.[28] Gemeint ist, dass echte nachhaltige Wertschöpfung in der KI-Ära nur entsteht, wenn wir auch die menschlichen Fähigkeiten massiv ausbauen. KI allein treibt Wachstum – 72 % der Unternehmen weltweit nutzen bereits KI und man erwartet einen Beitrag zum US-BIP bis 2030 durch KI von 21 % - aber ohne parallele Entwicklung der Humanressourcen drohen negative Folgen: stagnierende Löhne, Jobverluste in gewissen Bereichen, Entwertung von

---

[27] Vgl. Brey/Van der Marel (2023), S. 18.
[28] Vgl. Isarabhakdee (2025).

Skills.[29] Die Lösung laut diesem Beitrag: Investitionen in *Authentic Intelligence*, sprich Bildung und Training in Kompetenzen wie kritisches Denken, Kreativität, emotionale Intelligenz. Diese Fähigkeiten ermöglichen eine produktive Zusammenarbeit von Mensch und Maschine: KI übernimmt repetitive oder strukturierte Aufgaben, während Menschen Urteilskraft, Kontextverständnis und Kreativität einbringen. So wird KI zum Werkzeug, das menschliche Arbeit ergänzt statt ersetzt, was wiederum für inklusives, breitenwirksames Wachstum essenziell ist.

Die Aufgabe für Bildungspolitik ist also zweigeteilt: Zum einen die harten Skills liefern (Digital-Know-how, technische Ausbildung, generell hohe kognitive Grundfertigkeiten in Lesen, Mathematik, etc.). Zum anderen die weichen, aber entscheidenden Meta-Skills fördern: Lernfähigkeit, Kreativität, soziale Kompetenz und ethisches Bewusstsein. Denn die zukünftige Arbeitswelt erfordert Menschen, die sich ständig neu orientieren können, kollaborativ Probleme lösen und die Maschinen intelligent nutzen statt von ihnen verdrängt zu werden. Bildungssysteme müssen agiler, praxisnäher und zugleich wertorientiert werden.

All das sind keine kleinen Reformen, sondern im Grunde eine Revolution des Bildungssystems. Für *Wachstum neu denken* bedeutet es aber, Bildung neu zu denken – als langfristige Investition, nicht als Kostenfaktor; als zentrales Element der Wirtschaftsstrategie. Wenn Regierungen heute Konjunkturpakete schnüren, sollten Ausgaben für Schulen, digitale Bildungsinfrastruktur und Weiterbildung mindestens genauso prominent sein wie klassische Bauinvestitionen. Denn die Schulen und Universitäten von heute sind die Wachstumsquellen von morgen. Wie Lucas schon sagte: Mit Bildung setzt man eine selbstverstärkende Wachstumsspirale in Gang.[30]

Humankapital ist mindestens das neue Öl – aber anders als fossiles Öl wird es mehr, je mehr man es nutzt. Damit haben wir einen weiteren entscheidenden Pfeiler unseres neuen Wohlstands-Kompasses identifiziert.

---

[29] Ebd.
[30] Vgl. Lucas (1988), S. 40.

5.7 Fortschritt mit Verantwortung: Wie Technikpolitik zur Zukunftspolitik wird

Technischer Fortschritt wirft nicht nur ökonomische, sondern auch ethische Fragen auf. Von Genom-Editierung über autonome Fahrzeuge bis zu allgegenwärtiger Datenerfassung durch Big Data; die rasanten Innovationssprünge stellen Werte und Normen vor neue Herausforderungen. Wenn wir Wachstum neu denken und auf qualitatives Wachstum setzen, müssen wir sicherstellen, dass dieses Wachstum mit unseren gesellschaftlichen Werten im Einklang steht. Ethische Leitplanken sind daher kein weicher Luxus, sondern ein grundlegender Teil moderner Technologiepolitik. In den letzten Jahren hat sich der Begriff Responsible Innovation etabliert: Innovation soll verantwortungsvoll gestaltet werden, damit sie vertrauenswürdig ist und den Menschen dient.[31] Nachfolgend wollen wir diskutieren, warum Ethik in der Wissensökonomie unabdingbar ist und wie man vom Prinzip zur Praxis kommt.

Erfreulicherweise gibt es einen grundlegenden Konsens darüber, welche Werte bei neuen Technologien wie KI gewahrt bleiben sollen. Eine vergleichende Analyse von 84 KI-Ethik-Leitlinien weltweit fand heraus, dass gewisse Kernprinzipien fast überall genannt werden.[32] Dazu zählen Transparenz, Gerechtigkeit/Fairness, Nicht-Schaden (Beneficence) sowie Verantwortlichkeit und Privatsphäre. In unterschiedlicher Wortwahl tauchen diese Werte in nahezu allen Richtlinien auf – ein Zeichen für eine Art Ethik-Konvergenz auf hoher Ebene. 2019 verabschiedeten beispielsweise 42 Staaten (darunter OECD-Länder und G20-Staaten) gemeinsame KI-Grundsätze, wonach KI innovativ und vertrauenswürdig sein soll und die Menschenrechte sowie demokratische Werte achten muss. Solche Übereinkünfte schaffen einen normativen Rahmen, der Unternehmen und Forschung Orientierung gibt. Viele Regierungen haben nationale Ethikräte eingesetzt (etwa den Deutschen Ethikrat für KI) und verlangen Ethik-Checks in Förderprogrammen. Große Tech-Konzerne wiederum haben interne KI-Ethikrichtlinien erlassen. All dies zeigt: Ethische Werte sind als Leitsterne grundsätzlich anerkannt und halten Einzug

---

[31] Siehe hierzu beispielsweise OECD (2024).
[32] Siehe hierzu Jobin et al. (2019).

in politische Foren und Strategiepapiere. Diese Entwicklung ist positiv, denn gesellschaftliches Vertrauen in neue Technologien ist entscheidend – und Skandale wie Cambridge Analytica haben gezeigt, dass ein Vertrauensverlust auch wirtschaftlich schadet.[33]

Doch trotz dieses Konsenses gibt es Lücken und Umsetzungsprobleme. Die Meta-Studie von Jobin et al. stellte etwa fest, dass Begriffe wie Nachhaltigkeit oder gesellschaftliches Wohlergehen in vielen Leitlinien weniger konkret ausgeführt sind.[34] Gerade diese Begriffe wären jedoch wichtig für qualitatives Wachstum, da sie die Langzeitfolgen und Gemeinwohlziele adressieren. Auch divergieren die Empfehlungen, wenn es um die Governance geht: Wer soll die Einhaltung der Prinzipien überwachen? Wie genau soll Transparenz hergestellt werden? In vielen Leitlinien bleiben solche Punkte vage. Zudem stammt der Großteil der bisherigen Ethik-Guidelines aus westlichen Demokratien; Stimmen aus dem globalen Süden waren mindestens bis 2019 unterrepräsentiert. Es besteht also die Gefahr eines kulturellen Bias: universelle Wertvorstellungen werden proklamiert, aber womöglich nicht ausreichend global legitimiert.

Der KI-Ethiker Thilo Hagendorff hat provokant gefragt: Bringen die vielen Ethik-Leitlinien überhaupt etwas?[35] Seine Antwort ist ernüchternd: Viele Richtlinien bleiben unverbindlich und vage, was das Risiko eines Ethics-Washing birgt – schöne Prinzipien ohne Folgen in der Realität. Unternehmen könnten sich mit Ethik-Kodizes schmücken, ohne tatsächlich ihr Verhalten zu ändern. Hagendorff stellt fest, dass zwar fast überall ähnliche Werte proklamiert werden (wie auch Jobin et al. zeigten), jedoch Durchsetzungsmechanismen fehlen.[36] Er fordert daher, Ethikrichtlinien mit konkreten Anreizen und Sanktionen zu koppeln. Vorschläge, die er dazu macht, sind: etwa Ethik-Audits für KI-Systeme etablieren, analog zu Finanzprüfungen, um unabhängig zu kontrollieren, ob z. B. ein Algorithmus Diskriminierungsrisiken birgt. Oder Ethik-Kriterien in öffentliche Beschaffung und Fördergelder einbauen – das heißt, ein Staat gibt nur Fördermittel für Tech-Projekte, die nachweislich Ethikprinzipien

---

[33] Siehe hierzu Kurz/Dachwitz (2019).

[34] Vgl. Jobin et al. (2019), S. 8 f.

[35] Vgl. Hagendorff (2020), S 99.

[36] Vgl. Ebd., S. 113 f.

einhalten. Ein weiterer Punkt ist die interdisziplinäre Einbindung von Ethik-Experten in Entwicklungsprozesse, sowie gesetzliche Mindeststandards in sensiblen Bereichen.

Um das etwas greifbarer zu machen, betrachten wir ein konkretes Feld: Algorithmic Bias, also Verzerrungen in datengetriebenen Systemen. Wenn KI-Systeme etwa bei Jobeinstellungen systematisch Frauen benachteiligen oder in der Kreditvergabe bestimmte Minderheiten schlechter stellen, dann materialisieren sich gesellschaftliche Vorurteile in der Technologie. Der Datenethiker Brent Mittelstadt liefert mit Kollegen einen umfassenden Überblick über die ethisch-sozialen Herausforderungen algorithmischer Entscheidungssysteme.[37] Sie gliedern die Debatte in folgende Problembereiche: Bias und Diskriminierung, Transparenz und Erklärbarkeit, Datenschutz, Autonomie, Verantwortung. So zeigen sie, dass Algorithmen oft bestehende gesellschaftliche Vorurteile zementieren – etwa durch verzerrte Trainingsdaten – und dass mangelnde Transparenz (sog. Black Boxes) das Vertrauen der Bürger untergräbt. Ein weiterer Aspekt ist die Verschiebung von Entscheidungsgewalt: Wenn Algorithmen über wichtige Dinge entscheiden (Kredite, Einstellungen, Polizeibewertungen), wie bleibt dann menschlicher Wert- und Kontextbezug gewahrt? Diese Fragen illustrieren, warum Ethik eine soziotechnische Herausforderung ist: Man kann nicht alles technisch lösen, sondern muss das Drumherum – Institutionen, Gesetze, Bildung – mit angehen.

Die Computerwissenschaftler Harini Suresh und John Guttag haben dafür ein Framework entwickelt, um die Quellen von Bias über den gesamten Machine-Learning-Lebenszyklus hinweg zu verstehen. Sie benennen Bias-Arten von Sampling Bias (schon die Datenauswahl ist nicht repräsentativ) über Pre-Processing Bias (bei der Datenaufbereitung passieren Verzerrungen) bis zu Algorithmic Bias (das Modell verstärkt bestimmte Muster) und Interpretationsbias (der Mensch missinterpretiert die Modell-Ausgabe).[38] Wichtig daran ist: Bias kann unbeabsichtigt an vielen Stellen eingeführt werden; schon die Definition der Zielgröße oder die Auswahl der Trainingsdaten entscheidet über Gerechtig-

---

[37] Vgl. Mittelstadt et al. (2016), S. 14 f.
[38] Vgl. Suresh/Guttag (2021), S. 3.

keit oder Diskriminierung des Ergebnisses. Das Framework zeigt auch, wo Gegenmaßnahmen ansetzen können: beispielsweise Diversifizierung der Trainingsdaten, fairnessbewusste Algorithmen oder Bias-Tests vor Deployment. Dabei wird erneut deutlich, dass technische Korrekturen allein oft nicht ausreichen; es braucht auch organisatorische Maßnahmen wie interdisziplinäre Teams und die Einbindung Betroffener. Dieses Beispiel verdeutlicht: Ethische Leitplanken müssen in konkrete Best Practices übersetzt werden.

Ein umfassender Policy-Bericht von der Brookings Institution schlägt einen ganzen Maßnahmenkatalog gegen algorithmische Verzerrungen vor.[39] Politisch etwa solle man Diskriminierungsschutzgesetze ins digitale Zeitalter verlängern, sprich: die bestehenden Gleichbehandlungsgesetze auch auf KI-Entscheidungen anwenden. Regulierungsbehörden könnten Experimentierklauseln nutzen, um mit Unternehmen Anti-Bias-Methoden zu erproben, und rechtliche Safe Harbors schaffen, damit sensible Daten (wie ethnische Zugehörigkeit) ausnahmsweise genutzt werden dürfen, um Bias aufzudecken. Selbstregulatorisch sollten Unternehmen Bias Impact Statements verfassen; analog zu Umweltverträglichkeitsprüfungen, aber für Algorithmen. Auch inklusive Design-Prinzipien und diverse Teams gehören zu den Best Practices, damit schon bei der Entwicklung verschiedene Perspektiven einfließen. Schließlich spielt die Nutzerkompetenz eine hervorgehobene Rolle: Durch mehr Aufklärung und Feedbackmöglichkeiten sollten Bürger algorithmische Entscheidungen besser verstehen und ggf. anfechten können.

Dieses ausführliche Beispiel algorithmischer Fairness steht stellvertretend für viele Bereiche (Datenschutz, Robotik-Ethik, Bioethik etc.), in denen Ethik operationalisiert werden muss. Die Grundwerte sind meist klar, die Herausforderung liegt in der Umsetzung. Es zeigt sich aber: Mit dem richtigen Mix aus Regulierung, Selbstverpflichtung, Technikgestaltung und gesellschaftlichem Diskurs lassen sich gute Lösungsansätze finden. Die UNESCO hat 2021 eine Empfehlung zur KI-Ethik verabschiedet – das erste weltweit von Regierungen beschlossene Rahmenwerk dieser Art. Darin werden zunächst fundamentale Werte definiert

---

[39] Vgl. Lee et al. (2019).

(Menschenwürde, Menschenrechte, Vielfalt, Inklusion, Nachhaltigkeit, Datenschutz, Transparenz, Verantwortlichkeit) und dann Handlungsempfehlungen gegeben.[40] Beispielsweise sollen Mitgliedstaaten sicherstellen, dass KI-Systeme vor Inbetriebnahme auf Risiken geprüft werden, dass Algorithmen erklärbar gestaltet sind und dass letztlich immer menschliche Aufsicht gewährleistet bleibt. Ein Novum ist die Forderung nach einem *Ethics Impact Assessment* für KI sowie Vorschläge zur Auditierung/Zertifizierung von KI-Systemen. Zudem wird betont, KI solle aktiv zur Erreichung der Nachhaltigkeitsziele eingesetzt werden – also z. B. Beitrag leisten zu Armutsbekämpfung, Gesundheitsversorgung, Umweltmonitoring. Die UNESCO-Empfehlung sieht vor, dass die Mitgliedstaaten über Fortschritte berichten und ein ethisches Komitee global die Entwicklung beobachtet. Das ist ein wichtiger Schritt, denn er macht aus dem wohlfeilen Prinzip einen verbindlicheren Prozess.

Was heißt das nun für unseren neuen Wachstumskompass? Fortschritt mit Verantwortung bedeutet, dass jede politische Strategie für Wachstum immer auch einen ethischen Kompass benötigt. Ökonomische Dynamik darf nicht losgelöst von ihren Wirkungen auf Mensch und Gesellschaft betrachtet werden. Es reicht nicht, Innovation nur nach Effizienz oder Umsatz zu beurteilen; man muss fragen: Ist sie gerecht? Schützt sie die Würde und Rechte der Menschen? Stärkt sie das Gemeinwohl? Wenn wir diese Fragen systematisch mitdenken, steigt die Chance, dass technischer Fortschritt akzeptiert wird und tatsächlich dem Wohlstand aller dient. Andernfalls drohen Akzeptanzprobleme, Widerstände und letztlich eine technologische Stagnation trotz potenzieller Möglichkeiten – weil die Gesellschaft nicht bereit ist, einen als ungerecht empfundenen Fortschritt mitzutragen.

---

[40] Vgl. Kettermann (2021), S. 14–19.

5.8 Wohlstand für viele, nicht für wenige: Wie gerechte Wachstumspolitik aussehen kann

Wirtschaftliches Wachstum rechtfertigt sich, so die implizite gesellschaftliche Übereinkunft, letztlich dadurch, dass es der Bevölkerung zugutekommt. Wenn hingegen nur wenigen profitieren und breite Schichten stagnieren oder zurückfallen, gerät das demokratische Wachstumsversprechen in Gefahr. Wir haben in den vorherigen Abschnitten viele Facetten beleuchtet: den digitalen Wandel, globale Kräfte, Bildung, Ethik, Nachhaltigkeit. Nun gilt es, den Blick noch einmal auf das große Ganze zu richten: Wie kann Wachstumspolitik so ausgerichtet werden, dass Wohlstand für viele und nicht nur für wenige entsteht? So selbstverständlich diese Frage klingen mag, die Realität der letzten Jahrzehnte zeigt, dass es keineswegs automatisiert geschieht.

Wie bereits angesprochen, ist das traditionelle Trickle-down-Paradigma – die Annahme, dass Wachstum automatisch alle Schichten erreiche – empirisch brüchig geworden. In vielen Ländern stiegen trotz ansehnlicher BIP-Zuwächse die Einkommens- und Vermögensungleichheiten. Die Gewinne aus Globalisierung und technologischem Fortschritt flossen überproportional an Kapitaleigner und Hochqualifizierte, während etwa die Mittelschicht stagnierte.[41] Diese Entwicklung ist nicht nur ein soziales Problem, sondern auch ein ökonomisches: Hohe Ungleichheit kann das Wachstum selbst dämpfen, weil beispielsweise die Massenkaufkraft fehlt, Talente nicht entfaltet werden können und gesellschaftliche Konflikte Investitionen hemmen.[42] Moderne Wachstumspolitik setzt daher stärker auf inklusive Wachstumskonzepte. Das bedeutet: Politik, die Wachstum und sozialen Ausgleich zugleich anstrebt, anstatt erst aufs Wachstum zu hoffen und dann bestenfalls umzuverteilen. Kon-

---

[41]Vgl. Piketty (2014), S. 576–580.

[42]Vermögensungleichheit hat nicht nur soziale, sondern auch strukturelle Ursachen. Ein wesentlicher Treiber ist die gesellschaftlich wenig reflektierte Diskriminierung von Kapitalvermögen. Langfristige Investitionen in Aktien erzielen empirisch deutlich höhere Renditen als staatlich geförderte oder zinsbasierte Anlageformen. Seit der Zinsmanipulation ab 2007 hat sich dieser Effekt verstärkt und trägt maßgeblich zur Vermögensspreizung bei – unabhängig vom laufenden Einkommen.

kret heißt das etwa: Investitionen in Bildung, Gesundheitsversorgung und Armutsbekämpfung nicht als Sozialausgaben zweiter Klasse abzutun, sondern als integralen Bestandteil der Wirtschaftsstrategie. Es bedeutet auch, Arbeitsmarkt- und Lohnpolitik so zu gestalten, dass breite Schichten vom Wirtschaftsaufschwung profitieren (wie durch Mindestlohnerhöhungen, Stärkung von Tarifstrukturen). Der Wirtschaftsnobelpreisträger Joseph Stiglitz betont in diesem Kontext: Was man misst, steuert man – wenn die Politik über reines BIP-Wachstum hinaus auf Wohlstandsindikatoren wie Einkommensverteilung, Armutsquote oder Gesundheitszustand der Bevölkerung schaut, ändern sich automatisch die Prioritäten.[43]

Stiglitz war auch Mitvorsitzender der berühmten Stiglitz-Sen-Fitoussi-Kommission, die schon 2009 empfohlen hat, die Messung von Wohlergehen breiter aufzustellen. Viele Länder experimentieren inzwischen mit alternativen oder ergänzenden Indikatoren: Lebensqualität-Dashboards, grünes BIP (das Umweltverbrauch abzieht), Glücksmessungen wie in Bhutan, oder die Nachhaltigkeitsziele als Referenzrahmen. Das ist kein rein akademisches Unterfangen; die Idee dahinter ist, den politischen Fokus zu verschieben: Weg von „Wachstum um jeden Preis" hin zu „Wachstum wofür und für wen?".[44]

Der Internationale Währungsfonds fand empirische Hinweise, dass egalitärere Gesellschaften oft stabileres Wachstum haben.[45] Eine breitere Einkommensverteilung kann die wirtschaftliche Entwicklung robuster machen, weil mehr Menschen ihr Potenzial einbringen. Ein gewisser Grad an Gleichheit ist ein Stabilitätsfaktor. In unserem neuen Wachstumskompass muss daher Inklusion ein zentrales Element sein, nicht bloß aus moralischen Gründen, sondern auch aus nüchternem ökonomischem Interesse.

Die Vizepräsidentin der Weltbank, Minouche Shafik, spricht gar von einem neuen Gesellschaftsvertrag, der Wachstum gegen Teilhabe eintauscht.[46] Unternehmen und Kapitaleigner profitieren vom Wachstum –

---

[43] Vgl. Stiglitz (2018).

[44] Diese Fragen werden das Hauptthema in Kap. 8 sein.

[45] Vgl. Ostry et al. (2014), S. 4.

[46] Vgl. Shafik (2021).

im Gegenzug werden Gewinne fair besteuert, Arbeitnehmer erhalten Weiterbildungsmöglichkeiten und soziale Absicherung. So wird Wachstumspolitik wieder sozial verträglich gestaltet und findet breite Unterstützung. Dieser Deal erinnert an die Nachkriegsära, wo es oft einen unausgesprochenen Vertrag gab: Produktivitätsfortschritte wurden zwischen Unternehmen, Arbeitnehmern und Staat geteilt. In den letzten Jahrzehnten hat sich das Gleichgewicht zugunsten der Kapitalseite verschoben, was zu Spannungen führte. Ein Update des Gesellschaftsvertrags könnte u. a. beinhalten:

* *Weiterbildungsgarantien:* Wer durch technischen Wandel den Job verliert, bekommt Unterstützung und Training für neue Jobs.
* *Gewinnbeteiligung:* Arbeitnehmer profitieren am Erfolg ihrer Firma (via Mitarbeiteraktien, Bonusmodelle).
* *Umverteilung:* Steuerpolitik, die große Gewinner des Wandels stärker heranzieht, um diejenigen zu unterstützen, die verlieren.

Die Notwendigkeit inklusiven Wachstums wird im KI-Zeitalter besonders deutlich. Die MIT-Professoren Daron Acemoglu und Simon Johnson legen in ihrem Buch *Power and Progress* eine historische Betrachtung vor, die auf die Gegenwart zielt. Sie zeigen an vielen Beispielen – vom Mittelalter über die industrielle Revolution bis heute – dass technischer Fortschritt nicht automatisch breiten Wohlstand bringt.[47] Oft haben zunächst die Eliten die Produktivitätsgewinne abgeschöpft, während viele Arbeiter nicht profitierten. Es hing stets von der bewussten Gestaltung ab, ob die Technologie letztlich allen zugutekam. Aktuell sehen Acemoglu und Johnson die Tendenz, dass KI vor allem zur Automatisierung genutzt wird: Maschinen ersetzen menschliche Arbeit, drücken Löhne und erhöhen Ungleichheit. Das muss aber nicht so sein. Würde KI mehr dafür eingesetzt, Menschen produktiver zu machen, könnten die Gewinne breiter verteilt werden. Sie fordern daher eine Neuorientierung der Innovationspolitik: weg von rein Shareholder-getriebener Automatisierung, hin zu Empowerment Technologies, die Arbeitskräfte ergänzen. Zudem plädieren sie für institutionelle Reformen – beispiels-

---

[47] Vgl. Acemoglu/Johnson (2023), S. 403–418.

weise der Anpassung des Arbeitsrechts (um neue Arbeitsformen abzudecken, Plattformarbeit zu regulieren), stärkere Kartellbehörden gegen Big-Tech-Monopole (damit die Marktmacht nicht zu Lohndruck führt) und Bildungsoffensiven (damit Menschen sich auf neue Rollen einstellen können). So könne man sicherstellen, dass Produktivitätsfortschritte in Form von höheren Löhnen und guten neuen Jobs bei der Mehrheit ankommen. Im Kern deckt sich das mit vielem, was wir bereits diskutiert haben. Eine modellbasierte Studie von Anton Korinek und Joseph Stiglitz liefert dazu weitere Einsichten. Ohne Gegenmaßnahmen prognostizieren sie durch KI eine stark zunehmende Ungleichheit und potenziell höhere Arbeitslosigkeit.[48] KI-bedingte Produktivitätsgewinne fließen demnach überwiegend an Kapitalbesitzer, während Arbeitnehmer durch wegfallende Jobs verlieren. Diese Entwicklung sei aber kein unabwendbares Schicksal, sondern eine Frage der Politikgestaltung. Sie empfehlen eine Reihe von Maßnahmen:

- *Umverteilende Steuern,* etwa eine Robotiksteuer oder höhere Kapitalertragssteuern, damit KI-Gewinne nicht nur den Unternehmen zugutekommen.
- *Stärkung der sozialen Sicherungssysteme,* um die Kaufkraft zu erhalten und Menschen abzusichern.
- *Öffentliche Investitionen in Aus- und Weiterbildung,* damit Arbeiter neue, von KI geschaffene Jobs ausüben können.
- *Diskussion über Arbeitszeitverkürzungen:* Eventuell kann man Produktivitätsgewinne in mehr Freizeit statt in Arbeitslosigkeit ummünzen (z. B. 4-Tage-Woche), um Arbeit breiter zu verteilen.
- *Demokratische Kontrolle der Innovationsausrichtung:* Der Staat sollte gezielt KI-Anwendungen fördern, die komplementär zu menschlicher Arbeit wirken und neue Jobs schaffen, statt allein solche, die Menschen ersetzen.

Insgesamt liest sich die Studie von Korinek und Stiglitz wie ein Plädoyer dafür, den technischen Fortschritt bewusst zu gestalten, damit er inklusiv wirkt. Wenn KI primär dazu dient, Ärzte bei Diagnosen zu unter-

---

[48] Vgl. Korinek/Stiglitz (2017).

stützen und Lehrern beim Personalisieren von Unterricht zu helfen, dann ergänzt sie Menschen. Wenn sie primär dazu dient, Callcenter-Mitarbeiter und Fahrer zu ersetzen, dann verdrängt sie Menschen. Diese Richtung ist nicht gottgegeben, sondern das Ergebnis von Anreiz- und Investitionsstrukturen.

Selbst hochrangige Institutionen wie der IWF mahnen inzwischen zur Weitsicht. Die Direktorin des IWF Kristalina Georgieva schrieb 2024: „AI will transform the global economy. Let's make sure it benefits humanity."[49] Sie betont, dass wir am Vorabend einer KI-Revolution stehen, die enormes Wachstumspotenzial birgt – aber nur breite Wohlfahrt bringt, wenn Politik und internationale Gemeinschaft die richtigen Rahmen setzen. Georgieva warnt ausdrücklich vor einer Vertiefung globaler Ungleichheiten, sollte nur eine Minderheit an Kapital und Know-how profitieren. Ihre zentrale Botschaft lautet, dass wir sicherstellen müssen, dass KI der gesamten Menschheit zugutekommt. Konkret ruft sie Regierungen dazu auf, sozialpolitisch vorzusorgen – etwa durch Ausbau von Bildungs- und Umschulungsprogrammen, Anpassung der Sozialsysteme für mehr Flexibilität – und stärkere internationale Kooperation, um Richtlinien für verantwortungsvolle KI-Nutzung festzulegen. Zudem betont sie die Wichtigkeit von Wettbewerbspolitik, um zu verhindern, dass wenige Tech-Giganten alle Gewinne und Marktmacht an sich reißen. Dieser Appell aus berufenem Munde fasst vieles zusammen: Wir brauchen sowohl nationale Politiken (Bildung, Sozialsystem) als auch globale Regeln (KI-Governance, fairer Steuerwettbewerb etc.), um inklusives Wachstum im KI-Zeitalter zu sichern.

Damit schließt sich der Kreis: Inklusive, ökologische, digitale, ethische Ausrichtung – alles greift ineinander, um ein neues Bild von Wohlstand zu zeichnen. Wohlstand bedeutet eben nicht nur mehr Güter, sondern besseres Leben für möglichst alle im Rahmen der ökologischen Möglichkeiten.

Wenn wir all die Fäden der vorigen Kapitel zusammenziehen, erkennen wir, was für ein tiefgreifender Wandel in der Wirtschafts- und Gesellschaftspolitik nötig ist. Es ist kein geringeres Unterfangen als ein neuer Kompass für Fortschritt, der ökonomische Dynamik, soziale Teilhabe

---

[49] Georgieva (2024).

und ökologische Balance gleichzeitig im Blick hat. Ein solcher Kompass ist anspruchsvoll, aber der Weg dorthin ist erkennbar – die nun nachfolgenden Kapitel werden sich damit beschäftigen, diesen Kompass anzuwenden, um die in den vorherigen Kapiteln skizzierten Probleme zu lösen.

5.9   Fazit

Wir stehen an einem historischen Wendepunkt. Die spätmoderne Wissensökonomie, geprägt von atemberaubendem technischem Fortschritt, zwingt uns, viele Gewissheiten der Vergangenheit zu überdenken. Wachstum – einst fast synonym mit Fortschritt – hat seine Eindeutigkeit verloren. Wir haben bisher in diesem Buch die Gründe analysiert: Die digitale Revolution verändert die Spielregeln der Ökonomie, alte Wachstumspolitik greift ins Leere. Die sozialen Verwerfungen von Ungleichheit und Job-Unsicherheit nagen am gesellschaftlichen Vertrag. Die ökologischen Grenzen erinnern uns daran, dass unendliches quantitatives Wachstum auf einem endlichen Planeten unmöglich ist. Und dennoch eröffnet der Fortschritt auch gewaltige Chancen: KI und Digitalisierung könnten uns von Routinen befreien und neue Wohlstandsquellen erschließen; nachhaltige Technologien könnten grünes Wachstum ermöglichen; mit klügerer Politik könnten wir mehr Menschen Anteil am Wohlstand geben als je zuvor.

Die Interessenlage in bestehenden Strukturen ist oft gegen Veränderung: Etablierte Branchen klammern sich an alte Modelle, Monopolisten wehren sich gegen Regulierung, die Profiteure hoher Ungleichheit scheuen Umverteilung. Wachstum neu zu denken, erfordert auch Machtfragen zu stellen. Es braucht einen langen Atem, politischen Mut und gesellschaftliche Diskussion. Doch die historische Erfahrung lehrt, dass solche Wandel möglich sind – man denke an die Einführung von Sozialversicherungen im 19./20. Jahrhundert oder die Umweltgesetze ab den 1970ern, die anfangs ebenfalls auf Widerstand stießen. Langfristig setzen sich aber Lösungen durch, die Lebensfähigkeit und Legitimität des Systems erhalten.

Unser Wirtschaftsmodell muss Lebensfähigkeit zurückgewinnen, indem es die planetaren Grenzen respektiert und Menschen das Gefühl gibt, Teil des Fortschritts zu sein, nicht Opfer davon. Es muss Legitimität zurückgewinnen, indem es Gerechtigkeit sichtbar ernst nimmt und sich an Werten orientiert, die über bloße Gewinnmaximierung hinausgehen.

Vielleicht stehen wir an einem ähnlichen Punkt wie zu Beginn der sozialen Marktwirtschaft nach dem Zweiten Weltkrieg: Damals zog man Lehren aus der Depression und den Verwerfungen des reinen Laissez-faire-Kapitalismus. Heute ziehen wir Lehren aus der Finanzkrise, der Klimakrise und der digitalen Disruption. Wachstum neu denken könnte zum Leitmotiv einer erneuerten sozialen und ökologischen Marktwirtschaft 2.0 werden. Wir sind den Veränderungen nicht hilflos ausgeliefert. Wir können mit klugen Ideen, wissenschaftlichen Erkenntnissen und entschlossenem Handeln einen neuen Kompass justieren. Die große Kunst wird sein, den politischen Willen und den gesellschaftlichen Konsens dafür aufzubringen.

Am Ende mag sich mancher fragen: Ist das nicht zu idealistisch? Können wir wirklich all das unter einen Hut bringen – Wachstum, Nachhaltigkeit, Gerechtigkeit, Innovation, Ethik? Sicher, es ist eine Herausforderung. Aber die Alternative – am alten Kompass festhalten, bis er uns in die Katastrophe führt – ist keine Lösung. Schon jetzt sehen wir doch, wohin Orientierungslosigkeit führt: Vertrauensverlust, Extremismus, Umweltzerstörung. Ein neuer Kompass gibt hingegen Zuversicht, dass Fortschritt wieder in eine Richtung zeigt, die mit unseren Idealen vereinbar ist.

Wachstum neu zu denken heißt, Verantwortung für die Zukunft zu übernehmen. Es heißt, Qualität vor Quantität zu stellen, ohne die Dynamik auszubremsen, die menschliche Kreativität entfalten kann. Es heißt, einen Kompass zu haben, der uns auch durch die Stürme von Digitalisierung und Klimawandel navigiert, ohne dass wir Schiffbruch erleiden.

Literatur

Acemoglu, D., & Johnson, S. (2023). *Power and progress: Our thousand-year struggle over technology and prosperity*. PublicAffairs.

Aktoudianakis, A. (2020, Dezember). *Digital sovereignty for growth, rules and cooperation* [Policy Paper]. European Policy Centre.

Baldwin, R. (2019). *The globotics upheaval: Globalization, robotics, and the future of work*. Weidenfeld & Nicolson.

Brey, B., & Van der Marel, E. (2023). *Artificial intelligence and the clustering of human capital: The risks for Europe* (ECIPE Occasional Paper 05/2023). European Centre for International Political Economy.

Brookings Institution. (2023, 19. Juli). *The geopolitics of AI and the rise of digital sovereignty* [Webinar-Transkript]. https://www.brookings.edu/wp-content/uploads/2023/07/fp_20230719_generative_ai_transcript.pdf

Dijck, J. van, Nieborg, D., & Poell, T. (2019). *Reframing platform power*. Internet Policy Review, 8(2). https://doi.org/10.14763/2019.2.1414

Edler, J., Blind, K., Kroll, H., & Schubert, T. (2023). *Technology sovereignty as an emerging frame for innovation policy: Defining rationales, ends and means*. Research Policy, 52, Article 104765.

European Commission. (2022). *Proposal for a joint employment report from the Commission and the Council* (COM(2022) 783 final).

Ferencz, J., López González, J., & Oliván García, I. (2022). *Artificial intelligence and international trade: Some preliminary implications*. OECD Trade Policy Papers, 260. https://doi.org/10.1787/13212d3e-en

Filippucci, F., Gal, P., Leandro, A., Jona-Lasinio, C., & Nicoletti, G. (2024). *The impact of artificial intelligence on productivity, distribution and growth* (OECD AI Papers 15). OECD Publishing.

Georgieva, K. (2024,14. Jan). *AI will transform the global economy. Let's make sure it benefits humanity*. IMF-Blog. https://www.imf.org/en/Blogs/Articles/2024/01/14/ai-will-transform-the-global-economy-lets-make-sure-it-benefits-humanity

Goldfarb, A., & Trefler, D. (2018). *AI and international trade* (NBER Working Paper 24254). National Bureau of Economic Research.

Goldin, C., & Katz, L. F. (2007). *The race between education and technology: The evolution of U.S. educational wage differentials, 1890–2005* (NBER Working Paper 12984).

Hagendorff, T. (2020). *The ethics of AI ethics: An evaluation of guidelines. Minds and Machines*, 30(1), 99–120. https://doi.org/10.1007/s11023-020-09517-8

Isarabhakdee, P. (2025, 20. März). *AI will drive growth — but only authentic intelligence can empower the world*. World Economic Forum. https://www.weforum.org/stories/2025/03/ai-authentic-intelligence/

Jobin, A., Ienca, M., & Vayena, E. (2019). *The global landscape of AI ethics guidelines*. Nature Machine Intelligence, 1, 389–399. https://doi.org/10.1038/s42256-019-0088-2

Krugman, P. R. (1979). *Increasing returns, monopolistic competition, and international trade.* Journal of International Economics, 9(4), 469–479. https://doi.org/10.1016/0022-1996(79)90017-5

Kettermann, M. (2021). *UNESCO-Empfehlung zur Ethik künstlicher Intelligenz: Bedingungen zur Implementierung in Deutschland* (Policy Paper). Deutsche UNESCO-Kommission.

Korinek, A., & Stiglitz, J. E. (2017). *Artificial intelligence and its implications for income distribution and unemployment* (NBER Working Paper 24174).

Kurz, C., Dachwitz, I. (2019). *Microtargeting und Manipulation: Von Cambridge Analytica zur Europawahl.* Bundeszentrale für politische Bildung. https://www.bpb.de/themen/medien-journalismus/digitale-desinformation/290522/microtargeting-und-manipulation-von-cambridge-analytica-zur-europawahl/

Lee, N.T., Resnick, P., Barton, G. (2019). *Algorithmic bias detection and mitigation: Best practices and policies.* Brookings Institution Report.

Lucas, R. E., Jr. (1988). *On the mechanics of economic development.* Journal of Monetary Economics, 22(1), 3–42. https://doi.org/10.1016/0304-3932(88)90168-7

Mittelstadt, B. D., Allo, P., Taddeo, M., Wachter, S., & Floridi, L. (2016). *The ethics of algorithms: Mapping the debate. Big Data & Society,* 3(2). https://doi.org/10.1177/2053951716679679

Nasution, M., Elveny, M., Pamucar, D., Popovic, M., & Andric Gusavac, B. (2024). *Uncovering the hidden insights of the Government AI Readiness Index.* Decision Making: Applications in Management and Engineering, 7, 443–468. https://doi.org/10.31181/dmame7220241221

Nzobonimpa, S., & Savard, J.-F. (2023). *Ready but irresponsible? Analysis of the Government Artificial Intelligence Readiness Index.* Policy & Internet, 15(3), 397–414. https://doi.org/10.1002/poi3.351

Organisation for Economic Co-operation and Development [OECD]. (2024). *AI principles overview.* https://oecd.ai/en/ai-principles

Ostry, J. D., Berg, A., Tsangarides, C. G. (2014). *Redistribution, Inequality, and Growth.* International Monetary Fund: SDN/14/02.

Oxford Insights. (2024). *Government AI Readiness Index 2024.*

Petit, N., & Teece, D. J. (2020). *Taking ecosystems competition seriously in the digital economy.* SSRN Electronic Journal. https://doi.org/10.2139/ssrn.3745453

Pierdonati, C., & Hauk, M. (2025). *Der allgegenwärtige digitale Binnenmarkt. Europäisches Parlament.* https://www.europarl.europa.eu/factsheets/de/sheet/43/der-allgegenwartige-digitale-binnenmarkt

Piketty, T. (2014). *Das Kapital im 21. Jahrhundert* (Dt. Übers.). C. H. Beck.

Santarius, T., Dencik, L., Diez, T., … & Staab, P. (2023). *Digitalization and sustainability: A call for a Digital Green Deal.* Environmental Science & Policy, 147, 11–14. https://doi.org/10.1016/j.envsci.2023.04.020

Shafik, M. (2021), *What we owe each other.* International Monetary Fund, Finance & Development Blog. https://www.imf.org/external/pubs/ft/fandd/2021/04/what-we-owe-each-other-book-minouche-shafik.htm

Specht-Riemenschneider, L., & Kerber, W. (2022). *Datentreuhänder – gesellschaftlich nützlich, rechtlich größere Anforderungen erforderlich.* Analysen & Argumente, (475). Konrad-Adenauer-Stiftung.

Stiglitz, J. E. (2018, 3. Dezember). *Beyond GDP.* Project Syndicate. https://www.project-syndicate.org/commentary/new-metrics-of-wellbeing-not-just-gdp-by-joseph-e-stiglitz-2018–12

Suresh, H., & Guttag, J. (2021). *A framework for understanding sources of harm throughout the machine-learning life cycle.* In Equity and Access in Algorithms, Mechanisms, and Optimization (EAAMO '21) (9 S.). Association for Computing Machinery. https://doi.org/10.1145/3465416.3483305

United Nations Environment Programme [UNEP]. (2023). *Digitalization for Sustainability.* (Webseite UNEP/CODES Initiative). https://www.unep.org/topics/digital-transformations/digitalization-sustainability

World Bank. (2018). *World development report 2018: Learning to realize education's promise.* https://doi.org/10.1596/978-1-4648-1096-1

Zingales, N. (2021). *Data Collaboratives, Competition Law and the Governance of EU Data Spaces.* ERN: Antitrust. https://doi.org/10.2139/ssrn.3897051.

6

Investieren, als gäbe es ein Morgen

Ohne gezielte Kapitalströme, die Bildung, Infrastruktur und Forschung fördern, bleiben auch die größten technologischen Potenziale und die besten politischen Ideen ungenutzt. Doch wie kann eine moderne Wirtschaftspolitik die notwendigen Investitionen mobilisieren, ohne zukünftige Generationen mit untragbaren Schulden zu belasten? Welche Rolle spielt der Staat, und wie können private Investitionen strategisch gelenkt werden, um nachhaltiges Wachstum zu fördern?

Dieses Kapitel beginnt mit einer schlichten Beobachtung: Gesellschaften, die nicht investieren, verlieren nicht nur ökonomisch an Dynamik, sie verlieren die Fähigkeit, Zukunft als gestaltbaren Raum zu denken. Investitionen sind weit mehr als fiskalische Dispositionen im Staatshaushalt. Sie sind politische Setzungen, ökonomische Wegmarken, kulturelle Signale. Sie legen offen, was wir als notwendig erachten, was wir für möglich halten, und wem wir die kommenden Jahre anvertrauen. In ihnen verdichten sich Hoffnungen, Konflikte, Prioritäten.

Investieren bedeutet, sich in die Zeit einzuschreiben. Nicht reaktiv, sondern prospektiv. In einer Welt, in der sich technologische Umbrüche, ökologische Kipppunkte und soziale Spaltungen überlagern, ist die Frage

© Der/die Autor(en), exklusiv lizenziert an Springer Fachmedien Wiesbaden GmbH, ein Teil von Springer Nature 2026
M. Pätzold et al., *Wachstum neu denken*,
https://doi.org/10.1007/978-3-658-50406-9_6

nach der richtigen Investition auch eine Frage nach einer Ethik der Verantwortung. Was heute unterbleibt, muss morgen doppelt repariert werden. Umgekehrt gilt: Was heute weitsichtig aufgebaut wird, entfaltet eine Wirkung, die weit über ökonomische Multiplikatoren hinausgeht. Investitionen strukturieren Gesellschaft. Sie schaffen nicht nur Vermögen, sondern auch Möglichkeitsräume.

Diese einleitenden Worte wollen daher den Blick schärfen für das, was Investitionen im Kern sind: eine kulturelle Technik des Zukunftsglaubens. Jede Investition ist eine Wette auf etwas, das noch nicht ist. Sie verlangt Vertrauen in die eigene Urteilskraft, in das Zusammenspiel von Staat, Markt und Gesellschaft, und in die Beharrlichkeit politischer Institutionen. Sie braucht einen Begriff von Fortschritt, der nicht nur technokratisch oder monetär, sondern sozial, ökologisch und philosophisch gedacht ist.

Eine moderne Wachstumspolitik muss deswegen mit dieser Überzeugung beginnen: Dass nachhaltiges Wachstum – ein Wachstum, das nicht verbraucht, sondern befähigt – nur durch eine strategisch kluge, gesellschaftlich verankerte und institutionell getragene Investitionspolitik möglich ist. In diesem Kapitel verfolgen wir die Spuren dieser Idee durch die Felder der Infrastruktur, der Bildung, der Finanzierung, der Governance und der internationalen Praxis.

Die richtige Investitionspolitik ist entscheidend für die wirtschaftliche Transformation im Zeitalter der Digitalisierung und des Klimawandels. Sie kann den Übergang zu einer ressourcenschonenden Wirtschaft beschleunigen, die Wettbewerbsfähigkeit von Volkswirtschaften stärken und soziale Ungleichheiten abfedern. Bisher scheinen wir von einer Fehlanreizmechanik in die nächste gefallen zu sein. Aus der Erkenntnis heraus, dass wir phasenweise viel zu viele konsumtive Schulden gemacht und mehr verteilt als erwirtschaftet haben, reagieren wir auf die gegenwärtige Situation falsch. Dabei wäre gerade jetzt kluges und investives Verschulden mit einem gezielten Aufbau von Infrastruktur und strategischen Investitionen die Basis für weiteres Wachstum.

Wir befinden uns in einer Phase, in der dramatische Investitionen in die Zukunft notwendig sind. Es bedarf mutiger Entscheidungen und eines klaren Fokus auf nachhaltige Entwicklungen, um die wirtschaftlichen und sozialen Herausforderungen der kommenden Jahrzehnte zu meistern. Nur durch entschlossene Maßnahmen und eine strategische Neuausrichtung können wir sicherstellen, dass wir die Chancen der Digitalisierung und der Wissensökonomie voll ausschöpfen und eine gerechte und prosperierende Zukunft für alle schaffen.

Die digitale Transformation und die damit einhergehenden gesellschaftlichen und wirtschaftlichen Veränderungen stellen den Staat vor neue Herausforderungen. Die Aufgaben des Staates müssen sich jetzt den Gegebenheiten anpassen und darauf abzielen, die Substanz und Wettbewerbsfähigkeit unserer Gesellschaft und Wirtschaft zu sichern.

6.1   Geld als Gestaltungskraft: Warum wir neue Investitionspfade brauchen

Wirtschaftswachstum ist kein Naturereignis. Es ist keine Laune des Marktes, kein selbsttätiger Automatismus, der sich zyklisch aus dem Nirgendwo speist. Wachstum ist das Ergebnis bewusster Entscheidungen, und Investitionen sind ihre materielle Entsprechung. Sie sind das Werkzeug, mit dem Gesellschaften ihr Morgen bauen. Denn ohne zielgerichtete Kapitallenkung bleiben selbst die ambitioniertesten politischen Strategien blutleere Versprechen. Investitionen sind mehr als Zahlen in Haushaltsplänen: sie sind das gelebte Bekenntnis einer Gesellschaft zu ihrer Zukunft.

Die klassischen Infrastrukturen – Straßen, Brücken, Schienennetze – haben längst Gesellschaft bekommen: von digitalen Netzwerken, resilienten Energielandschaften und sozialer Infrastruktur, die nicht nur stabilisiert, sondern transformiert. Ein modernes Investitionsprogramm muss all diese Bereiche umfassen, nicht in blindem Aktionismus, sondern mit strategischer Tiefe. Die Herausforderung besteht darin, zwischen den kurzfristigen Notwendigkeiten und den langfristigen Chancen zu unterscheiden. Es geht nicht um den Bau einzelner Prestigeprojekte, sondern um das architektonische Gesamtbild einer funktionierenden und zukunftsfähigen Gesellschaft. Hierzu zählen auch Investitionen in unsichtbare Infrastrukturen: institutionelle Prozesse, regulatorische

Rahmenbedingungen, Datenintegrität und gesellschaftliches Vertrauen. All das ist Teil der modernen Investitionsarchitektur.

Empirische Arbeiten wie jene von Abiad et al. zeigen, dass öffentliche Investitionen unter den richtigen Bedingungen, etwa in Zeiten wirtschaftlicher Unterauslastung, nicht nur das BIP erhöhen, sondern sogar die Schuldenquote senken können.[1] Die ökonomische Herausforderung liegt im Multiplikatoreffekt: Eine Investition erzeugt Nachfrage, belebt die Wirtschaft, steigert die Einnahmen und stabilisiert die Finanzen. Auch Jean-Marc Fournier unterstreicht als Ökonom der OECD: Investitionen in Infrastrukturen und Humankapital erhöhen das Produktionspotenzial nachhaltig.[2] Diese Studien liefern mehr als nur Daten, sie liefern Argumente für einen Paradigmenwechsel in der Haushaltspolitik. Die Vorstellung, dass öffentliche Ausgaben per se fiskalisches Risiko bedeuten, wird durch diese Evidenz konterkariert. Vielmehr zeigt sich: In den richtigen Bereichen eingesetzt, schaffen Investitionen die Voraussetzung für fiskalische Solidität. Investitionen zahlen sich nicht nur aus, sie können fiskalisch selbsttragend sein.

Der von Bhattacharya et al. vorgeschlagene *Big Push* für nachhaltige Infrastrukturinvestitionen verweist auf eine neue Logik wirtschaftspolitischer Steuerung.[3] Er spricht nicht nur von technischer Notwendigkeit, sondern von moralischer Dringlichkeit. Investitionen werden hier zur Brücke über die Schlucht zwischen den Anforderungen des Klimas und den Versprechen des Wohlstands. Sie sind kein Überbleibsel keynesianischer Nostalgie, sondern das Fundament einer neuen, vorsorgenden Wirtschaftspolitik. Der Vorschlag geht dabei weit über ökonomische Effizienz hinaus: Er will neue Allianzen zwischen Staaten, Entwicklungsbanken, der Privatwirtschaft und Bürgergesellschaft schmieden. Investitionen werden so nicht nur Mittel zur Zielerreichung, sondern Ausdruck einer kooperativen globalen Verantwortung. In dieser Logik ist jeder Euro, der heute sinnvoll investiert wird, eine Stimme für Stabilität, Gerechtigkeit und Resilienz von morgen.

---

[1] Vgl. Abiad et al. (2015), S. 17.

[2] Vgl. Fournier (2016), S. 16.

[3] Vgl. Bhattacharya et al. (2022), S. 5ff.

6.2 Schulden und Chancen – Eine Neubewertung staatlicher Verantwortung

Es gibt kaum ein wirtschaftspolitisches Thema, das so tief in die ideologischen Sedimente der Gesellschaft eingelagert ist wie das Thema Schulden. Dabei gleicht die öffentliche Debatte häufig eher einer moralischen, denn einer ökonomischen Auseinandersetzung. Doch wer Schulden ökonomisch verstehen will, muss ihre Wirkung im Kontext betrachten: ihrer Funktion, ihrer Struktur, ihrer Verwendung.

Die ökonomische Wahrheit ist einfacher und zugleich komplexer als die politische Parole: Schulden sind weder per se gut noch per se schlecht. Sie sind ein Instrument. Ihr Wert bemisst sich an dem, was mit ihnen getan wird. Schulden, die produktiv eingesetzt werden, können Wachstum erzeugen, Infrastruktur schaffen, Humankapital aufbauen, Innovationszyklen beschleunigen. Schulden hingegen, die konsumtive Zwecke bedienen, kurzfristige Wahlgeschenke finanzieren oder strukturelle Reformverweigerung kaschieren, hinterlassen nichts als Zinslast und Misstrauen.

Hier beginnt die Unterscheidung, die Achim Truger noch vor seiner Berufung in den Sachverständigenrat Wirtschaft in seiner Analyse zur sogenannten Goldenen Regel der Fiskalpolitik forderte. Sein Vorschlag: Investitionen von den restriktiven Schuldenregeln des EU-Stabilitäts- und Wachstumspakts auszunehmen.[4] Das klingt technokratisch, ist in Wahrheit aber ein Paradigmenwechsel. Denn es bedeutet, Investitionen nicht länger als Haushaltsrisiko zu betrachten, sondern als fiskalische Notwendigkeit. Truger argumentiert, dass ohne diesen Spielraum selbst dringend notwendige öffentliche Vorhaben, etwa im Bildungsbereich, in der Klimapolitik oder bei der Digitalisierung, immer wieder unter Finanzierungsvorbehalt gestellt werden. Das Ergebnis: Investitionsstaus, Modernisierungsrückstand, politische Frustration.

Diese Forderung bleibt nicht im spekulativ-normativen Raum, sondern findet Rückendeckung in empirischen Untersuchungen. So zeigt

---

[4]Vgl. Truger (2016), S. 17–20.

eine Studie von Ökonomen des Europäischen Stabilitätsmechanismus, dass hohe Staatsschulden in der Vergangenheit oft mit einem signifikanten Rückgang öffentlicher Investitionen einhergingen.[5] Dieser Effekt verstärkt sich insbesondere in Phasen, in denen fiskalische Konsolidierungszwänge vorherrschen. Die Logik dahinter ist perfide einfach: In Sparphasen werden Investitionen zuerst gekürzt, weil sie politisch als weniger unmittelbar notwendig erscheinen als etwa Sozialausgaben oder Beamtengehälter. Die langfristigen Kosten dieser kurzfristigen Rationalität aber sind enorm: Ein Land, das seine Brücken nicht saniert, seine Schulgebäude verfallen lässt oder den Glasfaserausbau vertagt, spart nicht, es ruiniert seine Zukunftsfähigkeit.

Doch nicht nur der Staat leidet unter übermäßiger Schuldenlast. Auch die private Wirtschaft wird in Mitleidenschaft gezogen, wenn öffentliche Verschuldung falsch gesteuert ist. Empirisch wurde mehrfach gezeigt, wie hohe Staatsschulden die Investitionstätigkeit privater Unternehmen negativ beeinflussen.[6] Der Mechanismus dahinter ist vielschichtig: Zum einen verengen hohe öffentliche Schulden das Kreditangebot für private Akteure (Crowding-out-Effekt), zum anderen steigen Risikoprämien, weil die Kapitalmärkte die Solvenz des Staates kritisch bewerten, was wiederum die allgemeinen Finanzierungskosten in der Volkswirtschaft erhöht. Hinzu kommt ein psychologischer Effekt: Eine Wirtschaft, in der der Staat sichtbar an den Grenzen seiner Handlungsfähigkeit operiert, signalisiert Unsicherheit, und Unsicherheit ist der Tod jeder langfristigen Investitionsentscheidung.

Vor diesem Hintergrund wird klar: Die Diskussion um Schulden darf nicht auf die schlichte Frage „Wie viel?" reduziert werden. Sie muss vor allem beantworten: „Wofür?", „Zu welchen Bedingungen?" und „Mit welchem Ziel?" Eine reine Defizitgrenze wie die 3-Prozent-Regel der Maastricht-Kriterien ist in diesem Licht ein Anachronismus. Sie behandelt Investitionen wie Konsumausgaben und ignoriert dabei ihre grundlegend unterschiedliche Wirkung auf das langfristige Wachstumspotenzial.

---

[5] Vgl. Picarelli et al. (2019), S. 25 f.
[6] Siehe hierzu beispielsweise Huang et al. (2018).

Was wir brauchen, ist eine neue fiskalische Architektur. Eine, die zwischen konsumtiven und investiven Ausgaben unterscheidet. Eine, die erkennt, dass eine kreditfinanzierte Investition in die Energieeffizienz von Gebäuden, in die Qualifikation von Arbeitskräften oder in die Resilienz von Infrastrukturen nicht Teil des Problems ist, sondern Teil der Lösung. Eine, die den Haushalt nicht als Selbstzweck begreift, sondern als Instrument der gesamtgesellschaftlichen Zukunftsgestaltung.

Denn das eigentliche fiskalische Risiko liegt nicht im Verschulden, sondern im Unterlassen. Ein Staat, der heute nicht in Klimaanpassung investiert, wird morgen für Extremwetter, Umsiedlungen und Reparaturkosten ein Vielfaches zahlen. Ein Staat, der die digitale Infrastruktur vernachlässigt, verliert nicht nur Wettbewerbsfähigkeit, sondern auch Souveränität. Und ein Staat, der bei Bildung spart, spart sich buchstäblich seine Innovationskraft und damit seine soziale Mobilität weg.

Kurz: Wir müssen lernen, Schulden nicht nur als Zahl, sondern als Entscheidung zu begreifen. Nicht jede Verschuldung ist gut. Aber nicht jede Sparsamkeit ist klug. Zwischen fiskalischer Verantwortung und strategischer Investition gibt es keinen Widerspruch. Es gibt nur die Herausforderung, beides zu verbinden.

Die strategische Neubewertung von Staatsschulden ist daher nicht nur eine Frage fiskalischer Mechanik, sondern eine Frage des politischen Selbstverständnisses. Sie zwingt uns dazu, zwischen kurzfristiger Buchhaltung und langfristiger Bilanz zu unterscheiden. Denn Staatshaushalte sind nicht einfach betriebswirtschaftliche Gebilde, sondern Ausdruck kollektiver Prioritätensetzung. Sie spiegeln wider, wie eine Gesellschaft ihre Zukunft bewertet: als Belastung oder als Gelegenheit, als Risiko oder als Ressource.

Dies erfordert auch institutionellen Wandel. Die gegenwärtigen fiskalischen Rahmenwerke, etwa auf EU-Ebene, vernachlässigen systematisch die Qualität von Ausgaben. Sie schaffen ein Anreizsystem, in dem Konsumausgaben politisch belohnt und Investitionen fiskalisch behindert werden. Eine Reform der Fiskalregeln müsste deshalb *drei zentrale Elemente* umfassen: *Erstens* eine klare und einheitliche Definition dessen, was als investiv gilt. *Zweitens* eine regelbasierte Ausnahmemöglichkeit für ausgewählte Zukunftsausgaben. Und *drittens* eine unabhängige

Evaluationsinstanz, die über die Effektivität und Nachhaltigkeit dieser Ausgaben wacht.

Dabei sollte das Ziel nicht in einer pauschalen Aufweichung von Fiskalregeln liegen, sondern in einer intelligenten Differenzierung. Eine Differenzierung, die zwischen Ausgaben unterscheidet, die lediglich Konsum finanzieren, und solchen, die neue Kapazitäten schaffen. Der Unterschied ist grundlegend: Während konsumtive Ausgaben schnell verpuffen, erzeugen investive Ausgaben Multiplikatoreffekte, die Einkommen, Produktivität und Steueraufkommen steigern. Gute Schulden arbeiten für die Gesellschaft, schlechte Schulden arbeiten gegen sie.

Die Verantwortung liegt dabei nicht allein beim Staat. Auch die öffentliche Debatte, die Medien und nicht zuletzt die Ökonomik selbst müssen sich kritisch fragen, ob sie den Komplexitäten von Schulden- und Investitionspolitik noch gerecht werden. Zu oft wurde der Staat entweder als ineffizienter Schuldenmacher oder als rigider Sparmeister gezeichnet. Dabei sind es gerade moderne, klug finanzierte Staaten, die durch langfristige Investitionsstrategien Wohlstand sichern.

6.3 Langzeitzins Zukunft – Strategien fürs Morgen

Wir haben die Erde von unseren Kindern nur geborgt. Ein Satz, so oft gesagt, dass er zur Floskel zu verkommen droht. Doch in seinem Kern liegt eine radikale Wahrheit: Zukunft ist keine Verlängerung der Gegenwart, sondern ein Anspruch an Verantwortung. Nachhaltige Investitionspolitik bedeutet: nicht nur an Renditen, sondern an Relevanz zu denken. Es geht nicht um Öko-Romantik, sondern um ökonomische Klugheit. Der OECD-Bericht *Investing in Climate, Investing in Growth* zeigt: Mit einem gezielten Investitionspfad in emissionsarme Infrastrukturen und technologische Innovationen lassen sich nicht nur ökologische Ziele erreichen, sondern auch ökonomische Gewinne realisieren.[7] Es ist ein doppelter Dividendenpfad, der Klimaschutz und Wachstum nicht gegeneinander ausspielt, sondern miteinander verzahnt.

---

[7] Vgl. OECD (2017), S. 131–146.

Zugleich aber mahnen Wissenschaftler wie Nina Eisenmenger, dass die gängigen globalen Entwicklungsziele – etwa die SDGs der Vereinten Nationen – in ihrer jetzigen Form zu wenig darüber aussagen, wie absolute Ressourcenschonung, also das Decoupling von Wachstum und Umweltverbrauch, wirklich gelingen kann.[8] Sie kritisieren, dass zu viel auf Effizienz und zu wenig auf Suffizienz gesetzt wird, zu viel auf Technologie, zu wenig auf strukturelle Veränderungen im Konsum- und Produktionsverhalten. Nachhaltige Investitionsstrategien dürfen also nicht nur auf grüne Technologie hoffen, sondern müssen soziale Praktiken und politische Steuerungsmodelle gleichwertig in den Blick nehmen.

Nachhaltige Strategien für kommende Generationen erfordern daher drei wesentliche Bausteine: Erstens eine fiskalische Vorausschau, die über Legislaturzyklen hinaus plant und Investitionen nicht als Kosten, sondern als Zukunftssicherung bilanziert. Zweitens einen strukturellen Investitionsrahmen, der mit messbaren Nachhaltigkeitsindikatoren arbeitet und politische Rechenschaft stärkt. Drittens eine gesellschaftliche Verständigung darüber, was „Wohlstand" im 21. Jahrhundert heißen soll: Ist es die Maximierung von Konsum? Oder die Sicherung von Lebensqualität, Resilienz und Gemeinsinn?

Hier kommt die intergenerationelle Perspektive ins Spiel. Sie zwingt uns, politische Planung nicht im Vier-Jahres-Takt der Umfragen, sondern im Horizont mehrerer Jahrzehnte zu denken. Infrastrukturprojekte, die heute beschlossen werden, prägen das Leben noch unserer Enkel. Eine Autobahn, die heute geplant wird, beeinflusst Verkehrsmuster, Bodenversiegelung und CO_2-Bilanzen über Generationen hinweg. Eine versäumte Investition in Bildung hingegen hinterlässt stille Defizite. Nicht sichtbar im Beton, aber tief eingegraben in den Biografien all jener, denen Aufstieg verwehrt bleibt.

Deshalb braucht es Instrumente, die dieser Langfristigkeit Rechnung tragen. Zukunftshaushalte, generationenübergreifende Wirkungsanalysen, Investitionsgremien mit unabhängiger Nachhaltigkeitsprüfung. Das sind keine bürokratischen Spielereien, sondern Ausdruck einer neuen politischen Ethik.

---

[8] Vgl. Eisenmenger et al. (2020), S. 1106 f.

Zudem braucht es einen internationalen Erfahrungsaustausch, um zu erkennen, was funktioniert. Skandinavische Länder haben in großem Stil in Bildung und grüne Technologien investiert, mit dem Ergebnis hoher Innovationskraft bei vergleichsweise stabiler sozialer Kohäsion. Singapur hat durch strategische Stadtplanung und frühzeitige Digitalisierungsinvestitionen einen Lebensstandard geschaffen, der über bloßes Pro-Kopf-BIP hinausreicht. Wales hat mit seinem *Well-being of Future Generations Act* gezeigt, dass man zukünftige Interessen institutionalisieren kann. Dass das „Morgen" kein schwacher Imperativ bleiben muss, sondern ein konkreter Bewertungsmaßstab heutiger Politik sein kann. Es sind diese Beispiele, die zeigen: Investitionen, wenn klug geplant, sind kein Risiko. Sie sind ein generationenübergreifender Wohlstandsanker.

Die Agenda 2030 der Vereinten Nationen liefert den normativen Rahmen, die moralische Grammatik einer zukunftsfähigen Welt. Doch sie bedarf der politischen Übersetzung. Und diese beginnt nicht in internationalen Gremien, sondern in kommunalen Haushalten, in nationalen Investitionsstrategien, in konkreten politischen Entscheidungen. Es reicht nicht, an die kommenden Generationen zu denken; wir müssen für sie handeln.

6.4   Bildungsinvestitionen als Schlüssel zur Zukunft

Bildung ist weit mehr als ein Menschenrecht oder ein Standortfaktor. Sie ist der Resonanzraum, in dem Talente zu Trägern von Zukunft werden. Wer vom Wandel spricht, darf von Bildung nicht schweigen. Denn jede Transformation beginnt im Kopf; in der Fähigkeit, Komplexität zu erfassen, Zusammenhänge zu verstehen und sich in einer Welt zu orientieren, die sich ständig neu erfindet. Bildung ist daher keine Ressource unter anderen. Sie ist die Matrix, aus der alle anderen gesellschaftlichen Prozesse entstehen. Und sie ist das Investitionsfeld mit der vielleicht höchsten intergenerationellen Rendite.

Ökonomen der Weltbank haben eindrücklich belegt, dass ein zusätzliches Jahr Schulbildung das Lebenseinkommen im globalen Durchschnitt um rund neun Prozent steigert.[9] Tendenz steigend mit zunehmendem Bildungsniveau. Diese Zahlen sind keine statistischen Randnotizen, sie sind ein Weckruf. Denn wer in Bildung investiert, investiert nicht nur in individuelles Humankapital, sondern in wirtschaftliche Produktivität, in soziale Mobilität und in gesellschaftlichen Zusammenhalt. Bildung ist die soziale Infrastruktur der Demokratie.

Doch Quantität allein genügt nicht. Bildungsökonomen wie Eric Hanushek und Ludger Woessmann konnten mehrfach zeigen, dass es weniger auf die Dauer, sondern auf die Qualität der Bildungsprozesse ankommt.[10] Länder mit hohen Kompetenzwerten in Mathematik, Sprache und Naturwissenschaften weisen über lange Zeiträume signifikant höhere Wachstumsraten auf. Entscheidend ist also nicht allein, dass gelernt wird, sondern was und wie. Eine bloße Ausweitung von Unterrichtszeiten oder die Verteilung von Abschlüssen ohne Substanz führen nicht zur erhofften Zukunftsfähigkeit. Was zählt, ist tiefes, anwendungsfähiges Wissen.

Ein Weltbank-Bericht von 2018 spricht in diesem Zusammenhang von einer globalen Lernkrise: Millionen von Kindern besuchen Schulen, verlassen sie jedoch ohne grundlegende Kompetenzen.[11] Bildungspolitik ist nicht nur Sache von Ministerien. Sie ist ein Querschnittsthema. Infrastrukturinvestitionen in Schulgebäude, IT-Ausstattung und digitale Plattformen sind genauso entscheidend wie Investitionen in Lehrerbildung, pädagogische Forschung und die Stärkung frühkindlicher Bildung. Vor allem aber braucht es kohärente Steuerung: einen nationalen Bildungsplan, der Investitionsentscheidungen mit qualitativen Zielen verbindet, und diesen Zielen Zeit gibt, Wirkung zu entfalten.

Die Rolle des Staates ist dabei dreifach: Er muss als Regulator Rahmenbedingungen setzen, als Investor für Kontinuität sorgen und als Innovator Mut zum Experiment zeigen. Gute Bildungspolitik zeichnet sich dadurch aus, dass sie nicht nur bestehende Defizite behebt, sondern Möglichkeitsräume eröffnet. Dass sie nicht im Klein-Klein der Curricula

---

[9] Vgl. Psacharopoulos/Patrinos (2018), S. 7.
[10] Siehe hierzu beispielsweise Hanushek/Woessmann (2015).
[11] Vgl. World Bank (2018), S. 78–83.

verharrt, sondern das Bildungssystem als strategische Investition in die Zukunft denkt.

Internationale Vergleiche – etwa die OECD-Vergleichsstudien zur digitalen Bildung – zeigen, dass Länder, die frühzeitig in adaptive Lehrmethoden, technologische Infrastruktur und chancengerechten Zugang investiert haben, resilienter durch Krisen kommen.[12] Die Pandemie war ein unfreiwilliger Stresstest. Sie hat die Defizite offengelegt, aber auch gezeigt, wo Innovationspotenziale liegen. Daraus ergibt sich ein politischer Imperativ: Jetzt in Bildung zu investieren heißt nicht nur, eine verlorene Generation zu verhindern. Es heißt, den Grundstein zu legen für eine Gesellschaft, die in der Lage ist, Zukunft nicht nur zu erleben, sondern zu gestalten.

Bildung ist dabei nicht nur ein individuelles, sondern auch ein volkswirtschaftliches Gut: Gut ausgebildete Arbeitskräfte treiben Innovation voran, sorgen für soziale Mobilität und erhöhen langfristig die Produktivität. Dies gilt insbesondere für digitale Bildung. In einer Wirtschaft, die zunehmend auf KI, Automatisierung und datengetriebene Prozesse setzt, ist die Fähigkeit, mit digitalen Werkzeugen umzugehen, eine Grundvoraussetzung für wirtschaftlichen Erfolg.

Ein kooperativer Ansatz, bei dem verschiedene gesellschaftliche Akteure gemeinsam an der Gestaltung und Finanzierung von Investitionen beteiligt werden, ist von großer Bedeutung. Leistungsbringer, wie Unternehmen und wohlhabende Individuen, sollten durch Anreize wie steuerliche Abschreibungen oder andere Modelle dazu ermutigt werden, sich stärker zu engagieren und ihren Beitrag zu leisten.

Ein Beispiel hierfür könnte die Einführung von steuerlichen Anreizen für Investitionen in Bildung und Forschung sein. Unternehmen, die in diese zentralen Bereiche investieren, könnten von steuerlichen Erleichterungen profitieren. Dies würde nicht nur die Investitionsbereitschaft erhöhen, sondern auch sicherstellen, dass die Mittel dort eingesetzt werden, wo sie am dringendsten benötigt werden.

Menschen mit Kapital müssen staatlicherseits dafür gewonnen werden, dieses Kapital der Gesellschaft zur Verfügung zu stellen. Dies erfordert ein Bewusstsein dafür, dass der Rahmen, in dem dieses Kapital

---

[12] Vgl. OECD (2023), S. 26 f.

erwirtschaftet werden konnte, labil ist und größtmögliche Unterstützung braucht, damit er nicht mittelfristig in sich zusammenfällt. Ein stabiles und unterstützendes Umfeld ist die Grundlage für wirtschaftlichen Erfolg. Daher ist es im Interesse der wohlhabenden Individuen und Unternehmen, in die Stabilität und Zukunftsfähigkeit der Gesellschaft zu investieren. Der Staat muss hierbei eine vermittelnde und motivierende Rolle einnehmen, um sicherzustellen, dass diese Investitionen zum Wohl der gesamten Gesellschaft genutzt werden.

6.5 Jenseits klassischer Modelle: Wie neue Finanzierungsformen Wandel ermöglichen

Der öffentliche Haushalt ist endlich, und die klassischen Finanzierungswege stoßen zunehmend an ihre strukturellen und politischen Grenzen. Deshalb braucht es Innovation nicht nur in der Technologie, sondern auch im Denken über Finanzierung. Die Ökonomin Mariana Mazzucato hat in ihren Analysen wiederholt darauf hingewiesen: Der Staat darf sich nicht mit der Rolle eines Lückenbüßers zufriedengeben, der dort einspringt, wo der Markt versagt.[13] Er muss vielmehr als Gestalter auftreten, als Akteur, der mit strategischer Klarheit, institutioneller Kraft und öffentlichem Unternehmertum Kapital dorthin lenkt, wo es gesellschaftlich am dringendsten gebraucht wird. In ihrer Forderung nach einem *mission-oriented finance* schlägt sie vor, staatliche Investitionsbanken nicht als passive Geldgeber, sondern als aktive Treiber von Transformation zu verstehen. Sie sollen Innovationen nicht nur finanzieren, sondern auch politisch rahmen, evaluieren und ihre soziale Wirkung absichern. In dieser Perspektive wird der Staat selbst zum Entrepreneur, zum Orchestrator des Wandels, und nicht bloß zum Buchhalter der Risiken.

Ein wichtiges Feld innovativer Finanzierungsinstrumente sind in diesem Sinne sogenannte Green Bonds. Wie die empirische Forschung mehrfach zeigt, führen grüne Anleihen nicht nur zu besseren ESG-Ratings

---

[13] Vgl. Mazzucato (2025), S. 5.

für die emittierenden Unternehmen, sondern auch zu tatsächlichen Umweltverbesserungen: sinkende CO_2-Emissionen, größere Transparenz und neue Projekte im Bereich erneuerbarer Energien und nachhaltiger Infrastruktur.[14] Green Bonds verknüpfen Kapitalrendite mit Umweltverantwortung und sind damit ein Paradebeispiel für das, was man gemeinwohlorientiertes Finanzdesign nennen könnte. Sie stehen für eine neue Finanzkultur, die Wirkung und Verantwortung in das Zentrum des unternehmerischen Handelns rückt. Doch ihr Potenzial ist noch längst nicht ausgeschöpft, weder in Breite noch in Tiefe.

Wie ein gemeinsamer Bericht von der OECD und dem Kapitalentwicklungsfond der Vereinten Nationen zur Praxis von Blended Finance zeigt, erreichen viele innovative Finanzinstrumente die strukturschwächsten Regionen und Akteure nicht.[15] Nur ein Bruchteil des mobilisierten Kapitals fließt in die ärmsten Länder oder in soziale Innovationen. Vieles bleibt im risikoarmen Umfeld, wo auch klassische Marktinstrumente funktionieren würden. Die Folge: Marktlogik dominiert, während Transformationsnotwendigkeit in den Hintergrund tritt.

Public-Private-Partnerships (PPP) sind ein weiteres Instrument, das häufig als Brücke zwischen öffentlichem Gestaltungswillen und privatem Kapital angepriesen wird. Doch auch hier ist die Bilanz gemischt. Erfolgreiche Beispiele, etwa im skandinavischen Bildungsbau oder bei kommunalen Energienetzen, stehen gescheiterten Großprojekten gegenüber, bei denen die öffentliche Hand hohe Risiken trug, während die Gewinne privatisiert wurden.[16] Eine kluge PPP-Strategie muss daher auf faire Lastenverteilung, effektive Risikobewertung und echten Know-how-Transfer setzen. Sie muss verhindern, dass Gemeinwohlinteressen auf dem Altar betriebswirtschaftlicher Effizienz geopfert werden. Wichtig ist auch die Vermeidung asymmetrischer Informationslagen. Denn wenn private Partner ihre Vorteile aus struktureller Intransparenz ziehen, verliert der Staat nicht nur Ressourcen, sondern auch Vertrauen.

Zunehmend rücken auch neue Finanzierungsansätze wie Impact Investing, Nachhaltigkeitsanleihen und kommunale Zukunftsfonds in den

---

[14] Siehe hierzu beispielsweise Flammer (2021).

[15] Vgl. OECD/UNCDF (2019), S. 12 f.

[16] Vgl. Ladwig (2007).

Fokus. Sie alle eint der Anspruch, Kapital mit Wirkung zu verbinden. Der Erfolg dieser Modelle hängt jedoch entscheidend von ihrer institutionellen Einbettung ab. Ohne klare Wirkungskriterien, nachvollziehbare Erfolgsmessung und breite politische Legitimation drohen auch diese Instrumente zu bloßen PR-Maßnahmen zu verkommen. Es gilt, sie in umfassendere Strategien der sozialen Innovation und ökologischen Transformation zu integrieren. Dazu braucht es nicht nur Finanzfachleute, sondern auch Ethiker, Umweltwissenschaftler und Sozialforscher in den Entscheidungsprozessen. Finanzinnovation darf keine Expertenblase bleiben. Sie muss gesellschaftlich eingebettet sein.

Nur wenn Finanzierungsinstrumente Teil eines größeren gesellschaftlichen Projekts sind, können sie das leisten, was von ihnen erwartet wird: den Übergang in eine nachhaltige, gerechte und zukunftsfähige Ökonomie zu ermöglichen. Der Staat der Zukunft ist kein passiver Zahlmeister. Er ist ein kluger Architekt, ein risikobewusster Investor und ein Garant dafür, dass Kapital nicht zur bloßen Rechenoperation verkommt, sondern zur sozialen Gestaltungskraft wird.

6.6 Architektur des Vertrauens – Institutionen als Wachstumsgärtner

Institutionen schaffen Vertrauen. Vertrauen in Verfahren, in Verlässlichkeit, in Fairness. Sie sind gewissermaßen das immaterielle Kapital einer Volkswirtschaft. Studien zeigen immer wieder: Länder mit stabilen, transparenten und effektiven Institutionen erzielen bei vergleichbarer Kapitalausstattung signifikant höhere Wachstumsraten.[17] Governance ist also nicht bloß eine verwaltungstechnische Kategorie, sondern ein zentraler Produktionsfaktor der Moderne. Dieses Vertrauen wirkt wie ein stiller Multiplikator: Es senkt Transaktionskosten, beschleunigt Entscheidungen, erhöht die Investitionsbereitschaft und stärkt die gesellschaftliche Resilienz gegenüber Krisen.

Was aber macht gute Governance aus? Die OECD definiert zentrale Elemente: Transparenz, Verantwortlichkeit, Partizipation, Effizienz und

---

[17] Vgl. North (1994).

Kohärenz.[18] Diese Kriterien bilden gemeinsam den normativen Rahmen, innerhalb dessen Investitionen als gerecht, nachhaltig und zielgerichtet wahrgenommen werden können. Gute Governance bedeutet in diesem Sinn auch: zuhören können, Kompromisse organisieren, Vertrauen stiften. Nicht nur zwischen Verwaltung und Politik, sondern auch zwischen Bürgern, Unternehmen und Staat.

Deutschland besitzt formell starke Institutionen, doch in der Praxis zeigen sich immer wieder Defizite: Planungsverfahren ziehen sich über Jahre, Verwaltungsprozesse sind überreguliert, und Projektverantwortung wird zerfasert. Der Staat der langsamen Hand verliert dabei nicht nur Effizienz, sondern auch Glaubwürdigkeit. Investitionen, die nicht umgesetzt werden, existieren nicht. Ganz gleich, wie sinnvoll sie auf dem Papier erscheinen. Besonders kritisch ist dies im internationalen Standortwettbewerb: Wo Entscheidungen schnell und effektiv getroffen werden, fließt Kapital. Wo Prozesse stocken, droht der Rückstand.

Eine Investitionsstrategie für nachhaltiges Wachstum muss daher auf eine neue institutionelle Architektur setzen: handlungsfähig, lernbereit und transparent. Dazu gehört *erstens* eine Reform der Planungs- und Genehmigungsprozesse. Beschleunigung darf jedoch nicht auf Kosten der demokratischen Beteiligung gehen. Vielmehr braucht es Verfahren, die schneller, aber nicht schlechter entscheiden. Digitale Beteiligungstools, verbindliche Fristen, integrierte Prüfverfahren: All das sind Bausteine eines modernen Investitionsstaates. Es braucht eine neue Balance zwischen Bürgerbeteiligung und administrativer Schlagkraft, zwischen rechtsstaatlicher Gründlichkeit und strategischer Handlungsfähigkeit.

Zweitens braucht es klare Zuständigkeiten und echte Steuerungsverantwortung. Zu oft bleibt unklar, wer für die Wirkung einer Investition verantwortlich ist. Ein Nährboden für Ineffizienz und Intransparenz. Erfolgreiche Länder setzen hier auf Projektagenturen, wie etwa Dänemarks State Investment Agency, die Projekte ganzheitlich begleiten: von der Planung über die Ausschreibung bis zur Evaluation. Solche Institutionen sind kein technokratischer Luxus, sondern ein Garant dafür, dass Visionen nicht an Verwaltungsrealitäten scheitern. In Deutschland könnten spezialisierte Investitionsgesellschaften nach skandinavischem Vorbild

---

[18]Vgl. OECD (2020), S. 9–11.

die Fragmentierung der Verantwortlichkeiten überwinden und langfristige Planungssicherheit gewährleisten.

Drittens ist internationale Vergleichbarkeit zentral. Institutionelle Standards wie der Good Governance Index oder der Worldwide Governance Indicators der Weltbank bieten wertvolle Benchmarks. Sie helfen, Reformprozesse zu messen, Erfolgsfaktoren zu identifizieren und voneinander zu lernen. Denn gute Governance ist nicht nur ein nationaler Wettbewerbsvorteil, sondern ein globales Gemeingut. Länder mit stabilen Institutionen ziehen nicht nur Kapital an. Sie halten es auch.[19] Investoren und Bürger suchen nach Verlässlichkeit, und wer diese bieten kann, sichert sich langfristige Handlungsräume.

Doch Institutionen allein genügen nicht. Es braucht eine politische Kultur, die Fehler zulässt, aus ihnen lernt und sich korrigiert. Governance bedeutet nicht nur Regelbefolgung, sondern Haltungsfragen: Vertrauen wagen, Rechenschaft geben, Beteiligung fördern. Gute Institutionen müssen dafür nicht perfekt sein, aber lernfähig. Eine lernende Verwaltung bedeutet nicht Beliebigkeit, sondern strukturelle Reflexivität: das systematische Einbeziehen von Evaluationen, Feedbackschleifen und evidenzbasierten Korrekturen. Nicht zuletzt braucht es auch neue Formen institutioneller Intelligenz, also die Fähigkeit, mit Unsicherheit umzugehen, Komplexität zu reduzieren und Zukunft offen zu gestalten. Dazu gehören vorausschauende Investitionsplanung, strategische Risikobewertung und ein konsequentes Wissensmanagement. Die Einführung digitaler Dashboards zur Steuerung von Investitionsprojekten, neue Indikatoren für Resilienz und Nachhaltigkeit sowie ein stärkeres Zusammenspiel zwischen öffentlichen Institutionen und zivilgesellschaftlichen Akteuren können Teil dieser intelligenten Governance-Architektur sein.

---

[19]Vgl. Acemoglu et al. (2004).

6.7 Lernen von der Welt: Wo nachhaltiges Wachstum bereits Wirklichkeit wird

Investitionspolitik ist niemals ein rein nationales Projekt. In einer globalisierten Welt, in der Kapital, Technologien und Krisen sich über Grenzen hinwegbewegen, lohnt sich der Blick in andere Länder nicht nur zur Bestätigung, sondern zur Irritation und Inspiration. Denn nachhaltige Investitionen gedeihen nicht im Vakuum. Sie sind eingebettet in politische Kulturen, institutionelle Strukturen und wirtschaftliche Pfadabhängigkeiten. Internationale Erfolgsbeispiele zeigen, wie unterschiedlich, und dennoch wirksam, der Weg zu einer zukunftsfähigen Wirtschaft beschritten werden kann. Dabei zeigt sich: Nachhaltigkeit ist weniger eine Frage technologischer Lösungen als eine Frage institutioneller Lernprozesse und politischer Entschlossenheit.

Ein erster Blick gilt Skandinavien. Länder wie Schweden und Dänemark haben frühzeitig auf langfristige Investitionsstrategien gesetzt, die ökologische Verantwortung, soziale Teilhabe und wirtschaftliche Wettbewerbsfähigkeit miteinander verknüpfen. Schweden investierte bereits in den 1990er-Jahren systematisch in erneuerbare Energien, flankiert durch CO_2-Steuern, Förderung grüner Innovationen und gezielte Infrastrukturpolitik.[20] Das schwedische Modell verknüpft eine hohe Staatsquote mit einer bemerkenswert dynamischen Privatwirtschaft; ein Paradoxon nur für jene, die staatliches Handeln grundsätzlich als Wachstumsbremse missverstehen. Dänemarks Energiepolitik, insbesondere das Modell der öffentlich-privaten Windkraftgenossenschaften, gilt als Blaupause für partizipative Infrastrukturfinanzierung.[21] Diese Genossenschaften kombinieren Kapitalbeteiligung mit demokratischer Kontrolle und lokaler Akzeptanz. Eine entscheidende Grundlage für den raschen Ausbau erneuerbarer Energien. Auch in Bereichen wie der digitalen Verwaltung, dem öffentlichen Verkehr und dem sozialen Wohnungsbau setzen diese Länder Standards, die weit über ihre Grenzen hinausreichen, nicht durch spektakuläre Großprojekte, sondern durch beharrliche politische Kohä-

---

[20] Vgl. Brändlin (2024).
[21] Vgl. Haselip (2024).

renz und einen investitionsfreundlichen Konsens über Parteigrenzen hinweg.

Auch Norwegen verdient Erwähnung: Der norwegische Staatsfonds, gespeist aus den Überschüssen der Ölindustrie, investiert unter strengen ethischen, sozialen und ökologischen Kriterien gezielt in nachhaltige Projekte weltweit.[22] Mit einem Volumen von über 1,4 Billionen US-Dollar ist er nicht nur der größte staatliche Fonds der Welt, sondern auch ein Pionier in Sachen Transparenz und ethischer Verantwortung. Dieses Modell verbindet Ressourcennutzung mit Zukunftsvorsorge: ein institutionalisierter Generationenvertrag, der durch strikte Governance und Transparenzstandards das Vertrauen der Bevölkerung gewinnt. Besonders bemerkenswert: Der Fonds verzichtet auf Investitionen in Unternehmen, die gegen Menschenrechte, Umweltstandards oder internationale Normen verstoßen. Darüber hinaus veröffentlicht er regelmäßig Berichte über seine ethischen Ausschlusskriterien und bietet der Öffentlichkeit Einblick in seine Investitionsentscheidungen. Nachhaltigkeit wird hier nicht als Marketingstrategie verstanden, sondern als handlungsleitender Investitionsrahmen, eingebettet in einen gesellschaftlichen Konsens über intergenerationelle Gerechtigkeit.

Ein anderes Beispiel liefert China. Das Land hat mit seiner sozialistischen Marktwirtschaft eine Investitionspolitik realisiert, die auf massive staatliche Lenkung, langfristige Industriepolitik und strategische Infrastrukturplanung setzt. Die Belt and Road Initiative (BRI) ist Ausdruck dieses Denkens: ein geopolitisches Investitionsprojekt, das Infrastruktur, Energieversorgung und wirtschaftliche Integration in dutzenden Ländern finanziert, unter Führung chinesischer Staatsbanken und Unternehmen.[23] Die BRI ist dabei nicht nur ein wirtschaftliches Projekt, sondern ein geostrategisches Instrument zur Repositionierung Chinas im globalen Machtgefüge. Gleichzeitig verfolgt die chinesische Regierung eine ambitionierte Klimaagenda im Inland: Der 14. Fünfjahresplan sieht massive Investitionen in Elektromobilität, grüne Wasserstofftechnologien und urbane Nachhaltigkeit vor.[24] Kritiker werfen dem Modell mangelnde

---

[22] Vgl. Fischer (2022).
[23] Vgl. Atilgan/Ertl (2018), S. 7.
[24] Vgl. Gätzner (2022).

Transparenz und Demokratiedefizite vor. Dennoch zeigt es eindrücklich, was mit strategischer Investitionslenkung auf nationaler Ebene möglich ist. Für viele Schwellenländer bleibt das chinesische Modell attraktiv, weil es Planung, Finanzierung und Umsetzung aus einer Hand bietet; auch wenn die langfristigen Abhängigkeiten, die damit einhergehen, zunehmend kritisch diskutiert werden.

Einen dritten Zugang bietet Frankreich mit dem Projekt Station F, einem der größten Start-up-Zentren Europas, das als öffentlich flankiertes Innovationsökosystem funktioniert.[25] Hier treffen staatliche Förderprogramme, private Risikokapitalgeber, Universitäten und Gründerkultur aufeinander. Das ehemalige Bahnhofsgebäude im Pariser Osten wurde in eine Innovationsarchitektur transformiert, die heute über 1000 Start-ups beherbergt und als physische Manifestation einer neuen Wirtschaftsvision gilt. Station F steht exemplarisch für eine neue Generation von Investitionsräumen: Sie sind nicht nur physische Orte, sondern soziale Infrastrukturen, in denen Wissen, Kapital und Unternehmertum in produktiven Austausch treten. Der französische Staat agiert hier nicht als distanzierter Förderer, sondern als aktiver Architekt des Innovationsrahmens: durch steuerliche Anreize, Förderinstrumente und gezielte Netzwerkinvestitionen. Solche Innovationscluster kombinieren Wissensproduktion mit Kapitalbindung und sind wichtige Bausteine für resiliente Volkswirtschaften. Sie schaffen nicht nur Wachstum, sondern auch narrative Räume, in denen Zukunft gedacht und gestaltet werden kann.

Nicht zuletzt die Vereinigten Staaten von Amerika bieten wiederum ein Lehrstück in kontrastreicher Investitionspolitik. Während auf Bundesebene lange Zeit ein starker Fokus auf Marktmechanismen dominierte, zeigt der Inflation Reduction Act (IRA) aus dem Jahre 2022 wie eine Neujustierung aussehen kann: Mehr als 738 Milliarden Dollar werden so in den nächsten Jahren in grüne Technologien, Energieeffizienz, klimafreundliche Industrie und Forschung investiert, verbunden mit Steueranreizen, Industriepolitik und strategischen Partnerschaften.[26] Diese Entwicklung markiert eine Rückkehr des Staates als aktiver Investor, auch in einer traditionell marktliberalen Volkswirtschaft. Besonders

---

[25] Vgl. Louis (2018).
[26] Vgl. Vogt (2024).

spannend ist die strategische Zielsetzung: Die USA wollen nicht nur dekarbonisieren, sondern zugleich eine neue industrielle Basis schaffen. Nachhaltigkeit wird so zum Vehikel der Reindustrialisierung. Auffällig ist auch die industriepolitische Stoßrichtung: Nicht nur wird Innovation gefördert, sondern gezielt in strukturschwache Regionen investiert, um die sozialen Spannungen der Globalisierungsjahre abzufedern. Das IRA-Gesetz stellt damit nicht nur ein Investitionsprogramm dar, sondern den Versuch einer neuen sozialen und ökologischen Kohärenzstrategie für die USA. Zumindest war dies ein guter Ansatz der Regierung von Joe Biden. Es wird sich zeigen, wie viel unter Donald Trump davon noch übrigbleibt. Im ersten Jahr seiner zweiten Amtszeit setzt sich die Trump Administration mit einer starken Handschrift der Deregulierung und Abkehr von internationaler Zusammenarbeit von der Stoßrichtung seiner Vorgängerregierung dramatisch ab.

Was lernen wir aus diesen Beispielen? *Erstens:* Es gibt nicht das eine Modell nachhaltiger Investitionspolitik. Was funktioniert, hängt von politischer Kultur, institutionellen Kapazitäten und gesellschaftlichen Präferenzen ab. *Zweitens:* Erfolgreiche Investitionspolitik basiert auf langfristigem Denken, strategischer Kohärenz und transparenter Steuerung. *Drittens:* Der Staat ist nicht automatisch Investor erster Wahl. Aber er ist oft der Einzige, der Investitionen in Unsicherheiten, Infrastrukturen und soziale Innovationen koordinieren kann. Und viertens: Nachhaltigkeit ist nicht nur eine Frage von Technik und Geld, sondern auch von Vertrauen, Beteiligung und Legitimität.

Diese Erkenntnisse können für Deutschland und Europa insgesamt richtungsweisend sein. Sie zeigen, dass nachhaltige Investitionspolitik nicht bei der Finanzierung endet, sondern bei der Gestaltung beginnt: mit einem klaren Zielbild, mutigen Entscheidungen und institutioneller Intelligenz. Sie machen deutlich, dass politische Führung nicht im Verwalten, sondern im Möglichmachen liegt. Und sie rufen in Erinnerung: Nachhaltigkeit ist kein Exportprodukt, sie beginnt im eigenen Haus, inspiriert vom Wissen der Welt. Eine neue Investitionspolitik muss nicht alles neu erfinden. Aber sie muss die besten Ideen adaptieren, kritisch reflektieren und in einen Kontext übersetzen, der die spezifischen Stärken und Schwächen Europas produktiv zu nutzen weiß.

6.8   Erbe der Zukunft – Investieren im Namen der Enkel

Wer heute nicht investiert, zwingt künftige Generationen dazu, dreifach zu zahlen: ökonomisch, ökologisch und sozial. Die Relevanz dieser Perspektive lässt sich wissenschaftlich wie politisch begründen. Studien wie der *World Development Report* der Weltbank zeigen: Nachhaltige Investitionen in Bildung, Gesundheitswesen, Digitalisierung und ökologische Transformation zahlen sich langfristig in Form von höheren Pro-Kopf-Einkommen, stabileren Gesellschaften und resilienteren Institutionen aus.[27] Doch diese Rendite braucht Geduld und politisches Verantwortungsbewusstsein über Legislaturzyklen hinaus.

Frühkindliche Bildung ist ein Paradebeispiel. Die kognitiven, emotionalen und sozialen Grundlagen, die in den ersten Lebensjahren gelegt werden, beeinflussen Erwerbschancen, Gesundheitsverläufe und gesellschaftliche Teilhabe über ein ganzes Leben hinweg. Institutionelle Kindertagesstätten mit qualifiziertem Personal, sozialintegrativen Programmen und kindgerechten Räumen sind daher keine Sozialausgabe, sondern eine Investition mit enormer Zukunftsdividende. Internationale Studien zeigen, dass Länder mit hohen Investitionen in frühkindliche Bildung langfristig nicht nur bessere Bildungsleistungen, sondern auch geringere soziale Disparitäten aufweisen.[28] Und doch wird dieser Bereich in vielen Ländern stiefmütterlich behandelt. Zu schlecht bezahlt, zu wenig ausgebaut, zu wenig als das gesehen, was er ist: die erste Säule der Zukunftssicherung.

Ähnlich verhält es sich mit beruflicher Bildung: Duale Ausbildungssysteme, die eng mit Unternehmen kooperieren, sichern nicht nur Fachkräfte, sondern stärken Innovationsfähigkeit und soziale Mobilität. Länder wie Deutschland und die Schweiz zeigen, wie Bildungssysteme als wirtschaftliche Infrastruktur wirken können. Vorausgesetzt, sie werden strategisch gesteuert, sozial durchlässig gestaltet und ausreichend finanziert. In einer Welt, in der sich Berufe durch Automatisierung und Digitalisierung ständig verändern, wird die Fähigkeit zur Anpassung zur

---

[27] Vgl. World Bank (2018), S. 42.
[28] Siehe hierzu beispielsweise Geis-Thöne/Plünnecke (2024), S. 30–33.

entscheidenden Ressource. Lebenslanges Lernen wird zur wirtschaftlichen Lebensversicherung, nicht nur für Individuen, sondern für Gesellschaften insgesamt.

Auch Universitäten stehen im Zentrum der intergenerationellen Investitionsstrategie. Ihre Aufgabe ist nicht nur Wissensvermittlung, sondern die Erzeugung gesellschaftlicher Reflexionsfähigkeit, Innovationskraft und demokratischer Urteilskompetenz. Wenn Hochschulen als reine Effizienzbetriebe organisiert werden, verlieren sie ihre gesellschaftliche Tiefe. Investitionen in Forschung, Lehre und akademische Freiheit sind daher Investitionen in eine widerstandsfähige, offene Gesellschaft. Sie sind auch Investitionen in Demokratie, denn eine kritische, wissenschaftlich gebildete Öffentlichkeit ist das beste Gegenmittel gegen Populismus, Verschwörungsideologien und Polarisierung.[29]

Intergenerationelle Gerechtigkeit bedeutet auch, heutige Schulden nicht zu verteufeln, sondern klug zu gestalten. Eine Schuldenaufnahme, die in resiliente Infrastrukturen, ökologische Modernisierung und soziale Kohärenz investiert, ist nicht Last, sondern Voraussetzung künftiger Handlungsfähigkeit. Denn wer investiert, setzt ein Zeichen: gegen Zynismus, gegen Verdrängung, gegen die bequeme Kurzfristigkeit. Verantwortung für zukünftige Generationen bedeutet, heute klug zu handeln, damit morgen mehr möglich ist als bloßes Reparieren.

6.9 Fazit

Investitionen sind letztlich nichts anderes als eine Antwort auf die fundamentale Frage: Was ist uns das Morgen heute wert? Diese Frage berührt nicht nur den Staatshaushalt, sondern das Selbstbild einer Gesellschaft. Investitionen strukturieren die Zeit. Sie transformieren Gegenwart in Erwartung, Erwartung in Gestaltung. In ihnen verdichtet sich das ethische Vermögen, für etwas einzustehen, das noch nicht ist, aber sein könnte.

Die Analyse der vorangegangenen Themen zeigt deutlich: Es gibt kein nachhaltiges Wachstum ohne eine mutige, zukunftsorientierte Investitionspolitik. Dabei ist nicht jede Investition gleich viel wert.

---

[29] Vgl. Krott/Reininger (2021).

Entscheidend ist nicht nur, dass investiert wird, sondern wie, wofür und unter welchen Bedingungen. Gute Investitionen stärken das Gemeinwohl, verbessern Lebensqualität, modernisieren Wirtschaft und Infrastruktur und fördern soziale Gerechtigkeit. Sie sind nicht nur Reaktion auf Missstände, sondern Visionen in Aktion. Nicht Kapitaldefizit, sondern Defizit an Vorstellung, an Mut, an Orientierung ist ihr Gegner. Eine solche Investitionspolitik muss deswegen in fünf Dimensionen verankert sein:

Erstens: Qualität vor Quantität. Es braucht ein neues Verständnis von Wirksamkeit. Nicht der Umfang der Investitionen entscheidet, sondern ihre strategische Ausrichtung, institutionelle Umsetzungskraft und gesellschaftliche Akzeptanz. Investitionen müssen Wirkungsziele haben, die ökonomische, ökologische und soziale Dimensionen integrieren. Ihre Qualität zeigt sich nicht nur in der direkten Rendite, sondern in der Fähigkeit, Sinn zu stiften, Wandel zu ermöglichen, Vertrauen zu erzeugen.

Zweitens: Intergenerationelle Verantwortung. Investitionen dürfen nicht auf kurzfristige Konjunktureffekte reduziert werden. Sie sind ein Vertrag mit der Zukunft. Eine kluge Schuldenpolitik unterscheidet zwischen konsumtivem Staatsverbrauch und aufbauenden Zukunftsausgaben. Verschuldung wird zum Problem, wenn sie das Falsche finanziert – nicht, wenn sie Transformation ermöglicht. Die Ethik der Verantwortung zeigt sich nicht in rigider Sparsamkeit, sondern in der Sorgfalt, mit der Möglichkeitsräume erschlossen werden.

Drittens: Institutionelle Exzellenz. Starke Institutionen und gute Governance sind keine technischen Randbedingungen, sondern zentrale Produktionsfaktoren. Ohne transparente, handlungsfähige, lernbereite Institutionen verpufft jeder Investitionsimpuls. Governance entscheidet über Tempo, Qualität und Legitimität. Es braucht institutionelle Formen, die Irrtum zulassen, aber nicht zementieren, die lernen können, ohne sich in Prozeduren zu verlieren.

Viertens: Demokratische Legitimation und Teilhabe. Investitionspolitik braucht politische Rückendeckung und soziale Resonanz. Beteiligung, Transparenz und Debattenfähigkeit sind Grundpfeiler einer Investitionskultur, die nicht technokratisch, sondern partizipativ ist. Die Zukunft gehört nicht den Planern allein. Sie gehört der Gesellschaft. Eine demokratisch gestützte Investition ist mehr als ein Projekt, sie ist ein kollektiver Entwurf.

Fünftens: *Internationaler Horizont.* Investitionen finden nicht im luftleeren Raum statt. Internationale Erfahrungen zeigen: Erfolgreiche Strategien sind solche, die mutig experimentieren, institutionell einbetten und politisch steuern. Von Skandinavien bis Singapur, von Nigeria bis Neuseeland – Lernen heißt auch Vergleichen, Anpassen, Weiterdenken. Dabei geht es nicht um Imitation, sondern um Resonanz: Welche Ideen, welche Strukturen, welche Denkweisen können bei uns fruchtbar werden?

Literatur

Abiad, A., Furceri, D., & Topalova, P. (2015). *The macroeconomic effects of public investment: Evidence from advanced economies* (IMF Working Paper No. 15/95). International Monetary Fund. https://doi. org/10.5089/9781475578874.001

Acemoglu, D., Johnson, S., & Robinson, J. A. (2004). *Institutions as the fundamental cause of long run growth* (CEPR Discussion Paper No. 5083). Centre for Economic Policy Research.

Atilgan, C., & Ertl, V. (2018). *„Belt and Road Initiative": Chinas neue Seidenstraße im Mittelmeer* (Studie). Konrad-Adenauer-Stiftung.

Bhattacharya, A., et al. (2022). *Financing a big investment push in emerging markets and developing economies for sustainable, resilient and inclusive recovery and growth.* Grantham Research Institute/Brookings Institution.

Brändlin, A.-S. (2024, 9. Februar). Schweden: Wie die Wirtschaft wächst und Emissionen sinken. *Deutsche Welle.* https://www.dw.com/de/klimaheld-schweden-was-wir-lernen-können-erneuerbare-energien-zentrale-heizsysteme-klimaanreize/a-69775168.

Eisenmenger, N., Pichler, M., Krenmayr, N., Noll, D., Plank, B., Schalmann, E., Wandl, M.-T., & Gingrich, S. (2020). The Sustainable Development Goals prioritize economic growth over sustainable resource use: A critical reflection on the SDGs from a socio-ecological perspective. *Sustainability Science.* Advance online publication. https://doi.org/10.1007/s11625-020-00813-x

Fischer, M. (2022, 15. März). Norwegens Staatsfonds: Der grüne Öl-Fonds. *Handelszeitung.* https://www.handelszeitung.ch/geld/norwegens-staatsfonds-der-grune-ol-fonds

Flammer, C. (2021). Corporate green bonds. *Journal of Financial Economics, 142*(2), 499–516. https://doi.org/10.1016/j.jfineco.2021.01.010

Fournier, J.-M. (2016). *The positive effect of public investment on potential growth* (OECD Economics Department Working Paper No. 1347). OECD Publishing.

Gätzner, S. (2022). Chinas Wirtschaftspolitik als Herausforderung für die europäische Wirtschaft. *Bundesverband der Deutschen Industrie.* https://bdi.eu/artikel/news/chinas-wirtschaftspolitik-als-herausforderung-fuer-die-europaeische-wirtschaft

Geis-Thöne, W., & Plünnecke, A. (2024). *Investitionen in Kinder wirkungsvoll gestalten* (Studie). Institut der deutschen Wirtschaft Köln e.V.; UNICEF Deutschland. https://www.unicef.de/_cae/resource/blob/359894/…/iw-gutachten-investitionen-in-kinder-data.pdf

Hanushek, E., & Woessmann, L. (2015). *The knowledge capital of nations: Education and the economics of growth.* MIT Press.

Haselip, J. (2024). Denmark and energy diversification. *EBSCO Research Starters: Power & Energy.*

Huang, Y., Panizza, U., & Varghese, R. (2018). Does public debt crowd out corporate investment? International evidence (IHEID Working Paper No. 08-2018). Graduate Institute of International and Development Studies.

Krott, N., & Reininger, K. (2021). Im Einklang mit der Gesellschaft? Mentalisierung als Kompetenz der Mitte. In F. Schröter (Ed.), *Die geforderte Mitte* (pp. 301–308). Friedrich-Ebert-Stiftung.

Ladwig, B. (2007). Private Gewinne, gesellschaftliche Risiken? *Mitbestimmung.* Hans Böckler Stiftung. https://www.boeckler.de/de/magazin-mitbestimmung-2744-private-gewinne-gesellschaftliche-risiken-11261.htm

Louis, L. (2018, 14. Februar). Wird Paris zum Startup-Paradies? *Deutsche Welle.* https://www.dw.com/de/station-f-wird-paris-zum-startup-paradies/a-42500575

Mazzucato, M. (2025). *Reimagining financing for the SDGs: From filling gaps to shaping finance* (UN DESA Policy Brief No. 170). United Nations Department of Economic and Social Affairs.

Organisation for Economic Co-operation and Development/United Nations Capital Development Fund [OECD & UNCDF]. (2019). *Blended finance in the least developed countries 2019.* OECD Publishing. https://doi.org/10.1787/1c142aae-en

Organisation for Economic Co-operation and Development [OECD]. (2017). *Investing in climate, investing in growth*. OECD Publishing. https://doi.org/1 0.1787/9789264273528-en

Organisation for Economic Co-operation and Development [OECD]. (2020). *Policy framework on sound public governance: Baseline features of governments that work well*. OECD Publishing. https://doi.org/10.1787/c03e01b3-en

Organisation for Economic Co-operation and Development [OECD]. (2023). *PISA 2022 results (Volume I): The state of learning and equity in education*. OECD Publishing. https://doi.org/10.1787/53f23881-en

North, D. C. (1994). Institutions matter. *Economic History* Working Paper 9411004.

Picarelli, M. O., Vanlaer, W., & Marneffe, W. (2019). Does public debt produce a crowding-out effect for public investment in the EU? *SSRN Electronic Journal*. https://doi.org/10.2139/ssrn.3376471

Psacharopoulos, G., & Patrinos, H. A. (2018). *Returns to investment in education: A decennial review of the global literature* (Policy Research Working Paper No. 8402). World Bank.

Truger, A. (2016). *The golden rule of public investment: A necessary and sufficient reform of the EU fiscal framework?* (IMK Working Paper No. 168). Macroeconomic Policy Institute, Hans Böckler Stiftung.

Vogt, G. (2024, 12. Juni). Inflation Reduction Act der USA. *Deutsche Industrie- und Handelskammer*. https://www.dihk.de/de/themen-und-positionen/ inflation-reduction-act-der-usa-92844

World Bank. (2018). *World development report 2018: Learning to realize education's promise*. https://doi.org/10.1596/978-1-4648-1096-1

7

Verwaltung als Zukunftswerkstatt – Wie der Staat zur Plattform einer lebendigen Demokratie wird

„Verwaltung" – Kaum ein Begriff klingt bürokratischer, technischer, ferner vom Puls gesellschaftlicher und wirtschaftlicher Dynamik. Und doch ist es genau dieser Maschinenraum des Staates, in dem sich eine der tiefgreifendsten Transformationen unserer Zeit vollzieht. Leise, oft unbeachtet, selten gefeiert. Aber mit enormer Sprengkraft. Digitalisierte Verwaltung, das meint nicht bloß ein bisschen Digitalisierung von Formularen, nicht den neuen Scanner im Amt, sondern ein neues Paradigma des staatlichen Handelns: offen, agil, datengestützt und bürgernah. Es geht um nicht weniger als die Neuerfindung der Verwaltung im Zeitalter algorithmischer Rationalität.

Diese Transformation ist kein Luxusprojekt für digitalaffine Länder, sondern eine historisch bedingte Notwendigkeit. Denn: Eine Gesellschaft im Wandel, demografisch, ökologisch, ökonomisch, technologisch, braucht einen Staat, der mithalten kann. Eine Verwaltung, die nicht nur reagiert, sondern gestaltet. Die proaktiv steuert, intelligent priorisiert, lernfähig ist und Vertrauen stiftet. Kurz: Eine Verwaltung, die nicht mehr Bremserin, sondern Beschleunigerin ist – ein Enabler, Ermöglicher, einer modernen, qualitativen Wachstumspolitik.

© Der/die Autor(en), exklusiv lizenziert an Springer Fachmedien Wiesbaden GmbH, ein Teil von Springer Nature 2026
M. Pätzold et al., *Wachstum neu denken*,
https://doi.org/10.1007/978-3-658-50406-9_7

Warum ist das so entscheidend? Weil moderne Wirtschaftsentwicklung heute nicht mehr allein von Maschinenparks und Exportquoten abhängt, sondern von intelligenten Infrastrukturen, resilienten Institutionen und vertrauensvollen Interaktionen. Eine digital leistungsfähige Verwaltung reduziert nicht nur Transaktionskosten und Bürokratieaufwand. Sie wird selbst zum Produktivitätsfaktor. Sie ist kein Nebenschauplatz der Wachstumspolitik, sondern ihre stille Grundlage: Dort, wo Genehmigungen schneller erfolgen, Unternehmensgründungen unkomplizierter sind, öffentliche Daten zur Innovationsquelle werden, dort floriert auch wirtschaftliche Dynamik. Der Standortfaktor Verwaltung gewinnt in Zeiten globaler Wettbewerbsfähigkeit zunehmend an Relevanz, nicht zuletzt, weil er nicht einfach zu importieren ist.

Gleichzeitig steht die Verwaltung als demokratische Institution unter doppeltem Druck: Sie soll effizient sein und gleichzeitig inklusiv, schnell und zugleich rechtsstaatlich, digital und zugleich menschlich. Verwaltung als Zukunftswerkstatt versucht diesen Widerspruch nicht aufzulösen, sondern im Sinne eines konstruktiven Gleichgewichts neu zu denken. Zwischen Automatisierung und Verantwortung. Zwischen Geschwindigkeit und Gerechtigkeit. Zwischen technologischer Innovation und gesellschaftlicher Integration.

Die Zukunftswerkstatt steht deswegen auch für eine neue Ethik des staatlichen Handelns. Für eine Kultur, die Fehler nicht bestraft, sondern aus ihnen lernt. Für eine Organisation, die den Menschen in ihrer Mitte sieht. Nicht als Datenpunkt, sondern als Mitgestalter. Für eine Architektur, die offen ist für Kooperation, für externe Impulse, für Transparenz. Die digitale Verwaltung ist damit auch ein Prüfstein unserer politischen Kultur: Wie sehr trauen wir uns, Macht zu teilen? Wie sehr sind wir bereit, Kontrolle abzugeben, und Vertrauen aufzubauen?

In diesem Kapitel gehen wir der Frage nach, wie eine solche Verwaltung aussehen kann. Wir analysieren die Voraussetzungen, beschreiben internationale Vorbilder, und benennen Risiken sowie Potenziale. Es geht dabei nicht um technisches Klein-Klein, sondern um das große Ganze: Wie kann eine moderne Verwaltung zu einer tragenden Säule demokratischer Selbststeuerung werden? Wie schafft sie Vertrauen, statt es zu verbrauchen? Wie wird sie zum Ermöglicher nachhaltigen Wachstums — ökologisch, ökonomisch, sozial?

Dabei stehen nicht nur technologische Fragen im Vordergrund, sondern auch die tiefere Dimension: Welches Menschenbild liegt dieser neuen Verwaltung zugrunde? Welches Staatsverständnis? Welche Vorstellung von Fortschritt? Wer eine moderne Verwaltung gestalten will, muss sich dieser normativen Fragen bewusst sein. Denn Verwaltung ist kein neutrales System. Sie ist stets Ausdruck politischer Entscheidungen, gesellschaftlicher Aushandlungsprozesse, ökonomischer Kräfteverhältnisse.

Wer also Verwaltung noch immer als Aktenlager des Staates versteht, wird umdenken müssen. Die Zukunftswerkstatt ist kein technisches Update, sie ist ein zivilisatorisches Upgrade. Ein neues Betriebssystem für ein Gemeinwesen, das im digitalen Wandel nicht nur bestehen, sondern sich erneuern will. Die Revolution beginnt nicht auf den Straßen. Sie beginnt im Backoffice des Staates.

Dieses Kapitel ist eine Einladung, diesen Wandel mitzugestalten. Nicht als Zuschauer, sondern als Teilnehmende. Nicht als Kritiker, sondern als Ko-Produzenten eines neuen staatlichen Selbstverständnisses. Denn wie wir unsere Verwaltung organisieren, entscheidet auch, wie wir als Gesellschaft miteinander leben wollen.

7.1 Zwischen Akte und Algorithmus: Wo die Verwaltung heute steht

Die digitale Transformation ist längst nicht mehr allein Sache der Privatwirtschaft, sondern hat inzwischen tiefgreifend auch den öffentlichen Sektor erreicht. Dennoch gestaltet sich die Digitalisierung der Verwaltung oft komplexer als in anderen Bereichen. Trotz des erheblichen Potenzials bleiben viele Behörden weit hinter den Erwartungen der Bürger zurück. Die Ursachen dafür sind vielfältig und reichen von technologischen und organisatorischen Hürden bis hin zu kulturellen Widerständen innerhalb der Behörden.

Digitale Transformationsprozesse verlaufen im öffentlichen Sektor typischerweise in vielen kleinen, inkrementellen Schritten, die erst in ihrer Gesamtheit transformative Wirkung entfalten.[1] Digitale Innovationen

---

[1] Vgl. Lindgren et al. (2019), S. 432 f.

bewirken dabei selten radikale Umbrüche, sondern werden vielmehr allmählich und schrittweise in bestehende Prozesse integriert. Die Erwartung der Bürger, öffentliche Dienstleistungen ebenso nahtlos und komfortabel nutzen zu können wie digitale Angebote aus dem Privatsektor, setzt Behörden unter erheblichen Handlungsdruck. Zwischen dem Anspruch einer nutzerfreundlichen, effizienten Verwaltung und der Wirklichkeit liegen oft erhebliche Unterschiede, was zu Unzufriedenheit und Vertrauensverlust führen kann.

Studien stellen kritisierend fest, dass die Digitalisierung der Verwaltung in der Praxis häufig auf Prozessoptimierung und Modernisierung bestehender Abläufe reduziert wird.[2] Tatsächlich bedeutet digitale Transformation jedoch weit mehr: Sie erfordert grundlegende Veränderungen der Arbeitsweise, Organisationsstruktur und Unternehmenskultur öffentlicher Institutionen. Behörden müssten lernen, in digitalen Kategorien zu denken und Bürger nicht nur als passive Empfänger, sondern als aktive Nutzer und Mitgestalter digitaler Angebote zu verstehen. Hier hakt es häufig noch, da traditionelle Verwaltungsstrukturen und -kulturen, die von Hierarchien und strikten Zuständigkeiten geprägt sind, nicht ohne Weiteres anpassungsfähig sind.

Deutschland liefert hierfür ein anschauliches Beispiel: Obwohl das Onlinezugangsgesetz (OZG) viele digitale Verwaltungsprojekte ins Rollen gebracht hat, bleibt der tatsächliche Nutzen für die Bevölkerung laut einem Bericht des Nationalen Normenkontrollrates bislang gering.[3] Viele Services sind zwar technisch verfügbar, werden jedoch von Bürgerinnen und Bürgern kaum genutzt, da sie entweder zu kompliziert gestaltet, unzureichend kommuniziert oder schlichtweg nicht nutzerfreundlich konzipiert sind. Zudem fehlen häufig klare Kommunikationsstrategien, um die Verfügbarkeit neuer digitaler Dienstleistungen effektiv an die Bürgerinnen und Bürger heranzutragen. Diese Diskrepanz zwischen digitalen Möglichkeiten und praktischer Realität verdeutlicht die dringende Notwendigkeit einer verbesserten nutzerzentrierten Gestaltung der digitalen Verwaltungsangebote.

---

[2] Siehe hierzu beispielsweise Mergel et al. (2019).
[3] Vgl. NKR (2022).

Ein wesentlicher Grund für diese Umsetzungsprobleme liegt in der mangelhaften Standardisierung und fehlenden Interoperabilität digitaler Angebote. Unterschiedliche Behörden verfolgen verschiedene technische Lösungen und Standards, was zu Insellösungen und einer fragmentierten digitalen Landschaft führt. Diese Fragmentierung erschwert nicht nur die Nutzung für die Bürger, sondern verursacht auch erhebliche Kosten und Effizienzverluste innerhalb der Verwaltung selbst. Darüber hinaus verhindert sie, dass digitale Innovationen schnell und flächendeckend implementiert werden können, wodurch der gesamte Prozess der digitalen Transformation unnötig verlangsamt wird.

Ein Blick auf internationale Vorbilder zeigt jedoch, dass es auch anders geht: Länder mit fortschrittlicheren digitalen Verwaltungsstrukturen, wie Estland oder Dänemark, demonstrieren eindrucksvoll, wie eine konsequente Strategie zur Digitalisierung tatsächlich einen Mehrwert für alle Beteiligten schaffen kann. Einheitliche Standards, zentrale digitale Plattformen und eine klare politische Führung sorgen dort dafür, dass digitale Verwaltungsangebote effizient, nutzerfreundlich und umfassend genutzt werden.[4] Diese internationalen Beispiele verdeutlichen, dass Digitalisierung nicht nur technologisch, sondern auch organisatorisch und kulturell erfolgreich gesteuert werden muss.

Aus der kleinen Analyse der aktuellen Situation ergibt sich daher eine klare Agenda für Deutschland und andere Länder, die noch am Anfang der Verwaltungsdigitalisierung stehen: Die öffentliche Verwaltung muss den Sprung von einer digital unterstützten Verwaltung hin zu einer echten digitalen Verwaltung schaffen. Dies bedeutet konkret:

- Aufbau und Durchsetzung gemeinsamer technischer Standards und Plattformen, die eine nahtlose Interoperabilität gewährleisten
- konsequente Nutzerorientierung und aktive Einbindung der Bürger in die Entwicklung und Evaluierung digitaler Services
- grundlegende kulturelle und organisatorische Veränderungen innerhalb der Verwaltung, einschließlich Abbau von tiefen Hierarchien und Förderung agiler Methoden

---

[4]Vgl. UN-DESA (2022), S. 184 f.

- stärkere politische Unterstützung sowie klare Verantwortlichkeiten und Ressourcenverteilung auf höchster Ebene, um digitale Transformationsprozesse konsequent und nachhaltig umzusetzen

Nur wenn diese Schritte konsequent und ganzheitlich umgesetzt werden, kann die Digitalisierung der Verwaltung ihre volle transformative Kraft entfalten und nachhaltig gesellschaftlichen und ökonomischen Mehrwert generieren. Nachfolgend werden wir vertiefend die konkreten Lösungsansätze und Strategien diskutieren, mit deren Hilfe die digitale Transformation der Verwaltung gelingen kann.

7.2 Kompetenzen für das Morgen: Warum auch Verwaltungen lernen müssen

Die digitale Transformation der Verwaltung bedeutet weit mehr als die bloße Einführung neuer Technologien. Vielmehr verlangt sie nach tiefgreifenden Veränderungen der Arbeitsweise, Kompetenzen und Unternehmenskultur innerhalb der öffentlichen Verwaltung. Um die Potenziale der Digitalisierung voll ausschöpfen zu können, müssen Verwaltungsmitarbeitende gezielt und kontinuierlich qualifiziert werden, damit sie den wachsenden Anforderungen und schnellen technologischen Veränderungen gewachsen sind.

Eine Studie der Verwaltungsdigitalisierungsexpertin Ines Mergel hat dies einmal mehr unterstrichen: digitale Kompetenzen der Verwaltungsmitarbeiter sind entscheidend für die erfolgreiche Umsetzung digitaler Transformationsprozesse.[5] Ihre Untersuchung zeigt, dass viele Verwaltungsmitarbeitende ihre eigenen digitalen Fähigkeiten häufig überschätzen und sich der tatsächlichen Anforderungen erst im Zuge von Weiterbildungsmaßnahmen bewusst werden. Erst durch gezielte Qualifikationsmaßnahmen erkennen sie bestehende Kompetenzlücken und entwickeln ein Verständnis dafür, wie digitale Technologien effektiv eingesetzt werden können. Diese Erkenntnisse verdeutlichen, wie wichtig kontinuierliche und praxisnahe Aus- und Weiterbildungsprogramme

---

[5]Vgl. Mergel (2020), S. 5 f.

sind, um die notwendigen Fähigkeiten für die digitale Verwaltung nachhaltig aufzubauen. Dabei spielt insbesondere der methodische Aufbau digitaler Kompetenz eine zentrale Rolle, etwa durch praxisorientierte Schulungen und Workshops, die spezifisch auf die Anforderungen des Verwaltungsalltags zugeschnitten sind.

Neben der Vermittlung technischer Kompetenzen wird die sogenannte Workforce Agility, also die Agilität der Belegschaft, als kritischer Erfolgsfaktor hervorgehoben. Sergio Fernandez und Hal Rainey argumentieren hierzu, dass Verwaltungsmitarbeitende nicht nur technologische Neuerungen beherrschen, sondern auch flexibel auf Veränderungen reagieren müssen.[6] Agilität beinhaltet in diesem Kontext die Fähigkeit, bestehende Abläufe kontinuierlich zu hinterfragen, sich auf neue Anforderungen schnell einzustellen und dabei kollaborativ sowie lösungsorientiert vorzugehen. Diese Eigenschaften stehen häufig im Widerspruch zur traditionell hierarchisch organisierten und auf Stabilität ausgerichteten Verwaltungskultur, was den kulturellen Wandel zu einer großen Herausforderung macht. Hierarchische Denkweisen und etablierte Entscheidungsstrukturen erschweren es häufig, agile Prinzipien wie Selbstorganisation und interdisziplinäre Zusammenarbeit umzusetzen. Entsprechend müssen Veränderungsprozesse begleitet werden, die nicht nur Strukturen, sondern auch die kulturelle Haltung und Einstellung der Mitarbeitenden adressieren.

Hierfür hat die OECD hat ein umfassendes Framework für digitale Talente und Kompetenzen im öffentlichen Sektor entwickelt, das als wegweisende Orientierungshilfe dient.[7] Dieses Rahmenwerk umfasst drei zentrale Säulen: *Erstens,* die Schaffung eines Umfeldes, in dem digitale Innovation überhaupt möglich wird, etwa durch die Bereitstellung notwendiger Infrastruktur und Ressourcen. *Zweitens,* die Entwicklung spezifischer digitaler Fähigkeiten bei allen Beschäftigtengruppen, einschließlich Führungskräften, die oftmals entscheidend über den Erfolg digitaler Initiativen mitbestimmen. *Drittens,* konkrete Maßnahmen, um eine langfristig nachhaltige, zukunftsfähige Belegschaft aufzubauen, etwa durch gezielte Rekrutierung digital kompetenter Talente und Förderung

---

[6]Vgl. Fernandez&Rainey (2006).
[7]Vgl. OECD (2021), S. 7 f.

interner Weiterentwicklungsmöglichkeiten. Dieses Framework betont auch die Bedeutung eines strategischen Personalmanagements, das Talente erkennt, bindet und kontinuierlich weiterentwickelt, um langfristige digitale Innovationskraft innerhalb der Verwaltung sicherzustellen.

Ein besonders erfolgreiches Beispiel für die Umsetzung solcher Strategien bietet Estland. Das Land hat früh erkannt, dass digitale Verwaltungsservices nicht nur technologisch, sondern auch personell abgesichert werden müssen. So wurde von Anfang an großer Wert auf eine breit angelegte digitale Ausbildung gelegt, welche kontinuierlich und praxisnah durchgeführt wird.[8] Zusätzlich erfolgte die Etablierung von Kooperationen zwischen Verwaltung, Hochschulen und der Privatwirtschaft, um den Austausch von Wissen und Innovationen zu fördern. Diese Vorgehensweise hat wesentlich dazu beigetragen, dass Estland heute als Vorbild für eine effiziente und bürgernahe digitale Verwaltung gilt. Der Erfolg Estlands verdeutlicht, dass langfristige Investitionen in digitale Bildung und enge Zusammenarbeit mit externen Wissenspartnern entscheidende Erfolgsfaktoren darstellen.

Die Umsetzung vergleichbarer Maßnahmen gestaltet sich jedoch nicht überall einfach. Insbesondere in Ländern wie Deutschland trifft der digitale Wandel in der Verwaltung häufig auf kulturelle Widerstände und traditionelle bürokratische Strukturen. Angst vor Arbeitsplatzverlust, mangelndes Vertrauen in technologische Neuerungen und fehlende Erfahrung im Umgang mit digitalen Tools hemmen vielfach den notwendigen Wandel. Um diese Hürden zu überwinden, bedarf es nicht nur technischer Schulungen, sondern auch einer intensiven Begleitung des Veränderungsprozesses, inklusive einer offenen Kommunikation und transparenter Einbindung der Beschäftigten. Darüber hinaus sind gezielte Maßnahmen zur Stärkung der digitalen Resilienz der Mitarbeitenden notwendig, um Unsicherheiten abzubauen und Vertrauen in neue Technologien aufzubauen.

Für die öffentliche Verwaltung bedeutet dies konkret, dass Qualifikationsmaßnahmen strategisch geplant und konsequent durchgeführt werden müssen. Dazu gehören unter anderem:

---

[8] Vgl. Koponen (2024).

- Regelmäßige Weiterbildungsprogramme zu digitalen Kompetenzen, angepasst an unterschiedliche Beschäftigungsgruppen
- Aufbau agiler Organisationsstrukturen und Förderung flexibler Arbeitsweisen
- Stärkung der Führungskompetenzen im Bereich Digitalisierung und Veränderungsmanagement
- Enge Zusammenarbeit mit Hochschulen und der Wirtschaft, um aktuelle technologische Entwicklungen frühzeitig zu erkennen und in die Verwaltungspraxis zu integrieren
- Implementierung eines kontinuierlichen Evaluationsprozesses, um den Fortschritt und die Effektivität der durchgeführten Maßnahmen sicherzustellen und Anpassungen frühzeitig vorzunehmen

Nur durch diese umfassenden und strategischen Maßnahmen kann gewährleistet werden, dass Verwaltungsmitarbeitende nicht nur über die notwendigen Fähigkeiten verfügen, sondern diese auch in einer Verwaltungskultur einsetzen können, die Innovation und Digitalisierung aktiv unterstützt.

7.3 Bürger, Daten, Demokratie: Wie neue Werkzeuge die Beteiligung verändern

Die öffentliche Verwaltung befindet sich derzeit inmitten einer tiefgreifenden Transformation, maßgeblich beeinflusst durch technologische Innovationen und datengetriebene Ansätze. Vor diesem Hintergrund gewinnt der Begriff Citizen Data Science zunehmend an Bedeutung in der wissenschaftlichen und politischen Debatte. Unter Citizen Data Science versteht man die aktive Einbindung nichtprofessioneller Akteure, insbesondere der Bürger, in die Prozesse der Datenerhebung, Datenanalyse und Interpretation öffentlicher Datenbestände.[9] Empirisch konnte mehrfach gezeigt werden, dass hierfür die Bereitstellung offener Verwaltungsdaten signifikante Innovations- und Transparenzpotenziale birgt.[10]

---

[9] Vgl. Weingart (2022).
[10] Siehe hierzu beispielsweise Janssen et al. (2012).

Gleichzeitig muss aber auch darauf hingewiesen werden, dass eine bloße Veröffentlichung dieser Datenbestände nicht ausreicht, um nachhaltige und wirksame Bürgerbeteiligung zu gewährleisten. Entscheidend sei vielmehr, diese Daten so aufzubereiten und zu präsentieren, dass sie für Bürger aller Kompetenzniveaus intuitiv zugänglich und nutzbar sind. Dabei spielen insbesondere gut strukturierte, interaktive Dashboards und visuelle Analysen eine zentrale Rolle. Diese Instrumente senken die Zugangsschwellen und ermöglichen eine breitere Teilhabe an der öffentlichen Diskussion. Damit verbunden ist jedoch auch die Notwendigkeit, gezielt öffentliche Diskurse zu initiieren, welche die demokratischen Mehrwerte offener Daten sichtbar machen, und somit auch weniger datenaffine Bürgerinnen und Bürger miteinbeziehen.

Die Praxisinitiative *CitizenScience.gov* der US-amerikanischen Regierung illustriert auf eindrucksvolle Weise, wie ein solcher Ansatz in der Realität erfolgreich umgesetzt werden kann. Die Plattform ermöglicht es der Bevölkerung, über gezieltes Crowdsourcing und partizipative Forschungsmethoden in Regierungsprojekte eingebunden zu werden. Dadurch entstehen einerseits qualitative und vielfältige Datenbestände, andererseits erhöht sich die Legitimität staatlicher Entscheidungsprozesse durch die direkte Einbindung der Bevölkerung. Zusätzlich bietet dieses Format Raum für neue Lösungsansätze zu gesellschaftlichen Herausforderungen, die ohne die Einbeziehung der Zivilgesellschaft möglicherweise nicht identifiziert oder adressiert würden.

Historische Vorbilder für solche Beteiligungsformen, wie etwa das Projekt *Factory Watch* von Friends of the Earth in Großbritannien, zeigen auf, wie zivilgesellschaftliche Initiativen zur treibenden Kraft bei der Etablierung einer offenen Datenpolitik werden können.[11] Das in den späten 1990er-Jahren gestartete Projekt demonstrierte eindrucksvoll, wie bürgerliche Initiativen, die auf Transparenz und Partizipation setzen, weitreichende organisatorische und politische Reformen in öffentlichen Institutionen anstoßen können. Die bürgergetriebene Offenlegung von Umweltinformationen wirkte dabei nicht nur direkt auf die Verwaltungspolitik ein, sondern beeinflusste maßgeblich die Entwicklung offizieller Datenplattformen und öffentlicher Informationssysteme.

---

[11] Vgl. Friends of the Earth (2003).

Jedoch sind für eine erfolgreiche Implementierung von Citizen Data Science spezifische organisatorische, technische und rechtliche Rahmenbedingungen erforderlich. Zu den zentralen Voraussetzungen zählen insbesondere:

- Entwicklung und kontinuierliche Pflege technologisch ausgereifter, nutzerfreundlicher Plattformen, welche eine einfache, intuitive Nutzung gewährleisten und somit breite Bevölkerungsgruppen zur aktiven Mitwirkung motivieren.
- Schaffung umfangreicher Programme und Bildungsangebote zur Förderung der Datenkompetenz der Bürgerinnen und Bürger, um einen souveränen, kritischen Umgang mit öffentlich verfügbaren Daten sicherzustellen.
- Klare und verbindliche rechtliche Rahmenbedingungen hinsichtlich Datenschutz, Datensicherheit und Datenintegrität, um langfristig das Vertrauen der Bevölkerung in öffentliche Datenbestände und deren Verwendung zu sichern.
- Entwicklung partizipativer Governance-Modelle, die Bürgerinnen und Bürger systematisch und dauerhaft in Entscheidungsprozesse integrieren und somit die nachhaltige Legitimität und Akzeptanz digitaler Verwaltungsinnovationen fördern.

Eine erfolgreiche Umsetzung dieser Maßnahmen erfordert eine koordinierte und partnerschaftliche Zusammenarbeit zwischen öffentlichen Institutionen, zivilgesellschaftlichen Organisationen und privatwirtschaftlichen Akteuren. Internationale Erfahrungen zeigen, dass Verwaltungen, welche diese integrativen Ansätze verfolgen, ihre Effizienz und Legitimität erheblich steigern können. Gleichzeitig erhöht eine solche systematische Einbindung der Zivilgesellschaft die gesellschaftliche Innovationskraft und sorgt für eine nachhaltige Verankerung der digitalen Transformation innerhalb der Gesellschaft.

7.4 Wachstumsgeheimnis Backoffice – Wenn Amtswege Wert schöpfen

Die Digitalisierung der öffentlichen Verwaltung birgt erhebliche ökonomische Potenziale, die weit über reine Effizienzgewinne hinausgehen. Eine fortschrittlich digitalisierte Verwaltung trägt nicht nur dazu bei, bürokratische Prozesse zu beschleunigen, sondern beeinflusst auch positiv das allgemeine Wirtschaftswachstum und stärkt die internationale Wettbewerbsfähigkeit eines Standorts.[12] Durch technologiebasierte Modernisierungen eröffnen sich neue Spielräume für eine ressourcenschonende, zielgerichtete und innovationsfreundliche Steuerung wirtschaftlicher Aktivitäten. Nachfolgend wird analysiert, wie eine moderne, digitalisierte Verwaltung konkrete ökonomische Vorteile generieren kann, und untersucht, welche die Mechanismen der Verwaltungsdigitalisierung zu nachhaltigem, langfristig stabilem Wirtschaftswachstum führen.

Empirische Studien bestätigen immer wieder den positiven Einfluss einer fortschrittlichen E-Government-Struktur auf die volkswirtschaftliche Entwicklung. Insbesondere in länderübergreifenden Untersuchungen lässt sich zeigen, dass Staaten mit einer höheren Reife ihrer digitalen Verwaltungsstrukturen signifikant bessere wirtschaftliche Ergebnisse erzielen.[13] Insbesondere die Reduktion administrativer Hürden, die Beschleunigung von Genehmigungsprozessen und die digitale Unterstützung unternehmerischer Aktivitäten führen zu einer insgesamt dynamischeren wirtschaftlichen Entwicklung. Digitale Schnittstellen zwischen Staat und Wirtschaft senken Transaktionskosten, reduzieren Fehleranfälligkeit und ermöglichen eine planbarere Interaktion mit behördlichen Institutionen. Dadurch werden Ressourcen freigesetzt, die Unternehmen für Innovation, Expansion oder Effizienzsteigerung nutzen können.

Der Ökonom Nasr Elbahnasawy hat hierzu in einer breit angelegten empirischen Untersuchung herausgefunden, dass eine fortgeschrittene digitale Verwaltung Korruption signifikant reduziert und damit indirekt

---

zur Förderung von legalen, formellen Wirtschaftsaktivitäten beiträgt.[14] Transparente, standardisierte digitale Verfahren erschweren korrupte Praktiken und fördern ein Umfeld, in dem Wirtschaftstätigkeiten nachvollziehbar und regelkonform ablaufen. Die Folgen sind vielfältig: höhere Steuereinnahmen, eine Verbreiterung der steuerlichen Bemessungsgrundlage, geringere Schattenwirtschaft und insgesamt stabilere fiskalische Rahmenbedingungen. Zugleich wird das Vertrauen internationaler Investoren gestärkt, die zunehmend Wert auf transparente und verlässliche Rahmenbedingungen legen. Gerade in kapitalintensiven Sektoren wie Energie, Logistik oder Digitalisierung ist die digitale Reife der Verwaltung ein ausschlaggebender Standortfaktor geworden.

Ein weiterer Aspekt, der in der Debatte zunehmend an Bedeutung gewinnt, ist die effiziente Steuerung öffentlicher Investitionen. Durch datengestützte Entscheidungsprozesse, automatisierte Auswertungen und KI-unterstützte Prognosetools können Mittelallokationen effizienter, nachvollziehbarer und treffsicherer vorgenommen werden. Digitale Plattformen erlauben nicht nur eine Echtzeitüberwachung von Ausgaben und Fortschritten, sondern auch eine strategische Priorisierung von Projekten auf Grundlage klarer Wirkungsanalysen. Laut Weltwirtschaftsforum könnten durch den Einsatz konsequenter GovTech-Innovationen weltweit bis 2030 Ressourcen in Höhe von mehreren Billionen US-Dollar effizienter eingesetzt werden.[15] Diese finanziellen Spielräume schaffen wiederum Potenzial für wachstumsfördernde Investitionen in Bildung, Infrastruktur, Forschung und Entwicklung.

Von besonderer Relevanz ist auch die Rolle offener Verwaltungsdaten im Kontext wirtschaftlicher Innovation. Open Data kann zur Basis ganzer Geschäftsmodelle werden, etwa im Bereich Mobilität, Umwelttechnologie, Gesundheitswesen oder dem städtischen Management. Start-ups und etablierte Unternehmen nutzen öffentlich zugängliche Datenquellen, um neue Dienstleistungen zu entwickeln, Algorithmen zu trainieren oder Entscheidungssysteme zu verbessern. So fungiert die Verwaltung nicht nur als Regulator, sondern auch als Rohstofflieferant für datengetriebene Wertschöpfung. Insofern stellt Open Government Data

---

[14] Vgl. Elbahnasawy (2014).
[15] Vgl. WEF (2025), S. 4.

ein wirtschaftspolitisches Instrument erster Ordnung dar, dessen ökonomische Relevanz vielerorts noch unterschätzt wird. Die erfolgreiche Realisierung dieser Potenziale setzt jedoch voraus, dass bestimmte politische, technische und rechtliche Voraussetzungen geschaffen werden. Dazu gehören:

- Die Entwicklung zentraler, interoperabler Plattformlösungen, die Verwaltungsprozesse integrativ digitalisieren und dabei Transparenz und Kontrollmöglichkeiten für Bürger, Unternehmen und Aufsichtsinstitutionen gewährleisten.
- Die Etablierung einer umfassenden Datenstrategie, die nicht nur Sammlung und Speicherung, sondern auch Bereitstellung und Nutzung öffentlicher Daten durch Dritte aktiv fördert.
- Die Schaffung innovationsfreundlicher rechtlicher Rahmenbedingungen, die Investitionssicherheit erhöhen, Datenschutz garantieren und zugleich unternehmerische Agilität im Umgang mit öffentlichen Infrastrukturen ermöglichen.

Die Digitalisierung der öffentlichen Verwaltung bietet weitreichende Potenziale, um wirtschaftliches Wachstum nicht nur anzustoßen, sondern langfristig abzusichern. Die Beschleunigung bürokratischer Verfahren, die intelligente Steuerung staatlicher Ausgaben und die strategische Nutzung öffentlicher Daten bilden zusammen ein leistungsfähiges Fundament für wirtschaftliche Resilienz, Innovationskraft und globale Wettbewerbsfähigkeit.

7.5 eDemokratie – Klick für Klick zur Mitsprache

Die Digitalisierung der öffentlichen Verwaltung verändert nicht nur Prozesse, Effizienzmaßstäbe und Zuständigkeitsgefüge. Sie transformiert in tiefgreifender Weise das Verhältnis zwischen Staat und Bürger. Wo früher Formulare, Flure und Fristen den Alltag prägten, eröffnen sich heute neue digitale Räume des Dialogs, der Mitwirkung und der Kontrolle.

Hier stellt sich die Frage, inwieweit digitale Verwaltung nicht nur effizienter, sondern auch demokratischer gestaltet werden kann, und welche Voraussetzungen es braucht, damit aus technischen Möglichkeiten reale demokratische Teilhabe wird.

Zahlreiche Studien und internationale Rankings weisen inzwischen nach, dass Länder mit einem hohen Grad an E-Partizipation signifikante Verbesserungen in der demokratischen Governance aufweisen.[16] Insbesondere die Fähigkeit der Bürger, ihre Meinung zu äußern und Einfluss auf staatliches Handeln zu nehmen, korreliert stark mit der Qualität digitaler Beteiligungsangebote. Digitale Plattformen ermöglichen es, neue Zielgruppen zu erreichen, Informationen zu verbreiten, Rückmeldungen einzuholen und gemeinsam mit der Bevölkerung politische Entscheidungen vorzubereiten. Die UNESCO wie auch die OECD betonen in ihren Publikationen regelmäßig, dass digitale Partizipation nicht nur eine Option ist, sondern ein strategisches Instrument zur Förderung von Vertrauen, Legitimität und Rechenschaftspflicht.[17]

Dabei entfaltet E-Partizipation ihre Wirkung auf mehreren Ebenen. *Erstens* durch die reine Informationsbereitstellung (E-Information), die Transparenz schafft und Bürgern Zugang zu entscheidungsrelevanten Informationen bietet. *Zweitens* durch Online-Konsultationen, bei denen Bürger zu spezifischen Fragestellungen befragt werden. *Drittens,* und besonders wirksam, durch Mitentscheidungsplattformen, die es ermöglichen, Vorschläge einzureichen, über Projekte abzustimmen oder sogar Gesetzesinitiativen digital mitzugestalten. In Barcelona etwa wurde mit der Plattform *Decidim* ein digitales Beteiligungsinstrument geschaffen, das als Blaupause für digitale Demokratie gilt: partizipativ, offen, transparent und gesetzlich verankert.[18] Vergleichbare Modelle existieren mittlerweile auch in Helsinki, Paris und Reykjavik. Allesamt Städte, die erkannt haben, dass politische Legitimität im digitalen Zeitalter zunehmend von Partizipation und nicht mehr allein von Repräsentation abhängt.

---

[16] Siehe hierzu beispielsweise UN-DESA (2024).
[17] Siehe hierzu beispielsweise OECD (2025); UNESCO (2023).
[18] Vgl. Macher (2020).

Allerdings ist der Weg zur digitalen Demokratie kein Selbstläufer. Die bloße Existenz technischer Tools garantiert noch keine echte Teilhabe. Studien zeigen, dass digitale Beteiligung häufig auf ein kleines, hochgebildetes Segment der Bevölkerung begrenzt bleibt und dadurch unbeabsichtigt bestehende soziale Ungleichheiten reproduzieren kann.[19] Umso wichtiger ist es, Inklusion by design zu realisieren: digitale Plattformen müssen barrierefrei, sprachlich zugänglich und technisch intuitiv gestaltet sein. Zudem braucht es flankierende Maßnahmen, um digitale Kompetenzen in der Bevölkerung breit zu fördern und insbesondere bildungsferne oder benachteiligte Gruppen gezielt anzusprechen. Denn nur wer die Möglichkeiten digitaler Teilhabe kennt und versteht, kann sich daran beteiligen; ein Punkt, der im politischen Diskurs bislang oft vernachlässigt wird.

Die Vereinten Nationen fordern daher in ihren E-Government-Berichten ein aktives Engagement der Staaten zur Reduktion digitaler Ungleichheiten.[20] Der digitale Staat darf nicht zum neuen Exklusivclub werden. Vielmehr gilt es, Teilhabe als gesellschaftliches Infrastrukturprojekt zu verstehen: ein Gemeinwesen, das allen gehört, muss auch für alle zugänglich sein, analog wie digital. Nur so entsteht eine Verwaltung, die nicht nur effizient, sondern auch demokratisch legitimiert und gesellschaftlich verankert ist. Digitale Inklusion wird damit zu einer Grundbedingung der politischen Chancengleichheit im 21. Jahrhundert.

Die Transformation der Verwaltung zur demokratischen Plattform erfordert jedoch ein Umdenken auf allen Ebenen: rechtlich, organisatorisch, kulturell. Es gilt, Beteiligung nicht als Add-on zu begreifen, sondern als integralen Bestandteil des Verwaltungshandelns.[21] Dies verlangt nach neuen Kompetenzen in den Behörden, nach klaren rechtlichen Rahmenbedingungen für digitale Mitwirkung und nach politischem Mut, Entscheidungsprozesse zu teilen.

---

[19] Siehe hierzu beispielsweise UN-DESA (2022).

[20] Ebd.

[21] Vgl. Porwol et al. (2016).

7.6   Firewall der Republik – Sicherheit als Staatsaufgabe

Cybersecurity ist keine technische Randdisziplin mehr, sondern elementarer Bestandteil staatlicher Souveränität. Laut aktuellen Berichten der OECD und einschlägiger Fachzeitschriften gehören öffentliche Einrichtungen weltweit zu den am häufigsten angegriffenen Zielen von Cyberattacken.[22] Der öffentliche Sektor besitzt eine hochsensible Infrastruktur: von Melde- und Steuerbehörden über Sozialkassen bis hin zu digitalisierten Krankenhäusern. All diese Systeme verwalten personenbezogene Daten, operative Entscheidungsgrundlagen und kritische Infrastrukturen. Ein erfolgreicher Angriff kann hier nicht nur wirtschaftlichen Schaden verursachen, sondern auch gesellschaftliche Destabilisierung bewirken. Das Vertrauen der Bevölkerung in digitale Prozesse ist ein empfindliches Gut, und bereits ein einziger Vorfall kann dieses Vertrauen nachhaltig erschüttern.

Zahlen belegen die Dringlichkeit: Bereits 2021 entfielen rund 5 % aller weltweiten Cyberangriffe auf staatliche Institutionen.[23] Besonders verbreitet sind sogenannte DDoS-Angriffe (Distributed Denial of Service), bei denen Systeme durch gezielte Überlastung lahmgelegt werden. Hinzu kommen gezielte Angriffe mit Ransomware, das Ausspähen sensibler Informationen über Backdoors sowie manipulierte Software-Updates, wie etwa der aufsehenerregende SolarWinds-Vorfall gezeigt hat.[24] Diese Angriffe richten sich nicht nur gegen technische Systeme. Sie treffen das Herz staatlicher Funktionsfähigkeit und das Vertrauen der Bevölkerung in digitale Verwaltung. In einer Verwaltung, die zunehmend digital agiert, kann ein Angriff auf digitale Infrastrukturen schnell zu einem Verwaltungsstillstand führen, mit direkten Folgen für Rechtsstaatlichkeit, Versorgungssicherheit und öffentliche Ordnung.

Gerade auf kommunaler Ebene zeigen Studien, wie verletzlich viele öffentliche IT-Systeme sind. Eine Untersuchung des dem Bundesamts für Sicherheit in der Informationstechnik (BSI) ergab, dass vielen Kommu-

---

[22] Für einen äußerst detaillierten Einblick empfiehlt sich hier die Übersicht von CSIS (2025).
[23] Vgl. Accenture (2022), S. 5.
[24] Vgl. Beuth (2020).

nen sowohl das qualifizierte Fachpersonal als auch ausreichende Budgets fehlen, um Cyberabwehr auf dem notwendigen Niveau zu betreiben.[25] Dabei sind es gerade diese Ebenen, auf denen Bürger unmittelbar mit Verwaltung in Berührung kommen und auf denen ein digitaler Ausfall besonders spürbar ist. Schulen, Sozialämter, Gesundheitsämter oder Bauämter; sie alle sind auf funktionierende IT-Infrastruktur angewiesen, deren Ausfall nicht nur Unmut erzeugt, sondern konkrete Existenzen gefährden kann.

Um digitale Resilienz systematisch aufzubauen, verfolgen immer mehr Länder nationale Cybersicherheitsstrategien. Diese Strategien verfolgen typischerweise zwei Hauptziele: *Erstens* den Schutz kritischer Infrastrukturen und sensibler Regierungsdaten, *zweitens* die Steigerung der gesamtstaatlichen Reaktions- und Wiederherstellungsfähigkeit im Krisenfall. Dabei wird zunehmend deutlich, dass Resilienz nicht allein durch Technik erreicht werden kann. Sie ist ebenso eine Frage der Organisation, der Kultur und des politischen Willens. Besonders betont werden dabei auch sektorspezifische Lösungen: Der Gesundheitssektor benötigt andere Schutzmechanismen als etwa die Steuerverwaltung oder kommunale Versorgungsbetriebe.

Technisch bedeutet Resilienz die Fähigkeit, Systeme redundant und robust zu gestalten, Angriffe frühzeitig zu erkennen (Monitoring), Angriffsvektoren aktiv zu minimieren (beispielsweise durch Patch-Management) und im Ernstfall schnell wieder in einen stabilen Zustand zurückzukehren.[26] Organisatorisch erfordert dies Informationssicherheitskonzepte, Notfallpläne, standardisierte Prozesse zur Vorfallsbehandlung und klare Verantwortlichkeiten. Kulturell braucht es ein tief verankertes Sicherheitsbewusstsein. Die Integration von Sicherheitsaspekten bereits in der Planungsphase, das sogenannte Security by design, sollte zum Standard moderner Verwaltungsentwicklung werden.

Ein besonders wichtiger Aspekt ist die Ausbildung und kontinuierliche Schulung des Personals. Digitale Sicherheit beginnt beim Menschen: Phishing-E-Mails, Social Engineering und leicht zu erratende

---

[25] Vgl. BSI (2024b), S. 90.
[26] Vgl. BSI (2024a).

Passwörter sind nach wie vor Hauptursachen erfolgreicher Angriffe.[27] Verwaltungen müssen daher regelmäßig Schulungen durchführen, um Sensibilität und Kompetenz zu erhöhen. Darüber hinaus muss die Aus- und Weiterbildung im Bereich Cybersicherheit systematisch in die Personalentwicklung öffentlicher Institutionen integriert werden. Gleichzeitig sind strategische Partnerschaften mit spezialisierten IT-Dienstleistern und Forschungseinrichtungen ein zentrales Element moderner Cyberabwehr. Der Aufbau sogenannter Computer Emergency Response Teams (CERTs) hat sich als Best Practice etabliert. Diese Teams übernehmen im Ernstfall Koordination, Schadensbegrenzung und Kommunikation – eine zentrale Voraussetzung für reaktionsfähige Behörden.

Internationale Kooperation ist ein weiterer Schlüssel. Viele Angriffe sind transnational organisiert. Ihre Abwehr kann daher nicht an Landesgrenzen enden. Initiativen wie *die EU Cybersecurity Strategy* oder die Zusammenarbeit von CERTs auf europäischer Ebene bieten hier wichtige Plattformen.[28] Auch auf multilateraler Ebene, etwa durch die OECD oder UN, wird die Entwicklung gemeinsamer Standards und frühzeitiger Informationsaustausch als Grundlage kollektiver Sicherheit gefördert. Zugleich stellt sich die Frage nach digitaler Souveränität: Wie kann der Staat seine Schutzfunktion gewährleisten, wenn essentielle IT-Dienstleistungen von internationalen Anbietern kontrolliert werden? Strategien zur Stärkung europäischer IT-Infrastrukturen und Open-Source-Alternativen gewinnen hier zunehmend an Bedeutung.[29]

Die digitale Resilienz der Verwaltung ist somit weit mehr als eine technische Herausforderung. Sie ist Ausdruck von Weitblick und staatlicher Handlungsfähigkeit im digitalen Zeitalter. Nur eine Verwaltung, die ihre digitalen Infrastrukturen wirksam schützt, kann das Vertrauen ihrer Bürger langfristig sichern und digitale Innovation verantwortungsvoll gestalten. Eine resiliente Verwaltung ist kein statischer Zustand. Sie ist ein lernendes System, das sich kontinuierlich an neue Bedrohungen und technologische Entwicklungen anpassen muss. Dies erfordert institutionelle Lernfähigkeit, regelmäßige Audits, Austauschformate und eine

---

[27] Vgl. Accenture (2022), S. 13 f.
[28] Siehe hierzu insbesondere ENISA (2022).
[29] Siehe hierzu Abschn. 5.5.

Fehlerkultur, die aus Vorfällen Erkenntnisse gewinnt statt Schuldige sucht.

Cybersecurity ist die neue Grundversorgung der modernen Verwaltung. Wer Digitalisierung ernst nimmt, muss Sicherheit als integralen Bestandteil jeder digitalen Strategie verstehen, nicht als nachgelagertes Problem, sondern als Querschnittsaufgabe. Digitale Resilienz entsteht durch Technik, Organisation, Kultur und internationale Kooperation. In einer Welt, in der die nächste Krise digital beginnen kann, entscheidet Resilienz über die Stabilität öffentlicher Ordnung.

7.7   Internationale Leuchtturmprojekte: Von Vorbildern lernen

Die Vision einer modernen, digitalen Verwaltung ist längst kein utopisches Ideal mehr. Sie wird vielerorts bereits Realität. Während manche Länder und Regionen noch mit den Grundlagen digitaler Transformation ringen, haben andere Staaten den Prozess der Verwaltungsdigitalisierung mit beeindruckender Konsequenz vorangetrieben. Nachfolgend wollen wir den Blick über nationale Grenzen hinweg wagen und ausgewählte internationale Leuchtturmprojekte betrachten, die als Blaupausen für eine ambitionierte Verwaltung gelten können. Dabei geht es nicht nur um technologische Lösungen, sondern um umfassende Strategien, die rechtliche, institutionelle, kulturelle und gesellschaftliche Dimensionen integrieren.

Das Paradebeispiel unter den digitalen Vorreitern ist zweifellos Estland. Der baltische Staat hat seit der Jahrtausendwende eine radikale Transformation seiner öffentlichen Verwaltung vollzogen. Heute sind über 99 % aller staatlichen Dienstleistungen digital verfügbar; von der Steuererklärung über die Schulwahl bis zur Unternehmensgründung.[30] Herzstück des estnischen Modells ist das sogenannte X-Road-System, eine sichere Datenautobahn, über die Behörden Informationen austauschen können, ohne zentrale Datenspeicher zu benötigen. Ergänzt wird das durch eine verpflichtende elektronische ID für alle Bürger, durch die

---

[30] Vgl. Solvak/Lauringson (2024).

sich digitale Identitäten verlässlich, datensparsam und sicher verwalten lassen. Das gesetzlich verankerte Once-Only-Prinzip verpflichtet staatliche Stellen, Daten nicht mehrfach abzufragen – ein kleines Detail, das großen Unterschied macht. Diese Infrastruktur ermöglicht nicht nur Effizienz, sondern auch Vertrauen. Estland zeigt zudem, wie wichtig digitale Bildung und frühe Förderung technischer Kompetenzen sind. In estnischen Schulen wird bereits ab der Grundschule Informatik unterrichtet, und digitale Kompetenzen sind Teil der allgemeinen Lehrpläne. Diese langfristige Strategie schafft nicht nur digitale Souveränität, sondern eine Gesellschaft, die Verwaltung als gemeinsames Projekt versteht, und nicht als bloßes Serviceangebot.

Ein weiteres bemerkenswertes Beispiel liefert Singapur. Der Stadtstaat hat sich unter dem Label *Smart Nation* zur Aufgabe gemacht, Verwaltung, Stadtentwicklung und digitale Innovation strategisch miteinander zu verknüpfen.[31] Die Verwaltung in Singapur agiert datengetrieben, proaktiv und nutzerzentriert. Fast alle öffentlichen Dienstleistungen lassen sich vollständig digital abwickeln, viele davon sogar automatisiert. Besonders auffällig ist der integrative Anspruch: Mit Programmen wie *Digital Access for All* werden gezielt ältere Menschen, benachteiligte Gruppen und kleine Unternehmen digital eingebunden. Die digitale Infrastruktur Singapurs ist nicht nur effizient, sondern hochsicher, unterstützt durch eigene KI-Abteilungen, spezialisierte Cybersicherheitszentren und ein nationales KI-Framework.[32] Singapur investiert darüber hinaus massiv in Echtzeitdatenanalyse, algorithmische Verwaltungssysteme und sogenannte predictive services. Bürgeranliegen werden nicht erst dann adressiert, wenn sie geäußert werden, sondern auf Basis von Verhaltens- und Nutzungsdaten antizipiert. So entwickelt sich eine neue Form proaktiver Verwaltung, die selbstständig Maßnahmen vorschlägt, Anträge auslöst oder Termine empfiehlt, immer unter strikter Beachtung des Datenschutzes und auf Grundlage von Zustimmung und Transparenz.

Im Vereinigten Königreich wurde mit dem Government Digital Service (GDS) ein institutionelles Modell geschaffen, das weltweit als Best

---

[31] Vgl. Smart Nation Singapore (2025).
[32] Siehe hierzu Sipahi/Saayi (2024).

Practice gilt.[33] Ziel des GDS war und ist es, digitale Verwaltungsleistungen aus einer Hand anzubieten. Das zentrale Portal *GOV.UK* bündelt nahezu alle staatlichen Online-Dienste und verfolgt dabei einen nutzerzentrierten Designansatz. Klare Sprache, intuitive Navigation und durchdachte Prozesse; das ist die Handschrift der GDS-Philosophie. Die britische Regierung verpflichtete ihre Ministerien dazu, bei neuen digitalen Projekten mit der GDS zusammenzuarbeiten. Der Erfolg ist messbar: Seit Einführung des Portals konnte der Verwaltungsaufwand deutlich reduziert und die Zufriedenheit der Bürger erheblich gesteigert werden. Bemerkenswert am britischen Modell ist auch die enge Verzahnung von Design, IT und Policy. Interdisziplinäre Teams aus UX-Designern, Softwareentwicklern, Verwaltungswissenschaftlern und Bürgerbeteiligungsexperten arbeiten kollaborativ an Lösungen und schaffen so einen kontinuierlichen Innovationsprozess. Diese Kultur der permanenten Iteration hat *GOV.UK* zu einer Plattform gemacht, die sich ständig verbessert, weiterentwickelt und auf Feedback reagiert.

Diese internationalen Beispiele haben vieles gemeinsam, trotz unterschiedlicher Ausgangslagen und politischer Systeme. Sie zeigen, dass erfolgreiche Digitalisierung der Verwaltung kein Zufallsprodukt ist, sondern Ergebnis politischer Weichenstellungen, strategischer Klarheit und institutioneller Innovationsfähigkeit. Erfolgreiche Länder zeichnen sich durch drei Faktoren aus: *Erstens* eine zentrale Steuerung mit klarer Digitalverantwortung, *Zweitens* ein hohes Maß an Nutzerorientierung und *Drittens* die Verankerung digitaler Grundrechte und Schutzprinzipien.

Für Länder wie Deutschland, die im internationalen Vergleich als digitale Nachzügler gelten, ergeben sich daraus wichtige Erkenntnisse. Es geht nicht darum, fremde Modelle zu kopieren, sondern ihre Prinzipien auf den eigenen Kontext zu übertragen: eine konsequente Standardisierung von Verwaltungsprozessen, die Schaffung interoperabler Infrastrukturen, die Stärkung digitaler Souveränität und der Mut zur Veränderung von innen heraus. Vor allem aber braucht es einen Mentalitätswandel: weg von Projektitis und Zuständigkeitschaos hin zu strategischer Kohärenz, digitaler Führung und einer lernenden Verwaltungskultur.

---

[33] Siehe hierzu Kattel/Takala (2023).

Ebenso gilt: Digitalisierung darf nicht nur Top-down erfolgen. Sie muss die Mitarbeiter in der Verwaltung ebenso mitnehmen wie die Bürger.

7.8 Symbiose von Mensch und Maschine – Verwaltung im Takt der Algorithmen

Die digitale Verwaltung von morgen wird nicht nur durch effizientere Prozesse und innovative Partizipationsformen geprägt sein, sondern zunehmend auch durch den Einsatz algorithmischer Systeme und Künstlicher Intelligenz. Algorithmen strukturieren Daten, priorisieren Anträge, analysieren Muster und treffen, zumindest vorläufige, Entscheidungen, die tief in das Leben von Bürgern eingreifen. Was auf den ersten Blick als Produktivitätsschub erscheint, birgt bei näherer Betrachtung komplexe ethische, rechtliche und gesellschaftliche Herausforderungen. Künstliche Intelligenz wird zunehmend in Verwaltungsprozesse integriert: von der Bearbeitung von Standardanfragen über die Analyse großer Datenmengen bis hin zur Entscheidungsunterstützung in komplexen Verfahren. Studien zeigen, dass durch den Einsatz intelligenter Systeme insbesondere repetitive, regelbasierte Tätigkeiten automatisiert werden können – mit dem Ergebnis, dass Beschäftigte in der öffentlichen Verwaltung entlastet werden und sich auf höherwertige Aufgaben konzentrieren können.[34] Die Arbeitswelt der Verwaltung verändert sich dadurch grundlegend: Routinen verschwinden, während Kreativität, Empathie, Kommunikationsstärke und strategisches Denken an Bedeutung gewinnen kann.

Der Einsatz algorithmischer Systeme im öffentlichen Sektor ist keine Zukunftsvision mehr, sondern vielerorts bereits Realität: In den USA werden Algorithmen eingesetzt, um Rückfallrisiken im Strafvollzug zu bewerten; in den Niederlanden wurden mit dem System SyRI soziale Missbrauchsrisiken identifiziert; in Deutschland analysieren Arbeitsagenturen große Datenmengen, um Vermittlungschancen zu prognostizieren. Dabei zeigt sich erneut: Algorithmen sind nicht neutral. Sie sind nicht nur Werkzeuge, sondern auch Ausdruck gesellschaftlicher An-

---

[34] Vgl. Eggers/Datar (2022).

nahmen, Zielvorgaben und historischer Datenlagen. Ihre Entscheidungen basieren auf Trainingsdaten und wenn diese Daten gesellschaftlich verzerrt oder diskriminierend sind, reproduziert das System diese Verzerrungen in automatisierter Form.

Genau hierin liegt die Gefahr: Künstliche Intelligenz kann bestehende Ungleichheiten nicht nur abbilden, sondern systematisch verstärken. Studien wie jene von Obermeyer et al. warnen, dass algorithmische Systeme etwa im Gesundheitsbereich strukturelle Benachteiligungen marginalisierter Gruppen zementieren können, oft unbeabsichtigt, aber mit realen Folgen.[35] Im Kontext der Verwaltung bedeutet das: Wenn KI beispielsweise Sozialleistungen prüft, Wohnungsanträge priorisiert oder polizeiliche Prognosen erstellt, müssen wir mit größter Sorgfalt sicherstellen, dass diese Systeme nicht zu digitalen Gatekeepern werden, die Ungleichheit verschärfen. Dabei eröffnet KI auch neue Perspektiven in der Bearbeitung komplexer gesellschaftlicher Probleme. Durch die Fähigkeit, große Datenmengen in Echtzeit auszuwerten, können Trends schneller erkannt, Entscheidungen fundierter getroffen und Verwaltungsleistungen individueller gestaltet werden. Beispielsweise lässt sich durch Predictive Analytics im Sozialbereich frühzeitig erkennen, wo Hilfe notwendig sein könnte – noch bevor ein Antrag gestellt wurde. Dies eröffnet eine proaktive, vorausschauende Verwaltung, die nicht nur reagiert, sondern aktiv handelt.

Doch die Integration von KI ist nicht risikofrei. Erfahrungen aus der Praxis zeigen, dass Mitarbeiter dazu neigen, algorithmische Empfehlungen unkritisch zu übernehmen – ein Phänomen, das unter dem Begriff Automation Bias bekannt ist.[36] Wenn der Mensch der Technik blind vertraut, können Fehlentscheidungen begünstigt oder sogar verschärft werden. Deshalb braucht es klare Leitlinien, wann und wie KI eingesetzt werden darf, welche Aufgaben ausschließlich in menschlicher Hand bleiben müssen und wie das Zusammenspiel zwischen Mensch und Maschine institutionell geregelt wird. Die OECD betont in ihren KI-Leitlinien den Grundsatz des Human Oversight: Künstliche Intelligenz

---

[35] Vgl. Obermeyer et al. (2019).
[36] Vgl. Ruschemeier/Hondrich (2024).

soll den Menschen unterstützen, aber nicht ersetzen – und schon gar nicht entmündigen.[37]

Die UNESCO warnt in ihrer *Recommendation on the Ethics of Artificial Intelligence* eindringlich vor der ungefilterten Übernahme algorithmischer Systeme ohne ethische Leitplanken.[38] Denn gerade in komplexen Deep-Learning-Systemen ist oft selbst für Entwicklerinnen und Entwickler nicht mehr exakt nachvollziehbar, warum das System eine bestimmte Entscheidung trifft. In solchen Fällen sprechen Experten von Black Box KI, einem Zustand, in dem maschinelles Lernen seine eigene Logik entwickelt, die für den Menschen nicht mehr transparent ist.[39]

Deshalb fordern Wissenschaft und Zivilgesellschaft vermehrt den Einsatz sogenannter vertrauenswürdiger KI. Systeme, die auditierbar, dokumentiert, testbar und erklärbar sind. Die Herausforderungen betreffen dabei nicht nur Technik und Regulierung, sondern auch Verwaltungskultur und Verantwortungsbewusstsein. Es braucht klare Zuständigkeiten, Fortbildungen im Umgang mit algorithmischen Verfahren und vor allem das Bewusstsein, dass auch automatisierte Entscheidungen politische Entscheidungen sind, weil sie Prioritäten setzen, Einfluss nehmen und gestalten. Die Vorstellung, dass Technik neutral sei, verkennt den sozialen Kontext, in dem sie wirkt. Verwaltungen müssen daher in der Lage sein, algorithmische Systeme nicht nur zu betreiben, sondern auch kritisch zu reflektieren, zu hinterfragen und ggf. abzulehnen. Die Entscheidung, ob und wie ein Algorithmus eingesetzt wird, darf nicht allein der Technik überlassen werden. Sie ist eine zutiefst politische Frage, die demokratischer Kontrolle unterliegen muss.

Damit dieser Grundsatz Realität wird, braucht es dreierlei: *erstens* eine tiefgreifende Kompetenzentwicklung in den Verwaltungen, *zweitens* eine neue Aufgabenteilung zwischen Mensch und Maschine, *drittens* eine institutionelle Absicherung dieser Transformation. Digitale Bildung wird dabei zum Schlüssel: Beschäftigte müssen nicht nur lernen, mit KI-Systemen umzugehen. Sie müssen deren Logik verstehen, deren Grenzen erkennen und deren Ergebnisse kritisch hinterfragen können. Nur so

---

[37] Vgl. OECD (2024).
[38] Vgl. UNESCO (2022).
[39] Siehe hierzu beispielsweise Eric et al. (2025).

entsteht ein vertrauensvolles, produktives Verhältnis zu einer Technologie, die den Verwaltungsalltag nicht ersetzt, sondern erweitert.

Ein weiteres zentrales Element ist die Frage der Verantwortung. Wer haftet, wenn ein Algorithmus eine falsche Empfehlung gibt? Wer trägt die rechtliche, wer die ethische Verantwortung für automatisierte Entscheidungen? Erste Regulierungen wie der EU AI Act versuchen, hier Klarheit zu schaffen. Etwa durch Transparenzpflichten, Risikobewertungen und Anforderungen an menschliche Aufsicht bei besonders sensiblen Anwendungen. Doch diese juristischen Vorgaben müssen in den Verwaltungspraxen auch organisatorisch verankert werden: durch klare Zuständigkeiten, Dokumentationspflichten und Entscheidungsrechte.

Zudem braucht es neue Institutionen, die algorithmische Prozesse dauerhaft begleiten, evaluieren und anpassen. Ethikräte, Datenschutzbeauftragte und technische Audit-Gremien sollten integraler Bestandteil digitaler Verwaltung werden, als Orte des Austauschs, der Kontrolle und der Weiterentwicklung. Nur durch eine solche institutionelle Reflexionsschicht kann sichergestellt werden, dass algorithmische Systeme nicht verselbständigen, sondern eingebettet bleiben in demokratische Strukturen.

Langfristig wird sich das Berufsbild in der öffentlichen Verwaltung weiter verändern. Neue Rollen entstehen, etwa Algorithm Auditor, Ethikbeauftragte KI, Datenlotsen oder digitale Fallmanager. Gleichzeitig müssen Führungskräfte in der Verwaltung lernen, technologische Innovation nicht nur zuzulassen, sondern aktiv zu gestalten. Es geht nicht mehr nur um Verwaltung von Regeln, sondern um Gestaltung von Zukunft. Die Verwaltung der Zukunft wird hybrid sein und sie wird dann erfolgreich sein, wenn sie das Beste beider Welten verbindet: maschinelle Präzision und menschliches Urteilsvermögen. Auch die Organisationsformen selbst werden sich anpassen müssen. Klassische Hierarchien stoßen an ihre Grenzen, wenn Entscheidungen zunehmend datenbasiert getroffen und durch selbstlernende Systeme vorbereitet werden. Agile Teams, interdisziplinäre Taskforces und lernende Systeme könnten die künftige Struktur öffentlicher Institutionen prägen, getragen von einer neuen Verwaltungsphilosophie, die nicht auf Kontrolle, sondern auf Kooperation und Kompetenz setzt.

Ein zukunftsweisendes Modell zeigt Kanada mit seinem Algorithmic Impact Assessment: Vor dem Einsatz algorithmischer Systeme müssen Behörden dort eine Folgenabschätzung durchführen und öffentlich machen, welche Risiken bestehen, wie sie adressiert werden und wer im Zweifel haftet.[40] Dieses Prinzip – erst prüfen, dann programmieren – könnte auch in Europa zum Leitmotiv algorithmischer Verwaltung werden. Dabei darf jedoch nicht übersehen werden, dass KI und algorithmische Systeme große Chancen für die Verwaltung bieten, etwa durch Automatisierung von Routinetätigkeiten, effizientere Ressourcennutzung oder personalisierte Bürgerdienste. Wichtig ist jedoch, dass diese Chancen nicht auf Kosten demokratischer Prinzipien verwirklicht werden. Ein besonders sensibles Feld ist etwa der Einsatz von KI in der Polizeiarbeit oder der Sozialverwaltung. Gerade hier ist die Wahrscheinlichkeit hoch, dass algorithmische Systeme nicht nur Entscheidungen vorbereiten, sondern de facto exekutive Macht entfalten. Je stärker der Mensch aus dem Prozess verschwindet, desto dringlicher wird die Forderung nach klarer Rechenschaftspflicht, dokumentierter Nachvollziehbarkeit und technischer Redundanz.

Hinzu kommt eine geopolitische Dimension: Viele KI-Systeme, insbesondere auf Basis von Cloud-Infrastrukturen, stammen von globalen Konzernen außerhalb Europas. Die Frage nach digitaler Souveränität stellt sich also nicht nur technisch, sondern auch politisch. Wie kann der Staat Kontrolle über Systeme wahren, deren Funktionsweise und Datenhoheit in anderen Rechtsräumen verankert ist? Die Antwort darauf muss in einer stärkeren Förderung europäischer KI-Kompetenzen liegen, in Open-Source-Ansätzen, europäisch kontrollierten Rechenzentren und internationalen Partnerschaften, die auf demokratische Standards verpflichtet sind.

---

[40] Siehe hierzu beispielsweise Gertler (2023).

7.9 Fazit

Die digitale Transformation der öffentlichen Verwaltung ist mehr als ein technischer Modernisierungsschub. Verwaltung als Zukunftswerkstatt steht für eine neue Logik staatlichen Handelns: datenbasiert, bürgerzentriert, kollaborativ und lernfähig. Was im 20. Jahrhundert als technokratische Steuerungsbürokratie begann, transformiert sich im 21. Jahrhundert zur offenen, dialogischen, vernetzten Plattform, zur digitalen Infrastruktur demokratischer Governance. Diese neue Verwaltung ist kein abgeschlossener Zustand, sondern ein dynamischer Prozess: ein System in Bewegung, ein kollektives Lernen unter den Bedingungen algorithmischer Gegenwart.

Die Erkenntnisse lassen sich in mehreren zentralen Dimensionen bündeln: *Erstens* hat sich gezeigt, dass Digitalisierung nicht allein eine Frage technologischer Ausstattung ist, sondern vor allem ein kulturelles und organisatorisches Projekt. Der Wandel der Verwaltung verlangt nach neuen Kompetenzen, agilen Strukturen, einer lernoffenen Haltung und einer klaren strategischen Ausrichtung. Ohne entsprechendes Change-Management bleibt Digitalisierung Stückwerk; fragmentiert, ineffizient und anfällig für Vertrauensverluste. Digitalisierung wird dann zur Enttäuschung, wenn sie bloß technokratisch verstanden wird: Als IT-Projekt, nicht als Transformationsversprechen.

Zweitens ist deutlich geworden, dass Verwaltung ein entscheidender Hebel für wirtschaftliche Entwicklung ist. Digitale Verwaltungsprozesse reduzieren Transaktionskosten, beschleunigen Genehmigungsverfahren, verbessern Investitionsbedingungen und schaffen die Basis für datengetriebene Innovationsökosysteme. Wo Verwaltung innovativ ist, wird Wirtschaft beweglich.

Drittens entfaltet Digitalisierung demokratisches Potenzial. E-Partizipation, Open Government und Citizen Data Science eröffnen neue Wege gesellschaftlicher Teilhabe, ermöglichen mehr Transparenz und stärken das Vertrauen in staatliches Handeln. Vorausgesetzt allerdings, dass diese Prozesse inklusiv, barrierefrei und bewusst gegen digitale Spaltung adressiert werden. Denn digitale Exklusion ist keine marginale Randerscheinung, sondern eine strukturelle Gefahr für die Demokratie.

Eine digitale Demokratie kann nur so stark sein wie ihre schwächsten Teilhaber.

Viertens rückt mit zunehmender Digitalisierung die Cybersicherheit in den Fokus. Digitale Resilienz ist die Grundlage jeder digitalen Innovation. Ohne Schutz vor Angriffen, Manipulation und Ausfällen bleiben digitale Infrastrukturen instabil und untergraben die Legitimität und Funktionsfähigkeit staatlicher Institutionen. Es braucht nicht nur technische Lösungen, sondern auch institutionelle Vorkehrungen, internationale Kooperation und ein dauerhaftes Sicherheitsbewusstsein in der Verwaltung. Vertrauen ist das Rückgrat der digitalen Verwaltung, und dieses Vertrauen ist fragil.

Fünftens ist der Einsatz von KI und Algorithmen ein Schlüsselmoment im digitalen Verwaltungsumbau. Er verspricht Effizienz, Präzision und Automatisierung, birgt aber auch das Risiko von Intransparenz, Diskriminierung und Verantwortungsdiffusion. Der Mensch muss im Zentrum bleiben: als letzte Instanz, als ethischer Kompass, als juristisch Verantwortlicher. Denn wo Maschinen entscheiden, braucht es mehr, nicht weniger Menschlichkeit.

Internationale Vorreiter wie Estland, Singapur oder Großbritannien zeigen, dass eine konsequente Digitalisierung der Verwaltung möglich ist, wenn politischer Wille, institutionelle Klarheit und strategische Kohärenz zusammentreffen. Sie beweisen, dass digitale Verwaltung nicht Selbstzweck ist, sondern ein Mittel zur besseren Erfüllung öffentlicher Aufgaben, zur Steigerung gesellschaftlicher Resilienz und zur Neubegründung des Verhältnisses zwischen Staat und Gesellschaft. Die Zukunftswerkstatt ist daher kein finales Ziel, sondern ein fortlaufender Transformationsprozess. Es ist ein lernendes System, ein Suchprozess nach besseren Lösungen im Spannungsfeld von Technik, Recht, Politik und Gesellschaft. Die Verwaltung der Zukunft wird nicht nur digital, sondern auch dialogisch sein. Sie wird nicht nur schneller und schlanker, sondern auch gerechter, inklusiver und nachhaltiger agieren müssen.

Die Frage nach der Zukunft der Verwaltung ist letztlich auch eine Frage nach dem Selbstverständnis des Staates: Ist Verwaltung bloße Exekutive, bloß ausführende Gewalt, oder ist sie Mitgestalterin einer offenen Gesellschaft, Labor demokratischer Innovation, Ort institutionalisierter Mitverantwortung? Hier bietet sich die Chance, staatliches Handeln neu zu denken. Jenseits von Passivität, Jenseits von Kontrolle. Verwaltung kann Kulturtechnik einer digitalen Demokratie werden.

Literatur

Accenture. (2022). Cyber threat intelligence report 2021. https://www.accenture.com/content/dam/accenture/final/a-com-migration/r3-3/pdf/pdf-158/accenture-2021-cyber-threat-intelligence-report.pdf.

Beuth, P. (2020, 17. Dezember). Der Spionagefall des Jahres. Der Spiegel Online. https://www.spiegel.de/netzwelt/netzpolitik/solarwinds-hack-der-spionagefall-des-jahres-a-0b728cc4-d375-4cb9-9450-3635ca8172a0.

Bundesamt für Sicherheit in der Informationstechnik [BSI]. (2024a). Cyber Resilience Act. https://www.bsi.bund.de/dok/cra.

Bundesamt für Sicherheit in der Informationstechnik [BSI]. (2024b). Die Lage der IT-Sicherheit in Deutschland 2024. BSI.

Center for Strategic & International Studies [CSIS]. (2025). Significant cyber incidents since 2006. https://www.csis.org/programs/strategic-technologies-program/significant-cyber-incidents.

Eggers, W., Datar, A. (2022). The future of learning in government. https://www.deloitte.com/us/en/insights/industry/government-public-sector-services/future-of-learning-and-development.html.

Elbahnasawy, N. (2014). E-government, internet adoption, and corruption: An empirical investigation. World Development, 57, 114–126. https://doi.org/10.1016/j.worlddev.2013.12.005.

Eric, A., Moss, J., Covenant, L., & Klose, J. (2025). The black box on trial: Ensuring transparency in legal AI systems.

European Union Agency for Cybersecurity [ENISA]. (2022). ENISA threat landscape 2022. https://www.enisa.europa.eu/publications/enisa-threat-landscape-2022.

Fernandez, S. & Rainey, H. (2006). Managing Successful Organizational Change in the Public Sector. Public Administration Review. 66. 168–176. https://doi.org/10.1111/j.1540-6210.2006.00570.x.

Friends of the Earth UK. (2003). Factory Watch Initiative. https://cwm.unitar.org/publications/publications/cbl/prtr/pdf/cat7/factorywatch.pdf.

Gertler, N. (2023). Get to know Canada's Algorithmic Impact Assessment. https://aia.guide/.

Goloshchapova, T., Yamashev, V., Skornichenko, N., & Strielkowski, W. (2023). E-government as a key to economic prosperity and sustainable development in the post-COVID era. Economies, 11(4), 112. https://doi.org/10.3390/economies11040112.

Janssen, M., Charalabidis, Y., & Zuiderwijk, A. (2012). Benefits, adoption barriers and myths of open data and open government. Information Systems Management, 29(4), 258–268.

Kattel, R., & Takala, V. (2023). The case of the UK's Government Digital Service: The professionalisation of a paradigmatic public digital agency. Digital Government: Research and Practice, 4(4), Article 28. https://doi.org/10.1145/3630024.

Koponen, L. (2024, 6. Januar). In E-Estland funktioniert alles digital: Wie lebt es sich in der Zukunft? Neue Zürcher Zeitung PRO. https://www.nzz.ch/pro/digitalisierung-in-estland-wie-lebt-es-sich-in-der-zukunft-ld.1838553.

Krishnan, S., & Teo, T. (2012). Moderating effects of governance on information infrastructure and e-government development. Journal of the American Society for Information Science and Technology, 63(5), 923–939. https://doi.org/10.1002/asi.22660.

Lindgren, I., Madsen, C. Ø., Hofmann, S., & Melin, U. (2019). Close encounters of the digital kind: A research agenda for the digitalization of public services. Government Information Quarterly, 36(3), 427–436. https://doi.org/10.1016/j.giq.2019.03.002.

Macher, J. (2020, 27. Juli). Barcelonas Erfolg mit der Plattform Decidim. Deutschlandfunk. https://www.deutschlandfunk.de/wenn-buerger-politik-gestalten-barcelonas-erfolg-mit-der-100.html.

Mergel, I. (2020). Kompetenzen für die digitale Transformation der Verwaltung. Innovative Verwaltung, 42, 34–36. https://doi.org/10.1007/s35114-020-0209-0.

Mergel, I., Edelmann, N., & Haug, N. (2019). Defining digital transformation: Results from expert interviews. Government Information Quarterly, 36(4), 101385. https://doi.org/10.1016/j.giq.2019.06.002.

Nationaler Normenkontrollrat [NKR]. (2022). Monitor digitale Verwaltung: Ernüchternde OZG-Bilanz. https://www.normenkontrollrat.bund.de/Webs/NKR/DE/digitaler-und-moderner-staat/digitale-verwaltung/digitale-verwaltung_node.html.

Organisation for Economic Co-operation and Development [OECD]. (2021). Digital talent and skills in the public sector: A framework for action. https://doi.org/10.1787/4c01bf3b-en.

Organisation for Economic Co-operation and Development [OECD]. (2024). AI principles overview. https://oecd.ai/en/ai-principles.

Organisation for Economic Co-operation and Development [OECD]. (2025). Tackling civic participation challenges with emerging technologies: Beyond the hype (OECD Public Governance Policy Papers No. 72). https://doi. org/10.1787/ec2ca9a2-en.

Obermeyer, Z., Powers, B., Vogeli, C., & Mullainathan, S. (2019). Dissecting racial bias in an algorithm used to manage the health of populations. Science, 366(6464), 447–453. https://doi.org/10.1126/science.aax2342.

Porwol, L., Ojo, A., & Breslin, J. (2016). Social software infrastructure for e-participation. Government Information Quarterly, 35(3). https://doi. org/10.1016/j.giq.2016.01.002.

Ruschemeier, H., & Hondrich, L. (2024). Automation bias in public administration: An interdisciplinary perspective from law and psychology. Government Information Quarterly, 41(3), 101953. https://doi.org/10.1016/j. giq.2024.101953.

Smart Nation Singapore. (2025). Singapore's Smart Nation strategy. https:// www.smartnation.gov.sg.

Sipahi, E. B., & Saayi, Z. (2024). The world's first "Smart Nation" vision: The case of Singapore. Smart Cities and Regional Development Journal, 8(1), 1–12. https://doi.org/10.25019/dvm98x09.

Solvak, M., & Lauringson, A. (2024). A case study of the public sector digital ecosystem in Estonia. Computer, 57(5), 44–49. https://doi.org/10.1109/ MC.2024.3375866.

United Nations Department of Economic and Social Affairs [UN-DESA]. (2022). UN E-Government Survey 2022: The future of digital government. United Nations.

United Nations Department of Economic and Social Affairs [UN-DESA]. (2024). UN E-Government Survey 2024: Accelerating digital transformation for sustainable development. United Nations.

UNESCO. (2022). Recommendation on the ethics of artificial intelligence: Conditions for the implementation in Germany. Deutsche UNESCO-Kommission.

UNESCO. (2023). Guidelines for the governance of digital platforms: Safeguarding freedom of expression and access to information through a multi-stakeholder approach.

Weingart, T. (2022, 18. Oktober). Citizen Data Scientist oder „Jedermann-Datenwissenschaftler". Fraunhofer Academy Blog. https://blog.academy. fraunhofer.de/blogbeitraege/citizen-data-scientist/.

World Economic Forum [WEF]. (2025). The global public impact of GovTech: A $ 9.8 trillion opportunity (Insights Report, in collaboration with Capgemini & Berlin GovTech Center). https://reports.weforum.org/docs/WEF_The_Global_Public_Impact_of_GovTech_2025.pdf.

8

Was wirklich zählt – Auf der Suche nach neuen Maßstäben für Wohlstand und Fortschritt

Das Versprechen des Wachstums hat an Strahlkraft verloren, weil es seine Voraussetzungen aus dem Blick verloren hat. Die natürlichen Ressourcen sind endlich, die ökologischen Kipppunkte bedrohlich nah. Gleichzeitig zeigen psychische Erkrankungen, wachsende Ungleichheit und politische Entfremdung, dass ökonomischer Erfolg nicht automatisch zu individuellem oder kollektivem Wohlergehen führt. Es wächst, aber es wächst nicht gut.

In diesem Kapitel laden wir Sie ein, das Denken über Wirtschaft grundlegend zu erneuern. Wir plädieren für eine Abkehr vom reinen Quantifizierungsparadigma hin zu einer qualitativen Verständigung über das, was uns wirklich wichtig ist. Doch ein solcher Perspektivwechsel ist kein einfacher Schritt. Er fordert unsere Kategorien heraus. Er zwingt uns, alte Gewissheiten zu hinterfragen. Er bringt uns in Konflikt mit Routinen, Interessen und Strukturen, die auf das alte System eingeschworen sind. Kurz: Er erfordert Mut. Und er braucht einen langen Atem. Denn Wandel geschieht nicht durch einen einzigen Akt, sondern durch viele kleine Bewegungen, die sich zu einer neuen Logik verdichten.

© Der/die Autor(en), exklusiv lizenziert an Springer Fachmedien Wiesbaden GmbH, ein Teil von Springer Nature 2026
M. Pätzold et al., *Wachstum neu denken*,
https://doi.org/10.1007/978-3-658-50406-9_8

Ein solcher Wandel beginnt mit der Frage, was wir messen. Aber er endet nicht dort. Er durchzieht unsere Institutionen, unsere politischen Ziele, unsere Bildungsinhalte, unsere gesellschaftlichen Leitbilder. Es ist ein Wandel des Messens, des Verstehens und des Handelns. Die Abschnitte dieses Kapitels sind daher zugleich Diagnose und Entwurf. Sie fragen: Was fehlt dem BIP? Welche Alternativen existieren? Wie können Staaten Wirtschaft umfassender bilanzieren? Wie lässt sich die Qualität von Wachstum definieren, messen, politisch gestalten? Welche kulturellen, sozialen und institutionellen Transformationen sind dafür notwendig? Und was bedeutet all dies für das Projekt einer neuen sozialen Marktwirtschaft?

Denn der Mensch lebt nicht vom Bruttoinlandsprodukt allein. Er lebt von Beziehungen, von Vertrauen, von Sinn. Eine Gesellschaft, die das vergisst, verliert mehr als ihre ökonomische Stabilität. Sie verliert ihre innere Orientierung. Qualitatives Wachstum ist der Versuch, diese Orientierung neu zu justieren. Es geht um das gute Leben im 21. Jahrhundert. Und damit um nicht weniger als die Frage: Was ist uns wert, was wir Wert nennen? In diesem Sinne ist die Suche nach qualitativem Wachstum kein technokratisches Unterfangen, sondern ein kulturelles Projekt. Es verlangt, dass wir Wirtschaft nicht nur als Markt, sondern als Beziehungssystem begreifen; nicht nur als Rechenwerk, sondern als Ausdruck kollektiver Zielsetzungen. Wirtschaft ist nicht Naturgesetz, sondern soziale Konstruktion, und sie kann umgebaut werden.

Wir wollen auf diese Fragen keine einfachen Antworten geben. Aber helfen, bessere Fragen zu stellen, um genauere Antworten finden zu können. Und den Mut stärken, diese Fragen nicht nur zu stellen, sondern auch gemeinsam nach Antworten zu suchen. Denn die Zukunft ist offen. Und sie beginnt dort, wo wir beginnen, anders zu zählen, anders zu bewerten.

8.1   Wenn Staaten anders rechnen: Neue Wege der Wohlstandsmessung

Das BIP ist ein Maß für die ökonomische Gesamtleistung eines Landes. Es summiert alle im Inland produzierten Güter und Dienstleistungen, unabhängig davon, ob sie dem Wohl der Bürger dienen oder bloß die Reparaturkosten eines Sturms abbilden. Der wohl bekannteste Einwand stammt aus dem Mund von Robert Kennedy, der bereits 1968 klagte, das BIP messe alles, außer dem, was das Leben lebenswert mache.[1] Dieser Satz ist seither zum geflügelten Wort einer wachsenden Kritikergemeinde geworden, die das BIP nicht abschaffen, wohl aber entzaubern will. Was Kennedy damals intuitiv formulierte, hat seither eine ganze Generation von Ökonomen zur Revision des wirtschaftlichen Maßstabs inspiriert. Spätestens seit dem Stiglitz-Sen-Fitoussi-Bericht von 2009 wissen wir: Das BIP ist ein einäugiger Riese. Es erkennt die Produktionskraft, doch es übersieht, ob diese nachhaltig, gerecht oder gesundheitsfördernd ist.[2] Es ignoriert den Zustand von Infrastruktur, Bildung und Umwelt. Zentrale Elemente des langfristigen Wohlstands. Und es kennt keine Bilanz, sondern nur eine Strömungsgröße. Es sagt uns, wie viel durch den Wirtschaftskanal fließt, nicht jedoch, wie groß der Tank ist, aus dem wir schöpfen, oder wie stark er bereits leckgeschlagen ist.

Damit drängt sich eine grundlegende Frage auf: Sollte der Staat seine wirtschaftliche Lage nicht wie ein Unternehmen bilanzieren, also auch Vermögenswerte, Schulden, Substanz und Zukunftsperspektiven systematisch erfassen? Tatsächlich verfügen Staaten über ein oft unterschätztes Portfolio an wirtschaftlichen Ressourcen: öffentliche Gebäude, Netzinfrastruktur, Ländereien, geistiges Eigentum, Beteiligungen an Unternehmen. Kurzum: ein Staatsvermögen, das häufig nicht einmal vollständig inventarisiert, geschweige denn strategisch genutzt wird.

Der IWF-Fiskalmonitor von 2018 brachte Erstaunliches zutage: Viele Staaten besitzen in der Summe mehr Vermögen als Schulden.[3] Doch diese positive Nettovermögenslage findet kaum Eingang in die

---

[1] Vgl. Kennedy (1968).
[2] Vgl. Stiglitz et al. (2010), S. 11 f.
[3] Vgl. IMF (2018), S. 2 f.

ökonomische Debatte. Der Grund? Es fehlt an einer umfassenden, systematischen Staatsbilanzierung. Heute aber scheitert diese Idee oft an technischen Hürden, politischer Kurzsichtigkeit und fehlendem institutionellem Willen. Ein neuer Ansatz der wirtschaftlichen Bewertung des Staates müsste daher drei Dimensionen integrieren:

1. Die materiellen Vermögenswerte: Dazu zählen nicht nur finanzielle Rücklagen oder staatliche Beteiligungen, sondern auch schwer greifbare, aber äußerst bedeutsame Güter wie digitale Infrastruktur, öffentlich finanzierte Forschung und Daten. Der Umweltökonom Rutger Hoekstra hat darauf hingewiesen, dass diese Vermögenswerte als Grundlage zukünftigen Wohlstands viel stärker in das öffentliche Denken rücken müssen.[4] Nur wer weiß, was er besitzt, kann gezielt investieren oder Risiken managen. Ein Beispiel: Der Erhalt und Ausbau öffentlicher Schulen ist nicht nur eine soziale Verpflichtung, sondern eine Investition in das künftige Produktionspotenzial einer Volkswirtschaft. Ebenso verhält es sich mit digitalen Netzwerken oder dem Gesundheitssystem: Ihre Qualität beeinflusst langfristig die wirtschaftliche Resilienz eines Landes.

2. Die ökologischen Ressourcen: Naturkapital, also Wälder, Gewässer, Böden, Biodiversität, wird im BIP bestenfalls als Rohstofflieferant berücksichtigt. Ihr Verlust taucht in keiner Rechnung als Kostenfaktor auf. Doch dieser blinde Fleck hat schwerwiegende Konsequenzen. Wenn etwa ein Wald gerodet wird, steigt das BIP durch Holzverkauf und Bauaktivität, während zugleich ein jahrzehntelanger CO_2-Speicher verschwindet. Die Bilanz ist fatal. Aber unsichtbar. Eine ehrliche Staatsbilanz muss ökologische Abschreibungen ebenso verbuchen wie technologische Wertzuwächse. Das bedeutet, dass der Staat nicht nur Erträge aus Ressourcenabbau verbuchen, sondern auch die ökologischen Folgekosten bewerten und ausweisen muss. Die sogenannte ökologische Doppelbuchführung, wie sie in Ansätzen etwa in der Umweltökonomischen Gesamtrechnung Deutschlands vorgesehen ist, könnte hier ein Vorbild sein. Sie verlangt, dass alle wirtschaftlichen Aktivitäten auch hinsichtlich ihrer ökologischen Kosten bilanziert werden. Ein Prinzip, das der gängigen Buchhaltung fremd, für eine zukunftsorientierte Wirtschaftspolitik aber unverzichtbar ist.

---

[4]Vgl. Hoekstra (2019), S. 105–125.

3. Die sozialen Indikatoren: Ein Staat, der nur Produktionsziffern bilanziert, ist blind für die Qualität seines Humankapitals. Bildung, Gesundheit, soziale Mobilität, sie alle beeinflussen langfristig die ökonomische Leistungsfähigkeit. Der Bericht der deutschen Enquete-Kommission *Wachstum, Wohlstand, Lebensqualität* empfahl daher einen Indikatorenansatz, der neben materiellen auch soziale und ökologische Aspekte umfasst.[5] Ohne diese Daten bleibe die Steuerung von Zukunftsinvestitionen blind. Eine solide Infrastruktur für frühkindliche Bildung zum Beispiel ist keine reine Sozialausgabe, sondern eine Investition in spätere Innovationsfähigkeit. Ebenso verhält es sich mit Maßnahmen zur sozialen Durchlässigkeit: Wenn Kinder aus prekären Verhältnissen bessere Chancen erhalten, steigt das gesamtgesellschaftliche Potenzial an Talenten, Unternehmertum und gesellschaftlicher Stabilität. Diese Investitionen sind langfristige Renditen auf das soziale Kapital eines Landes.

Ein Staat, der über seine Wirtschaft spricht, darf nicht länger nur über Defizite, Ausgaben und BIP-Wachstumsraten reden. Er muss eine Bilanz erstellen, die auch stille Reserven und schleichende Erosionen erfasst. Genau dies fordert die neue Debatte über Staatsbilanzen: eine ganzheitliche, qualitative Sicht auf das wirtschaftliche Fundament, das gesellschaftlichen Wohlstand trägt.

Warum also zögern Regierungen, diesen Schritt zu gehen? Die Antwort liegt, wie so oft, im institutionellen Beharrungsvermögen. Das BIP hat sich über Jahrzehnte in der politischen Kommunikation, im Haushaltswesen und in internationalen Rankings festgesetzt. Es ist einfach, scheint eindeutig, vergleichbar, und genau deshalb so verführerisch. Doch seine Einfachheit ist trügerisch. Hoekstra schlägt vor, dass ein international einheitliches Wohlstands-Dashboard helfen könnte, diesen Umbruch zu vollziehen.[6] Es würde Staaten erlauben, ihre wirtschaftliche Lage umfassender darzustellen und zugleich international vergleichbar zu bleiben. Ein solches Dashboard würde nicht auf eine Superzahl hinauslaufen, sondern auf eine strukturierte, mehrdimensionale Bilanz: Vermögenswerte, ökologische Lasten, soziale Potenziale. Getrennt, aber vergleichbar. Diese Aufschlüsselung erfordert eine neue Erzählung

---

[5] Vgl. Enquete-Kommission (2013), S. 28–39.
[6] Vgl. Hoekstra (2019), S. 238–258.

politischen Erfolgs: Nicht mehr das reine Wachstum zählt, sondern die Stärkung der gesellschaftlichen Grundlagen, auf denen Wohlstand ruht. Die Herausforderung liegt hierbei nicht allein in der Technik – geeignete Indikatoren für solche Wohlstands-Dashboards gibt es längst – sondern in der Bereitschaft, politische Routinen zu hinterfragen.

8.2 Nicht nur mehr, sondern besser: Wie man die Güte des Wachstums erfassen kann

Die klassische Messgröße für Wachstum, das Bruttoinlandsprodukt, ist eine Erfolgskennziffer mit überschaubarer Aussagekraft: Wie wir gesehen haben, sagt das BIP nur etwas darüber aus, wie viel produziert wurde, aber nicht darüber, wie gut diese Produktion der Gesellschaft dient. Wie könnte also ein ganzheitliches Verständnis von Wohlstand und Fortschritt aussehen? Eine wachsende Zahl alternativer Indikatoren versucht, diese Lücke zu schließen. Der Human Development Index (HDI), der Genuine Progress Indicator (GPI), der Happy Planet Index (HPI), das Bruttonationalglück (BNG) oder der Better Life Index der OECD; sie alle versuchen, jenseits des BIP die Dimensionen von Lebensqualität zu erfassen, die Menschen wirklich wichtig sind.

Der Human Development Index (HDI) der Vereinten Nationen kombiniert Pro-Kopf-Einkommen mit Lebenserwartung und Bildungsgrad.[7] Er ist damit einer der bekanntesten Versuche, wirtschaftliche Leistungsfähigkeit mit sozialen Indikatoren zu verknüpfen. Besonders wertvoll ist seine internationale Vergleichbarkeit. Doch auch der HDI ist nicht frei von Kritik: Er sagt wenig über Umwelt, über subjektives Wohlbefinden oder über Verteilungsgerechtigkeit aus. Zudem kann die Aggregation unterschiedlicher Dimensionen zu einem Index dazu führen, dass Schwächen in einem Bereich durch Stärken in einem anderen verschleiert werden.

Der Genuine Progress Indicator (GPI) geht einen Schritt weiter. Er startet mit dem privaten Konsum (einem BIP-Element), zieht dann aber soziale und ökologische Kosten ab: Umweltverschmutzung, Kriminalität,

---

[7] Vgl. UNDP (2023).

Ressourcenverbrauch, Einkommensungleichheit.[8] Gleichzeitig rechnet er unbezahlte Arbeit hinzu, etwa Pflege oder ehrenamtliches Engagement. Der GPI erlaubt damit eine erste echte Bilanz: Was bleibt unter dem Strich vom Wachstum übrig, wenn man alle Nebenwirkungen mit einbezieht? In den USA hat der GPI etwa dazu geführt, dass das scheinbar stetige BIP-Wachstum der 2000er-Jahre real kaum Fortschritte beim Wohlergehen brachte.[9] Diese Bilanzierungslogik nähert sich der Idee einer gesellschaftlichen Gewinn- und Verlustrechnung, in der nicht nur Umsatz, sondern auch Aufwand und Abschreibungen systematisch erfasst werden.

Der Happy Planet Index (HPI) verfolgt einen besonders spannenden Ansatz: Er kombiniert subjektives Wohlbefinden mit Lebenserwartung und ökologischer Effizienz. Der Index fragt: Wie glücklich sind Menschen in einem Land, und wie viel ökologische Ressourcen werden dafür verbraucht?[10] Die Ergebnisse sind aufschlussreich: Länder mit mittlerem Einkommen, aber hoher sozialer Kohäsion, schneiden oft besser ab als reichere Staaten mit hohem Ressourcenverbrauch. Der HPI stellt damit eine normativ aufgeladene Gegenposition zum BIP dar: Nicht das materielle Ergebnis steht im Zentrum, sondern die Lebenszufriedenheit pro eingesetzter Umweltressource. Eine Art Wohlstandseffizienzindex.

All diese Indikatoren zeigen: Es ist möglich, Fortschritt umfassender zu messen, aber es ist auch komplex. Denn mit jeder zusätzlichen Dimension steigt die methodische Herausforderung. Wie gewichtet man Gesundheit gegen Umwelt? Wie vergleicht man subjektives Glück mit Bildungserfolgen? Und wie kommuniziert man diese komplexen Indikatoren an eine Öffentlichkeit, die klare Zahlen gewohnt ist?

Ein pragmatischer Ausweg liegt im Indikatorenset, also im parallelen Einsatz mehrerer Maßzahlen. Die OECD verfolgt mit ihrem Better Life Index diesen Weg: Elf Dimensionen, darunter Einkommen, Bildung, Umwelt, Work-Life-Balance, politische Teilhabe, werden systematisch erfasst und miteinander in Beziehung gesetzt.[11] Das erlaubt eine

---

[8] Vgl. Talberth et al. (2007), S. 11–18.

[9] Vgl. Fox/Erickson (2020).

[10] Vgl. Hot or Cool Institute (2024), S. 6.

[11] Vgl. OECD (2024), S. 12–15.

differenzierte Betrachtung: Ein Land kann beim Einkommen gut, bei der Umwelt aber schlecht abschneiden, und Politik kann gezielt an Schwachstellen ansetzen. Der Vorteil dieses Modells liegt in seiner Transparenz: Bürger können selbst gewichten, was ihnen wichtig ist. Es wird damit zu einem demokratisierten Maßstab für Lebensqualität.

Die Stanford-Professoren Charles Jones und Peter Klenow haben darüber hinaus mit einem wohlfahrtsbasierten Maß gezeigt, wie man wirtschaftliche Kennziffern durch Freizeit, Ungleichheit und Lebenserwartung ergänzen kann.[12] Ihre Analysen führen zu erstaunlichen Ergebnissen: Während das BIP pro Kopf in den USA deutlich höher ist als in vielen europäischen Ländern, liegen die europäischen Länder im Wohlfahrtsvergleich oft gleichauf oder sogar vorn, aufgrund besserer Gesundheit, mehr Freizeit und geringerer Ungleichheit. Diese Erkenntnis rückt politische Gestaltungsspielräume in den Fokus: Wenn bestimmte Politikmodelle höhere Lebensqualität bei niedrigerem BIP ermöglichen, sollten diese verstärkt diskutiert und erforscht werden.

Die Wissenschaft ist sich heute weitgehend einig: Die Qualität des Wachstums zählt. Doch die Umsetzung in die politische Praxis bleibt zögerlich. Das liegt an verschiedenen Faktoren: Erstens sind viele alternative Indikatoren methodisch aufwendig und datenintensiv. Zweitens fehlt es an internationaler Standardisierung. Drittens widersprechen sie oft der Logik kurzfristiger Wachstumspolitik, die schnelle Resultate für Wahlperioden liefern muss. Viertens mangelt es häufig an institutionellen Kapazitäten, alternative Indikatoren systematisch in die Steuerung öffentlicher Aufgaben einzubinden. Und schließlich fehlt es mitunter an der politischen Erzählung, warum diese neuen Maße überhaupt relevant sind.

Dennoch gibt es Fortschritte. Immer mehr Länder integrieren alternative Indikatoren in ihre politische Planung. Neuseeland etwa erstellt seit 2019 ein sogenanntes *Wellbeing Budget*, ein Haushalt, der auf das Wohlergehen der Bevölkerung ausgerichtet ist.[13] Die Prioritäten dieses Budgets umfassen unter anderem psychische Gesundheit, Armutsbekämpfung und Nachhaltigkeit. Diese Bereiche wurden bewusst gewählt,

---

[12] Vgl. Jones/Klenow (2016), S. 2454 f.
[13] Vgl. New Zealand Treasury (2019), S. 7–10.

weil sie aus Indikatorenanalysen als besonders dringlich hervorgingen. Hier zeigt sich: Die Qualität der Messung beeinflusst die Prioritätensetzung der Politik. Auch die Europäische Union hat mit ihrer *Beyond GDP*-Initiative erste Schritte unternommen, um Mitgliedsstaaten in der Entwicklung ganzheitlicher Wohlstandsindikatoren zu unterstützen.[14] Die UN verfolgen mit ihren SDGs ein ähnliches Anliegen auf globaler Ebene. Beide Ansätze basieren auf der Einsicht, dass gesellschaftlicher Fortschritt nicht eindimensional abgebildet werden kann und dass ein verantwortungsvolles politisches Handeln nur auf einer differenzierten Datengrundlage möglich ist.

8.3 Politik für das Bessere: Wie Qualität zum Leitbild wird

Wirtschaftspolitik im 21. Jahrhundert steht am Scheideweg. Nicht die Steigerung der Bruttowertschöpfung allein ist das Ziel, sondern die Verbesserung der Lebensqualität für möglichst viele, innerhalb der ökologischen Grenzen des Planeten. Dabei geht es nicht um Verzicht, sondern um eine neue Definition von Wohlstand: jenseits von Konsum, Effizienz und Maximierung. Es geht um Stabilität statt um ständiges Steigern, um Sinn statt um Umsatz, um Resilienz statt um Beschleunigung.

1. Die Vision: Ein anderes Verständnis von Wohlstand

Tim Jackson hat mit seinem Werk *Prosperity without Growth* eine der einflussreichsten Grundlagen für diese neue Denkrichtung gelegt. Er kritisiert, dass der Glaube an stetiges Wirtschaftswachstum die Grundlage für nahezu alle politischen Entscheidungen geworden sei, obwohl die planetaren Grenzen längst erreicht seien.[15] Für Jackson bedeutet Wohlstand nicht materiellen Überfluss, sondern die Fähigkeit, ein gutes Leben in stabilen sozialen Verhältnissen und im Einklang mit der Umwelt zu führen. Daraus folgt eine politische Agenda, die nicht Wachstum bekämpft, sondern die Bedingungen für sinnvolles, menschengerechtes Wachstum

---

[14]Vgl. Joint Research Centre (2024).
[15]Vgl. Jackson (2016).

neu definiert. Jacksons Ansatz basiert auf einer fundamentalen Kritik des
ökonomischen Rationalitätsmodells: Wenn Effizienz, Wettbewerbsfähigkeit und Produktivität die einzigen Maßstäbe wirtschaftlichen Erfolgs
sind, bleiben soziale Kohärenz, ökologische Stabilität und individuelle
Zufriedenheit zwangsläufig auf der Strecke. Wohlstand müsse daher als
ein Bündel qualitativer Faktoren begriffen werden, ein soziales Gut, das
sich aus Bildung, Teilhabe, Zeitwohlstand, Sicherheit und kultureller
Sinnstiftung speist.

2. Politische Instrumente für qualitatives Wachstum

Was bedeutet das konkret für die Wirtschaftspolitik? Eine Vielzahl von
Ansätzen zeigt, wie Staaten sich neu ausrichten können:

- *Nachhaltige Innovationspolitik:* Investitionen in nachhaltige
  Technologien, Kreislaufwirtschaft, Energieeffizienz und nachhaltige
  Mobilität schaffen nicht nur neue Arbeitsplätze, sondern senken langfristig externe Kosten und steigern die Resilienz der Volkswirtschaft.
  Der Fokus liegt auf smarter Innovation, nicht mehr nur disruptiv und
  beschleunigend, sondern regenerativ, integrativ und partizipativ.
- *Sozialinvestitionen:* Bildung, Gesundheitsversorgung und soziale
  Sicherheit sind nicht nur Kostenfaktoren, sondern die Grundlage pro-
  duktiver Gesellschaften. Sie erzeugen positive Externalitäten, die in
  der klassischen Wachstumslogik kaum abgebildet werden. Jeder Euro,
  der in frühkindliche Förderung fließt, zahlt sich mehrfach aus, nicht
  nur ökonomisch, sondern auch in Form von Stabilität, Integration
  und Innovationsfähigkeit.
- *Regionale Wirtschaftskreisläufe:* Lokale Wertschöpfung stärkt
  Gemeinwesen, senkt Transportemissionen und fördert soziale
  Kohäsion. Modelle wie solidarische Landwirtschaft, Genossenschaften
  oder Regionalwährungen zeigen, dass ökonomische Effektivität auch
  auf kleinem Maßstab gelingen kann, oft sogar resilienter als globale
  Lieferketten.
- *Steuerliche Neuausrichtung:* Die Besteuerung von Umweltverbrauch
  und Spekulation statt Arbeit und Einkommen kann Anreize verän-
  dern, ohne das Sozialgefüge zu belasten. Eine ökologische Steuerreform,

die Ressourcenverbrauch und CO2-Ausstoß stärker bepreist, könnte zugleich zur Finanzierung sozialer Aufgaben genutzt werden, eine doppelte Dividende im Sinne qualitativen Wachstums.

- *Demokratisierung wirtschaftlicher Prozesse:* Teilhabe und Mitbestimmung erhöhen nicht nur die Legitimität wirtschaftlicher Entscheidungen, sondern auch deren Qualität. Bürgerhaushalte, Gemeinwohlbilanzen, soziale Unternehmensformen (wie Genossenschaften oder Stiftungsmodelle) stehen für eine Ökonomie, die auf Kooperation statt Konkurrenz baut.

3. Neue Rahmenmodelle: Die Donut-Ökonomie

Kate Raworth hat mit ihrem Modell der *Doughnut Economics* eine eindrucksvolle Visualisierung für qualitatives Wachstum geschaffen. Der Teigkringel, der Donut, steht sinnbildlich für den Bereich zwischen sozialem Fundament und ökologischer Decke: Wer darunter bleibt, lässt Menschen in Armut und Ausgrenzung; wer darüber hinausgeht, zerstört die ökologischen Grundlagen.[16] Ziel ist es, die Wirtschaft so zu gestalten, dass sie innerhalb dieses sicheren und gerechten Handlungsraums bleibt.

Raworths Vorschläge reichen von einer Umgestaltung der Unternehmensbilanzen (Erfassung sozialer und ökologischer Leistungen) bis zur Neuvermessung des wirtschaftlichen Erfolgs auf kommunaler Ebene. Die Stadt Amsterdam etwa hat sich als Doughnut-City auf diesen Weg gemacht und ihre Investitionspolitik an den Donut-Dimensionen ausgerichtet.[17] Schulen, Mobilitätskonzepte, Wohnungsbau und Energiepolitik werden seither systematisch auf ihren Beitrag zur sozialen Gerechtigkeit und ökologischen Verträglichkeit geprüft.

Die Donut-Ökonomie ist kein starres Modell, sondern ein Denkwerkzeug. Ein Kompass, der komplexe Zielkonflikte sichtbar macht und Entscheidungsprozesse strukturieren kann. Besonders innovativ ist ihr transdisziplinärer Ansatz: Wirtschaft wird nicht isoliert, sondern in ihrem Wechselspiel mit Gesellschaft, Umwelt und Kultur verstanden.

---

[16] Vgl. Raworth (2017).
[17] Vgl. DEAL (2020), S. 18 f.

4. Praxisbeispiel: Neuseelands Wellbeing Budget

Ein besonders vielbeachteter Schritt in Richtung qualitativer Wirtschaftspolitik ist das schon angesprochene *Wellbeing Budget* Neuseelands. Statt sich allein an makroökonomischen Zielwerten zu orientieren, definierte die Regierung Prioritäten nach Wohlfahrtsindikatoren: mentale Gesundheit, Kinderarmut, indigene Teilhabe, Ökologie und digitale Transformation. Jeder Haushaltsposten musste zeigen, welchen Beitrag er zu diesen Zielen leistet. Die Budgetplanung wurde so zum politischen Kompass für qualitatives Wachstum. Hinter diesem Konzept steht das *Living Standards Framework* des neuseeländischen Finanzministeriums, das mehr als 60 Indikatoren umfasst, von sozialem Vertrauen bis Umweltqualität.[18] Diese Daten fließen nicht nur in die Budgeterstellung, sondern auch in die Wirkungsevaluation öffentlicher Ausgaben ein. Das Ziel ist eine auf Evidenz basierende, ganzheitliche Politikgestaltung.

Neuseeland zeigt damit exemplarisch, dass eine andere Wirtschaftspolitik nicht nur denkbar, sondern auch machbar ist, wenn der politische Wille vorhanden ist. Ein solcher Wille braucht moralische Tiefenschärfe und darf sich nicht auf technokratische Indikatoren reduzieren.

8.4 Zwischen Anspruch und Wirklichkeit: Warum das Messen des qualitativen Besser so schwer ist

Ein zentrales methodisches Problem alternativer Indikatoren liegt in der internationalen Vergleichbarkeit. Während das BIP durch einheitliche Erfassungsstandards weltweit konsistent berechnet werden kann, fehlt es bei neuen Maßstäben häufig an normierten Erhebungsmethoden. Was bedeutet „subjektives Wohlbefinden" in Finnland im Vergleich zu Indien? Wie wird soziale Teilhabe in unterschiedlichen Kulturen erlebt? Welche Daten sind überhaupt verfügbar, welche nicht? Zudem variieren die institutionellen Kapazitäten stark: Während reiche Länder regelmäßig umfassende Sozial- und Umweltstatistiken erheben, sind viele

---

[18] Vgl. New Zealand Treasury (2021), S. 2.

Entwicklungsländer auf externe Hilfe oder kreative Erhebungsverfahren angewiesen.[19] Eine globale Anwendung alternativer Indikatoren droht damit neue Ungleichheiten in der Messbarkeit zu erzeugen. Eine Art statistische Nord-Süd-Kluft. Ein weiteres Hindernis ist die fehlende Harmonisierung von Definitionen: Was in einem Land als „Bildungsbeteiligung" gilt, kann in einem anderen völlig anders verstanden oder gemessen werden. Ohne eine internationale Verständigung über Begriffe und Messkonventionen wird die Aussagekraft globaler Vergleiche unterminiert.

Viele alternative Indikatoren beruhen auf zusammengesetzten Indexwerten, etwa der HDI oder der Better Life Index. Doch wie gewichtet man Bildung gegenüber Gesundheit? Wie viel ist eine saubere Umwelt im Vergleich zu politischer Partizipation wert? Die Entscheidung über diese Gewichtungen ist nie rein technisch, sondern immer normativ. Selbst wenn Bürgerbefragungen die Grundlage liefern, bleibt die Aggregation ein Akt politischer Setzung. Ein weiteres Problem liegt in der sogenannten Kompensationslogik zusammengesetzter Indizes: Gute Werte in einer Dimension können schlechte in einer anderen überdecken.[20] Ein Land mit hoher Bildung, aber massiver Umweltzerstörung, kann im Gesamtindex gut dastehen, obwohl seine Entwicklung keineswegs nachhaltig ist. Diese Logik widerspricht oft den Zielsetzungen ganzheitlicher Politik.

Darüber hinaus erzeugt die Aggregation die Illusion einer objektiven Gesamtbewertung, obwohl die Einzelindikatoren oftmals sehr unterschiedliche Realitäten abbilden. Ein radikalerer Vorschlag lautet daher, auf Gesamtindizes zu verzichten und stattdessen auf ein Dashboard-System zu setzen, das gleichrangige, nicht aggregierte Indikatoren nebeneinanderstellt. Damit ließe sich sowohl die Vielfalt als auch die Gleichzeitigkeit gesellschaftlicher Entwicklungen besser darstellen.

Indikatoren wie der Happy Planet Index basieren auf subjektiven Einschätzungen des eigenen Wohlbefindens. Das eröffnet wichtige Perspektiven, schließlich wissen Menschen oft selbst am besten, wie es ihnen geht. Doch subjektive Daten sind anfällig für Verzerrungen: kulturelle

---

[19] Vgl. Chen/Nordhaus (2011), S. 8589.
[20] Vgl. Mazziotta/Pareto (2016).

Normen, Erwartungshaltungen, temporäre Stimmungsschwankungen oder soziale Vergleichsmaßstäbe können die Ergebnisse stark beeinflussen.[21] Auch politische und soziale Kontexte wirken mit: In repressiven Systemen neigen Befragte dazu, aus Angst vor Repressionen positive Angaben zu machen. In individualistisch geprägten Gesellschaften kann es umgekehrt zu einer Unterbewertung real vorhandenen Wohlstands kommen, weil der Maßstab durch Konkurrenz und Vergleich mit Erfolgreicheren nach oben verschoben wird.

Hinzu kommt: Glück ist ein schwer fassbares Konzept. Es variiert nicht nur zwischen Personen, sondern auch im Zeitverlauf. Ein plötzlicher Einkommensanstieg etwa kann das subjektive Wohlbefinden kurzfristig erhöhen, doch nach wenigen Monaten kehrt häufig ein hedonistisches Gleichgewicht ein. Die langfristige Aussagekraft solcher Messungen ist daher begrenzt und doch sind sie ein unverzichtbarer Bestandteil einer menschzentrierten Ökonomie. Die Lösung liegt in der Kombination: Subjektive Indikatoren sollten niemals isoliert interpretiert werden, sondern stets im Verbund mit objektiven Kontextdaten wie Einkommensverhältnissen, Arbeitsbedingungen oder Umweltqualität betrachtet werden.

Alternative Indikatoren sind auf Daten angewiesen, die nicht überall systematisch erhoben werden. Besonders im Bereich ökologischer Indikatoren, etwa zur Biodiversität oder zum Zustand von Ökosystemen, mangelt es an belastbaren, international vergleichbaren Zahlenreihen. Auch soziale Indikatoren wie Vertrauen, soziale Mobilität oder Diskriminierungserfahrungen sind schwer erfassbar.[22] Zudem hängt die Datenverfügbarkeit oft von politischen Rahmenbedingungen ab. In autoritären Systemen werden kritische Indikatoren häufig gar nicht erhoben oder manipuliert.[23] Der Ausbau der Dateninfrastruktur ist daher eine zentrale Voraussetzung für die Etablierung neuer Maßstäbe.

Je mehr Indikatoren einbezogen werden, desto komplexer wird die Gesamtbewertung. Dies widerspricht dem politischen Bedürfnis nach Einfachheit und Klarheit. Medien, Bürgerinnen und Entscheidungsträger

---

[21] Vgl. De Loy Reyes et al. (2019).
[22] Siehe hierzu beispielsweise Mauro et al. (2021).
[23] Siehe hierzu beispielsweise Magee/Doces (2015).

sind es gewohnt, auf eine Zahl zu schauen: das BIP als scheinbar eindeutiger Tacho der Volkswirtschaft. Alternative Systeme müssen daher einen Balanceakt leisten: Sie dürfen die Komplexität nicht simplifizieren, aber sie müssen kommunizierbar bleiben.

Visualisierungen, Dashboards und narrative Formate können hier helfen, Brücken zwischen Zahlen und Bedeutung zu bauen. Der Better Life Index der OECD ist hierfür ein gelungenes Beispiel: Die Nutzer können per Schieberegler selbst bestimmen, welche Lebensbereiche sie für besonders wichtig halten. Ein individueller Zugang zur Komplexität. Ein weiteres Werkzeug sind interaktive Szenarien: Statt eines fixen Ist-Zustands können Zukunftssimulationen helfen, die Auswirkungen verschiedener Politikpfade sichtbar zu machen. So könnte eine Politik, die auf ökologische Nachhaltigkeit setzt, im Zeitverlauf mit sozialen und wirtschaftlichen Effekten abgeglichen werden. Eine datenbasierte Politikfolgenabschätzung in Echtzeit.

Die methodischen Herausforderungen alternativer Wohlstandsindikatoren sind kein Argument gegen ihre Einführung. Im Gegenteil: Sie zeigen, dass es ernst gemeint ist, wenn man den Menschen in den Mittelpunkt der Wirtschaft stellt. Doch je ambitionierter die Ziele, desto höher die Anforderungen an die Messung. Eine ganzheitliche Wirtschaftspolitik braucht ganzheitliche Statistik; präzise, transparent, pluralistisch und offen für Revisionen.

8.5 Wenn die Werte sich verschieben: Wie neue Wachstumsbilder unsere Gesellschaft verändern

Die dominierende Vorstellung vom wirtschaftlich handelnden Menschen ist jahrzehntelang durch das Bild des *homo oeconomicus* geprägt worden: rational, nutzenmaximierend, individualistisch.[24] Dieses Modell hat nicht nur wirtschaftliche Theorien, sondern auch Bildungssysteme, Unternehmensstrategien und politische Diskurse geprägt.

---

[24]Vgl. Rela (2021), S. 111.

In den letzten Jahren hat sich ein neues Menschenbild etabliert: der *homo relationalis*. Ein Wesen, das eingebettet ist in soziale Beziehungen, ökologische Zusammenhänge und kulturelle Kontexte.[25] Dieses neue Bild betont Kooperation statt Konkurrenz, Empathie statt reiner Rationalität, Suffizienz statt Gier. Es ist anschlussfähig an Erkenntnisse der Verhaltensökonomie, der Sozialpsychologie, der Umweltethik und der Gemeinwohlökonomie. Dieses Menschenbild hat weitreichende Implikationen für ökonomische Modelle, politische Anreizsysteme und gesellschaftliche Institutionen. Wenn man den Menschen nicht mehr als autarkes Optimierungswesen begreift, sondern als Beziehungswesen, dann verändert sich auch die Vorstellung davon, was wirtschaftliches Gedeihen bedeutet: Es wird relational, kontextabhängig, ethisch aufgeladen.

Die Großerzählung der Moderne war die Erhöhung des Lebensstandards durch wirtschaftliches Wachstum. „Mehr" war gleichbedeutend mit „besser". Dieses Narrativ hat über Jahrzehnte Sinn gestiftet, politische Stabilität erzeugt und soziale Integration ermöglicht. Doch heute stößt es an seine Grenzen. Die planetaren Belastungsgrenzen sind erreicht, die sozialen Versprechen werden brüchig, und viele Menschen empfinden das ständige „Mehr" zunehmend als Belastung, psychisch, ökologisch, sozial.

Kultureller Wandel beginnt nicht in Gesetzen, sondern in Köpfen. Wenn wirtschaftlicher Erfolg anders verstanden werden soll, dann braucht es ein Bildungssystem, das diese Perspektivwechsel vorbereitet: durch eine Ökonomiebildung, die mehr ist als Betriebswirtschaftslehre; durch politische Bildung, die Fragen von Gerechtigkeit, Nachhaltigkeit und Beteiligung in den Mittelpunkt stellt; durch eine Wertebildung, die Mut macht zum verantwortlichen Handeln. Zukunftsfähige Bildung heißt nicht nur Wissensvermittlung, sondern Haltungsbildung. Schulen und Universitäten können Orte sein, an denen gelernt wird, komplexe Zusammenhänge zu verstehen, moralische Urteile zu fällen und kollektive Zukunftsverantwortung zu übernehmen. Curricula, die sich auf Systemdenken, Interdisziplinarität und Gemeinwohlorientierung stützen, sind der Schlüssel für einen kulturellen Wandel von unten.

---

[25] Siehe hierzu beispielsweise Drichel (2019).

Auch außerhalb von Schulen und Universitäten braucht es Orte der kulturellen Reflexion: Museen, Theater, Medien, bürgergesellschaftliche Plattformen. Sie alle sind Foren, in denen die große Frage verhandelt wird: Was zählt wirklich? Kulturinstitutionen haben dabei eine doppelte Funktion: Sie bewahren Tradition und gestalten Zukunft. Sie geben Raum für kollektive Erinnerung ebenso wie für neue Visionen.

Kultureller Wandel zeigt sich im Alltag. In der Art, wie wir wohnen, reisen, einkaufen, arbeiten. Wenn immer mehr Menschen Wert legen auf ökologische Produkte, faire Lieferketten, gemeinschaftliches Wohnen oder geteilte Mobilität, dann ist das kein Zufall, sondern ein Ausdruck veränderter Werte. Diese neuen Konsumpraktiken sind nicht einfach moralische Moden, sondern Versuche, Lebensqualität neu zu definieren.

Die Soziologie spricht hier von postmateriellen Orientierungen: Die Suche nach Selbstverwirklichung, Sinn und sozialer Eingebundenheit tritt an die Stelle von Statuskonsum und materieller Akkumulation.[26] Dieser Wandel ist nicht absolut und auch nicht widerspruchsfrei. Oft existieren verschiedene Logiken nebeneinander. Doch in ihrer Summe erzeugen solche Praktiken einen kulturellen Sog, der Institutionen und Märkte verändert. Auch die Rolle von Arbeit wandelt sich: Immer mehr Menschen suchen nach Tätigkeiten, die sinnstiftend, partizipativ und gesellschaftlich relevant sind.[27] Begriffe wie Purpose, New Work oder Care Economy stehen für eine neue ökonomische Kultur, in der das „Warum" ebenso wichtig wird wie das „Wie-viel?".

Ohne kulturellen Wandel bleibt jede Reform an der Oberfläche. Die Transformation hin zu einer qualitativen Wachstumslogik ist nicht allein eine technische, politische oder ökonomische Aufgabe. Sie ist eine kulturelle Herausforderung. Es geht um die Frage, wer wir als Gesellschaft sein wollen: eine Konsumgesellschaft auf der Suche nach immer mehr, oder eine Lebensqualitätsgesellschaft auf der Suche nach dem Guten Leben.

---

[26] Vgl. Booth (2018).
[27] Vgl. Moskvitina (2021).

8.6 Fazit

Die Zahlenwelt war uns lange ein sicherer Hafen. Das Bruttoinlandsprodukt versprach Orientierung inmitten der Komplexität: Eine einzige Zahl, so glaubten wir, könne den Zustand eines Landes beschreiben. Doch diese Illusion ist brüchig geworden. Die Welt ist nicht mehr dieselbe, und das Denken von gestern trägt nicht mehr für die Herausforderungen von morgen.

Doch solch ein Paradigmenwechsel braucht mehr als gute Argumente. Er braucht Mut zur Transformation. Und jede Transformation ist eine Reise durch Unsicherheit. Hier beginnt das eigentliche Ringen: im Change Management. Der Übergang von einer quantitativen zu einer qualitativen Wachstumslogik ist kein linearer Prozess. Er ist ein vielschichtiger, oft widersprüchlicher Wandel, der alte Gewissheiten infrage stellt, Machtverhältnisse verschiebt und emotionale Widerstände hervorruft.

Widerstände gegen Wandel sind keine Anomalie, sondern Normalität. Sie resultieren aus institutionellen Trägheiten, kognitiven Verzerrungen, sozialen Pfadabhängigkeiten. Wer ein System verändern will, muss verstehen, wie es sich selbst stabilisiert. Change Management in der Ökonomie des 21. Jahrhunderts bedeutet daher: Reflexion von Interessen, transparente Kommunikation, Aufbau von Vertrauen und Gestaltung tragfähiger Übergänge. Es heißt auch, Fehler zuzulassen, Ambivalenzen auszuhalten, und Komplexität nicht vorschnell zu reduzieren.

Hinzu kommt die Herausforderung, das Neue politisch vermittelbar zu machen. Denn Wandel erzeugt nicht nur Hoffnung, sondern auch Angst. Gerade in Krisenzeiten sehnen sich Menschen nach Sicherheit und nicht nach zusätzlichen Unsicherheiten. Deshalb müssen Veränderungsprozesse nicht nur sachlich begründet, sondern auch emotional begleitet werden. Gleichzeitig braucht es politische Strategien, die das Neue erproben, ohne das Bestehende sofort zu zerstören. Der qualitative Wandel muss evolutionär anschlussfähig sein, ohne revolutionär entfremdend zu wirken. Pilotprojekte, Reallabore, kommunale Experimentierräume, partizipative Prozesse, neue Allianzen zwischen Wissenschaft, Verwaltung, Wirtschaft und Zivilgesellschaft sind hier entscheidend. Veränderung braucht nicht nur Analyse, sondern Erzählung, und vor allem: Erfahrung. Menschen müssen das neue Denken erleben können, damit es zum Teil ihres eigenen wird. Eine zentrale Chance liegt darin, diesen Wandel als Fortentwicklung der sozialen Marktwirtschaft zu denken. Die Idee der sozialen Marktwirtschaft war immer mehr als eine Ordnung der Märkte. Sie war eine kulturelle Erfindung, ein normativer Entwurf: wirtschaftliche Freiheit verbunden mit sozialer Verantwortung. Sie war die Antwort auf die Verwerfungen des 20. Jahrhunderts. Doch im 21. Jahrhundert genügt es nicht mehr, nur sozial zu sein. Wir müssen auch ökologisch gerecht, demokratisch resilient und kulturell integrativ wirtschaften.

Die neue soziale Marktwirtschaft des 21. Jahrhunderts ist daher eine qualitative: Sie bemisst ihren Erfolg nicht allein an der Größe des Kuchens, sondern daran, wie dieser verteilt, gebacken und wiederverwendet wird. Sie fragt nicht nur nach dem Markt, sondern nach dem Sinn. Sie schafft Freiräume für Innovation, ohne die planetaren Grenzen zu sprengen. Sie nimmt das Wohl der nächsten Generationen ebenso ernst wie das der gegenwärtigen. Sie verbindet Leistung mit Verantwortung, Gewinn mit Gemeinwohl, Wachstum mit Weisheit.

Literatur

Booth, D. (2018). Postmaterial experience economics. *Journal of Human Values, 24*(2), 83–100. https://doi.org/10.1177/0971685818754552

Chen, X., & Nordhaus, W. D. (2011). Using luminosity data as a proxy for economic statistics. *Proceedings of the National Academy of Sciences, 108*(21), 8589–8594. https://doi.org/10.1073/pnas.1017031108

De Los Reyes, A., Lerner, M., Keeley, L., Weber, R., Drabick, D., Rabinowitz, J., & Goodman, K. (2019). Improving interpretability of subjective assessments about psychological phenomena: A review and cross-cultural meta-analysis. *Review of General Psychology, 23*(3), 293–319. https://doi.org/10.1177/1089268019837645

Doughnut Economics Action Lab [DEAL]. (2020). *The Amsterdam City Doughnut: A tool for transformative action.* https://doughnuteconomics.org/amsterdam-portrait.pdf

Drichel, S. (2019). Relationality. *Angelaki, 24*(3), 1–2. https://doi.org/10.108 0/0969725X.2019.1620445

Enquete-Kommission „Wachstum, Wohlstand, Lebensqualität" des Deutschen Bundestages. [Enquete-Kommission] (2013). *Wachstum, Wohlstand, Lebensqualität – Wege zu nachhaltigem Wirtschaften und gesellschaftlichem Fortschritt* (BT-Drs. 17/13300). Deutscher Bundestag.

Fioramonti, L. (2013). *Gross domestic problem: The politics behind the world's most powerful number.* Zed Books.

Fox, M.-H. V., & Erickson, J. D. (2020). Design and meaning of the genuine progress indicator: A statistical analysis of the U.S. fifty-state model. *Ecological Economics, 167,* Article 106441. https://doi.org/10.1016/j.ecolecon.2019.106441

Hoekstra, R. (2019). *Replacing GDP by 2030: Towards a common language for the well-being and sustainability community.* Cambridge University Press. https://doi.org/10.1017/9781108608558

Hot or Cool Institute. (2024). *The 2024 Happy Planet Index methodology paper.* https://happyplanetindex.org/HPI_2024_methodology.pdf

International Monetary Fund [IMF]. (2018). *Fiscal monitor: Managing public wealth.*

Jackson, T. (2016). *Prosperity without growth: Foundations for the economy of tomorrow* (2nd ed.). Routledge. https://doi.org/10.4324/9781315677453

Joint Research Centre. (2024). *Beyond GDP: Delivering sustainable and inclusive wellbeing.* European Commission. https://joint-research-centre.ec.europa. eu/projects-and-activities/beyond-gdp-delivering-sustainable-and-inclusive-wellbeing_en

Jones, C. I., & Klenow, P. J. (2016). Beyond GDP? Welfare across countries and time. *American Economic Review, 106*(9), 2426–2457. https://doi.org/10.1257/aer.20110236

Kennedy, R. F. (1968, March 18). *Remarks at the University of Kansas* [Speech transcript]. John F. Kennedy Presidential Library.

Lepenies, P. (2013). *Die Macht der einen Zahl: Eine politische Geschichte des Bruttoinlandsprodukts.* Suhrkamp.

Magee, C., & Doces, J. (2015). Reconsidering regime type and growth: Lies, dictatorships, and statistics. *International Studies Quarterly, 59*(2), 223–237. https://doi.org/10.1111/isqu.12143

Mauro, V., Giusti, C., Marchetti, S., & Pratesi, M. (2021). Does uncertainty in single indicators affect the reliability of composite indexes? An application to the measurement of environmental performances of Italian regions. *Ecological Indicators, 127,* Article 107740. https://doi.org/10.1016/j.ecolind.2021.107740

Mazziotta, M., & Pareto, A. (2016). On a generalized non-compensatory composite index for measuring socio-economic phenomena. *Social Indicators Research, 127*, 983–1003. https://doi.org/10.1007/s11205-015-0998-2

Moskvitina, O. (2021). Changing labor values concepts and the role of new social technologies. *European Proceedings of Social and Behavioural Sciences, 122*, 64–71. https://doi.org/10.15405/epsbs.2021.12.03.8

New Zealand Treasury. (2019). *The wellbeing budget 2019.* https://treasury.govt.nz/publications/wellbeing-budget/wellbeing-budget-2019

New Zealand Treasury. (2021). *The Living Standards Framework 2021.* https://treasury.govt.nz/publications/tp/2021-living-standards-framework-2021

Organisation for Economic Co-operation and Development [OECD]. (2024). *How's life? 2024: Well-being and resilience in times of crisis.* OECD Publishing. https://doi.org/https://doi.org/10.1787/90ba854a-en

Raworth, K. (2017). *Doughnut economics: Seven ways to think like a 21st-century economist.* Chelsea Green.

Rela, N. (2021). Adam Smith's *Homo oeconomicus. Manuscrito, 44*(3), 137–162. https://doi.org/10.1590/0100–6045.2021.v44n3.nr

Stiglitz, J. E., Sen, A., & Fitoussi, J.-P. (2010). *Mismeasuring our lives: Why GDP doesn't add up.* The New Press. https://doi.org/10.2307/jj.26193269

Talberth, J., Cobb, C., & Slattery, N. (2007). *The Genuine Progress Indicator 2006.* Redefining Progress.

United Nations Development Programme [UNDP]. (2023). *Human Development Index (HDI).* https://hdr.undp.org/data-center/human-development-index#/indicies/HDI

9

Der soziale Kitt – Wachstum als Brücke des gesellschaftlichen Zusammenhalts

Es gibt jene Augenblicke in der Geschichte, in denen die Zukunft plötzlich fragil wird. Wo Gewissheiten bröckeln, Routinen erodieren, Horizonte sich eintrüben. Unsere Gegenwart ist ein solcher Moment. Nicht, weil sie Katastrophen inszeniert, das hat sie immer getan, sondern weil sie keine geteilten Bilder mehr davon besitzt, wie ein gutes Morgen aussehen könnte. Es ist ein stiller Verlust: der Verlust gemeinsamer Erzählungen.

Wir erleben ein Zeitalter der Gleichzeitigkeit: Während künstliche Intelligenz beginnt, unsere Lebenswelt umzuformen, bröckeln in vielen Regionen die Fundamente sozialer Teilhabe. Während globale Märkte Wohlstand schaffen, wächst die Kluft zwischen den urbanen Zentren des Fortschritts und den Peripherien der Unsicherheit. Während wir über Innovation jubeln, entfremden sich Millionen Menschen von Institutionen, von Politik, von einem Gemeinwesen, das ihnen fremd geworden ist.

Dieses Buch ist inmitten dieser Ambivalenzen entstanden – als Versuch, sie nicht nur zu beschreiben, sondern ein Angebot zu machen. Ein Angebot, Wachstumspolitik neu zu denken: nicht als technokratische Steuerungslogik, sondern als soziales Versprechen. Als Einladung,

© Der/die Autor(en), exklusiv lizenziert an Springer Fachmedien Wiesbaden GmbH, ein Teil von Springer Nature 2026
M. Pätzold et al., *Wachstum neu denken*,
https://doi.org/10.1007/978-3-658-50406-9_9

ökonomischen Fortschritt wieder mit kultureller Resonanz, mit sozialer Gerechtigkeit und mit demokratischer Tiefe zu verknüpfen.

Denn was wir heute brauchen, ist nicht noch mehr Beschleunigung, sondern Verbindlichkeit. Nicht noch mehr Effizienz, sondern Orientierung. Nicht noch mehr Reform, sondern ein neues Verhältnis zur Frage: Was hält uns eigentlich zusammen? In diesem Kapitel zeichnen wir ein Panorama der Gegenwart, aus ökonomischer, technologischer, politischer und kultureller Perspektive. Dabei ist alles von einer folgenreichen Grundidee durchzogen: Dass gesellschaftlicher Zusammenhalt kein Nebenprodukt von Wachstum ist, sondern seine Voraussetzung. Und dass eine neue Wachstumspolitik dann gelingt, wenn sie nicht nur Reichtum verteilt, sondern Zugehörigkeit stiftet.

In diesem Kapitel richten wir uns an alle, die spüren, dass etwas fehlt, und nicht genau benennen können, was es ist. Es ist geschrieben für jene, die an Demokratie glauben, aber um ihre Lebendigkeit fürchten. Für alle, die wissen, dass Digitalisierung mehr ist als Infrastruktur und Gerechtigkeit mehr als Gleichheit. Für alle, die ahnen, dass Fortschritt nicht in Dezimalstellen liegt, sondern in der Qualität unserer Beziehungen. Vielleicht braucht es in unruhigen Zeiten gerade jene Texte, die nicht nur argumentieren, sondern erinnern: an das, was Gesellschaft sein kann, wenn sie nicht nur von Interessen, sondern auch von Ideen getragen wird. Dieses Kapitel will dazu beitragen.

Denn wie jede Gemeinschaft lebt auch unsere Gesellschaft nicht von ihrem Wohlstand, sondern von ihrer Bereitschaft, ihn zu teilen. Nicht von ihrer Innovationskraft, sondern von der Fähigkeit, daraus Zusammenhalt zu machen. Und genau dort beginnt eine neue Erzählung des Wachstums: in der Entscheidung, nicht nur besser zu werden, sondern menschlicher.

9.1 Wenn das Wir zerfällt: Über Polarisierung in Zeiten des Überflusses

Gesellschaftlicher Zusammenhalt ist kein selbstverständliches Gut. Er entsteht nicht einfach aus der Summe wirtschaftlichen Erfolgs, sondern aus einem komplexen Zusammenspiel materieller Sicherheit, sozialer Teilhabe und kultureller Anerkennung. Er braucht Nähe, Resonanz, das Gefühl von Zugehörigkeit. All jene weichen, aber tragenden Elemente, die das Leben in modernen Gesellschaften sinnstiftend stabilisieren. Doch dieses unsichtbare Band, das Gemeinschaften trägt, scheint in der Spätmoderne zu reißen. Die Diagnose einer zunehmenden sozialen Spaltung ist längst keine steile These mehr, sondern gut dokumentierte empirische und theoretische Wirklichkeit.

Andreas Reckwitz, einer der weitsichtigsten deutschen Soziologen unserer Zeit, analysiert diese Dynamik in seinem Werk *Die Gesellschaft der Singularitäten* und entwickelt eine brillante soziologische Typologie unserer Gegenwart: Die Gesellschaft zerfällt in drei Milieus, deren wirtschaftliche Lage ebenso unterschiedlich ist wie ihre kulturellen Selbstverständnisse.[1] An der Spitze stehe die neue Mittelklasse, hochgebildet, digitalaffin, mobil, kosmopolitisch. Sie profitiert von der Globalisierung, bewegt sich sicher auf den Bühnen der symbolischen Welt und sieht in Individualisierung eine Selbstverwirklichung. Ihre Lebensführung ist geprägt von Distinktion, kulturellem Kapital, einem souveränen Umgang mit Unsicherheit. Sie lebt das Narrativ des Aufbruchs, der Wahlmöglichkeiten, der Selbstgestaltung.

Daneben existiere die alte Mittelklasse, traditionell, regional verankert, industriell geprägt. Sie erlebt den gesellschaftlichen Wandel nicht als Fortschritt, sondern als Bedrohung: Überkommene Erwerbsbiografien geraten ins Wanken, kulturelle Codes verlieren an Dominanz, die eigenen Kinder scheinen in eine Welt zu entgleiten, die man selbst nicht mehr versteht. Diese Milieus verlieren nicht nur an ökonomischer Sicherheit, sondern auch an kultureller Selbstverständlichkeit. Wo früher

---

[1] Vgl. Reckwitz (2019), S. 273–284.

Normalitätsvorstellungen galten, Eigentum, Arbeitsdisziplin, Ordnung, dominiert heute das Gefühl, kulturell entwertet zu sein.

Und schließlich noch eine prekäre Unterklasse, die nicht nur ökonomisch marginalisiert ist, sondern auch kaum Zugang zu jenen Ressourcen hat, die soziale Aufstiege ermöglichen: Bildung, Netzwerke, Sichtbarkeit. Sie lebt oft in prekären Arbeitsverhältnissen, ist von Unsicherheit und sozialer Fragmentierung geprägt. Was diese Gruppen vereint, ist das strukturelle Gefühl der Verunsicherung. Ein Gefühl, das Reckwitz in seinem neueren Werk *Verlust* präzise beschreibt: Verlust von Welt, von Zukunft, von Sinn. Es ist die kollektive Erfahrung eines Zeitgeists, der verspricht, aber nicht hält; der beschleunigt, aber nicht bindet.[2]

Was sich hier zeigt, ist mehr als nur ein Verteilungskonflikt. Es ist ein kultureller Riss, der quer durch Lebenswelten, Familien, Nachbarschaften verläuft. Was die neue Mittelklasse als Fortschritt feiert, empfinden andere als Entwertung ihrer Lebensrealität. Es herrscht, mit Reckwitz gesprochen, ein „Kampf um Anerkennung von Verlusten" zwischen Milieus, der nicht nur politische Polarisierung antreibt, sondern das Vertrauen in gesellschaftliche Institutionen zersetzt.[3] In diesen Auseinandersetzungen geht es um mehr als nur Einkommen oder Statussymbole. Es geht um Deutungsmacht, um das Recht, gesellschaftliche Normalität zu definieren.

Oliver Nachtwey fügt diesem Bild in *Die Abstiegsgesellschaft* eine weitere Dimension hinzu. Er beschreibt den strukturellen Wandel der westlichen Industriegesellschaften nicht mehr als kontinuierliche Aufstiegsgeschichte, sondern als regressiv gewordene Moderne. Der alte Aufstiegspfad über Bildung, Beruf und Besitz hat sich für viele verengt.[4] Stattdessen erleben Menschen Abstiegserfahrungen, soziale Prekarität, das Schwinden einst sicher geglaubter Normalbiografien. Diese Erfahrungen erzeugen Unmut, Protest, den Wunsch nach Rückkehr zu einem vermeintlich stabileren Gestern. Nachtweys Befund: Die Demokratie wird fragiler, wenn sich wachsende Teile der Bevölkerung nicht mehr als Teil eines solidarischen Wir empfinden, sondern als Abgehängte.

---

[2] Vgl. Reckwitz (2024), S. 120–124.
[3] Ebd, S. 107.
[4] Vgl. Nachtwey (2016), S. 119 ff.

Gerade die Verbindung zwischen sozialer Enttäuschung und politischer Radikalisierung verdient dabei besondere Beachtung. Wenn Anerkennungsverluste nicht mehr durch Teilhabe kompensiert werden können, entstehen Räume für populistische Erzählungen, die einfache Antworten auf komplexe Probleme versprechen. *Die Abstiegsgesellschaft* ist deshalb nicht nur eine ökonomische Beschreibung. Sie ist eine kulturelle Diagnose unserer Gegenwart, eine Warnung vor der schleichenden Erosion des demokratischen Grundvertrauens.

Diese gesellschaftliche Fragmentierung ist dabei keineswegs ein deutsches Einzelphänomen. Der *World Social Report* der Vereinten Nationen zeigt, dass soziale Ungleichheiten weltweit zunehmen.[5] Technologischer Wandel, Globalisierung und Urbanisierung haben die Einkommensunterschiede innerhalb vieler Gesellschaften verschärft, insbesondere zwischen urbanen Eliten und ländlicher Peripherie. Die Folge: das wachsende Gefühl vieler Menschen, keine Kontrolle mehr über die eigene Zukunft zu haben. Misstrauen in politische Eliten und staatliche Institutionen sind kein Zufall, sondern Symptom dieser Erfahrung von Kontrollverlust. Die Demokratie, so zeigt der Bericht, lebt nicht allein vom Wahlrecht, sondern von einem geteilten Gefühl kollektiver Zukunftsfähigkeit.

Auch andere Indikatoren bestätigen diese Tendenz: Das Vertrauen in Institutionen nimmt ab, soziale Mobilität stagniert, politische Diskurse verhärten sich. Es entstehen Resonanzverluste – im Sinne Hartmut Rosas – zwischen Individuum und Gesellschaft, zwischen Erwartungen und Erfahrungen.[6] Was folgt, ist eine Stimmung der Überforderung, in der soziale Kohärenz nicht mehr selbstverständlich ist, sondern ständig neu begründet werden muss.

Was aber ist das strukturelle Grundproblem dieser Entwicklung? Die Antwort liegt in der doppelten Dynamik der Spätmoderne: einerseits der rasanten wirtschaftlich-technologischen Transformation, die bestehende Sicherheiten erodiert, andererseits der kulturellen Fragmentierung, die ein gemeinsames Norm- und Wertesystem untergräbt. Diese doppelte Spaltung manifestiert sich sowohl im realen Raum (zwischen Metropolen

---

[5] Vgl. UN-DESA (2020), S. 20.
[6] Vgl. Rosa (2019), S. 588 ff.

und Provinz) als auch im sozialen Raum (zwischen digitalen Wissensarbeitern und prekären Dienstleistern). Es ist nicht nur ein Mangel an materiellen Ressourcen, sondern ein Mangel an Erzählungen, die Zugehörigkeit und Teilhabe stiften könnten.

Hinzu kommt ein neues Paradox: Gerade jene Technologien, die theoretisch gesellschaftliche Vernetzung erleichtern könnten, tragen oft zur weiteren Spaltung bei. Algorithmen verstärken soziale Filterblasen, digitale Märkte zementieren neue Monopole, globale Plattformen entziehen sich nationalstaatlicher Regulierung. Was als Fortschritt verkauft wird, entpuppt sich für viele als Exklusion: ökonomisch, kulturell, sozial. Die zentrale Herausforderung für eine neue Wachstumspolitik liegt also nicht allein in der Umverteilung von Einkommen. Es geht um mehr: um die Räume der sozialen Teilhabe, um kulturelle Anerkennung, um infrastrukturelle Zugänge. Wachstum darf nicht länger als bloßes Ökonomisierungsziel begriffen werden, sondern als integratives Projekt, das Teilhabe fördert und narrative Kohäsion stiftet. Ein soziales Wachstum ist eines, das den sozialen Kitt erneuert: durch Bildung, die verbindet statt selektiert; durch digitale Infrastrukturen, die Brücken schlagen statt Gräben zu vertiefen; durch Institutionen, die Vertrauen erzeugen, weil sie gerecht, transparent und erreichbar sind. Und nur so kann die Spätmoderne, bei aller Vielfalt und Komplexität, wieder eine Gesellschaft werden, in der sich viele, nicht wenige, zu Hause fühlen.

9.2   Algorithmen als Brandbeschleuniger sozialer Ungleichheit

Kaum eine technologische Entwicklung hat in den letzten Jahren für so viel Aufsehen, Hoffnung und Besorgnis gesorgt wie die Künstliche Intelligenz. Wir haben bereits gesehen, dass diese vielversprechende Zukunftstechnologie als Schlüssel zur Lösung komplexer Probleme gilt: von medizinischer Diagnostik über Verkehrssteuerung bis hin zu nachhaltigem Ressourcenmanagement. Doch während Politiker, Unternehmer und Forschungsinstitute auf die disruptiven Potenziale von KI setzen, zeigen sich im Schatten dieser Fortschrittserzählung auch besorgniserregende

Dynamiken. Denn KI ist nicht per se inklusiv, neutral oder gerecht. Sie verstärkt häufig genau jene Ungleichheiten, die ohnehin schon unsere Gesellschaft prägen, sowohl individuell als auch kollektiv.

Die Forschung von Daron Acemoglu und Pascal Restrepo liefert hier einen analytischen Kompass. In einer Vielzahl empirischer Studien haben sie nachgewiesen, dass KI und Automatisierung vor allem jene Arbeitsplätze bedrohen, die sich durch Routinetätigkeiten auszeichnen.[7] Also häufig jene Jobs, die von geringer qualifizierten Beschäftigten in industriellen oder administrativen Bereichen ausgeführt werden. Die Folge: Während hochqualifizierte Experten, etwa in Tech- oder Finanzbereich, von den Effizienzgewinnen und Produktivitätszuwächsen profitieren, geraten große Teile der unteren und mittleren Einkommensschichten unter Druck. Arbeitsplätze verschwinden, neue entstehen oft in einem anderen Qualifikationssegment. So entsteht, was man eine asymmetrische technologische Dividende nennen könnte: Der technische Fortschritt wird ungleich verteilt.

Diese Entwicklung wirkt nicht nur auf individueller Ebene destabilisierend. Sie verschiebt auch regionale Gleichgewichte. Städte mit hoher Innovationsdichte, digitalen Infrastrukturen und akademischen Einrichtungen ziehen Investitionen und Talente an während ländliche Räume, industrielle Altregionen oder periphere Gebiete weiter zurückfallen. Die Kluft zwischen digitalen Metropolen und abgehängten Regionen wird tiefer. Eine neue Geografie der Ungleichheit entsteht mit politischen, sozialen und ökonomischen Folgen.

Diese räumliche Dimension ist dabei keineswegs ein rein wirtschaftliches Problem. Sie verändert auch das soziale Gefüge. Regionen, die vom KI-getriebenen Strukturwandel negativ betroffen sind, erleben nicht nur Arbeitsplatzverluste, sondern auch soziale Erosion: Abwanderung junger, gut ausgebildeter Menschen, Entwertung lokaler Identität, Rückgang von Investitionen in öffentliche Infrastruktur. Der digitale Wandel droht so, jene Ungleichheiten zu zementieren, die bereits durch frühere Modernisierungswellen, etwa die Deindustrialisierung, angelegt wurden. Die Folge ist eine doppelte Entfremdung: wirtschaftlich und kulturell.[8]

---

[7] Siehe hierzu beispielsweise Acemoglu/Restrepo (2020), S. 2239 ff.
[8] Vgl. Reckwitz (2019), S. 382–388.

Zudem sind es nicht nur ökonomische Effekte, die KI zur Ungleichheitsmaschine machen. Auch die strukturelle Gestaltung der Systeme selbst ist problematisch. Zunehmend zeigen Studien, dass viele KI-Anwendungen mit tief verwurzelten Verzerrungen operieren, etwa weil die zugrunde liegenden Trainingsdaten Vorurteile aus der Vergangenheit reproduzieren. So entstehen algorithmische Diskriminierungen: Bewerbungsverfahren, die Menschen mit Migrationsgeschichte systematisch schlechter bewerten; Kredit-Scorings, die ärmeren Stadtteilen automatisch schlechtere Bonitätswerte zuschreiben; automatisierte Gesichtserkennung, die bei nicht-weißen Personen deutlich höhere Fehlerraten aufweist.[9] Die vermeintliche Objektivität der Maschine entpuppt sich als eine neue Form institutionalisierter Voreingenommenheit. Effizient, unsichtbar, schwer angreifbar. Die soziologische Forschung beschreibt diesen Mechanismus als eine Art technologische Reproduktion sozialer Ungleichheit. Nicht nur verstärkt KI bestehende Vorurteile, sie trägt auch dazu bei, dass neue soziale Differenzierungen entstehen: zwischen denen, die Algorithmen gestalten, und jenen, die ihnen ausgeliefert sind; zwischen Datenproduzenten und Datenverwalteten; zwischen Tech-Konzernen und Nutzenden.[10] Es entsteht ein Machtgefälle, das nicht nur ökonomisch, sondern auch epistemisch ist: Wer bestimmt, was als Problem gilt, was gemessen wird, was nicht sichtbar ist, und wer bleibt stumm im Datenschatten?

Diese strukturellen Ungleichheiten setzen sich auch im Zugang zu KI-Technologien fort. Die sogenannte digitale Kluft zeigt sich nicht mehr nur in der Verfügbarkeit von Breitbandanschlüssen oder digitaler Hardware, sondern zunehmend in der Möglichkeit, von datenbasierten Anwendungen zu profitieren. Während große Unternehmen ihre Prozesse mit KI optimieren und damit Wettbewerbsvorteile ausbauen, fehlt es kleinen und mittleren Unternehmen oft an Ressourcen, um mitzuhalten. Auch Bildungseinrichtungen in benachteiligten Regionen oder soziale Einrichtungen verfügen nur selten über die Mittel, KI sinnvoll einzusetzen. So droht die technologische Ungleichheit neue Formen sozialer Exklusion hervorzubringen – subtil, aber wirkmächtig.

---

[9] Vgl. Zajko (2022), S. 4.
[10] Vgl. Ebd., S. 10 f.

Diese Schieflagen haben auch eine globale Dimension. Laut einer Studie des Internationalen Währungsfonds droht die weltweite Verbreitung von KI die ökonomische Kluft zwischen Industrie- und Entwicklungsländern zu vertiefen.[11] Wir haben bereits beim Thema gesellschaftliche KI-Bereitschaft gesehen, dass die Fähigkeit, KI-Technologien produktiv zu nutzen, maßgeblich vom Zugang zu Kapital, Infrastruktur und Expertise abhängt – Ressourcen, die in hohem Maße in der nördlichen Hemisphäre konzentriert sind. Entwicklungsländer laufen Gefahr, bei dieser technologischen Revolution erneut zu spät zu kommen oder gar ihre komparativen Vorteile im globalen Wettbewerb (z. B. niedrig qualifizierte Arbeit) dauerhaft zu verlieren. Die vielzitierte digitale Kluft wird so auch zu einer kognitiven Kluft im Geiste der Menschen.

Auch aus menschenrechtlicher Perspektive verdichten sich die Warnungen. Amnesty International etwa dokumentiert eine Vielzahl von Fällen, in denen der Einsatz von KI zu systematischen Benachteiligungen geführt hat, insbesondere in sicherheitsrelevanten, verwaltungstechnischen oder sozialen Bereichen.[12] Es wird angemahnt, dass KI-Systeme, die Entscheidungen über Menschen treffen, demokratisch kontrolliert, transparent und erklärbar sein müssen. Denn wenn Repräsentationsverzerrungen in Algorithmen nicht erkannt und korrigiert werden, droht eine Technokratie ohne Verantwortung. Ein System, in dem Diskriminierung automatisiert und entmenschlicht wird.

Was also tun? Die Antwort kann nicht in einem Technikpessimismus bestehen. Aber sehr wohl in einer verantwortungsvollen Gestaltung des technologischen Wandels. Eine neue Wachstumspolitik muss daher technologiepolitisch aktiv werden: durch gezielte Förderung gemeinwohlorientierter KI-Anwendungen; durch Investitionen in Aus- und Weiterbildung, insbesondere für jene, die vom Wandel am stärksten betroffen sind; durch eine Regulierung, die algorithmische Transparenz, Datenschutz und Rechenschaftspflicht sicherstellt; und nicht zuletzt durch die Demokratisierung von Technologieentwicklung selbst, etwa durch Open-Source-Initiativen, Bürgerbeteiligung oder öffentlich finanzierte Forschungsprogramme.

---

[11] Vgl. Alonso et al. (2020), S. 31–35.
[12] Vgl. Amnesty International (2023), S. 25.

Zudem sollte der Staat selbst eine aktivere Rolle als Akteur im Technologiefeld einnehmen. Öffentliche Verwaltungen könnten bewusst auf ethisch geprüfte KI-Systeme setzen, offene Dateninfrastrukturen schaffen und partizipative Prozesse einführen, um die Bedürfnisse unterschiedlichster Gesellschaftsgruppen in der Technologiegestaltung zu berücksichtigen. Auch Bildungsinstitutionen spielen eine Schlüsselrolle: Nur wenn Menschen befähigt werden, KI zu verstehen, kritisch zu reflektieren und mitzugestalten, kann ein inklusiver technologischer Fortschritt gelingen.

9.3   Inklusive Technologiepolitik: Wie digitale Teilhabe gelingen kann

Der Zugang zu digitalen Infrastrukturen, die Fähigkeit zur Nutzung digitaler Tools und die Mitwirkung an technologischer Entwicklung sind heute entscheidende Faktoren sozialer Inklusion. Wer hier ausgeschlossen ist, verliert nicht nur ökonomische Chancen, sondern auch kulturelle Teilhabe und politische Repräsentation.

Ein zentrales Feld ist der Ausbau der digitalen Infrastruktur. Noch immer existiert eine digitale Kluft zwischen Stadt und Land, zwischen ökonomisch starken und schwachen Regionen, zwischen privilegierten und marginalisierten Bevölkerungsgruppen. Breitbandanschlüsse, Glasfaser, Mobilfunknetze; all das sind heute keine Luxusgüter, sondern öffentliche Daseinsvorsorge. Die Politik in Ländern wie Finnland oder Südkorea hat dies früh erkannt und entsprechende Investitionen mit strategischer Konsequenz betrieben. Das Ergebnis: eine breit zugängliche digitale Infrastruktur, die nicht nur wirtschaftliches Wachstum, sondern auch soziale Gerechtigkeit befördert.

Doch Infrastruktur allein reicht nicht. Entscheidend ist auch die Fähigkeit zur Nutzung. Digitale Bildung wird zur Schlüsselressource. Wer sich in einer durch Algorithmen, Plattformen und Datenströme strukturierten Welt orientieren will, braucht mehr als technisches Wissen. Es geht um digitale Mündigkeit, um kritisches Denken, um das Verstehen der sozialen und ethischen Dimensionen digitaler Technologien.

Inklusive Technologiepolitik bedeutet daher auch: umfassende Investitionen in digitale Bildungsangebote, in Schulen, in der beruflichen Weiterbildung, in Programmen für ältere Generationen oder bildungsferne Gruppen.

Ein besonders wirkungsvolles Instrument ist die Förderung partizipativer Innovationsprozesse. Wenn Technologieentwicklung nicht länger exklusiven Tech-Clustern und Konzernen überlassen wird, sondern zivilgesellschaftliche Gruppen, Kommunen, Bildungsinstitutionen und marginalisierte Communities in Entwicklungsprozesse einbezogen werden, entstehen Innovationen, die näher an den realen Bedarfen der Menschen orientiert sind. So genannte *grassroots innovations,* also technologische Lösungen, die von unten wachsen, haben sich weltweit als wirksam erwiesen: von Community-Netzen in abgelegenen Regionen bis zu sozial orientierten Plattformgenossenschaften in urbanen Zentren.[13]

Partizipation ist dabei nicht nur ein Mittel zur Effizienzsteigerung, sondern ein Prinzip sozialer Gerechtigkeit. Es geht darum, technologische Entwicklung aus dem Elfenbeinturm herauszuholen und in demokratische Aushandlungsprozesse zu überführen. Wenn marginalisierte Gruppen an der Entwicklung von Technologien beteiligt sind, steigen nicht nur die Chancen auf passgenaue Lösungen. Es verändert auch die symbolische Ordnung: Wer bislang Objekt von Technik war, wird zum Subjekt ihrer Gestaltung. Das ist Emanzipation im digitalen Zeitalter.

Auch internationale Institutionen wie die OECD und die Vereinten Nationen fordern deshalb ein neues Verständnis von Technologiepolitik. In ihrer Analyse *Inclusive Innovation Policies* betont die OECD, dass staatliche Innovationsförderung gezielt soziale Gruppen adressieren sollte, die sonst von technologischen Entwicklungen ausgeschlossen bleiben.[14] Dazu gehören nicht nur monetäre Förderprogramme, sondern auch rechtliche Rahmenbedingungen, die soziale Unternehmen und gemeinwohlorientierte Technologiemodelle stärken. Die UN-Organisation ESCAP verweist zudem auf die besondere Rolle von Frauen, Minderheiten und benachteiligten Regionen. Ihre aktive Einbindung in

---

[13] Vgl. Seyfang/Haxeltine (2012), S. 389 ff.
[14] Vgl. Planes-Satorra/Paunov (2017), S. 4–5.

Innovationsprozesse ist kein Nebenschauplatz, sondern zentrales Kriterium für eine gerechte Digitalentwicklung.[15]

Besonders deutlich wird dies im Bereich der digitalen Gesundheit. In vielen Ländern haben Telemedizin-Projekte oder digitale Gesundheitsanwendungen einen enormen Innovationsschub erfahren. Doch sie erreichen oft nicht jene Gruppen, die am meisten profitieren könnten: ältere Menschen, Menschen mit Behinderungen, strukturell Benachteiligte. Inklusive Technologiepolitik muss hier ansetzen, indem sie Barrieren abbaut, digitale Kompetenzen fördert und Anwendungen entwickelt, die echte Zugänglichkeit ermöglichen. Sei es durch einfache Nutzeroberflächen, Mehrsprachigkeit oder datensparsame Technologien.

Die Beispiele erfolgreicher Umsetzung sind ermutigend: In Estland hat die konsequente Digitalisierung öffentlicher Dienstleistungen nicht nur Effizienzgewinne gebracht, sondern auch neue Formen bürgernaher Verwaltung und Transparenz ermöglicht. In Kanada werden indigene Communities gezielt in digitale Projekte einbezogen, etwa durch den Aufbau eigener Dateninfrastrukturen. Und in Deutschland entstehen mit Initiativen wie *Public Interest AI* oder kommunalen Datenstrategien erste Ansätze einer gemeinwohlorientierten Technologiepolitik.

Hinzu kommen spannende Projekte auf kommunaler Ebene, etwa in Barcelona, wo mit der *City Data Commons* eine neue Form öffentlicher Datenverwaltung etabliert wurde, unter Einbeziehung der Stadtgesellschaft, mit einem Fokus auf Datenschutz, Transparenz und Bürgerwohl. Oder das Projekt *Internet for All* in Kalifornien, das den Zugang zu schnellem Internet als soziales Recht verankert. Solche Ansätze zeigen: Inklusive Technologiepolitik ist keine Utopie. Sie ist möglich, konkret, wirksam.

Doch all dies bleibt fragmentarisch, solange kein kohärentes politisches Leitbild formuliert wird. Inklusive Technologiepolitik braucht politische Vision, institutionelle Rahmung und langfristige Finanzierung. Sie ist kein Add-on zur Innovationsstrategie, sondern ihr sozialer Kern. Und sie ist kein bloß technisches Projekt, sondern ein kulturelles: Sie verändert unser Verständnis davon, was Fortschritt ist, wer ihn gestaltet, und wem er dient.

---

[15] Vgl. UN-ESCAP (2018), S. 5 f.

9.4 Zusammenhalt kann man gestalten: Was Politik und Zivilgesellschaft tun können

Die Forschung zeigt klar: Gesellschaften mit hohem sozialen Zusammenhalt sind resilienter, innovativer und demokratisch stabiler.[16] Sie verfügen über ein höheres Maß an wechselseitigem Vertrauen, institutioneller Legitimität und kollektiver Handlungsfähigkeit. Der *Social Cohesion Radar* der Bertelsmann Stiftung misst regelmäßig die Kohäsionswerte europäischer Gesellschaften, und stellt fest: Bildung, Gesundheit, soziale Absicherung und die Qualität öffentlicher Institutionen sind entscheidende Faktoren für das Kohäsionsniveau einer Gesellschaft.[17] Diese Faktoren zu stärken ist keine Nebensache, sondern Kernbestandteil jeder zukunftsfähigen Wachstumspolitik.

Ein zentraler Hebel ist Bildung. Wer gleiche Bildungschancen ermöglicht, schafft die Grundlage für soziale Mobilität und intergenerationale Gerechtigkeit. Bildungsinvestitionen zahlen doppelt zurück: ökonomisch durch bessere Qualifikationen und gesellschaftlich durch größere Verbundenheit mit demokratischen Werten und Institutionen. Frühkindliche Förderung, Ganztagsschulen, niedrigschwellige Angebote in bildungsbenachteiligten Quartieren und lebenslanges Lernen sind daher mehr als Bildungspolitik. Dabei ist nicht nur die Qualität der Bildung entscheidend, sondern auch ihre Zugänglichkeit. Schulstandorte in sozial belasteten Regionen, Sprachförderung für Kinder mit Migrationshintergrund und integrative Curricula, die gesellschaftliche Vielfalt als Ressource behandeln, gehören zur Infrastruktur einer sozialen Demokratie.

Auch der Gesundheitsbereich spielt eine entscheidende Rolle. Eine gute Gesundheitsversorgung ist nicht nur eine Frage individueller Lebensqualität, sondern auch ein Gradmesser sozialer Gerechtigkeit. Regionale Unterschiede in der medizinischen Versorgung, ungleicher Zugang zu Prävention und Therapie oder digital-medizinische Angebote, die nur bestimmte Gruppen erreichen, unterminieren den gesellschaftlichen

---

[16] Siehe hierzu beispielsweise Chatterjee et al. (2023).
[17] Vgl. Dragolov et al. (2013), S. 12.

Zusammenhalt. Eine moderne Gesundheitspolitik muss daher gesundheitliche Teilhabe sichern – flächendeckend, inklusiv, digital wie analog. Der Ausbau von Gesundheitszentren in unterversorgten Regionen, mobile Gesundheitsdienste und die Förderung von Gesundheitsbildung sind konkrete Hebel einer solchen Politik.

Ein weiterer Schlüsselbereich ist die soziale Infrastruktur. Orte der Begegnung, von Stadtteilzentren über Bibliotheken bis zu Sportvereinen, sind die physischen Räume, in denen Gemeinschaft entsteht. Wenn solche Räume verschwinden, etwa durch Sparmaßnahmen oder Kommerzialisierung des öffentlichen Raums, verliert die Gesellschaft ihre verbindenden Strukturen. Investitionen in soziale Infrastruktur sind deshalb kein Luxus, sondern Basis einer solidarischen Gesellschaft. Studien zeigen: Menschen, die regelmäßig Orte kollektiver Aktivität aufsuchen, verfügen über ein höheres Maß an sozialem Vertrauen und Engagement.[18] In einer Gesellschaft, die zunehmend digital kommuniziert, braucht es umso mehr analoge Begegnungsräume, in denen Differenz produktiv gelebt werden kann.

Zugleich muss auch die digitale Dimension des Zusammenhalts mitgedacht werden. Soziale Medien, digitale Verwaltungsdienste und Online-Teilhabemöglichkeiten können entweder Inklusion befördern oder Exklusion verstärken. Je nachdem, wie sie gestaltet sind. Digitale Teilhabe muss daher bewusst gefördert werden: durch barrierefreie Plattformen, nutzerfreundliche Verwaltungsportale, digitale Ehrenamtsbörsen und Bildungsangebote, die digitale Kompetenzen für alle stärken. Die digitale Öffentlichkeit braucht demokratische Qualität, sonst droht sie zum Resonanzraum der Spaltung zu werden. Hierbei spielen Medienkompetenzprogramme eine ebenso zentrale Rolle wie die Regulierung von Plattformalgorithmen, die polarisierende Inhalte belohnen. Die digitale Gesellschaft braucht demokratische Architekturen.

Ein zukunftsweisender Ansatz sind sogenannte Community-based Policies: politische Maßnahmen, die direkt im sozialen Nahraum ansetzen, mit den Menschen vor Ort entwickelt und von ihnen mitgetragen werden.[19] Beispiele reichen von kommunalen Bürgerbudgets über solidarische

---

[18] Siehe hierzu beispielsweise Schiefer/van der Noll (2017).
[19] Vgl. Beer (2023), S. 10 f.

Stadtteilprojekte bis hin zu interkulturellen Mediationsprogrammen. Studien zeigen, dass solche Programme nicht nur konkrete Probleme lösen, sondern auch das Vertrauen in Institutionen und das Gefühl kollektiver Selbstwirksamkeit stärken.[20] Community-Ansätze fördern nicht nur horizontale Bindungen zwischen Bürgern, sondern auch die vertikale Bindung zwischen Staat und Gesellschaft. Ein entscheidender Faktor für soziale Kohäsion.

Ein inklusiver Arbeitsmarkt gehört ebenso zur Kohäsionspolitik wie eine faire Wohnungspolitik. Wer dauerhaft vom Arbeitsleben ausgeschlossen bleibt, verliert nicht nur Einkommen, sondern auch soziale Anerkennung. Wer keine bezahlbare Wohnung findet, wird aus seinem Lebensumfeld verdrängt, oft mit weitreichenden Folgen für Bildung, Gesundheit und soziale Netzwerke. Sozialer Zusammenhalt braucht deshalb auch ökonomische Stabilität: Mindestlöhne, gezielte Qualifizierungsprogramme, soziale Durchmischung beim Wohnungsbau und Mieterschutz sind zentrale Pfeiler einer auf Kohäsion ausgerichteten Wirtschaftspolitik. Auch neue Formen gemeinschaftlicher Arbeit, etwa in Sozialunternehmen oder kooperativen Beschäftigungsmodellen, können zur sozialen Integration beitragen.

Besondere Aufmerksamkeit verdienen in diesem Zusammenhang auch Jugendliche und junge Erwachsene. Sie sind nicht nur besonders anfällig für die negativen Folgen von Unsicherheit, Perspektivlosigkeit und digitaler Desinformation, sondern zugleich Träger eines enormen gesellschaftlichen Potenzials. Programme zur Jugendbeteiligung, zur demokratischen Bildung und zur sozialen Integration, etwa über Sport, Kultur oder freiwilliges Engagement, wirken wie soziale Frühwarnsysteme und Präventionsmechanismen zugleich. Wo junge Menschen sich als Teil eines Gemeinwesens erleben, wächst die Resilienz einer Gesellschaft von innen heraus.

Und schließlich: Vertrauen in Demokratie und Staat entsteht dort, wo Menschen das Gefühl haben, gehört, gesehen und ernst genommen zu werden. Transparente Verfahren, partizipative Entscheidungsprozesse und eine verlässliche Daseinsvorsorge sind keine technischen Verwaltungsfragen. Sie sind Ausdruck politischen Respekts. Nur eine Politik,

---

[20] Vgl. Ebd. S. 30–33.

die als gerecht empfunden wird, kann die Grundlage für ein neues gesellschaftliches „Wir" schaffen.

9.5 Architektur des Miteinanders – Ein Bauplan für Kohäsion

Soziale Spaltung erzeugt politische Polarisierung und diese bedroht die Grundlagen demokratischer Verständigung. Studien wie der *Democracy Report* des V-Dem-Instituts oder der *World Values Survey* zeigen: In Ländern mit wachsender Ungleichheit nimmt das Vertrauen in politische Institutionen signifikant ab.[21] Wahlbeteiligung sinkt vor allem in benachteiligten Milieus, während politische Extreme Zulauf gewinnen. Der öffentliche Diskurs radikalisiert sich, aus sozialen Fragen werden kulturelle Frontstellungen, aus ökonomischer Verunsicherung wird systemisches Misstrauen. Besonders betroffen sind junge Menschen sowie sozioökonomisch benachteiligte Gruppen. Sie empfinden sich häufig nicht als repräsentiert, als nicht gehört – als kein Teil des demokratischen Spiels.

Es wurde eindrücklich gezeigt, wie sich politische Repräsentation verschoben hat: Bildungseliten neigen zunehmend zu progressiven Parteien, während weniger privilegierte Gruppen sich entfremdet fühlen und in vielen Fällen den populistischen Parteien zuneigen.[22] Die Demokratie spaltet sich entlang von Bildungs- und Statuslinien. Dies ist gefährlich, weil es das grundlegende Versprechen der Gleichheit untergräbt: dass jede Stimme zählt, unabhängig von sozialem Hintergrund.

Digitale Medien verstärken diese Dynamik. Plattformen wie Facebook, X oder TikTok strukturieren nicht nur Kommunikation, sondern auch Wahrnehmung: durch Algorithmen, die Polarisierung befördern, durch Desinformation, die Zweifel sät, durch Filterblasen, die öffentliche Debatte fragmentieren. Was als Demokratisierung des Zugangs begann, ist längst zu einer Herausforderung für deliberative Prozesse geworden. Der digitale Raum ist nicht neutral. Er prägt, was sichtbar wird, was Aufmerksamkeit erhält, und was verschwindet.

---

[21] Vgl. Nord et al. (2025), S. 6–8; World Values Survey (2023).
[22] Vgl. Gethin et al. (2022). S. 30 ff.

In einer Studie der Universität Oxford wurde belegt, dass emotionale, polarisierende und identitätspolitische Inhalte eine deutlich höhere Verbreitung erfahren als differenzierte oder sachliche Informationen.[23] Der digitale Kapitalismus belohnt Erregung und dieser Mechanismus trifft auf eine Gesellschaft, die in sich selbst fragmentiert ist. So entsteht ein gefährlicher Resonanzraum, in dem Affekte dominieren, Fakten relativiert werden und demokratische Diskurse an Tiefe verlieren.

Zugleich braucht es aber auch eine digitale Grundversorgung im Sinne einer digitalen Infrastrukturpolitik, die Teilhabe nicht vom Wohnort, Einkommen oder Bildungsniveau abhängig macht. Demokratische Öffentlichkeit kann nur entstehen, wenn alle Zugang zu ihr haben, technologisch wie kulturell. In Estland etwa wurden digitale Identitäten und Bürgerbeteiligung so verbunden, dass Online-Wahlen, Petitionen und Antragsverfahren auf einfache Weise nutzbar sind. In Taiwan wiederum wurde mit Plattformen wie *vTaiwan* ein weltweit beachtetes Modell digitaler Deliberation geschaffen, das Transparenz und Konsensbildung miteinander verbindet.

Auch die Rolle von Medienkompetenz ist entscheidend. Menschen müssen befähigt werden, digitale Inhalte kritisch zu bewerten, Desinformation zu erkennen und sich in pluralistischen Diskursen zu orientieren. Gerade in polarisierten Gesellschaften ist diese Fähigkeit zentral: Nicht nur als Schutz vor Manipulation, sondern als Voraussetzung aktiver, aufgeklärter Teilhabe. Bildungsinstitutionen, öffentliche Medien, zivilgesellschaftliche Akteure; sie alle tragen Verantwortung dafür, digitale Mündigkeit zu fördern. Dabei reicht es nicht, einzelne Kompetenzen zu vermitteln. Es braucht vielmehr ein pädagogisches Leitbild, das Demokratiebildung und digitale Souveränität miteinander verbindet.

Schließlich ist die Sprache, in der Demokratie kommuniziert, von zentraler Bedeutung. Wer über Teilhabe spricht, darf nicht ausschließen. Wer Vertrauen gewinnen will, muss verständlich und respektvoll kommunizieren. In Zeiten gesellschaftlicher Verunsicherung ist politische Sprache nicht nur Mittel der Information, sondern auch Instrument der Integration. Das Narrativ der Demokratie muss neu erzählt werden.

---

[23] Siehe hierzu Orben et al. (2019).

9.6   Globale Probleme, lokale Lösungen

Lokale Räume sind die sensibelsten Seismografen gesellschaftlicher Umbrüche. Sie sind aber auch Laboratorien sozialer Innovation. Denn nirgendwo sonst lassen sich politische Maßnahmen so passgenau, partizipativ und konkret umsetzen wie im kommunalen Kontext. Lokale Initiativen verfügen über einen unschätzbaren Vorteil: Nähe. Sie kennen die Bedarfe vor Ort, die historischen Konflikte, die unausgesprochenen Hoffnungen. In einer Welt zunehmender Entfremdung kann lokale Politik genau das leisten, was viele Menschen vermissen: Orientierung, Zugehörigkeit, Handlungsmacht.

Ein Blick auf die internationalen Beispiele zeigt: Lokale Lösungen entfalten dann besondere Wirkung, wenn sie eingebettet sind in eine klare Vision, stabile Netzwerke und lernende Infrastrukturen. In Seoul etwa wurde unter dem Leitmotiv Sharing City eine städtische Sharing Economy gefördert, die nicht primär auf Gewinn, sondern auf Gemeinwohl zielt, mit Bibliotheken für Alltagsgegenstände, geteilten Arbeitsräumen und quartiersbezogenen Austauschplattformen.[24] In Medellín wandelte sich eine von Gewalt gezeichnete Metropole durch massive Investitionen in öffentliche Räume, Bildungszentren und Seilbahnlinien zu einem Beispiel für integrative Stadtentwicklung.[25] Und in Amsterdam wird mit dem bereits betrachteten Modell der Doughnut-Economics erprobt, wie ökologische Grenzen mit sozialen Mindeststandards lokal in Einklang gebracht werden können.

Was lokale Lösungen besonders macht, ist ihr Potenzial zur Resilienzförderung. In Zeiten von multiplen Krisen, etwa während der COVID-19-Pandemie, zeigte sich eindrücklich, wie entscheidend funktionierende Nachbarschaften, verlässliche kommunale Verwaltungen und zivilgesellschaftliche Netzwerke für die Bewältigung von Unsicherheit sind. Resiliente Kommunen zeichnen sich durch ein dichtes Geflecht an Akteuren aus, die kooperativ handeln und wechselseitig aufeinander abgestimmt agieren können.[26]

---

[24] Vgl. Strobel (2016).

[25] Vgl. Alvarez (2024).

[26] Siehe hierzu beispielsweise Zarghami et al. (2023).

Ein zentraler Baustein für die Stärkung lokaler Lösungen ist daher die institutionelle Verstetigung erfolgreicher Projekte. Zu oft verfallen gelungene Initiativen nach dem Ende einer Förderperiode oder dem Ausscheiden einzelner Engagierter. Eine nachhaltige lokale Innovationspolitik braucht daher strukturierte Lernprozesse, institutionalisierte Schnittstellen zwischen Politik, Verwaltung, Zivilgesellschaft und Wirtschaft sowie Plattformen, auf denen Wissen transferiert werden kann, etwa über kommunale Reallabore, Kompetenzzentren oder Netzwerke. Zudem ist entscheidend, wie die Beteiligung der Bürger organisiert ist. Wenn lokale Politik als Top-down-Maßnahme erlebt wird, verpufft ihre transformative Kraft. Wenn hingegen Räume der Mitgestaltung eröffnet werden, entsteht kollektive Intelligenz. Bürgerhaushalte, Quartiersräte, Jugendparlamente oder digitale Beteiligungsplattformen sind keine „Extras", sondern essenziell für demokratische Innovation. Dabei geht es nicht nur um formale Verfahren, sondern auch um die Anerkennung von Alltagswissen, biografischer Erfahrung und kultureller Perspektivenvielfalt.

Eine zentrale Rolle spielt in diesem Zusammenhang auch die Zivilgesellschaft. Viele erfolgreiche lokale Lösungen entstehen nicht in Amtsstuben, sondern in Vereinen, Nachbarschaftsinitiativen, Sozialunternehmen oder selbstorganisierten Projekten. Diese Akteure verfügen über ein feines Gespür für soziale Dynamiken, sind oft schneller, experimentierfreudiger und näher an den Bedürfnissen der Menschen. Eine moderne Kommunalpolitik muss deshalb zivilgesellschaftliche Potenziale nicht nur tolerieren, sondern aktiv fördern: etwa durch Kooperationsvereinbarungen, vereinfachte Förderverfahren oder die Öffnung kommunaler Räume für gemeinwohlorientierte Nutzung.

Nicht zuletzt muss auch die Rolle lokaler Verwaltungen neu gedacht werden. Sie sind nicht nur Dienstleister, sondern Moderatoren, Möglichmacher, Impulsgeber. Ihre Haltung entscheidet mit darüber, ob neue Ideen Wurzeln schlagen. Verwaltung der Zukunft heißt: agil, offen, lernend, gemeinwohlorientiert. Das verlangt eine neue Ausbildungskultur, interdisziplinäre Teams und eine kluge Verknüpfung von analogem Wissen und digitaler Technik. Digitale Verwaltungsmodernisierung ist dabei, wie in Kap. 7 beschrieben, kein Selbstzweck, sondern Voraussetzung für wirksame Kooperation auf Augenhöhe mit Bürgerschaft und

Initiativen. Ein Zukunftsbild könnte so aussehen: Kommunen werden zu demokratischen Werkstätten, in denen sozial-ökologische Transformation nicht als staatliches Programm übergestülpt, sondern als kollektiver Lernprozess gestaltet wird. Digitalisierung dient dabei nicht nur der Effizienzsteigerung, sondern als Werkzeug für Teilhabe, Transparenz und gemeinschaftliche Wissensproduktion. Öffentliche Räume werden als soziale Infrastruktur verstanden. Als Orte, an denen sich eine Gesellschaft ihrer selbst versichert, streitet und wächst.

Globale Probleme lassen sich nicht allein global lösen. Sie brauchen Übersetzungen in lokale Kontexte, kulturelle Passungen und konkrete Handlungsräume. Lokale Lösungen sind keine Ersatzpolitik. Sie sind ein Schlüssel zur Resilienz moderner Gesellschaften. Und sie erzählen von etwas, das in Zeiten globaler Komplexität selten geworden ist: der Möglichkeit, dass Wandel greifbar wird. Zumindest vor Ort.

9.7 Die Kraft der Vielen: Wenn Gemeinsinn zum gesellschaftlichen Antrieb wird

In Zeiten gesellschaftlicher Fragmentierung, politischer Polarisierung und institutioneller Erosion gewinnt ein Akteur an Bedeutung, der lange im Schatten der öffentlichen Aufmerksamkeit stand: die Zivilgesellschaft. Sie ist keine Randerscheinung, sondern ein zentrales Element demokratischer Ordnung und sozialer Integration. In ihr verdichten sich jenseits von Parteien, Märkten oder Verwaltungsapparaten Solidarität, Selbstorganisation und der Wunsch nach Mitgestaltung.

Zivilgesellschaftliches Engagement zeigt sich in vielfältiger Gestalt: im Ehrenamt, in Initiativen für soziale Gerechtigkeit, in Nachbarschaftshilfen, Bürgervereinen, Umweltgruppen, Sportvereinen oder solidarischen Wirtschaftsformen. Es entsteht dort, wo Menschen Verantwortung füreinander übernehmen. Nicht aus Pflicht, sondern aus Überzeugung. Diese freiwillige Praxis ist ein soziales Kapital, das weder verordnet noch substituiert werden kann.

Empirische Studien belegen, dass Gesellschaften mit starkem zivilgesellschaftlichem Engagement resilienter gegenüber Krisen sind.[27] Der *Social Capital Index* etwa zeigt klare Korrelationen zwischen ehrenamtlicher Aktivität, Vertrauen in Institutionen und subjektivem Wohlbefinden.[28] Regionen mit hohem Engagementsgrad verzeichnen geringere soziale Spannungen, höhere Lebenszufriedenheit und eine aktivere demokratische Kultur. Die Zivilgesellschaft fungiert damit als intermediäre Instanz zwischen Individuum und System. Sie übersetzt, vermittelt, stabilisiert.

In der Corona-Pandemie wurde deutlich, wie unverzichtbar zivilgesellschaftliche Netzwerke sind: Sie organisierten Nachbarschaftshilfe, unterstützten vulnerable Gruppen, schufen Räume der Solidarität, wo staatliche Systeme überfordert waren. Auch in der Aufnahme von Geflüchteten, beim Klimaschutz oder in der Bildungsarbeit übernimmt die Zivilgesellschaft Aufgaben, die über das hinausgehen, was Verwaltung allein leisten kann – oft niedrigschwellig, inklusiv, kreativ. In diesen Praktiken zeigt sich nicht nur Hilfsbereitschaft, sondern ein tiefes demokratisches Ethos: die Bereitschaft, Verantwortung zu übernehmen, wo Institutionen an ihre Grenzen stoßen.

Doch diese Ressource ist kein Selbstläufer. Zivilgesellschaft braucht rechtliche Rahmenbedingungen, finanzielle Förderinstrumente, politische Anerkennung und infrastrukturelle Unterstützung. Dazu gehören beispielsweise eine verlässliche Grundförderung für gemeinnützige Träger, Zugang zu Räumen, administrative Entlastung oder Beteiligung an politischen Entscheidungsprozessen. Ohne diese Rahmenbedingungen droht aus Engagement Erschöpfung zu werden und aus Solidarität Frustration. Hinzu kommt, dass viele zivilgesellschaftliche Strukturen auf prekären Grundlagen operieren. Vieles hängt an Einzelpersonen, ehrenamtlicher Arbeit und projektgebundenen Finanzierungen. Die Gefahr: Wenn das Engagement überfordert oder ausbleibt, kollabiert das soziale Netz. Deshalb bedarf es einer Infrastrukturpolitik für Engagement, die

---

[27] Vgl. Peters et al. (2024), S. 68 f; UN-V (2018), S. 96 f.
[28] Vgl. SolAbility (2024).

zivilgesellschaftliche Akteure langfristig absichert, professionalisiert und strategisch einbindet.[29]

Besonders junge Menschen bringen neue Formen zivilgesellschaftlichen Engagements hervor: digital vernetzt, politisch fluide, oft kampagnenartig organisiert. Engagement findet nicht nur in formalen Strukturen statt, sondern auch im urbanen Raum, in sozialen Netzwerken, auf der Straße. Diese neuen Ausdrucksformen verdienen Anerkennung – unabhängig von ihren Inhalten und auch wenn sie nicht in die klassischen Raster institutionalisierter Beteiligung passen. Politik und Verwaltung sind hier gefordert, responsiver und dialogorientierter zu agieren, statt bloß zu reagieren.

Zivilgesellschaft ist auch Lernort für Demokratie. In ihr werden Fähigkeiten praktiziert, die für das demokratische Gemeinwesen essenziell sind: Kooperation, Konfliktbearbeitung, Verantwortung, Aushandlung. Wer sich engagiert, eignet sich nicht nur soziale Kompetenzen an, sondern entwickelt ein politisches Selbstverständnis. Gerade in gesellschaftlichen Milieus, die sich von der Politik entfremdet haben, kann zivilgesellschaftliche Teilhabe Brücken schlagen. In der Teilhabe wird die abstrakte Demokratie zur gelebten Erfahrung. Ein entscheidender Schritt hin zu einer demokratischen Kultur, die nicht nur institutionell, sondern auch emotional verankert ist.

Die Politik steht vor der Aufgabe, diesen Möglichkeitsraum aktiv zu gestalten. Dazu braucht es eine Engagementstrategie, die nicht auf paternalistische Steuerung, sondern auf partnerschaftliche Kooperation setzt. Kommunen sollten über lokale Engagementagenturen, auf denen zivilgesellschaftliche Akteure sich vernetzen, Ressourcen teilen und Einfluss nehmen können. Auch neue Finanzierungsmodelle, etwa Matching-Funds, partizipative Förderfonds oder Sozialrenditen, können neue Dynamiken erzeugen. In Skandinavien etwa sind solche Modelle Teil einer Kultur der Co-Governance, des Regierens mit, nicht über die Bürger. Darüber hinaus lohnt ein Blick auf die europäische und internationale Ebene. In vielen Ländern gelten zivilgesellschaftliche Organisationen als systemrelevant. Etwa in Kanada, wo zivilgesellschaftliche Vertretungen systematisch in Gesetzgebungsverfahren eingebunden sind. Auch die EU

---

[29]Vgl. Davies et al. (2024).

hat in ihrer Agenda für soziale Rechte die Bedeutung zivilgesellschaftlicher Partnerschaften hervorgehoben. Allerdings fehlt vielerorts noch die konsequente Umsetzung.

9.8   Fazit

Wenn man aus der akademischen Distanz auf die Gegenwart blickt, dann erscheint unsere Gesellschaft wie ein Netz aus beschleunigten Widersprüchen: technologischer Fortschritt und soziale Rückschritte, globalisierte Märkte und zerfallende Gemeinschaftsräume, neue Möglichkeiten der Partizipation und ein wachsendes Gefühl politischer Ohnmacht. Es ist, als seien wir in einem historischen Moment angekommen, in dem die alten Antworten nicht mehr tragen und die neuen Fragen noch keinen Platz gefunden haben. Inmitten dieses Übergangs offenbart sich die zentrale Aufgabe unserer Zeit: den sozialen Kitt neu anzurühren. Dieser Kitt ist nicht das Produkt ökonomischer Kennziffern oder institutioneller Routinen. Er entsteht dort, wo Menschen sich als Teil eines größeren Zusammenhangs erleben. Wo die Erfahrung von Gerechtigkeit, die Möglichkeit zur Mitgestaltung und das Gefühl von Anerkennung zusammenkommen. Und er zerbricht dort, wo gesellschaftliche Prozesse nur noch als Entfremdung, Konkurrenz oder Entwertung wahrgenommen werden. Der soziale Kitt – das ist letztlich nichts anderes als die Summe jener unsichtbaren Fäden, die Menschen miteinander verbinden. Durch geteilte Geschichten, gemeinsame Erfahrungen, gegenseitige Achtung. Wo diese Fäden reißen, entsteht das, was Emile Durkheim bereits vor über hundert Jahren als Anomie bezeichnete: das Gefühl, in einer Welt zu leben, die nicht mehr zusammenhält.[30]

Denn der soziale Kitt ist nicht einfach da. Er wird gemacht. Tag für Tag, in unzähligen kleinen Begegnungen, in solidarischen Handlungen, in politischen Auseinandersetzungen, in Bildungsprozessen, in Technologien, die verbinden statt isolieren. Er wird dort geknüpft, wo Menschen das Gefühl haben, nicht nur Objekt, sondern Subjekt gesellschaftlicher Entwicklung zu sein. Er wird gestärkt, wo Strukturen

---

[30] Vgl. Durkheim (1951), S. 25.

nicht zwingen, sondern ermöglichen. Wo Räume der Teilhabe keine Fassaden, sondern reale Chancen sind. Wir wissen längst, was ökologisch notwendig, technologisch möglich und sozial geboten wäre. Die Frage ist nicht mehr das Wissen. Es ist der Wille. Und der Wille zur Veränderung ist kein abstraktes Gut. Er entsteht dort, wo Menschen erleben, dass sie gehört werden, dass sie gestalten können, dass sie dazugehören. Dort, wo Politik nicht nur regiert, sondern erzählt: von einer Zukunft, in der wir nicht gegeneinander rechnen, sondern miteinander leben. Eine Politik, die wieder Sprache findet für das, was uns verbindet, und nicht nur Zahlen für das, was uns trennt.

Der soziale Kitt ist keine Metapher für Nostalgie, sondern eine Einladung zur Zukunft. Diese Verbindung ist nicht Uniformität, sondern Anerkennung in Differenz. Sie ist nicht Harmonie, sondern konstruktiver Konflikt. Sie ist kein Zurück zur alten Ordnung, sondern ein Vorwärts zu einer neuen Form von Solidarität. Vielleicht liegt die große Herausforderung unserer Zeit darin, das zu tun, was moderne Gesellschaften verlernt haben: nicht nur schneller zu denken, sondern tiefer zu fühlen. Nicht nur lauter zu sprechen, sondern besser zuzuhören. Der soziale Kitt der Zukunft wird sich nicht in institutionellen Reformpapieren allein finden lassen – er wird sich zeigen im Alltag, in der Art, wie wir leben, arbeiten, streiten, versöhnen.

In einer Zeit, in der so vieles in Bewegung geraten ist, brauchen wir nicht nur neue Ideen, sondern neue Beziehungen: zueinander, zur Natur, zur Welt. Wachstum wird bleiben. Aber es muss sich wandeln: vom Ziel zur Voraussetzung. Von der Quantität zur Qualität. Vom Brutto zum Gemeinsamen. Denn das Gegenteil von Spaltung ist Zusammenhalt. Und dieser beginnt – wie so vieles – mit der Entscheidung, einander nicht egal zu sein. Vielleicht ist genau das die leise Revolution, die unsere Zeit braucht.

Literatur

Acemoglu, D., & Restrepo, P. (2020). Robots and jobs: Evidence from US labor markets. Journal of Political Economy, 128(6), 2188–2244. https://doi.org/10.1086/708816

Alonso, C., Berg, A., Kothari, S., Papageorgiou, C., & Rehman, S. (2020). Will the AI revolution cause a great divergence? (IMF Working Paper No. 20/65). International Monetary Fund. https://doi.org/10.5089/9781513556505.001

Alvarez, V. R. (2024, 22. Januar). The urban transformation of Medellín: A case study. ArchDaily. https://www.archdaily.com/1015216/the-urban-transformation-of-medellin-a-case-study

Amnesty International. (2023). Digitally divided: Technology, inequality, and human rights. Amnesty International.

Beer, A. (2023). The governance of place-based policies now and in the future? Background paper for the OECD-EC High-Level Expert Workshop Series on "Place-Based Policies for the Future," Workshop 5. https://www.oecd.org/regional/place-based-policies-for-the-future.htm

Chatterjee, S., Gassier, M., & Myint, N. (2023). Leveraging social cohesion for development outcomes (Policy Research Working Paper No. 10417). World Bank. http://documents.worldbank.org/curated/en/099723304202334301

Davies, B., Abrams, D., Horsham, Z., et al. (2024). The causal relationship between volunteering and social cohesion: A large-scale analysis of secondary longitudinal data. Social Indicators Research, 171, 809–825. https://doi.org/10.1007/s11205-023-03268-6

Dragolov, G., Ignácz, Z., Lorenz, J., Delhey, J., & Boehnke, K. (2013). Social cohesion radar: An international comparison of social cohesion. Bertelsmann Stiftung. https://www.bertelsmann-stiftung.de/fileadmin/files/BSt/Publikationen/GrauePublikationen/GP_Social_Cohesion_Radar.pdf

Durkheim, E. (1951). Suicide (J. A. Spaulding & G. Simpson, Trans.). Free Press. (Original work published 1897)

Gethin, A., Martínez-Toledano, C., & Piketty, T. (2022). Brahmin Left versus Merchant Right: Changing political cleavages in 21 Western democracies, 1948–2020. The Quarterly Journal of Economics, 137(1), 1–48. https://doi.org/10.1093/qje/qjab036

Nachtwey, O. (2016). Die Abstiegsgesellschaft: Über das Aufbegehren in der regressiven Moderne. Suhrkamp.

Nord, M., Altman, D., Angiolillo, F., Fernandes, T., Good God, A., & Lindberg, S. I. (2025). Democracy report 2025: 25 years of autocratization – democracy trumped? V-Dem Institute, University of Gothenburg.

Orben, A., Dienlin, T., & Przybylski, A. K. (2019). Social media's enduring effect on adolescent life satisfaction. Proceedings of the National Academy of Sciences, 116(21), 10226–10228. https://doi.org/10.1073/pnas.1902058116

Peters, S., Kny, J., Scheffel, F., & Ullrich, A. (2024). Nicht kleinzukrisen! Was die Zivilgesellschaft resilient macht. https://doi.org/10.13140/RG.2.2.34051.72482

Planes-Satorra, S., & Paunov, C. (2017). Inclusive innovation policies: Lessons from international case studies (OECD Science, Technology and Industry Working Paper 2017/02). OECD Publishing. https://doi.org/10.1787/4b242442-en

Reckwitz, A. (2019). Die Gesellschaft der Singularitäten. Suhrkamp.

Reckwitz, A. (2024). Verlust: Ein Grundproblem der Moderne. Suhrkamp.

Rosa, H. (2019). Resonanz: Eine Soziologie der Weltbeziehung. Suhrkamp.

Schiefer, D., & van der Noll, J. (2017). The essentials of social cohesion: A literature review. Social Indicators Research, 132, 579–603. https://doi.org/10.1007/s11205-016-1314-5

Seyfang, G., & Haxeltine, A. (2012). Growing grassroots innovations: Exploring the role of community-based initiatives in governing sustainable energy transitions. Environment and Planning C: Government and Policy, 30(5), 381–400. https://doi.org/10.1068/c10222

SolAbility. (2024). Social Capital Index. https://solability.com/the-global-sustainable-competitiveness-index/social-capital

Strobel, C. (2016, 4. April). Sharing City Seoul: Eine ganze Stadt lebt die Sharing Economy. Techtag. https://techtag.de/it-und-digitalisierung/share-economy/die-sharing-city-beispiel-von-seoul/

United Nations Department of Economic and Social Affairs [UN-DESA]. (2020). World Social Report 2020: Inequality in a rapidly changing world. United Nations.

United Nations Economic and Social Commission for Asia and the Pacific [UN-ESACP] . (2018). Mainstreaming inclusive technology and innovation policies that leave no one behind. United Nations.

United Nations Volunteers [UN-V]. (2018). State of the world's volunteerism report 2018: The thread that binds – volunteerism and community resilience. United Nations.

World Values Survey. (2023). Findings and insights. https://www.worldvalues-survey.org/WVSContents.jsp

Zajko, M. (2022). Artificial intelligence, algorithms, and social inequality: Sociological contributions to contemporary debates. Sociology Compass, 16(11), Article e12962. https://doi.org/10.1111/soc4.12962

Zarghami, S., Kaleji, L. K., & Abhari, M. (2023). Resilience analysis of local communities from a political economy perspective in Zanjan, Iran. Scientific Reports, 13, 19433. https://doi.org/10.1038/s41598-023-46838-x

10

Das neue Wir – Gemeinsam wachsen in Freiheit und Verantwortung

Es gibt Zeiten, in denen sich die Fragen verändern, bevor sich die Antworten gefunden haben. Zeiten, in denen das Rauschen des Fortschritts die leisen Risse in der gesellschaftlichen Ordnung übertönt. Wir leben in einer solchen Zeit. Was diese Entwicklungen verbindet, ist nicht nur ihre Dringlichkeit, sondern ihre strukturelle Tiefe. Sie fordern uns nicht auf, besser zu verwalten. Sie verlangen, dass wir grundlegend neu denken: über Zusammenleben, über Verantwortung, über Gerechtigkeit. Und sie führen uns zu einer zentralen Frage, dem roten Faden dieses Buches: Welche Übereinkünfte brauchen wir, um im 21. Jahrhundert gemeinsam zu bestehen? Welche Prinzipien, Institutionen, politischen Praktiken braucht es, um Freiheit, Sicherheit, Teilhabe und Zukunft in Einklang zu bringen? Die Antwort, die dieses Buch gibt, ist ebenso einfach wie radikal: Wir brauchen einen neuen Gesellschaftsvertrag. Nicht als nostalgischen Rückgriff auf Rousseau oder Hobbes. Sondern als politisch-moralisches Projekt einer offenen, nachhaltigen, gerechten und demokratischen Gesellschaft. Einen Vertrag, der das Verhältnis von Staat, Markt und Individuum neu austariert. Der nicht nur auf die Sicherung des Status quo zielt, sondern auf das Versprechen der Erneuerung.

M. Pätzold et al., *Wachstum neu denken*, https://doi.org/10.1007/978-3-658-50406-9_10

Ein solcher Gesellschaftsvertrag stellt dabei nicht nur die Frage nach Verteilung, Teilhabe und Solidarität neu. Er stellt auch unsere Vorstellungen von Wachstum infrage. Denn Wachstum, wie wir es bisher verstanden haben, ist eben kein neutrales Ziel. Es ist ein Ausdruck eines bestimmten Gesellschaftsbildes: eines, das auf Expansion, Effizienz, Konsum und Konkurrenz basiert. Lange wurde dieses Wachstum als universelles Heilmittel gehandelt, gegen Armut, gegen Arbeitslosigkeit, gegen sozialen Unfrieden. Doch was, wenn dieses Bild nicht mehr trägt? Was, wenn Wachstum – wie bislang gemessen – unsere ökologischen Lebensgrundlagen untergräbt, soziale Spaltungen vertieft, politische Legitimität gefährdet?

Kein Kapitel dieses Buchs ist ein Plädoyer gegen Wachstum. Aber jedes für sich ein Plädoyer dafür, Wachstum neu zu denken. Wachstum nicht als Selbstzweck, sondern als Mittel: für Resilienz, für Lebensqualität, für ökologisches Gleichgewicht, für gesellschaftlichen Zusammenhalt. Ein Gesellschaftsvertrag für das 21. Jahrhundert muss definieren, was wachsen soll – und was nicht. Er muss den Mut haben, zwischen mehr und besser zu unterscheiden. Zwischen wirtschaftlicher Dynamik und sozialer Balance. Zwischen ökologischer Tragfähigkeit und ökonomischer Gier. Er muss fragen: Wächst die Demokratie mit? Wächst das Vertrauen? Wächst die Fähigkeit, Zukunft gemeinsam zu gestalten?

Denn genau hier liegt der neuralgische Punkt: Das Narrativ vom grenzenlosen Wachstum hat seine kulturelle Überzeugungskraft eingebüßt. Aber es prägt weiter unsere institutionellen Logiken. Unser Steuerrecht, unsere Sozialversicherungssysteme, unser Bildungsverständnis, sie alle sind implizit auf ständiges Mehr programmiert. Doch was, wenn die Zukunft ein anderes Verhältnis zu Ressourcen, Zeit und Arbeit verlangt? Was, wenn Wohlstand nicht im Bruttoinlandsprodukt, sondern in gelingenden Beziehungen, gesunder Umwelt und kultureller Teilhabe gemessen werden muss?

Kapitel für Kapitel hat dieses Buch bisher die Konturen eines solchen neuen Gesellschaftsvertrags skizziert: historisch fundiert, politisch konkret, normativ ambitioniert. Wir blickten zurück auf das, was war, und voraus auf das, was möglich ist. Wir diskutierten Instrumente – von Investitionspolitik bis Bildung, von digitaler Infrastruktur bis kultureller Repräsentation. Und fragten nach der Rolle des Staates, des Marktes, der

Zivilgesellschaft. Nicht selten haben wir einen Blick auf internationale Vorbilder geworfen, um zu zeigen: Transformation ist kein utopischer Traum..

10.1   Als das Versprechen noch hielt: Der alte Gesellschaftsvertrag und seine stillen Brüche

Das 20. Jahrhundert war ein Jahrhundert der Extreme: Weltkriege und Wiederaufbau, Totalitarismus und Demokratisierung, Wirtschaftskrisen und Wohlstandswunder. Inmitten dieser dramatischen Umbruchszeit formte sich, fast wie ein gesellschaftliches Gelübde nach dem Chaos, ein neuer Konsens, der wie ein unsichtbarer Vertrag zwischen Staat, Markt und Bürger wirkte. Dieser Gesellschaftsvertrag des 20. Jahrhunderts, geboren aus den Trümmern zweier Weltkriege, verließ sich auf ein einfaches, aber kraftvolles Versprechen: Wenn du arbeitest, wirst du nicht nur überleben, sondern aufsteigen. Wenn du fällst, wirst du aufgefangen. Und wenn du alt wirst, wirst du nicht vergessen.

Die Grundarchitektur dieses Vertrags war eine historische Synthese: Er verband die Dynamik offener Märkte mit der Schutzfunktion eines starken Sozialstaats. Es war ein Pakt zwischen Kapital und Arbeit, gefestigt durch die politische Einsicht, dass Stabilität nicht durch Repression, sondern durch soziale Teilhabe entsteht. In Deutschland fand diese Idee ihren Ausdruck in der sozialen Marktwirtschaft – einem Leitbild, das ebenso normativ wie pragmatisch war: Wettbewerb ja, aber für die Schwächsten wird gesorgt. Freiheit ja, aber eingebettet in soziale Verantwortung.[1]

Seine Entstehung ist eng mit den traumatischen Erfahrungen der Zwischenkriegszeit verknüpft. Die Weltwirtschaftskrise von 1929 zerstörte nicht nur ökonomische Existenzen, sondern auch das Vertrauen in die liberalen Demokratien. Im Deutschen Reich bereitete sie den Boden für die Machtübernahme durch die Nationalsozialisten. In den USA

---

[1] Vgl. Schneider/Toyka-Seid (2025).

hingegen reagierte Franklin D. Roosevelt mit dem New Deal – einem breit angelegten Reformprogramm, das die Rolle des Staates neu definierte. Der Staat wurde nicht mehr als bloßer Nachtwächter betrachtet, sondern als aktiver Akteur, der Verantwortung für Arbeitsplätze, soziale Sicherheit und wirtschaftliche Steuerung übernimmt. Diese Wende markierte den Beginn eines neuen Verständnisses von Gesellschaftsvertrag.

Der amerikanische New Deal schuf mit Programmen wie der Social Security, dem Wagner Act zur Stärkung der Gewerkschaften und dem Civilian Conservation Corps konkrete Instrumente zur sozialen Stabilisierung.[2] Diese staatlichen Interventionen legten die Grundlage für das, was später in Europa unter dem Begriff des Wohlfahrtsstaates weiterentwickelt wurde. In Großbritannien wurde nach dem Zweiten Weltkrieg unter der Labour-Regierung von Clement Attlee ein umfassender Wohlfahrtsstaat errichtet, gestützt auf die Empfehlungen des Beveridge-Reports. In Skandinavien institutionalisierten sozialdemokratische Regierungen einen starken Sozialstaat mit universellen Leistungen.

In Deutschland formierte sich der neue Gesellschaftsvertrag im Kontext von Besatzung, Wiederaufbau und ideologischer Systemkonkurrenz. Unter der Prägung von Ludwig Erhard, Alfred Müller-Armack und der Freiburger Schule des Ordoliberalismus entwickelte sich das Modell der sozialen Marktwirtschaft. Es war das Bestreben, die Vorteile des Marktes mit den Erfordernissen sozialer Gerechtigkeit zu verbinden. Der Staat sollte die Spielregeln des Marktes festlegen, Wettbewerb sichern und soziale Mindeststandards garantieren. Das Subsidiaritätsprinzip der katholischen Soziallehre, das dem Einzelnen so viel Eigenverantwortung wie möglich und dem Staat nur so viel Eingriff wie nötig zugestand, wurde dabei zur normativen Richtschnur. Dieser Gesellschaftsvertrag war nicht nur eine wirtschafts- oder sozialpolitische Ordnung, sondern ein kulturelles Projekt. Er beruhte auf einem kollektiven Ethos: der Vorstellung, dass Wohlstand nicht exklusiv, sondern inklusiv sein müsse. Dass der wirtschaftliche Erfolg der einen nicht die Not der anderen zur Voraussetzung haben dürfe. In diesem Sinne war er auch ein Instrument zur moralischen Befriedung der Gesellschaft nach den Verwerfungen von Faschismus und Krieg. Er war das Versprechen eines neuen Anfangs.

---

[2] Vgl. Patel (2022).

Die Umsetzung dieses Vertrags zeigte sich konkret in der institutionellen Architektur der Nachkriegsstaaten. In Deutschland wurde das Rentensystem reformiert (1957: dynamische Rente), das Arbeitsrecht gestärkt (Mitbestimmung, Tarifautonomie), der Wohnungsbau massiv gefördert. Die Sozialversicherungen deckten nun große Teile der Bevölkerung ab, und die progressive Besteuerung ermöglichte Umverteilung ohne Revolution. Der Marshallplan, die Einbindung in internationale Organisationen wie die OECD und die europäische Integration taten ihr Übriges, um wirtschaftliche Entwicklung und politische Stabilität zu verzahnen.

Zwischen 1950 und 1973 erlebte vor allem die Bundesrepublik Deutschland eine beispiellose Phase wirtschaftlichen Wachstums, begleitet von sozialen Fortschritten. Die Einkommen stiegen mit der Produktivität, die Kluft zwischen Arm und Reich wurde kleiner, der Zugang zu Bildung, Gesundheit und Wohnen verbesserte sich deutlich. Thomas Piketty spricht von einer großen Kompression: Vermögen und Einkommen wurden durch Steuern, Inflation, Krieg und politische Entscheidungen gleichmäßiger verteilt als je zuvor in der Geschichte der Moderne.[3]

Doch dieser gesellschaftliche Konsens war kein Naturzustand, sondern das Ergebnis historischer Sonderbedingungen: Überalterung, Produktivitätsschübe, massiver Wiederaufbaubedarf, ein hoher gewerkschaftlicher Organisationsgrad, ein breiter politischer Konsens in der Mitte. Mit dem Ende des Nachkriegsbooms, den Schocks der Ölkrisen und der Stagflation in den 1970er-Jahren geriet das Modell zunehmend unter Druck. Das Versprechen auf lebenslange Vollbeschäftigung verlor an Glaubwürdigkeit, das Vertrauen in den Staat als Lösungsinstanz nahm ab. Die Ökonomisierung der politischen Debatte, angefacht durch die Chicago-Schule um Milton Friedman, veränderte das Denken grundlegend. Wo zuvor von Gemeinwohl die Rede war, dominierten nun Begriffe wie Effizienz, Kosten-Nutzen oder Anreize. Es war die Geburtsstunde des Neoliberalismus, verstanden als politische Praxis der Deregulierung, Privatisierung und Steuererleichterung für Vermögende. Der

---

[3] Vgl. Piketty (2014), S. 188–200.

Gesellschaftsvertrag wurde nicht explizit gekündigt – er wurde ausgehöhlt.[4]

Wolfgang Streeck beschreibt diese Phase als den langen Abschied vom demokratischen Kapitalismus.[5] Die arbeitende Mitte, einst Träger des Nachkriegskonsenses, wurde zunehmend marginalisiert. Löhne stagnierten, sozialstaatliche Leistungen wurden gekürzt, prekäre Beschäftigung nahm zu. Das Vertrauen in politische Institutionen und wirtschaftliche Eliten bröckelte. Wo früher gemeinsame Aufstiegsnarrative dominierten, traten nun Abstiegsängste, Ressentiments und politische Polarisierung. Der Gesellschaftsvertrag des 20. Jahrhunderts – jener historische Kompromiss zwischen Kapital und Arbeit, Markt und Staat, Freiheit und Sicherheit – war nie perfekt, aber lange legitim. Er stiftete Zugehörigkeit, ermöglichte Teilhabe und schuf ein Mindestmaß an Gleichheit, ohne die Demokratie schwerlich überlebensfähig ist.

Der Vertrag, der einst implizit galt, muss neu verhandelt werden. Nicht, um die Vergangenheit zu restaurieren, sondern um Zukunft zu ermöglichen. Die Frage lautet also nicht: Wie können wir zurück? Sondern: Wie schaffen wir einen Gesellschaftsvertrag, der die Realitäten des 21. Jahrhunderts – Globalisierung, Urbanisierung, Akademisierung, Digitalisierung, Klimakrise, kulturelle Vielfalt – integriert, ohne seine zentrale Funktion aufzugeben: Zusammenhalt zu stiften, Freiheit zu ermöglichen, Gerechtigkeit zu organisieren?

---

[4] Andreas Reckwitz spricht hierbei von einem politischen Paradigmenwandel; eine bestimmte Politik löst die Probleme ihrer Zeit und erschafft dabei neue Fragen, auf die sie keine Antworten mehr hat, woraufhin sie unausweichlich von einem neuen politischen Paradigma abgelöst werden wird, das Antworten auf diese neue Fragen bietet (vgl. Reckwitz, 2020, S. 270). Aber auch dieses verursacht dabei neue Probleme, auf die es selbst irgendwann keine Antworten mehr finden wird. In diesem Sinne entstand der Neoliberalismus als Antwort auf ungelöste Fragen des alten Gesellschaftsvertrags. In unserer gegenwärtigen Zeit erleben wir nun, dass der Neoliberalismus seinerseits Probleme aufgeworfen hat, für die er selbst keine adäquaten Lösungen mehr hat.

[5] Vgl. Streeck (2021), S. 256 ff.

10.2 Warum wir ein neues Wir brauchen

Es gibt historische Momente, in denen ein leises Unbehagen zur lauten Diagnose wird. In denen Menschen spüren, dass etwas Grundlegendes nicht mehr trägt, auch wenn das Gebäude noch steht. Wir leben in einem solchen Moment. Die Gesellschaften des 21. Jahrhunderts sind wohlhabender, vernetzter und technologisch fortgeschrittener als je zuvor. Und doch mehren sich die Zeichen des Zerfalls: zunehmende Ungleichheit, brüchige Arbeitsmärkte, prekäre Lebensverhältnisse, Vertrauensverluste gegenüber Institutionen, wachsender Populismus, eine existenzielle Klimakrise. Der alte Gesellschaftsvertrag, der einst für Sicherheit, Teilhabe und sozialen Frieden sorgte, hat seine Bindungskraft verloren. Nicht weil er schlecht war, sondern weil er an eine Welt gebunden war, die es so nicht mehr gibt.

Die strukturellen Umwälzungen der letzten Jahrzehnte haben die Grundlage des alten Gesellschaftsvertrags erodiert. Die Globalisierung hat Produktionsketten aufgelöst, Standortwettbewerb verschärft und Löhne unter Druck gesetzt. Digitale Technologien haben ganze Branchen umgewälzt, traditionelle Berufsbilder marginalisiert und neue Formen von Unsicherheit hervorgebracht. Die Automatisierung bedroht mittelfristig Millionen Arbeitsplätze. Die demografische Alterung fordert soziale Sicherungssysteme heraus. Die ökologische Krise zwingt uns, Ressourcenverbrauch, Mobilität und Wachstum neu zu denken. Und die kulturelle Pluralisierung wirft die Frage neu auf, was gesellschaftlicher Zusammenhalt in einer diversen Gesellschaft bedeutet.

Was früher als solide galt, wirkt heute brüchig. Die Vorstellung, dass sich Leistung automatisch auszahlt, dass Arbeit vor Armut schützt, dass Bildung sozialen Aufstieg garantiert; all diese Annahmen stehen unter Druck. Prekäre Beschäftigung, Working Poor, überlastete Bildungssysteme, wachsende psychische Belastungen sind Symptome eines tiefgreifenden Wandels. Die Grundverheißung des alten Vertrags, Stabilität durch Erwerbsarbeit, Schutz durch Sozialstaat, trägt nicht mehr zuverlässig. Und mit ihr gerät auch das gesellschaftliche Vertrauen ins Wanken. Wo einst Sicherheit herrschte, wächst heute das Gefühl von Kontrollverlust.

Die Wirtschaftswissenschaftlerin Minouche Shafik bringt es auf den Punkt: Der Alte Gesellschaftsvertrag ist gebrochen.[6] In ihrem vielbeachteten Buch *What We Owe Each Other* beschreibt sie die tektonischen Verschiebungen, die unsere sozialen Arrangements an ihre Grenzen bringen. Arbeitsverhältnisse seien flexibler, aber auch unsicherer geworden. Die Familie, einst tragende Säule sozialer Sicherung, könne diese Rolle nicht mehr im selben Maße erfüllen. Die Erwartungen an Gleichstellung, Selbstbestimmung und Chancengleichheit sind gestiegen, doch viele Systeme bleiben den Normen des 20. Jahrhunderts verhaftet. Der neue Gesellschaftsvertrag, den Shafik fordert, basiert auf drei Prinzipien: Sicherheit, Teilhabe und geteiltes Risiko. Es geht um ein neues Gleichgewicht zwischen individueller Verantwortung und kollektiver Absicherung.

Auch die Internationale Arbeitsorganisation betont, dass wir angesichts des digitalen und ökologischen Wandels einen neuen Gesellschaftsvertrag benötigen.[7] Dieser müsse soziale Sicherheit unabhängig von der Erwerbsform garantieren, lebenslanges Lernen ermöglichen und kollektive Mitbestimmung stärken. Der Wandel der Arbeitswelt verlangt nach neuen Formen des Schutzes und der Teilhabe – nicht weniger, sondern mehr Absicherung. Die Arbeitswelt der Zukunft darf nicht in digitale Klassengesellschaften führen, in der einige hochqualifizierte Profiteure in der cloud economy arbeiten, während andere im Schattensektor der Plattformarbeit und im Dienstleistungsprekariat marginalisiert werden.

Hinzu kommt die Klimakrise, die nicht nur ökologische Grenzen aufzeigt, sondern auch soziale Bruchlinien verschärft.[8] Wer Zugang zu resilienter Infrastruktur, gesundheitlicher Versorgung und ökologisch verträglichen Lebensstilen hat, ist klar im Vorteil. Wer arm ist, wohnt häufiger in Hitzeinseln, isst schlechter, atmet schlechtere Luft, ist anfälliger für Extremwetter. Ein Gesellschaftsvertrag des 21. Jahrhunderts muss daher Umweltgerechtigkeit mitdenken, also die faire Verteilung ökologischer Risiken und Chancen. Joseph Stiglitz argumentiert dabei, dass der neoliberale Gesellschaftsvertrag, der seit den 1980er-Jahren dominierte, nicht nur ökonomisch gescheitert sei, sondern auch demokratiegefährdend

---

[6] Vgl. Shafik (2021)
[7] Vgl. ILO (2019), S. 50.
[8] Vgl. Kempf et al. (2022), S. 8.

wirkt. Seine Kernthese: Wenn große Teile der Bevölkerung das Gefühl haben, dass das System nicht für sie arbeitet, dann verlieren sie das Vertrauen in Demokratie und Marktwirtschaft zugleich.[9] Die sozialen Verwerfungen der letzten Jahrzehnte haben politische Instabilität, Autoritarismus und soziale Fragmentierung befördert. Ein neuer Gesellschaftsvertrag ist deshalb auch eine demokratiepolitische Notwendigkeit: Er soll die Legitimität der politischen Ordnung erneuern, indem er das Gefühl wiederherstellt, dass Gemeinwohl vor Partikularinteressen steht.

Ein Blick auf empirische Entwicklungen untermauert diese Diagnose. Seit den 1980er-Jahren ist in vielen OECD-Ländern die Einkommensungleichheit gestiegen, die Reallöhne der unteren Hälfte stagnierten oder sanken, während Produktivitätsgewinne und Kapitalrenditen ungleich verteilt wurden.[10] Der Gini-Koeffizient, der Gradmesser sozialer Ungleichheit, hat sich in vielen westlichen Demokratien erhöht. Gleichzeitig verfestigt sich die soziale Mobilität: Wer arm geboren wird, bleibt häufiger arm; wer reich geboren wird, bleibt es. Diese Entwicklung stellt nicht nur die meritokratische Legitimation der westlichen Gesellschaften infrage, sondern auch die Vorstellung, dass Anstrengung, Talent und Bildung über den Lebensweg entscheiden.

Was also braucht ein Gesellschaftsvertrag des 21. Jahrhunderts? *Erstens:* Er muss flexibel sein, denn Wandel ist keine Ausnahme, sondern die Regel. Institutionen müssen in der Lage sein, auf technologische Disruptionen, Pandemien oder klimabedingte Veränderungen zu reagieren, ohne ihre soziale Schutzfunktion zu verlieren. Flexibilität heißt auch: neue Arbeitsformen (wie hybride Arbeit, Selbstständigkeit, Plattformarbeit) müssen rechtlich und sozial abgesichert werden. Es darf keine Zweiklassengesellschaft der Beschäftigungsformen entstehen.

Zweitens: Er muss offen sein, also alle Menschen einbeziehen, unabhängig von Herkunft, Erwerbsform, Geschlecht oder Bildung. Das bedeutet universelle Grundsicherungssysteme, echte Bildungsgerechtigkeit, gleiche Rechte für alle Lebensformen. Inklusion betrifft aber nicht nur den

---

[9] Vgl. Stiglitz (2019).
[10] Vgl. Piketty (2014), S. 105–152.

Zugang zu Leistungen, sondern auch die politische Mitsprache. Der neue Gesellschaftsvertrag muss auch ein demokratischer sein: mit mehr Teilhabe, Transparenz und Beteiligungsmöglichkeiten, auch digital.

Drittens: Er muss nachhaltig sein, ökologisch wie sozial. Das bedeutet, Ressourcenverbrauch und Emissionswachstum auf ein Maß zu begrenzen, das auch künftigen Generationen ein gutes Leben ermöglicht. Nachhaltigkeit verlangt nach neuen Bewertungsmaßstäben für wirtschaftlichen Erfolg, etwa durch Wohlstandsindikatoren jenseits des BIP, durch CO_2-Budgets, durch gerechte Lastenverteilung bei der ökologischen Transformation. Ein neuer Gesellschaftsvertrag muss Generationengerechtigkeit operationalisieren: Heute Entscheidungen so treffen, dass sie morgen nicht zerstören, was wir zu bewahren vorgeben.

Ein moderner Gesellschaftsvertrag muss daher weit mehr sein als eine Neuauflage alter Sozialstaatsprogramme. Er ist ein neuer Gesellschaftskompromiss, der den Herausforderungen einer offenen, vernetzten und ökologisch fragilen Welt gerecht wird. Dabei geht es nicht nur um politische Maßnahmen, sondern auch um einen normativen Wandel: um ein neues Selbstverständnis von Gesellschaft, in der nicht nur Leistung zählt, sondern auch Fürsorge, Gemeinsinn und Verantwortung. Der neue Gesellschaftsvertrag ist kein bürokratisches Regelwerk, sondern ein kulturelles Projekt. Er fragt: Was schulden wir einander? Und: Wie wollen wir in Zukunft zusammenleben?

10.3 Hebel der Gerechtigkeit – Werkzeuge der neuen Balance

Ein neuer Gesellschaftsvertrag bleibt leere Rhetorik, wenn er sich nicht in konkreten Instrumenten materialisiert. Und eine der zentralen Säulen dieses Vertrags ist und bleibt die Umverteilung. Denn soziale Gerechtigkeit ist kein bloßes Gefühl, sondern eine Frage der institutionellen Architektur – der Steuern, der Transfers, der Chancenverteilung. Die Frage ist nicht nur: Wie viel wird erwirtschaftet? Sondern: Wie wird es verteilt? Und wem gehört was, wann, wie lange und warum?

Die gegenwärtige Ungleichheit ist nicht naturwüchsig. Sie ist das Ergebnis politischer Entscheidungen. Seit den 1980er-Jahren ist in vielen westlichen Ländern ein Trend zu beobachten: Spitzensteuersätze wurden gesenkt, Vermögenssteuern abgeschafft oder drastisch reduziert, Erbschaftssteuern verwässert, Kapitaleinkommen gegenüber Arbeitseinkommen privilegiert.[11] Gleichzeitig wurden öffentliche Investitionen gekürzt, Bildung, Gesundheit und Infrastruktur vernachlässigt. Diese Umkehr des wohlfahrtsstaatlichen Kompromisses hat zur Konzentration von Vermögen und Macht geführt, und zur Aushöhlung des Gesellschaftsvertrags.

Thomas Piketty hat diesen Prozess in *Das Kapital im 21. Jahrhundert* eindrücklich dokumentiert. Er zeigt: Wenn die Rendite auf Kapital dauerhaft höher ist als das Wirtschaftswachstum, dann wächst die Ungleichheit automatisch; es sei denn, der Staat greift ein.[12] Seine Antwort: progressive Steuern auf hohe Einkommen, Erbschaften und Vermögen. Nur durch eine bewusste politische Gestaltung – etwa durch europaweite Vermögenssteuern oder die Einführung eines Grunderbes – könne eine gerechtere Vermögensverteilung erreicht werden.

Auch der renommierte Ungleichheitsforscher Anthony B. Atkinson hat in seinem Werk *Inequality – What Can Be Done?* konkrete Maßnahmen formuliert: Er plädiert für höhere Spitzensteuersätze, für eine partizipationsabhängige Grundsicherung (ein sogenanntes Participation Income), für öffentliche Investitionen in Beschäftigung, Gesundheit und Bildung.[13] Seine Prämisse ist einfach: Ungleichheit ist gestaltbar. Und je früher man beginnt, desto nachhaltiger wirkt die Maßnahme. Besonders betont Atkinson, dass viele Länder über die Instrumente verfügen. Was fehlt, ist nicht die technische Möglichkeit, sondern der politische Wille.

Doch Umverteilung im 21. Jahrhundert muss mehr sein als das bloße Erhöhen von Steuern. Sie darf sich nicht nur auf die Nachverteilung konzentrieren, sondern muss die Primärverteilung – also die ursprüngliche Einkommens- und Vermögensverteilung – in den Blick nehmen. Es bedeutet auch, die Rolle der Arbeit neu zu bewerten. Etwa durch eine

---

[11] Vgl. Piketty (2014), S. 226 ff.
[12] Vgl. Ebd., S. 785 f.
[13] Vgl. Atkinson (2015), S. 237.

Maschinensteuer, die den Einsatz von Kapital an der Finanzierung des Gemeinwesens beteiligt. Und sie muss vor allem Leistung befördern. Von allen Gesellschaftsschichten.

Hinzu kommt die Frage der Erbschaft. Derzeit werden in Deutschland jährlich Hunderte Milliarden Euro vererbt – meist steuerfrei oder mit minimalen Abgaben.[14] Eine progressive Erbschaftssteuer ab sehr hohen Vermögensgrenzen (deutlich über 50 Mio. Euro) würde nicht nur zu mehr Fairness führen, sondern auch die Finanzierung eines Zukunftsfonds ermöglichen. Dieser könnte in Bildung, Infrastruktur, Digitalisierung und Klimaschutz investieren – und damit sozialen Ausgleich mit Zukunftssicherung verbinden. Ein solcher Fonds würde den ökonomischen Kreislauf der Umverteilung institutionalisieren und zugleich politische Legitimität schaffen: Wohlstand verpflichtet und große Vermögen tragen zur Sicherung des Gemeinwohls bei.

Die USA zeigen, dass radikale Erbschaftssteuersätze kein Hirngespinst sind: In der Nachkriegszeit lagen sie teils bei über 70 % für große Vermögen. Und die Wirtschaft florierte trotzdem – oder gerade deshalb? Denn diese Form der Gleichheit stärkt Nachfrage, Vertrauen und gesellschaftliche Kohäsion. Dasselbe gilt für Vermögenssteuern: Obwohl sie in vielen Ländern abgeschafft wurden, gibt es zunehmende Diskussionen über ihre Wiedereinführung. Nicht als Bestrafung von Reichtum, sondern als Beitrag zu einem inklusiven Wirtschaftsmodell.

Doch Steuern sind nur ein (kleiner) Teil der Gleichung. Ebenso wichtig sind Investitionen in soziale Infrastruktur: Schulen, Kitas, Krankenhäuser, öffentlicher Verkehr. Diese Investitionen verbessern nicht nur individuelle Lebenschancen, sondern wirken auch als wirtschaftliche Impulsgeber. Chancengleichheit ist kein moralischer Luxus, sondern ein ökonomischer Produktivfaktor. Wer in frühe Bildung, Gesundheitsvorsorge und soziale Integration investiert, reduziert langfristig die Kosten für Arbeitslosigkeit, Krankheit und Exklusion.

In einer globalisierten Wirtschaft ist Kapital mobil, während Arbeit und Steuersysteme national gebunden bleiben. Deshalb braucht es verstärkte internationale Kooperation, etwa durch Mindeststeuersätze, gemeinsame Vermögensregister oder den Kampf gegen Steuervermeidung

---

[14] Vgl. Statistisches Bundesamt (2024).

und -flucht. Die OECD-Initiativen zur globalen Mindestbesteuerung von Unternehmen sind erste Schritte.

Zudem sind neue Formen von Umverteilung zu diskutieren, etwa über digitale Plattformen. In einer Wirtschaft, die zunehmend auf Daten basiert, stellt sich die Frage: Wem gehören die Daten? Wie besteuert man Geschäftsmodelle, deren Wertschöpfung sich nicht finanziell erfassen lässt, sondern in Informationen?[15] Wer profitiert von den Wertschöpfungsketten digitaler Geschäftsmodelle? Einige Ökonomen fordern ein Daten-Dividendenmodell, bei dem Plattformbetreiber eine Abgabe auf die Nutzung personenbezogener Daten entrichten, gewissermaßen als digitale Reziprozität.[16]

10.4 Zeit, Zugang, Vertrauen

Umverteilung ist mehr als ein fiskalischer Akt. Sie ist Teil einer Idee davon, was eine Gesellschaft ihren Mitgliedern schuldet. In einer Welt, in der ökonomisches Kapital ungleich verteilt ist, erscheint die materielle Umverteilung als erste und notwendige Antwort. Doch ein neuer Gesellschaftsvertrag muss darüber hinausgehen. Denn Ungleichheit hat viele Gesichter. Sie zeigt sich nicht nur in Bankkonten, sondern auch in Bildungswegen, in der medialen Sichtbarkeit, in der politischen Teilhabe, im Zugang zu digitalen Infrastrukturen und sogar in der Zeit, über die Menschen frei verfügen können. Wer den Gesellschaftsvertrag des 21. Jahrhunderts erneuern will, muss diese unsichtbaren Ungleichheiten sichtbar machen und politisch bearbeiten.

Bildung ist dabei nicht bloß ein soziales Versprechen, sondern ein kultureller Machtfaktor. Sie entscheidet über Selbstwirksamkeit, Zugang zu Ressourcen und über das Gefühl, ein gestaltendes Subjekt in dieser

---

[15] Yuval Noah Harari beschreibt eindrücklich, dass sich die Informationswirtschaft auch auf Kosten der Finanzwirtschaft ausdehnt, da zunehmend mehr Transaktionen nicht mehr monetär dargestellt werden können, sondern Informationen zum Preis von Informationen ausgetauscht werden – beispielsweise wenn Nutzer einer Suchmaschine ihre Nutzungsdaten gegen Suchergebnisse eintauschen (vgl. Harari, 2024, S. 223). Umverteilung dürfe deswegen nicht nur monetäre Ungleichheit adressieren, sondern müsse sich auch mit Informationsasymmetrien auseinandersetzen.

[16] Siehe hierzu beispielsweise Data Dividends Initiative (2021).

Gesellschaft zu sein. Die UNESCO nennt Bildung den mächtigsten Hebel gegen Armut und doch ist sie auch heute noch ein sozial selektives Gut.[17] In Deutschland etwa hängt der Bildungserfolg stärker von der Herkunft ab als in vielen anderen OECD-Ländern. Der Aufstieg durch Bildung ist eher Ausnahme denn Regel.[18]

Ein neuer Gesellschaftsvertrag muss diese Realität konfrontieren. Er darf sich nicht damit begnügen, formale Gleichheit zu behaupten, wo faktische Ungleichheit herrscht. Es braucht Kitas, die alle Kinder fördern (können). Schulen, die nicht bloß selektieren, sondern befähigen. Und eine Bildungslandschaft, die lebenslanges Lernen nicht als Privileg, sondern als Bürgerrecht versteht. In Zeiten raschen technologischen Wandels wird Bildung zur Infrastruktur der Demokratie. Wer nicht lernt, wie digitale Werkzeuge funktionieren, wer nicht unterscheiden kann zwischen Fakten und Desinformation, wird nicht nur ökonomisch abgehängt, sondern auch politisch entmündigt.

Damit sind wir bei der zweiten großen Ressource des digitalen Zeitalters: Information. In einer Welt, die durch Datenströme organisiert wird, ist der Zugang zu digitalen Infrastrukturen kein Luxus mehr, sondern ein soziales Grundrecht. Und doch bleibt digitale Teilhabe global wie lokal ungleich verteilt. Laut Internationaler Fernmeldeunion waren 2022 fast drei Milliarden Menschen offline.[19] Das bedeutet: ausgeschlossen von Bildung, Arbeit, Kommunikation, kultureller Produktion. Auch in Industrieländern sind sogenannte digitale Schattenräume keine Seltenheit. In strukturschwachen Regionen fehlt es an Netzinfrastruktur, in einkommensschwachen Haushalten an Endgeräten, in vielen Schulen an pädagogischen Konzepten.

Wer Teilhabe ernst meint, muss daher Digitalisierung als Verteilungsfrage begreifen. Es braucht eine öffentliche Verantwortung für digitale Grundversorgung, ähnlich wie einst für Wasser, Strom oder Mobilität. Das heißt: Zugang zu schnellem Internet als Daseinsvorsorge. Es heißt aber auch: Medienbildung als fester Bestandteil des Curriculums. Denn in Zeiten von Künstlicher Intelligenz, algorithmischer Vorauswahl und

---

[17] Vgl. UNESCO (2017).
[18] Vgl. Spannagel (2016).
[19] Vgl. ITU (2022).

manipulativer Informationsflüsse ist nicht der Mangel an Information das Problem, sondern deren Überfülle, und die Fähigkeit, mit ihr umzugehen. Digitale Mündigkeit wird zur neuen kulturellen Leitkompetenz.

Menschen in prekären Arbeitsverhältnissen, Alleinerziehende, pflegende Angehörige oder Geringverdienende haben oft wenig Spielraum, ihr Leben selbstbestimmt zu gestalten. Ihre Zeit ist fremdbestimmt, getaktet, zerrissen. Wer hingegen über ökonomisches Kapital verfügt, kann Zeit kaufen: für Erholung, für Bildung, für Selbstverwirklichung. So wird Zeit zur sozialen Grenze. Eine, die oft unsichtbar bleibt, aber tiefgreifende Auswirkungen auf Lebensqualität und gesellschaftliche Teilhabe hat. Deshalb braucht es auch eine neue Zeitpolitik: Arbeitszeitmodelle, die Zeitsouveränität ermöglichen. Care-Infrastrukturen, die Sorgearbeit gerecht verteilen. Ein gesellschaftliches Verständnis von Arbeit, das nicht nur Erwerbsarbeit anerkennt, sondern auch Erziehungs-, Pflege- und Ehrenamt als gleichwertig begreift. Zeitgerechtigkeit heißt, jedem Menschen ein Mindestmaß an Autonomie über das eigene Leben zuzugestehen, unabhängig von Marktwert oder sozialer Rolle. Und schließlich Gesundheit. Das vielleicht stillste, aber zugleich machtvollste Feld sozialer Ungleichheit. Der Unterschied in der Lebenserwartung zwischen einkommensarmen und einkommensstarken Gruppen beträgt in vielen westlichen Gesellschaften zehn Jahre und mehr.[20]

Ein neuer Gesellschaftsvertrag muss Gesundheit als soziale Infrastruktur denken. Das bedeutet: wohnortnahe Versorgung, präventive Angebote, psychische Gesundheit als öffentliches Anliegen. Es bedeutet aber auch: Städtebau, Verkehrspolitik, Ernährung. Denn Gesundheit wird nicht nur in Kliniken gemacht, sondern im Alltag. Es geht darum, Bedingungen zu schaffen, unter denen Menschen gesund bleiben können, nicht nur medizinisch, sondern sozial und ökologisch.

All diese Dimensionen – Bildung, Information, Sichtbarkeit, Zeit, Gesundheit – sind keine Nebenschauplätze. Sie sind das Fundament einer demokratischen Gesellschaft, die mehr sein will als ein Markt mit Menschenrechten. Der neue Gesellschaftsvertrag darf nicht bei der Steuerpolitik enden. Er beginnt dort, wo Menschen ihre Würde, ihre Stimme und ihre Zukunft gestalten können.

---

[20] Vgl. Hoebel et al. (2024).

10.5 Freiheit braucht Bindung: Wie wir Liberalismus neu denken können

In einer Welt, in der der liberale Gesellschaftsentwurf zwischen Entgrenzung und Entfremdung zu zerschellen droht, braucht es mehr als nostalgische Rückblicke auf alte Freiheitsversprechen. Es braucht einen neuen Liberalismus. Einen Liberalismus, der nicht auf Selbstverwirklichung für wenige zielt, sondern auf Selbstbestimmung für alle. Der neue Gesellschaftsvertrag des 21. Jahrhunderts verlangt genau das: eine politische Philosophie, die Freiheit nicht als Abwesenheit von Einmischung denkt, sondern als Ermöglichung von Teilhabe.

Der Liberalismus der letzten Jahrzehnte – oft in seiner neo- und sozialliberalen Spielart – hat sich in einem Paradox verfangen: Er versprach individuelle Autonomie, führte aber vielfach zu kollektiver Ohnmacht.[21] Er hob den Wettbewerb über das Gemeinwohl, die Effizienz über die Gerechtigkeit, die Deregulierung über die demokratische Kontrolle. Märkte wurden befreit. Menschen nicht immer. So wurde aus dem Projekt der Befreiung ein System der Prekarität: Flexibilisierte Arbeitsverhältnisse, abgehängte Regionen, überforderte Städte und dabei entgrenzte Finanzmärkte. Die Folge war nicht nur soziale Desintegration, sondern auch politischer Vertrauensverlust. Der Liberalismus braucht eine Einbettung des Marktes in soziale Institutionen, die Teilhabe sichern und Gemeinsinn fördern. Was Karl Polanyi in den 1940er-Jahren als „re-embedding of the economy" forderte, hat heute neue Aktualität.[22] Es geht um eine Ökonomie, die nicht das Ziel, sondern das Mittel einer freien Gesellschaft ist.

Andreas Reckwitz spricht in diesem Zusammenhang von einem „einbettenden Liberalismus" – einer neuen Synthese aus Individualismus und Kollektivität, aus Innovation und Absicherung.[23] Dieser Liberalismus erkennt an, dass es keine echte Freiheit ohne soziale Sicherheit gibt. Dass Märkte Legitimität nur dann besitzen, wenn sie klare Regeln haben, die Chancengleichheit und ökologisches Gleichgewicht sichern. Er

---

[21] Vgl. Rajan (2019), S. 395–397.
[22] Polanyi (1944), S. 79.
[23] Reckwitz (2020), S. 293.

anerkennt auch, dass wirtschaftliche Offenheit politische Flankierung braucht. Sonst wird sie zum Spielball populistischer Affekte. Wer die Ängste vor Statusverlust und Kontrollverlust ignoriert, überlässt die Deutungshoheit jenen Kräften, die Offenheit mit Überfremdung gleichsetzen und Freiheit zur exklusiven Kategorie umdeuten.

Ein solcher Liberalismus würde klare normative Prinzipien vertreten: Gerechtigkeit, Solidarität, Transparenz, Verantwortung. Gerechtigkeit nicht im Sinne reiner Ergebnisgleichheit, sondern als faire Verteilung von Chancen, Risiken und Ressourcen. Solidarität als praktizierte Gegenseitigkeit, nicht nur innerhalb von Milieus, sondern zwischen Klassen, Regionen, Generationen. Transparenz als demokratische Verpflichtung. Er verlangt auch eine Neuvermessung der Begriffe von Leistung und Wertschöpfung. In einer zunehmend automatisierten Ökonomie, in der Algorithmen ebenso produktiv sind wie menschliche Hände, stellt sich die Frage: Was zählt als Arbeit, was als Beitrag? Der neue Liberalismus müsste anerkennen, dass Sorgearbeit, Pflege, Bildung, ehrenamtliches Engagement ebenso systemrelevant sind wie digitale Innovationen oder industrieller Output. Eine Ökonomie, die nur das quantifizierbare Bruttoinlandsprodukt in den Blick nimmt, ignoriert zentrale Säulen gesellschaftlichen Zusammenhalts.

Politisch konkret würde ein einbettender Liberalismus bedeuten: eine sozial gerechte Steuerpolitik. Eine Stärkung öffentlicher Güter wie Bildung, Gesundheit, Mobilität. Eine konsequente Klimapolitik, die Lasten nicht auf die Schwächsten abwälzt. Und eine Wirtschaftspolitik, die Innovation nicht mit Deregulierung verwechselt, sondern mit strategischer Förderung verbindet. Ein einbettender bzw. integrativer Liberalismus setzt auf Rahmenbedingungen, in denen unternehmerischer Geist mit sozialer Verantwortung verknüpft wird. Etwa durch Sozialunternehmen, Genossenschaften, neue Eigentumsformen und partizipative Unternehmensführung.

Dazu gehören auch neue Instrumente wie ein staatlich garantiertes Startkapital für junge Erwachsene – ein Bürgerfonds oder Grunderbe als symbolischer und materieller Einstieg in die ökonomische Mitverantwortung. Oder eine Maschinensteuer, die digitale Wertschöpfung fair an der Finanzierung des Sozialstaats beteiligt. Vielleicht andere Steuermodelle, die nicht Einkommen und Erwerb besteuern, sondern Konsum und Ressourcenverbrauch. Oder neue Modelle der Mitbestimmung in Unternehmen, die nicht nur Kapitalgeber, sondern auch Arbeitnehmer an Entscheidungen beteiligen.

Zentral für diesen neuen Liberalismus ist die Idee der sozialen Infrastruktur: Räume und Institutionen, die Begegnung, Vertrauen und Kooperation ermöglichen. Bibliotheken, Schulen, öffentliche Plätze, Sportvereine. Sie sind keine Nebenschauplätze der Demokratie, sondern ihr Fundament. Der Rückbau solcher Orte in den letzten Jahrzehnten war ein schleichender Angriff auf das Gemeinwesen. Ein einbettender Liberalismus würde sie gezielt stärken, gerade in den Regionen, die sich abgehängt fühlen. Er würde nicht nur den urbanen Diskurs bedienen, sondern auch ländliche Räume, strukturschwache Regionen und Peripherien in den Blick nehmen. Nicht aus Mitleid, sondern aus demokratischem Selbstrespekt.

Dieser Liberalismus wäre nicht konfliktscheu, aber kompromissfähig. Wir nehmen Freiheit ernst. So ernst, dass wir sie nicht dem Markt allein überlassen. Wir denken Selbstbestimmung nicht gegen soziale Sicherheit, sondern mit ihr. Und wir begreifen Gerechtigkeit nicht als Bremse, sondern als Bedingung von Fortschritt. Der neue Gesellschaftsvertrag ist daher nicht post-liberal, sondern prä-liberal im besten Sinne: Er will die Voraussetzungen schaffen, unter denen Freiheit für alle möglich wird. Nicht abstrakt, sondern konkret. Nicht elitär, sondern demokratisch. Nicht technokratisch, sondern solidarisch.

Nun wollen wir den Blick weiten: Wie lässt sich ein solcher Gesellschaftsvertrag im globalen Kontext denken? Welche internationalen Beispiele gibt es? Und welche Verantwortung trägt eine der führenden Demokratie wie Deutschland im Konzert der Weltgemeinschaft?

10.6 Globale Gerechtigkeit denken: Warum unser Morgen nicht an Grenzen endet

Die drängendsten Fragen unserer Zeit machen an nationalen Grenzen nicht halt. Klimawandel, Migration, globale Ungleichheit, digitale Monopole. Sie sind transnational in Ursache und Wirkung. Und doch ist der politische Reflex oft ein nationaler: Protektionismus, Abschottung, Renationalisierung von Verantwortung. Das 21. Jahrhundert aber braucht eine neue Grammatik politischer Gestaltung, eine internationale Ethik der Solidarität. Ein moderner Gesellschaftsvertrag kann nicht mehr rein national gedacht werden. Er muss global anschlussfähig sein, ohne kulturelle Eigenständigkeit zu nivellieren.

Die Einsicht ist nicht neu. Schon Immanuel Kant träumte von einem „ewigen Frieden", gestützt auf republikanische Ordnungen und ein Völkerrecht der gegenseitigen Anerkennung.[24] Doch während das 20. Jahrhundert Institutionen wie die UNO, die WTO, die WHO oder die Weltbank hervorbrachte, erleben wir im 21. Jahrhundert eine Erosion multilateraler Ordnungen. Das globale Regelwerk franst aus – Handelsverträge werden bilateraler, Klimaziele unverbindlicher, Gesundheitszusammenarbeit fragiler. Die großen Demokratien, allen voran die USA, sind selbst in ihrer globalen Rolle ambivalent geworden. Gleichzeitig steigt der Einfluss autoritärer Systeme, die wirtschaftliche Dynamik mit politischer Kontrolle verbinden.

Der Anspruch, soziale Gerechtigkeit, demokratische Teilhabe und ökologische Verantwortung institutionell zu verankern, darf daher nicht an der Staatsgrenze enden. Vielmehr muss er sich auch als Verpflichtung gegenüber einer globalen Öffentlichkeit verstehen. Die Idee des Gesellschaftsvertrags als freiwillige Übereinkunft zur Begrenzung von Macht und zur Organisation von Fürsorge ist universalisierbar. Aber sie verlangt nach neuen Mitteln, Formen und Allianzen. Ein demokratischer Universalismus im 21. Jahrhundert darf nicht hegemonial, muss aber überzeugend sein. Seine Stärke liegt nicht im Dogma, sondern im Angebot: Das Versprechen auf soziale Sicherheit, politische Teilhabe und faire Spielregeln muss für alle gelten und glaubwürdig praktiziert werden.

Estland hat vorgemacht, wie sich technologische Innovation mit demokratischer Teilhabe verbinden lässt. Die estnische E-Governance-Infrastruktur erlaubt nicht nur digitale Behördengänge, sondern auch neue Formen partizipativer Demokratie, von E-Voting bis E-Budgeting. Diese Entwicklung zeigt: Digitalisierung ist kein Automatismus in Richtung Kontrolle, sondern kann bei kluger Gestaltung ein Vehikel für

---

[24] Kant (1900-), AA VIII, 360.

Teilhabe sein. Der estnische Fall illustriert, wie der Staat als Ermöglicher und nicht nur als Verwalter wirken kann. Doch solche Beispiele sind rar. Sie brauchen politische Vision, institutionelle Investition und technologische Souveränität.

Norwegen bietet ein weiteres Modell international anschlussfähiger sozialer Verantwortung. Der norwegische Ölfonds, offiziell *Government Pension Fund Global*, ist nicht nur ein fiskalisches Instrument, sondern Ausdruck eines intergenerationalen Gesellschaftsvertrags. Der Fonds investiert staatliche Rohstoffeinnahmen langfristig und ethisch, und macht so aus einer endlichen Ressource ein dauerhaftes Gemeinwohlinstrument. Mit klaren ethischen Ausschlusskriterien, maximaler Transparenz und einer politischen Debatte über Verantwortung und Ertrag zeigt Norwegen. Es gibt Alternativen zur kurzfristigen Renditelogik. Man muss sie nur politisch wollen und institutionell absichern.

Der Klimawandel ist dabei der Lackmustest globaler Kooperationsfähigkeit. Die globale Erwärmung trifft zwar alle, aber nicht alle gleich.[25] Während Industrienationen sich gegen Extremwetter versichern, werden ganze Inselstaaten von der Karte gefegt. Der gesellschaftliche Zusammenhalt in wohlhabenden Demokratien darf sich nicht auf nationale Grenzen beschränken. Internationale Klimagerechtigkeit, etwa über Klimazölle, Technologietransfer oder CO_2-Dividenden für den globalen Süden, ist keine Frage von Großzügigkeit, sondern von Gerechtigkeit. Wer den Planeten gemeinsam nutzt, muss auch gemeinsam Verantwortung übernehmen. Ein global gerechter Gesellschaftsvertrag müsste klimapolitisch an das völkerrechtliche Prinzip der gemeinsamen, aber unterschiedlichen Verantwortung anknüpfen. Mit klaren finanziellen und technologischen Verpflichtungen für den globalen Norden.

Gleiches gilt für Migration. Eine alternde Gesellschaft wie Deutschland ist auf Zuwanderung angewiesen, demografisch, wirtschaftlich, sozial. Gleichzeitig braucht es neue Partnerschaften mit Herkunftsländern, faire Regeln, klare Erwartungen und langfristige Strategien. Migration darf nicht als Notstand verwaltet, sondern muss als Zukunftspolitik gestaltet werden. Dabei muss die irreguläre Migration komplett reduziert

---

[25] Vgl. Zhou et al. (2023).

werden und Einwanderungspolitik – auch aus wirtschaftlichen Gründen – anders angegangen werden.

Globalisierung neu zu denken, heißt also nicht, sie zurückzudrehen. Es heißt, sie zu zivilisieren. Der neue Gesellschaftsvertrag muss nicht nur national die Balance zwischen Freiheit und Sicherheit, Teilhabe und Ordnung, Gerechtigkeit und Innovation schaffen. Er muss auch international einstehen für Fairness, Solidarität, gemeinsame Regeln. Das erfordert multilaterale Kooperation, aber auch eine neue politische Sprache jenseits von Entwicklungshilfe und Wohlstandsexport. Es geht um wechselseitige Anerkennung, um eine Weltbürgerlichkeit, die nicht abstrakt bleibt, sondern institutionell fassbar wird.

Die Nachhaltigkeitsziele der Vereinten Nationen sind ein möglicher Kompass: Sie formulieren globale Mindeststandards für ein gutes Leben, unabhängig von Nationalität. Ein Gesellschaftsvertrag, der sich auf sie bezieht, ist anschlussfähig, ethisch wie praktisch. Er erkennt an: Wir teilen nicht nur Märkte, sondern auch Verantwortung. Wir leben nicht nur nebeneinander, sondern miteinander. Doch was bedeutet das konkret für politische Prozesse, für institutionelle Reformen und für die Frage: Wie lassen sich diese Ideen in handlungsfähige Politik übersetzen?

10.7 Vom Entwurf zur Wirklichkeit: Wie aus Ideen konkrete Politik werden kann

Große Ideen sind nur so stark wie ihre Übersetzung in konkrete Wirklichkeit. Der neue Gesellschaftsvertrag, in seinen Prinzipien überzeugend, in seinen Forderungen notwendig, wird nur dann Wirkung entfalten, wenn er politisch verankert, institutionell getragen und gesellschaftlich geteilt wird. Das bedeutet: Vision allein genügt nicht. Es braucht Verfahren, Macht, Kompromissbereitschaft, politisches Handwerk. Es braucht die Fähigkeit, über den Tag hinaus zu denken und zugleich den Mut, im Hier und Jetzt zu handeln.

Historisch sind Gesellschaftsverträge nie in einem Akt entstanden, sondern in Prozessen. Oft konflikthaft, mit Rückschlägen, aber getragen von einer Idee, die nicht weicht. Die Arbeiterbewegung des 19. Jahrhunderts, die Sozialstaatsexpansion nach 1945, die Bürgerrechtsbewegungen in den USA oder die Demokratisierung Osteuropas: All das waren Versuche, Rechte zu erkämpfen, Teilhabe zu erweitern, neue Formen des Zusammenlebens zu etablieren. Der Gesellschaftsvertrag war dabei nie ein Stück Papier, sondern ein politisch ausgehandeltes Verhältnis von Freiheit und Verantwortung, von Markt und Staat, von Individuum und Gemeinwesen.

Wer heute einen neuen Gesellschaftsvertrag fordern will, muss diesen historischen Charakter als offenen, dynamischen Aushandlungsprozess mitdenken. Es geht nicht um die Formulierung eines perfekten Modells, sondern um die Aktivierung eines politischen Willens, der fähig ist, in einer komplexen Welt Gerechtigkeit, Nachhaltigkeit und Demokratie neu zu organisieren. Das verlangt breite Allianzen nicht nur entlang klassischer politischer Lager, sondern quer zu Milieus, Generationen, Berufsgruppen und Lebenslagen. Dazu gehört, dass wir politische Prozesse neu denken. Nicht als elitäres Projekt der Expertokratie, sondern als kollektive Verständigung in einer fragmentierten Gesellschaft. Der neue Gesellschaftsvertrag muss eingebettet sein in eine Kultur des Dialogs, auf Augenhöhe, mit Empathie, mit Zeit. Wenn Entscheidungen transparent, nachvollziehbar und begründet getroffen werden, wächst Vertrauen auch in schwierigen Zeiten.

Gleichzeitig braucht es politische Führung. Nicht im autoritären Sinne, sondern im emphatischen. Menschen wünschen sich nicht perfekte Politiker, sondern glaubwürdige Orientierungen. Eine Politik, die sagt, wofür sie steht, was sie verändern will, und was sie nicht versprechen kann. Die Komplexität nicht leugnet, sondern erklärt. Die nicht alles den Sachzwängen überlässt, sondern normative Maßstäbe setzt. Die nicht nur reagiert, sondern gestaltet. Der neue Gesellschaftsvertrag braucht eine Politik, die wieder lernfähig wird und lernwillig.

Reformprozesse müssen nicht alles auf einmal wollen, aber sie dürfen nicht auf halbem Weg stehenbleiben. Es braucht Leuchtturmprojekte, die konkret sind und symbolisch stark. Ein Startkapital für alle jungen Erwachsenen kann ein solches Projekt sein: Es signalisiert Vertrauen in die Zukunftsfähigkeit der nächsten Generation, macht Teilhabe konkret und fair, unabhängig von Herkunft oder Vermögen. Oder eine soziale Investitionsoffensive in Bildung, Pflege und Infrastruktur. Oder ein sozial-ökologischer Pakt, der klimapolitische Maßnahmen mit sozialer Sicherheit verbindet. Wenn politische Maßnahmen Prinzipien erlebbar machen, kann daraus Vertrauen wachsen. Vertrauen, das dem Gesellschaftsvertrag seine Bindekraft gibt.

Doch auch der beste Plan bleibt wirkungslos, wenn er in institutioneller Trägheit versickert. Deshalb braucht es nicht nur neue Inhalte, sondern auch neue Verfahren. Politik muss schneller werden, ohne populistisch zu werden. Sie muss langfristiger denken, ohne die Gegenwart zu vergessen. Es braucht strategische Zentren in der Verwaltung, ressortübergreifende Koordination, experimentelle Räume der Gesetzgebung. Etwa Testregionen für innovative Sozial- und Klimapolitik. Der Staat der Zukunft darf kein Verwaltungsautomat sein, sondern muss zum lernenden Organismus werden. Besonders entscheidend ist, wie wir mit politischem Dissens umgehen. Ein neuer Gesellschaftsvertrag wird nicht von allen gleichermaßen begrüßt werden. Es wird Widerstand geben von jenen, die ihren Status quo gefährdet sehen, von jenen, die ohnehin schon resigniert haben. Umso wichtiger ist es, dass politische Konflikte als legitimer Teil demokratischer Aushandlung anerkannt werden. Polarisierung lässt sich nicht durch Harmoniesucht überwinden, sondern durch faire Streitkultur. Es braucht Orte, an denen argumentiert, gestritten, überzeugt wird, ohne Feindbilder, ohne Moralisierung, ohne Zynismus.

Auch kulturelle Voraussetzungen müssen mitgedacht werden. Der neue Gesellschaftsvertrag braucht ein neues Selbstverständnis: Nicht jeder gegen jeden, sondern viele mit vielen. Nicht nur individuelle Rechte, sondern geteilte Verantwortung. Nicht nur Wettbewerb, sondern Kooperation. Diese Haltung lässt sich nicht verordnen, aber sie lässt sich in Bildungseinrichtungen, in Medien, in Familien, in Unternehmen kultivieren. Eine demokratische Gesellschaft lebt von ihrem Alltagsbewusstsein: Wie wir über andere sprechen. Wen wir als zugehörig betrachten. Was wir als gerecht empfinden. Der Gesellschaftsvertrag beginnt im Kopf und im Herzen.

Die Frage nach der Umsetzbarkeit ist auch eine Frage der Erzählung. Wenn Politik wieder Menschen erreichen will, muss sie Sinn stiften. Sie muss zeigen, warum Gerechtigkeit nicht Verzicht bedeutet, sondern Freiheit. Warum Nachhaltigkeit nicht Einschränkung ist, sondern Zukunft. Warum Teilhabe nicht Belohnung, sondern Bedingung von Demokratie ist. Der neue Gesellschaftsvertrag braucht eine Sprache, die berührt, die einlädt, die verbindet. Eine Sprache, die nicht nur informiert, sondern motiviert. Die nicht belehrt, sondern einlädt, mitzudenken, mitzuhandeln, mitzuwirken.

Und schließlich: Der neue Gesellschaftsvertrag muss generationengerecht sein. Die Politik von heute darf nicht auf Kosten von morgen gemacht werden. Das gilt für die Umwelt genauso wie für die sozialen Sicherungssysteme, für Bildungsinvestitionen ebenso wie für Schuldenpolitik. Generationengerechtigkeit ist keine Floskel, sondern der Prüfstein politischer Verantwortung. Eine Gesellschaft, die die Zukunft mitgestalten will, muss sie institutionell, finanziell, kulturell mitdenken.

Was also bleibt? Der neue Gesellschaftsvertrag ist möglich, wenn wir ihn politisch wollen. Er ist nicht das Werk eines einzelnen Gesetzes, sondern einer politischen Kultur. Einer Kultur, die Verantwortung teilt, Ungleichheit begrenzt, Zusammenhalt schafft. Einer Kultur, die versteht: Demokratie ist kein Zustand, sondern ein Prozess. Kein Besitzstand, sondern eine Aufgabe.

10.8 Fazit

Vielleicht liegt die wahre Herausforderung des 21. Jahrhunderts nicht darin, neue Technologien zu beherrschen oder globale Märkte zu regulieren. Vielleicht liegt sie darin, unsere kulturelle Vorstellung davon zu erneuern, was wir einander schulden, nicht nur ökonomisch, sondern auch moralisch, emotional, politisch. Denn die Frage nach dem Gesellschaftsvertrag ist letztlich eine Frage nach dem Wir: Wer gehört dazu? Wer wird gesehen? Wer darf mitgestalten? Wer trägt und wer wird getragen? Wir leben in einer Zeit, in der die Welt sich gleichzeitig öffnet und zersplittert. In der Menschen mehr denn je vernetzt sind und sich doch immer häufiger allein fühlen. In der der Wohlstand Einzelner wächst und zugleich das Vertrauen Vieler schwindet. In der wir mehr wissen als je zuvor und doch weniger gemeinsam glauben. Der neue Gesellschaftsvertrag ist in diesem Spannungsfeld nicht nur eine politische Forderung, sondern ein kulturelles Projekt. Er ist Ausdruck der Hoffnung, dass wir uns nicht im Wettbewerb der Einzelinteressen verlieren, sondern im gemeinsamen

Handeln wiederfinden. Dass wir ein neues Gleichgewicht schaffen zwischen Freiheit und Geborgenheit, zwischen Individualität und Gemeinsinn, zwischen Risiko und Schutz.

Die bisherigen Kapitel haben gezeigt, wie tief die Umbrüche sind: ökonomisch, technologisch, ökologisch, sozial. Globalisierung und Digitalisierung, Klimakrise und demografischer Wandel, soziale Polarisierung und politische Erosion fordern unsere Ordnungen heraus. Der Gesellschaftsvertrag des 20. Jahrhunderts – so erfolgreich er war – beruhte auf Bedingungen, die heute nicht mehr existieren: stabile Erwerbsbiografien, starke Gewerkschaften, homogene Milieus, ein überschaubares mediales System. Der neue Gesellschaftsvertrag muss unter ganz anderen Vorzeichen gedacht werden. Und doch bleibt die Sehnsucht dieselbe: nach Sicherheit ohne Stillstand, nach Teilhabe ohne Vorleistung, nach Gerechtigkeit ohne Gleichmacherei.

„Wachstum neu denken" ist in diesem Sinne eine doppelte Bewegung. *Erstens:* das gesellschaftliche Zusammenrücken gegen die Vereinzelung, die Fragmentierung, die Entfremdung. Und *zweitens:* das gemeinsame Hineinwachsen in eine Zukunft, die noch ungewiss ist, aber gestaltbar bleibt. Es geht nicht um Rückzug ins Vertraute, sondern um Vertrauen ins Gemeinsame. Nicht um das nostalgische Wiederherstellen alter Zustände, sondern um das mutige Entwickeln neuer Verhältnisse. Ein solcher Gesellschaftsvertrag muss materiell sein: gerecht in der Verteilung von Chancen. Aber er muss auch immateriell sein: gerecht in der Sichtbarkeit, in der Anerkennung, in der politischen Stimme. Es reicht nicht, über Steuerpolitik zu reden, wenn das Gefühl der Entfremdung bleibt. Es reicht nicht, über soziale Sicherung zu sprechen, wenn kulturelle Unsichtbarkeit, Sprachlosigkeit, Erschöpfung und Scham unberührt bleiben. Der Gesellschaftsvertrag der Zukunft muss auch ein Vertrag über Würde sein.

Er braucht dafür das Vertrauen, dass die Gesellschaft nicht auf Kosten ihrer Schwächsten funktioniert. Dass Wohlstand nicht exklusiv, sondern inklusiv ist. Dass Zukunft nicht Verheißung für einige, sondern Möglichkeit für alle bedeutet. Dafür braucht es Institutionen – ja. Aber vor allem braucht es Haltungen. Die Bereitschaft, das Eigene nicht absolut zu setzen. Die Fähigkeit, andere Perspektiven auszuhalten. Die Vorstellung, dass das Gemeinwohl kein abstrakter Begriff, sondern eine konkrete Beziehung ist. Zwischen mir und dir, zwischen jetzt und morgen.

Vielleicht liegt darin die eigentliche Modernisierung: nicht in der Beschleunigung, nicht im Effizienzgewinn, nicht im technologischen Sprung. Sondern im Wiederentdecken eines Ethos, das den Anderen nicht als Konkurrenz, sondern als Kooperationspartner begreift. Nicht als Gefahr, sondern als Versprechen.

Die Geschichte zeigt: Gesellschaften können sich neu erfinden. Sie tun es nicht aus Bequemlichkeit, sondern aus Notwendigkeit. Und sie tun es am besten, wenn sie wissen, was sie verbindet. Was sie zusammenhält, auch wenn alles sich verändert. Ein solcher Gesellschaftsvertrag beginnt nicht in Ministerien oder Think Tanks. Er beginnt mit der Frage, die sich jede Generation neu stellen muss: Was ist uns das Zusammenleben wert?

Literatur

Atkinson, A. B. (2015). Inequality: What can be done? Harvard University Press.

Hoebel, J., Tetzlaff, F., Michalski, N., & Müters, S. (2024). Mortalität und Lebenserwartung (Kap. 8.2.3 & 8.2.4). In Sozialbericht 2024. Bundeszentrale für politische Bildung.

Data Dividends Initiative. (2021). Ensuring the tech economy benefits all of its stakeholders. https://www.datadividends.org/

Harari, Y. N. (2024). Nexus: A brief history of information networks from the Stone Age to AI. Fern Press.

International Labour Organization [ILO]. (2019). Work for a brighter future: Global Commission on the Future of Work. ILO.

International Telecommunication Union [ITU]. (2022). Measuring digital development: Facts and figures 2022. ITU.

Kant, I. (1900–). Gesammelte Schriften (Preussische/Deutsche/Göttinger Akademien-Ausgabe; Bd. 1–). Akademie der Wissenschaften. (AA VIII, 360: Zum ewigen Frieden, Erster Zusatz – Faksimile).

Kempf, I., Hujo, K., & Ponte, R. (2022). Why we need a new eco-social contract. sozialpolitik.ch, 2022(1), Article 190. https://doi.org/10.18753/2297-8224-190

Patel, K. (2022, 7. Juli). Improvisierend durch die Krise: Der New Deal. Bundeszentrale für politische Bildung. https://www.bpb.de/shop/zeitschriften/

apuz/green-new-deals-2022/345725/improvisierend-durch-die-krise-der-new-deal/

Piketty, T. (2014). Das Kapital im 21. Jahrhundert (Dt. Übers.). C. H. Beck.

Polanyi, K. (1944). The great transformation: The political and economic origins of our time. Beacon Press.

Rajan, R. G. (2019). The third pillar: How markets and the state leave the community behind. Penguin Press.

Reckwitz, A. (2020). Das Ende der Illusionen: Politik, Ökonomie und Kultur in der Spätmoderne. Suhrkamp.

Schneider, G., & Toyka-Seid, C. (2025). Soziale Marktwirtschaft. Bundeszentrale für politische Bildung. https://www.bpb.de/kurz-knapp/lexika/das-junge-politik-lexikon/321138/soziale-marktwirtschaft/

Shafik, M. (2021, April). What we owe each other [Artikel/Buchvorstellung]. Finance & Development (Internationaler Währungsfonds). https://www.imf.org/external/pubs/ft/fandd/2021/04/what-we-owe-each-other-book-minouche-shafik.htm

Spannagel, D. (2016). Soziale Mobilität nimmt weiter ab (WSI-Verteilungsbericht 2016). Wirtschafts- und Sozialwissenschaftliches Institut.

Statistisches Bundesamt. (2024, 16. Juli). Pressemitteilung Nr. 273/2024. https://www.destatis.de/DE/Presse/Pressemitteilungen/2024/07/PD24_273_736.html

Stiglitz, J. E. (2019, 6. Mai). The economy we need. Project Syndicate. https://www.project-syndicate.org/onpoint/the-economy-we-need-by-joseph-e-stiglitz-2019–05

Streeck, W. (2021). Zwischen Globalismus und Demokratie: Politische Ökonomie im ausgehenden Neoliberalismus. Suhrkamp.

UNESCO. (2017, 21. Juni). World poverty could be cut in half if all adults completed secondary education [Pressemitteilung]. https://www.unesco.org/gem-report/en/articles/world-poverty-could-be-cut-half-if-all-adults-completed-secondary-education

Zhou, Y., Wu, S., Liu, Z., Zhang, J., & Xu, G. (2023). The asymmetric effects of climate risk on higher-moment connectedness among carbon, energy and metals markets. Nature Communications, 14, 7157. https://doi.org/10.1038/s41467-023-42925-9

11

Epilog: Wachstum neu gestalten – Vision für eine nachhaltige Zukunft

Wer wissen will, wohin die Reise geht, muss sich zuerst fragen, woher er kommt – und warum er unterwegs ist.

Dieses Buch ist aus diesem Gefühl heraus entstanden. Nicht aus einer Theorie, nicht aus einem politischen Programm, sondern aus der einfachen, radikalen Frage: Was bedeutet uns Wachstum? Und was wäre, wenn wir diese Frage ernst nehmen würden? Was wäre, wenn wir aufhören, Wachstum bloß als Zahl zu behandeln, und anfangen, es als Haltung zu begreifen? Als kulturelles Projekt, als moralisches Wagnis, als philosophische Aufgabe?

Denn genau das ist es, was jetzt nötig ist: Ein Umdenken. Kein hektisches Umpolen von Systemen, kein technokratischer Umbau auf der Grundlage derselben Denkfehler. Sondern ein neues Nachdenken über das Ganze. In diesem Buch haben wir den Versuch unternommen, eine neue Philosophie des Wachstums zu entwerfen: eine, die nicht im Widerspruch zu Fortschritt steht, sondern ihm eine andere Richtung gibt. Eine, die nicht zurück in Askese und Weltverneinung führt, sondern voran zu einer Lebensform, die menschlich, ökologisch und zukunftstauglich ist.

Unsere Auseinandersetzungen waren dabei keine Anleitung. Und auch kein Wohlfühltext für das grüne Gewissen. Sondern eine Reise – durch

M. Pätzold et al., *Wachstum neu denken*, https://doi.org/10.1007/978-3-658-50406-9_11

Ideen, durch Krisen, durch mögliche Zukünfte. Zum Schluss fassen wir noch einmal die wichtigsten Erkenntnisse zusammen, die uns zeigen, warum ein „Weiter so" keine Option mehr ist. Wir blicken auf die ökologischen, ökonomischen und sozialen Grenzen des alten Wachstumsmodells und erkennen: Der Wandel ist nicht mehr nur wünschenswert – er ist unvermeidlich. Dabei skizzieren wir eine neue philosophische Grundlage für Wachstumspolitik. Was heißt Wohlstand in einer endlichen Welt? Welche Verantwortung tragen wir gegenüber der Zukunft? Und wie können wir Ziele wie Freiheit, Gerechtigkeit und Nachhaltigkeit miteinander versöhnen?

Dieses Buch will nicht nur informieren. Es will inspirieren. Es will nicht recht behalten, sondern zum Weiterdenken einladen. Vielleicht beginnt die große Transformation ja gar nicht mit einem Plan, sondern mit einer Frage. Und vielleicht lautet sie: Was ist ein gutes Leben?

11.1 Zentrale Erkenntnisse im Überblick

Seit Jahrzehnten gilt Wirtschaftswachstum als heilige Kuh. Doch die Welt wandelt sich und mit ihr die Erkenntnis, dass bloße Steigerungen des BIP nicht mehr automatisch mit gesteigerter Lebensqualität und ökologischem Gleichgewicht einhergehen. Dabei rücken folgende Fragen ins Zentrum: Wie lässt sich Wachstum so gestalten, dass es langfristig tragfähig, gerecht und mit den natürlichen Grenzen unseres Planeten vereinbar bleibt?

Wachstum hat Grenzen: ökologische Ressourcen und soziale Akzeptanz
Der Club of Rome warnte bereits in den 1970er-Jahren mit seinem Bericht *Die Grenzen des Wachstums* eindringlich vor der Illusion, eine endliche Erde könne unendliches Wachstum verkraften.[1] Heute wissen wir besser denn je, dass die steigende Belastung von Böden, Luft und Wasser die Stabilität unserer Ökosysteme bedroht. Die Klimakrise, Artensterben und Ressourcenknappheit sind nicht nur in wissenschaftlichen Studien

---

[1] Vgl. Meadows et al. (1972), S. 86.

messbar; sie sind längst im Alltag vieler Menschen sichtbar und spürbar. Dabei geht es jedoch nicht allein um planetare Grenzen und ökologische Kipppunkte. Auch in der Gesellschaft selbst stoßen wir auf Grenzen. Etwa dann, wenn wachstumsorientierte Wirtschaftsweisen ein ungerechtes Gefälle von Arm und Reich schaffen oder wenn die Lebensqualität in Städten sinkt, weil Luftverschmutzung, Überlastung der Infrastruktur und mangelnde soziale Teilhabe zu Frust und Spaltung führen. So wie natürliche Ressourcen endlich sind, ist auch die soziale Akzeptanz wirtschaftlicher Expansionspolitik begrenzt, wenn viele Menschen sich als Verlierer fühlen.

Wissen als entscheidender Produktionsfaktor

Gleichzeitig erkennen wir, in Theorie wie Praxis, dass Wissen, Forschung und Bildung zum Motor für ein neues, nachhaltiges Wachstum werden können. Anders als fossile Rohstoffe lässt sich Wissen prinzipiell unendlich vermehren, ohne dass wir Umwelt und Gesellschaft automatisch überlasten. In seiner einflussreichen Arbeit *Development as Freedom* betont der Wirtschaftswissenschaftler Amartya Sen, wie entscheidend der Zugang zu Bildung für die Befähigung von Menschen ist, aktiv am wirtschaftlichen und sozialen Leben teilzunehmen.[2] Doch das bloße Vorhandensein von Information oder Universitäten genügt nicht. Eine wissensbasierte, zukunftsfähige Gesellschaft setzt auf lebenslanges Lernen, interdisziplinäre Forschung und eine kritische Bildungsarbeit, die Raum für neue Ideen jenseits der überholten Wachstumsdogmen lässt. Wissen wird so zum regenerierbaren Rohstoff einer Ökonomie, die nicht mehr vorrangig auf Materialverbrauch setzt, sondern auf Kreativität, Kooperation und geistige Ressourcen.

Technologischer Wandel: Chance und Risiko

Ob Künstliche Intelligenz, Big Data oder Automatisierung – Technologische Fortschritte versprechen einen enormen Produktivitätsschub. Die Digitalisierung kann Behörden entlasten, Transportwege optimieren

---

[2] Sen (1999), S. 2.

und Menschen in Bildung oder Gesundheitsversorgung neue Möglichkeiten eröffnen. Zugleich droht aber auch eine Vertiefung sozialer Ungleichheiten, wenn nur eine privilegierte Minderheit von den technologischen Segnungen profitiert, während andere abgehängt werden. Die Philosophen Hans Jonas und (in moderner Ausprägung) Maja Göpel mahnen: Jede technologische Neuerung muss nach ihrem langfristigen Beitrag zum Gemeinwohl beurteilt werden.[3] Ohne politische Steuerung und gesellschaftlichen Konsens laufen wir Gefahr, dass die Schere zwischen Hightech-Eliten und dem Rest weiter auseinandergeht. Eine moderne Wachstumspolitik darf sich nicht damit zufriedengeben, die Digitalisierung als Selbstläufer zu betrachten. Sie muss vielmehr aktiv gerechte Zugänge zu technologischen Ressourcen schaffen und Missbräuche (etwa in Form massenhafter Datenüberwachung) verhindern.

Neue Bewertung von Wachstum – jenseits des BIP

Spätestens seit der Stiglitz-Sen-Fitoussi-Kommission ist klar, dass das BIP allein kein geeignetes Maß für gesellschaftliches Wohlergehen und Fortschritt ist.[4] Immer stärker rücken alternative Indizes wie der Genuine Progress Indicator oder der Happy Planet Index in den Vordergrund. Sie erfassen nicht nur wirtschaftliche Aktivitäten, sondern auch Faktoren wie Einkommensverteilung, Bildungszugang, Umweltverbrauch, Gesundheit und Zufriedenheit. Tim Jackson spricht von „Prosperity without Growth", einer Form von Wohlstand, die auf Lebensqualität statt auf Materialmasse beruht.[5] Wenn wir das Wohlstandsverständnis erweitern, verschiebt sich auch die politische Agenda: Saubere Luft, intakte Ökosysteme, verlässliche Sozialsysteme und kulturelle Teilhabe werden zu Kerngrößen des Erfolgs, nicht mehr nur das Tempo wirtschaftlicher Zahlenexpansion. Dieser Perspektivenwechsel hebt hervor, wie wichtig qualitative Aspekte sind und warum wir dringend eine ökonomische Fortschrittsmessung brauchen, die diese Bereiche sichtbar macht

---

[3] Vgl. Göpel (2016), S. 72–79; Jonas (1979), S. 36.
[4] Vgl. Stiglitz et al. (2009), S. 12 f.
[5] Jackson (2009), S. 6.

Die digitale Transformation der Verwaltung
Eine effiziente und bürgernahe Verwaltung kann eine der wichtigsten Triebfedern für inklusives Wachstum sein. In vielen Ländern hemmen veraltete Strukturen, Bürokratiedschungel und mangelnde Digitalisierung den Fortschritt. Wer wie die Brundtland-Kommission der Vereinten Nationen auf Nachhaltigkeit und Entwicklung setzt, darf das Potenzial moderner IT-Systeme nicht unterschätzen: Online-Services, vernetzte Datenplattformen und transparente Entscheidungsprozesse beschleunigen nicht nur behördliche Abläufe, sondern tragen auch zu mehr Teilhabe und Gerechtigkeit bei.[6] Wenn etwa Sozialleistungen rascher beantragt und verwaltet werden können oder kommunale Verwaltungen im Handumdrehen Bürgerentscheide organisieren, entsteht ein Aufwind für die Demokratie und damit für die Legitimation politischer Maßnahmen. Nachhaltiges Wachstum braucht verlässliche Institutionen, die Ideen, Initiativen und Talente nicht durch komplizierte Formulare und Wartezeiten ausbremsen.

Investitionen in die Zukunft
Bildung, Forschung, klimafreundliche Infrastruktur, Gesundheitswesen und Digitalisierung: Wer das Morgen gestalten will, muss heute gezielt investieren. John Stuart Mill prophezeite einst, dass wir nicht ewig in einem Wettlauf um reine Mengensteigerungen verharren werden; an einem gewissen Punkt müssten wir uns fragen, wohin wir unsere Ressourcen tatsächlich lenken wollen, um den größtmöglichen gesellschaftlichen Nutzen zu erwirken.[7] Staatsausgaben für Zukunftssektoren können Innovationen beflügeln und neue Arbeitsplätze schaffen. Es gilt, konsequent in klimaverträgliche Energiesysteme zu investieren, nachhaltige Mobilitätskonzepte voranzutreiben, Stadtplanung ökologisch und sozial ausgewogen zu denken und Bildungsaufstiege für alle zu ermöglichen. Langfristig gestärkt wird nur eine Gesellschaft, die den Mut hat, solide und zielgerichtet in ihre nächste Generation zu investieren, materiell wie immateriell.

---

[6] WCED (1987), S. 17 ff.
[7] Vgl. Mill (1885) S. 498.

Sozialer Zusammenhalt als Wachstumsgrundlage

Ein weiteres zentrales Moment: Gesellschaftlicher Zusammenhalt ist nicht bloß schmückendes Beiwerk. Vielmehr bildet er das stabile Fundament, auf dem sich nachhaltige Wirtschaftskreisläufe entwickeln können. Die Erfahrung zeigt, dass tiefe soziale Spaltungen nicht nur moralisch bedenklich, sondern auch ökonomisch ineffizient sind: Sie blockieren Dialog und Innovation. Wer sich ausgeschlossen fühlt, verliert den Anreiz, sich einzubringen. Daher ist ein breit angelegter Ansatz gefragt, der Arbeitsmarktpolitik, Bildungschancen, gerechte Einkommensstrukturen und partizipative Entscheidungsprozesse zusammenbringt. In seinem Werk zur Gemeinwohl-Ökonomie unterstreicht Christian Felber, dass Wirtschaft stets dem Menschen dienen solle, nicht umgekehrt.[8] Das Resonanzgefühl, Teil einer inklusiven Gemeinschaft zu sein, fördert nicht nur Vertrauen, sondern steigert auch die Bereitschaft zur Solidarität, zur Kooperation und zum künftigen Umbau von Wirtschaft und Gesellschaft.

Ein neuer Gesellschaftsvertrag

Wenn nachhaltiges Wachstum gelingen soll, braucht es einen neuen Konsens, eine Art Gesellschaftsvertrag, in dem sich alle Teile der Gesellschaft auf gemeinsame Werte und Ziele verständigen. Dabei treffen zwei große Herausforderungen aufeinander: Offenheit und Wandel auf der einen Seite, Sicherheit und Gerechtigkeit auf der anderen. Eine rein wachstumsfixierte Politik kann keinen Bestand haben, solange die Ressentiments über Ungleichheit oder Umweltzerstörung wachsen. Ein Gesellschaftsvertrag des 21. Jahrhunderts muss zugleich Vielfalt fördern und Teilhabe garantieren. Hans Jonas' *Prinzip Verantwortung* kann hierbei als moralisches Leitbild dienen: Wir alle tragen Verantwortung für die Zukunft, für die kommenden Generationen und für die globalen Gemeinschaften, mit denen wir Schicksal und Planeten teilen.[9]

---

[8] Vgl. Felber (2018), S. 124 ff.
[9] Vgl. Jonas (1979). S. 57 f.

Philosophischer Wandel – von quantitativen zu qualitativen Kriterien
Am Ende steht die Einsicht, dass wir uns inmitten eines weitreichenden
Paradigmenwechsels befinden. Ökonomisches Wachstum kann nicht
länger bloß in Tonnen, Quadratmetern oder abstrakten Geldbeträgen gemessen werden. Vielmehr rückt die Frage ins Zentrum: Welche Form
von Wachstum fördert menschliche Würde, gesellschaftliche Teilhabe
und den Erhalt unserer Lebensgrundlagen? Diese Frage verlangt nach
einer neuen Philosophie des Wachstums, die sich an Qualitäts- statt an
reinen Mengenmaßstäben orientiert. Tim Jacksons Warnung vor dem
bloßen Weiter-so, die Mahnungen des Club of Rome und die Visionen
moderner Denker wie Kate Raworth zeigen uns: Es geht nicht um völli-
gen Stillstand, sondern um kluge, gezielte Entwicklung, die das Wohl der
Menschen und der Erde zugleich im Blick behält.[10] Oder in einfachen
Worten: Wir sollten wachsen, aber eben anders, weniger auf Kosten,
mehr zum Nutzen unserer Welt.

11.2 Wachstum neu denken: Vom Haben zum Werden

Die Wirtschaft dient dem Menschen, nicht umgekehrt. Wachstum war
einst das Versprechen auf ein besseres Morgen. Mehr Wohlstand, mehr
Chancen, mehr Fortschritt. Doch je größer die Gesellschaften wurden,
desto kleiner wurde die Wirkung dieses Versprechens. Heute ist unüber-
sehbar: Wirtschaftswachstum allein genügt nicht. Wachstumspolitik
muss sich daran messen lassen, ob sie diese Freiheitsräume öffnet, nicht
bloß Einkommen steigert. Wenn Wachstum nur dann gerechtfertigt ist,
wenn es das Leben verbessert, stellt sich unweigerlich die Frage: Wessen
Leben? Nur das gegenwärtiger Generationen oder auch das der zukünftigen? An diesem Punkt setzt Hans Jonas' bereits angesprochenes
Werk *Das Prinzip Verantwortung* an. Jonas formuliert eine Ethik für die
technologische Zivilisation, in der wir das Gewicht unserer Handlungen
erstmals über Jahrhunderte hinweg tragen. Seine berühmte Maxime

---

[10]Vgl. Jackson (2009); Meadows et al. (1972); Rawort (2017).

lautet: „Handle so, dass die Wirkungen deiner Handlung verträglich sind mit der Permanenz echten menschlichen Lebens auf Erden."[11]

Diese Perspektive ist für eine neue Wachstumspolitik essenziell. Denn wirtschaftliche Entscheidungen, etwa über fossile Infrastruktur, Plastikproduktion, Abholzung oder Digitalisierung, entfalten oft eine Wirkung, die weit über Legislaturperioden hinausreicht. Wachstumspolitik, die nicht zugleich Zukunftspolitik ist, verliert jede moralische Legitimation. Eine Ethik der Verantwortung schärft unseren Blick: Wachstum ist dann gut, wenn es intergenerationell gerecht ist; wenn es also heute Chancen ermöglicht, ohne morgen Chancen zu zerstören. Nachhaltigkeit wird damit nicht zur Option, sondern zur moralischen Pflicht. Eine Pflicht, die durch Wissen, politische Gestaltung und gesellschaftliche Beteiligung getragen werden muss.

Eine moderne Philosophie des Wachstums muss die enge Taktung ökonomischer Rationalität überwinden. Sie muss lernen, komplex zu denken. Wirtschaft ist kein isoliertes System. Sie ist eingebettet in Gesellschaft und Natur und beeinflusst diese auf vielfältige Weise. Diese Einsicht hat sich in der ökologischen Ökonomie längst etabliert, wurde aber in der dominanten Lehre und Praxis nur zögerlich anerkannt.

Kate Raworth hat mit ihrer Donut-Ökonomie ein kraftvolles Bild dafür entworfen: Eine gute Gesellschaft bewegt sich im inneren Kreis des Sozialen.[12] Sie sichert Grundbedürfnisse, Gerechtigkeit, Teilhabe und überschreitet zugleich nicht den äußeren Kreis der planetaren Belastungsgrenzen. Die Lehre daraus: Ökonomische, soziale und ökologische Ziele dürfen nicht gegeneinander ausgespielt werden. Wachstumspolitik muss systemisch sein. Kein lineares Zahlenmodell, sondern ein vielschichtiges Gleichgewicht.

Ganzheitlichkeit bedeutet auch: Wir brauchen neue Formen des Dialogs, der Abwägung und der demokratischen Mitgestaltung. Zielkonflikte, etwa zwischen Klimaschutz und Arbeitsplätzen, zwischen Effizienz und Teilhabe, müssen offen benannt und verhandelt werden. Das verlangt

---

[11] Jonas (1979), S. 36.
[12] Vgl. Raworth (2017), S. 62.

nicht weniger, sondern mehr Politik. Und mehr Philosophie. „Wachstum für alle" war lange Zeit ein politisches Schlagwort und doch entpuppte es sich in der Praxis oft als Fiktion. Die wachsende Ungleichheit in vielen Industrieländern zeigt, dass Wachstum nicht automatisch gerecht verteilt wird. Im Gegenteil: Immer öfter konzentrieren sich Gewinne in den Händen weniger, während breite Bevölkerungsschichten stagnieren oder zurückfallen. Dieser Umstand ist nicht nur sozial fragwürdig, sondern auch ökonomisch instabil. Eine Philosophie moderner Wachstumspolitik muss deshalb Inklusivität als Leitziel begreifen. Es geht darum, alle Menschen aktiv am Fortschritt zu beteiligen, unabhängig von Einkommen, Herkunft, Geschlecht, Bildungsgrad oder Wohnort. Inklusives Wachstum schafft nicht nur mehr soziale Gerechtigkeit, sondern auch mehr Innovation, Resilienz und Gemeinsinn. Die Theorie des Capability-Approach von Amartya Sen liefert hierfür den normativen Rahmen: Entwicklung bedeutet, Menschen in die Lage zu versetzen, ihr Leben selbstbestimmt zu gestalten.[13] Wachstumspolitik sollte deshalb nicht auf pauschale Steigerung von Konsum zielen, sondern auf Befähigung. Dazu zählen Zugang zu hochwertiger Bildung, Gesundheitsversorgung, Kultur, öffentlichem Raum und digitaler Teilhabe.

Technologischer Fortschritt ist kein Naturereignis. Er ist das Ergebnis gesellschaftlicher Entscheidungen, Investitionen, Prioritäten. Eine moderne Philosophie des Wachstums erkennt deshalb an: Innovation darf kein exklusiver Spielplatz für große Tech-Konzerne sein. Sie ist eine kollektive Aufgabe. Und sie muss sich an einem neuen Innovationsbegriff messen lassen: nicht schneller, sondern sinnvoller; nicht mehr, sondern besser.

Das bedeutet auch: Staat und Zivilgesellschaft müssen gemeinsam Innovation gestalten. Der Staat als strategischer Investor in Bildung, Infrastruktur, nachhaltige Technologien. Die Gesellschaft als Resonanzraum, in dem neue Ideen geprüft, legitimiert sowie angepasst werden und in dem Unternehmen und Forschungseinrichtungen sich am Nutzen für die Gemeinschaft orientieren. Innovation muss inklusiv, nachhaltig und gerecht sein. Nicht blind dem Markt überlassen werden. Sie muss demo-

---

[13]Vgl. Sen (2000), S. 29.

kratisch verfasst und ethisch gerahmt sein. Eine Philosophie, die Wachstum auf diese Weise denkt, schafft Räume für Zukunftskunst – also die Fähigkeit, Wandel zu gestalten.

Im globalen Kräftemessen zwischen China, den USA und anderen aufstrebenden Akteuren steht Europa unter Druck. Doch die Antwort kann nicht darin bestehen, autoritäre Effizienz oder hemmungslosen Wachstumsfetisch zu kopieren. Vielmehr sollte Europa die ethisch reflektierte Führungsrolle einnehmen – als Kontinent, der neue Wege des Wohlstands aufzeigt. Das bedeutet: ein Wirtschaftssystem, das Umwelt- und Sozialstandards mit technologischem Fortschritt verbindet. Eine Industriepolitik, die auf Nachhaltigkeit, Kreislaufwirtschaft und soziale Innovation setzt. Und ein Gesellschaftsmodell, das auf kulturelle Vielfalt, Bildung, Teilhabe und Menschenrechte setzt. Europa kann, und sollte, zur Avantgarde eines neuen Wachstumsverständnisses werden. Nicht als Weltmacht im klassischen Sinne, sondern als Gestalterin einer ethisch fundierten Postmoderne.

Wir leben in einer Zeit, in der sich die Welt neu sortiert. Alte Gewissheiten zerfallen, neue Ordnungen entstehen. Wer definiert, was Fortschritt ist? Wer bestimmt, was Wohlstand bedeutet? Wer sagt, worauf wir verzichten müssen und worauf nicht? Philosophie spielt in diesem Kampf um Deutung eine zentrale Rolle. Sie liefert die Begriffe, die Kategorien, die normativen Raster, mit denen wir Zukunft denken. Wer das Wachstum neu denken will, muss daher auch das Denken selbst erneuern. Und die kulturellen Grundlagen einer neuen Epoche legen.

Qualitatives Wachstum ist kein technisches Reformprogramm. Es ist ein kultureller Entwurf, ein ethisches Angebot, ein politischer Aufruf. Es will nicht zurück in vormoderne Enthaltsamkeit. Es will voran in eine Gesellschaft, die weiß, wofür sie wächst und wofür nicht. Moderne Wachstumspolitik braucht eine neue Philosophie. Eine, die fragt, was Wachstum leisten soll, für wen und zu welchem Preis. Sie muss ökonomisches Denken mit ethischer Reflexion, sozialer Gerechtigkeit und ökologischer Verantwortung verbinden.

11.3 Die Zukunft beginnt in der Vorstellung: Skizze einer gelingenden Gesellschaft

Eine Gesellschaft ohne Zukunftsbild ist wie ein Schiff ohne Kompass: Es mag fahren. Doch wohin? Wenn wir von nachhaltigem Wachstum sprechen, dann genügt es nicht, bloß die Fehler des Gegenwärtigen zu benennen oder neue Indikatoren zu entwickeln. Wir brauchen eine positive, anschauliche Vision: Wie sieht eine Gesellschaft aus, die ökonomischen Fortschritt, ökologische Verantwortung und soziale Gerechtigkeit harmonisch miteinander verbindet? Wie leben, arbeiten, lernen und konsumieren Menschen in einer Gesellschaft, die Wachstum nicht mehr als Selbstzweck, sondern als Mittel für das gute Leben versteht? Was sind ihre Infrastrukturen, ihre Institutionen, ihre Werte? Die Philosophie wird dabei zur Architektin: Sie hilft, den Möglichkeitsraum des Denkens zu erweitern und damit den Handlungsraum zu vergrößern.

Die nachhaltige Gesellschaft der Zukunft misst Erfolg nicht mehr an der bloßen Vermehrung materieller Güter, sondern an der Qualität des Lebens. Sie bewegt sich im Spannungsfeld zwischen zwei Grenzen: dem sozialen Fundament – also dem, was jeder Mensch mindestens zum würdevollen Leben braucht – und der ökologischen Decke, die den Planeten vor Überlastung schützt. Ein gelungener Tag in dieser Gesellschaft ist nicht durch Einkaufswerte oder CO_2-Fußabdruck definiert, sondern durch Teilhabe, Gesundheit, Bildung, Zeitwohlstand und sinnvolle Tätigkeit. Die Menschen sind nicht Konsumenten, sondern mündige Bürger. Mit Rechten, Pflichten und Gestaltungskraft. Der öffentliche Raum gewinnt an Bedeutung: Statt Shopping-Malls und Schnellstraßen dominieren Bibliotheken, Parks, Kulturhäuser, Co-Working-Ateliers, Nachbarschaftszentren. Das Kollektive wird wieder erlebbar, ohne die Freiheit des Individuums zu beschneiden.

Stadtviertel sind so gestaltet, dass Wohnen, Arbeiten, Lernen und Freizeit in fußläufiger Nähe stattfinden. Die 15-Minuten-Stadt wird zur urbanen Norm. Gebäude sind energieautark, mit Solardächern, begrünten Fassaden und gemeinschaftlichen Gärten. Öffentliche Plätze laden zum Verweilen ein, nicht zum Konsumieren. Smart-Technologien dienen nicht der Überwachung, sondern der Ressourcenschonung: Straßenlaternen reagieren auf Bewegung, Abfallentsorgung ist intelligent gesteuert, Wasser wird in Kreisläufen genutzt. Die Stadt wird zum lebendigen Organismus. Effizient, aber nicht steril. Offen, aber resilient. Sie ist nicht nur Wohnort, sondern Lebens- und Lernraum.

Die Menschen bewegen sich anders; nicht mehr primär mit dem Ziel, Zeit zu sparen, sondern mit dem Ziel, Zeit gut zu nutzen. Digitale Vernetzung erlaubt flexible Arbeitsmodelle: Homeoffice, Co-Working, dezentrale Organisation. Pendeln wird reduziert, Lebenszeit wird gewonnen. Die Arbeit ist nicht mehr bloß Erwerb, sondern eingebettet in ein Konzept von Lebenssinn und gesellschaftlichem Beitrag. Wer arbeitet, tut dies zunehmend in Berufen, die ökologisch verträglich, sozial sinnvoll und kulturell wertvoll sind. Pflege, Bildung, Handwerk, Landwirtschaft, Kultur – diese Tätigkeiten erfahren neue gesellschaftliche Anerkennung. Die Einkommensstruktur spiegelt nicht länger nur Marktmacht wider, sondern auch gesellschaftliche Bedeutung. Arbeitszeitverkürzung ist weit verbreitet, nicht aus Not, sondern aus Einsicht: Ein erfülltes Leben braucht Zeit für das Nicht-Ökonomische. Für Beziehungen, Muße, Fürsorge, Selbstbildung.

Bildung wird als lebenslanger Prozess verstanden. Universitäten öffnen sich für alle Altersstufen. Bibliotheken sind keine Bücherlager, sondern pulsierende Zentren des Denkens. Digitale Lernplattformen stehen öffentlich zur Verfügung, Barrieren fallen. Wer will, kann lernen, unabhängig von Herkunft oder Einkommen. Diese Form der Bildung zielt nicht nur auf Employability, sondern auf Emanzipation. Sie befähigt Menschen, sich selbst zu verwirklichen und Verantwortung für andere zu übernehmen. Aufstieg ist hier nicht bloß ein individueller Erfolg, sondern ein kollektiver Gewinn.

Die nachhaltige Gesellschaft basiert auf einer klaren doppelten Idee: Freiheit zur Entfaltung und Pflicht zur Mitgestaltung. Sie ist weder autoritär noch Laissez-faire. Sie ist kooperativ-freiheitlich. Jeder Mensch hat das Recht, seine Talente zu entdecken, zu leben und einzubringen. Gleichzeitig wird anerkannt: Freiheit ist nie grenzenlos. Sie endet dort, wo sie anderen schadet; ökologisch, sozial, kulturell. Deshalb ist die nachhaltige Gesellschaft auf Verantwortungsethik gegründet. Christian

Felbers Vision einer Gemeinwohl-Ökonomie spiegelt diese Philosophie institutionell wider: Unternehmen werden nicht mehr primär an Profit gemessen, sondern an ihrem Beitrag zum Gemeinwohl.[14] Eine entsprechende Gemeinwohl-Bilanz wird ebenso selbstverständlich wie die CO_2-Buchhaltung. Verantwortung zeigt sich aber auch im Alltag: Wer fliegt, kompensiert. Wer konsumiert, informiert sich. Wer gestaltet, hört zu. Verantwortung ist keine Last, sondern Ausdruck von Verbundenheit mit anderen Menschen, mit der Natur, mit der Zukunft.

Diese neue Gesellschaft lebt von einem intelligenten Staat: Einem Staat, der nicht alles selbst tut, aber Rahmen setzt, Anreize schafft und Zukunft investiert. Demokratie wird nicht auf Wahlen reduziert, sondern zur gelebten Alltagspraxis. Solidarität wird zum kulturellen Wert, nicht als Wohltätigkeit von oben, sondern als bewusster Akt des Zusammenlebens. Wer gibt, weiß, dass er auch empfängt. Wer empfängt, weiß, dass er selbst geben kann. Die Gesellschaft wird nicht „versorgt". Sie wird ermächtigt.

11.4 Ein neues Verständnis von Wachstum

Schon Aristoteles, einer der ersten großen Systemdenker Europas, unterschied zwischen Ökonomik – der natürlichen, auf Bedürfnisbefriedigung ausgerichteten Wirtschaft – und Chrematistik, dem künstlichen Streben nach endloser Geldvermehrung.[15] Er warnte davor, dass Letzteres die natürlichen Ordnungen des Zusammenlebens untergräbt. Diese Unterscheidung, fast zweieinhalbtausend Jahre alt, hat nichts von ihrer Relevanz verloren. Aristoteles erinnert uns daran, dass das richtige Maß das entscheidende Kriterium guten Handelns ist, in der Tugend wie in der Wirtschaft.[16] Wachstum ist nicht per se falsch, aber es muss eingebettet sein in ein übergeordnetes Ziel: das gute, erfüllte, gelingende Leben. Und dieses Leben verlangt nach Balance, nicht nach Exzess.

---

[14]Vgl. Felber (2016), S. 1.

[15]Vgl. Aristoteles (Übers. 1880), Politik, 1. Buch, Kapitel IX.

[16]Vgl. Aristoteles (Übers. 1911), Nikomachische Ethik, 2. Buch, Abschnitt 6 (1106b-1107a).

John Stuart Mill, ein weiterer philosophischer Meilenstein auf diesem Weg, entwickelte im 19. Jahrhundert die Idee eines stationären Zustands, eines Gleichgewichts von Produktion und Konsum, das nicht Stillstand, sondern Reife bedeutet.[17] Er sah voraus, dass die Menschheit eines Tages an einen Punkt gelangen würde, an dem weiteres Wachstum nicht mehr Wohlstand, sondern Überlastung erzeugt. An diesem Punkt sei es klüger, nicht mehr die Ausweitung der Produktion zu betreiben, sondern sich dem geistigen, sozialen und moralischen Fortschritt zuzuwenden. Mills Vorstellung war alles andere als pessimistisch. Im Gegenteil: Er glaubte, dass in einer Gesellschaft, die die materiellen Grundbedürfnisse gedeckt hat, endlich Raum entstehe für höhere Ziele – für Bildung, Kunst, Solidarität, Selbstkultivierung. Damit stellt Mill eine heute hochaktuelle Frage: Warum sprechen wir in einer Zeit des Überflusses noch immer über Knappheit, während wir eigentlich an Sinn-, Beziehungs- und Zeitarmut leiden? Sein Gedankengang führt uns zu der Einsicht, dass der gesellschaftliche Fortschritt in der Qualität des Miteinanders liegt, nicht in der Quantität des Produzierten.

Herman Daly, einer der Vordenker der ökologischen Ökonomie, griff im 20. Jahrhundert Mills Überlegungen auf und entwickelte sie angesichts planetarer Grenzen weiter. Seine Idee der steady-state economy, gilt also einer stationären Wirtschaft innerhalb ökologischer Tragfähigkeitsgrenzen.[18] Daly argumentierte, dass die Erde ein geschlossenes System sei, in dem permanente Expansion physisch unmöglich ist. Eine Haltung, die nicht Rückschritt, sondern Klugheit signalisiert. Daly prägte den Satz, dass sinngemäß nachhaltiges Wachstum ein Widerspruch in sich sei, solange man unter Wachstum die quantitative Ausdehnung von Ressourcenverbrauch verstehe.[19] Nur qualitatives Wachstum, also Wachstum an Effizienz, an Sinn, an sozialer und kultureller Tiefe, könne mit dem Überleben des Planeten vereinbar sein. Seine Argumentation basiert nicht allein auf Ethik, sondern auch auf Thermodynamik. Sie erinnert uns daran, dass ökonomische Theorie kein luftleerer Raum ist, sondern eingebettet in physikalische Gesetze, die sich nicht verhandeln lassen.

---

[17] Vgl. Mill (1885), S. 752–757.
[18] Vgl. Daly (1990), S. 14–49.
[19] Vgl. Ebd., S. 6.

Die Entropie, das irreversible Verbrauchen von Energie, setzt dem Wachstumswunsch klare Grenzen. Philosophie wird hier zur Realitätssicht.

Doch Wachstum ist nicht nur eine Frage von Ressourcen und Moral, sondern auch von kultureller Macht. Der Historiker Matthias Schmelzer hat in seiner Analyse *The Hegemony of Growth* nachgewiesen, wie sich das Paradigma des Wirtschaftswachstums seit den 1950er-Jahren als politischer Imperativ etabliert hat.[20] Wachstum wurde zur neuen Religion westlicher Demokratien. Versprochen als Allheilmittel gegen Armut, soziale Konflikte, politische Instabilität. Wer wachsen konnte, galt als erfolgreich. Wer stagnierte, als gescheitert. Dieses Wachstum wurde nicht nur gemessen, sondern auch gedacht, gefühlt, erhofft. Schmelzers Werk zeigt eindrucksvoll, wie aus einem ökonomischen Konzept ein ideologischer Überbau wurde. Diese hegemoniale Stellung des Wachstums zu hinterfragen, ist keine Nebensächlichkeit, sondern ein Akt politischer und intellektueller Befreiung. Wenn wir heute über eine neue Wachstumspolitik nachdenken, dann nicht zuletzt deshalb, weil wir die kulturelle Konstruktion des Alten verstanden haben. Die Dekonstruktion ist Voraussetzung für die Konstruktion eines Neuen.

All diese Denker, von Aristoteles bis Schmelzer, liefern Bausteine für ein neues Verständnis von Wachstum. Eines, das sich an Sinn orientiert, an Verantwortung, an Grenzen und an Gemeinwohl. Ihre Gedanken lassen sich nicht einfach in politische Programme übersetzen, aber sie geben Orientierung. Und sie fordern uns heraus, unsere ökonomische Sprache zu überdenken. Vielleicht ist es an der Zeit, nicht mehr von Wachstum zu sprechen, sondern von Entfaltung. Nicht mehr von Produktion, sondern von Fürsorge. Nicht mehr von Märkten, sondern von Beziehungen. Der philosophische Wandel ist die Voraussetzung dafür, dass wir überhaupt anders handeln können. Denn wer anders denkt, kann anders leben. Die Philosophie des neuen Wachstums ist nicht abstrakt. Sie ist konkret. Sie ruht auf einem klaren ethischen Fundament: dem Maß, der Verantwortung, der Freiheit zur Selbstverwirklichung. Sie speist sich aus der Einsicht, dass wir als Menschen mehr sind als Konsumenten. Wir sind endliche Wesen mit Bedürfnissen, Beziehungen, Geschichten. Die

---

[20] Vgl. Schmelzer (2016), S. 336–358.

nachhaltige Gesellschaft beginnt dort, wo das Maß wieder zur Maxime wird und das Wachstum nicht mehr zur Pflicht, sondern zur Möglichkeit. Und genau dort, in diesem Zwischenraum von Notwendigkeit und Möglichkeit, liegt die Zukunft der politischen Ökonomie.

11.5 Geschichten, die etwas bewegen: Wie Bildung und Medien den Wandel tragen

Der Wandel hin zu einem neuen Verständnis von Wachstum beginnt in den Köpfen der Menschen. In ihren Vorstellungen, ihren Werten, ihren Urteilen darüber, was Fortschritt bedeutet und was nicht. Eine nachhaltige Gesellschaft lässt sich nicht verordnen. Sie muss erlernt, verstanden, erprobt und akzeptiert werden. Und dafür braucht sie zwei mächtige Kräfte: Bildung und Medien. Beide sind mehr als bloße Kanäle zur Informationsvermittlung. Sie sind Träger unserer kulturellen Selbstdeutung, Verstärker gesellschaftlicher Debatten, Hebel für kollektives Bewusstsein. Wenn wir die Philosophie eines anderen Wachstums ernst nehmen, dann müssen wir fragen: Wie lernen Menschen, anders zu denken? Und wer erzählt ihnen die Geschichten, die diesen Wandel plausibel und möglich machen?

Bildung ist dabei nicht bloß ein formaler Prozess, der in Klassenzimmern beginnt und mit einem Abschlusszeugnis endet. Sie ist ein lebenslanger Akt der Weltaneignung. Ein Dialog zwischen Mensch und Gesellschaft, zwischen Ich und Wir, zwischen Wissen und Gewissen. In einer auf Nachhaltigkeit ausgerichteten Gesellschaft ist Bildung nicht nur Qualifikation, sondern Befähigung: die Fähigkeit, Zusammenhänge zu verstehen, Urteile zu fällen, Alternativen zu denken. Paulo Freire, einer der großen Vordenker emanzipatorischer Pädagogik, sprach von Bewusstwerdung als Ziel der Bildung.[21] Ein Prozess, in dem Lernende erkennen, wie gesellschaftliche Strukturen funktionieren, und wie sie diese mitgestalten können. Bildung bedeutet in diesem Sinne: sich die Freiheit zu nehmen, das Bestehende nicht als alternativlos zu akzeptieren. Wer in

---

[21]Vgl. Jacob (2008), S. 47 f.

einer Welt aufwächst, in der Wachstum als Naturgesetz gilt, wird kaum je fragen, ob es auch anders geht. Wer jedoch versteht, dass ökonomische Modelle keine Wahrheit, sondern Setzungen sind, oft gemacht von wenigen, mit Wirkungen für viele, der wird beginnen, Fragen zu stellen. Warum misst sich Erfolg am Bruttoinlandsprodukt und nicht an der Gesundheit der Menschen oder der Resilienz der Ökosysteme? Warum gilt es als normal, dass Konzerne wachsen, aber Familien kaum Zeit füreinander haben? Warum ist der Markt so oft laut, wo das Gemeinwohl leise bleibt? Bildung, die solche Fragen zulässt und fördert, ist kein Luxus. Sie ist die Bedingung für die Entstehung eines neuen gesellschaftlichen Selbstverständnisses.

Doch Bildung allein genügt nicht. Sie braucht Resonanz. Und hier betreten die Medien die Bühne mit ihrer Fähigkeit, große Themen sichtbar zu machen, Diskurse zu formen, Realitäten zu inszenieren. Medien sind nicht nur Spiegel der Gesellschaft, sie sind auch Schmiede ihrer Vorstellungskraft. Wer im öffentlichen Raum nie etwas über Alternativen zum BIP-Wachstumsparadigma hört, wird es kaum für diskussionswürdig halten. Die mediale Dominanz bestimmter Narrative, etwa jenes vom Fortschritt durch Digitalisierung, vom Wachstumsimperativ der Globalisierung oder von der Alternativlosigkeit freier Märkte, formt unsere Denklandschaft weit mehr, als uns bewusst ist.

Es ist auffällig, wie selten Begriffe wie Resilienz, Happiness oder Gemeinwohlökonomie in den großen Nachrichtenformaten auftauchen und wie oft sie, wenn überhaupt, als exotisch, radikal oder weltfremd dargestellt werden. Studien zeigen, dass Mainstreammedien bis heute überwiegend Wirtschaftsmeldungen im Sinne steigender oder fallender Wachstumsraten darstellen.[22] Die implizite Botschaft lautet: Mehr ist besser. Wer weniger will, muss sich rechtfertigen. Diese Schieflage ist nicht zwingend Ergebnis böser Absicht. Oft ist sie Ausdruck eines kulturellen Automatismus, eines mentalen Infrastrukturnetzes, das nicht hinterfragt, was immer schon gegolten hat. Aber genau darin liegt das Problem.

---

[22] Siehe hierzu beispielsweise Kayser/Peress (2021).

Denn Medien können nicht nur bestätigen, sie müssen auch hinterfragen. Sie können neue Perspektiven eröffnen, marginalisierte Stimmen hörbar machen, Debatten strukturieren, Alternativen aufzeigen. Sie können Geschichten erzählen, in denen Glück nicht durch Konsum, sondern durch Gemeinschaft entsteht. In denen Fortschritt nicht bedeutet, mehr zu haben, sondern mehr zu sein. Es geht nicht darum, Medien zu ideologisieren. Im Gegenteil: Es geht darum, sie zu pluralisieren. Eine demokratische Öffentlichkeit braucht Vielfalt in der Berichterstattung, im Zugang, in den Stimmen. Nur dann kann sich auch ein neues Narrativ entfalten. Jenes, das nachhaltiges Wachstum als Suche nach Balance, nicht nach Beschleunigung versteht.

Die nachhaltige Gesellschaft braucht nicht nur neue Institutionen. Sie braucht eine neue Gesprächskultur. Doch damit diese Gespräche fruchten, müssen Menschen auch verstehen, was auf dem Spiel steht. Deshalb braucht es eine systematische Verankerung von Bildung für nachhaltige Entwicklung. Nicht als Fach, sondern als Prinzip. Schulen, Hochschulen und Weiterbildungseinrichtungen sollen Menschen befähigen, Zukunft zu denken, statt nur Gegenwart zu verwalten. Sie sollen Lernorte werden, in denen der Zusammenhang zwischen Umwelt, Wirtschaft, Gesellschaft und individueller Verantwortung erfahrbar wird. Dabei geht es nicht nur um Wissen, sondern um Haltung. Um die Bereitschaft, Wandel als Teil der eigenen Biografie zu begreifen und nicht als Bedrohung.

Auch die Wirtschaftswissenschaften selbst stehen hier in der Verantwortung. Solange Universitäten einseitig neoklassische Modelle lehren, in denen Wachstum als Voraussetzung von Stabilität gilt, bleibt das Denken verengt. Netzwerke wie die Plurale Ökonomik fordern daher zu Recht eine Öffnung der akademischen Lehre.[23] Sie wollen Vielfalt ermöglichen: methodisch, theoretisch, normativ. Die Studierenden von heute sind die Entscheidungsträger von morgen. Was sie heute lernen, wird morgen Welt gestalten. Was bleibt, ist die Einsicht: Bildung und Medien sind keine Nebenschauplätze des ökologischen und sozialen Wandels. Sie sind seine Voraussetzung. Sie liefern den mentalen Raum,

---

[23] Vgl. Ehnts/Zeddies (2016).

in dem das Neue gedacht werden kann und das Alte nicht länger als naturgegeben erscheint. Wer nachhaltiges Wachstum will, muss die kulturellen Bedingungen seiner Möglichkeit schaffen. Er muss Menschen befähigen, zu sehen, was lange unsichtbar war, und zu sagen, was lange als unsagbar galt. Nur so kann aus Erkenntnis Verantwortung werden und aus Verantwortung Veränderung.

11.6 Abschließende Gedanken

Am Ende ist es der Anfang, der sich erinnert, wozu wir aufgebrochen sind.

Die Philosophie eines neuen Wachstums ist im Kern eine Philosophie des Innehaltens. Sie fragt: Wie wollen wir leben, wenn niemand mehr hinschaut? Was zählt, wenn alles gezählt ist? Was bleibt, wenn der Lärm verstummt? Sie stellt dem Tempo das Maß gegenüber, der Konkurrenz die Fürsorge, dem Eigentum die Teilhabe. Und sie erinnert uns daran, dass der Mensch nicht nur Konsument, sondern Träger von Würde ist, von Verantwortung, von Möglichkeit.

Diese Idee ist nicht naiv. Sie ist notwendig. Wir stehen an einer Schwelle. Nicht nur technologisch, sondern zivilisatorisch. Die Krisen der Gegenwart sind keine Betriebsunfälle. Sie sind die Quittung für ein Denken, das sich selbst zur letzten Instanz gemacht hat. Doch darin liegt auch eine Chance. Denn noch ist es möglich, anders zu handeln. Noch ist es möglich, eine Kultur zu begründen, die der Zukunft nicht ausweicht, sondern sie umarmt. Nicht mit Angst, sondern mit Haltung. Nicht mit Kontrolle, sondern mit Vertrauen.

Am Ende ist dieses Buch deshalb eine Einladung. An alle, die ahnen, dass eine andere Welt möglich ist, und bereit sind, ihren Teil beizutragen. Es ist ein Ruf nach Philosophie, wo zu lange nur Statistik war. Nach Tiefe, wo Oberfläche regierte. Nach dem Menschlichen, wo das Mechanische dominierte. Vielleicht beginnt die Zukunft genau hier: Nicht mit einem Knall. Sondern mit einem leisen, klaren Satz. Nachhaltiges Wachstum bleibt möglich – wenn wir als Gesellschaft wieder zusammenwachsen.

Literatur

Aristoteles. (Übers. 1911). Nikomachische Ethik (Dt. Übers. E. Rolfes, 1911). (Originalarbeit ca. 4. Jh. v. Chr.).

Aristoteles. (Übers. 1880). Politik (Projekt Gutenberg-Ausgabe). (Originalarbeit ca. 4. Jh. v. Chr.). https://www.projekt-gutenberg.org/aristote/politik/

Daly, H. E. (1990). Steady-state economics (2nd ed.). Island Press. (Originalausgabe 1977)

Ehnts, D., & Zeddies, L. (2016). Die Krise der VWL und die Vision einer Pluralen Ökonomik. Wirtschaftsdienst, 96(10), 769–775.

Felber, C. (2016). Gemeinwohl-Ökonomie: Eine demokratische Alternative wächst [Whitepaper]. https://christian-felber.at/wp-content/uploads/2018/12/gemeinwohl.pdf

Felber, C. (2018). Gemeinwohl-Ökonomie: Das alternative Wirtschaftsmodell für Nachhaltigkeit (aktual. Ausg.). Piper.

Göpel, M. (2016). The great mindshift: How a new economic paradigm and sustainability transformations go hand in hand. Springer.

Jackson, T. (2009). Prosperity without growth? The transition to a sustainable economy (Report). Sustainable Development Commission.

Jacob, S. (2008). Bildung als Bewusstwerdung – Die Pädagogik Paulo Freires. Paulo Freire Verlag.

Jonas, H. (1979). Das Prinzip Verantwortung: Versuch einer Ethik für die technologische Zivilisation. Suhrkamp.

Kayser, M., & Peress, M. (2021). Does the media cover the economy accurately? An analysis of sixteen developed democracies. Quarterly Journal of Political Science, 16, 1–33. https://doi.org/10.1561/100.00019098

Meadows, D. H., Meadows, D. L., Randers, J., & Behrens, W. W., III. (1972). The limits to growth. Universe Books/Club of Rome.

Mill, J. S. (1885). Principles of political economy (Ausg. 1885; Originalarbeit 1848). Projekt Gutenberg (digitale Ausgabe 2009).

Raworth, K. (2017). Doughnut economics: Seven ways to think like a 21st-century economist. Random House Business.

Schmelzer, M. (2016). The hegemony of growth: The OECD and the making of the economic growth paradigm. Cambridge University Press. https://doi.org/10.1017/CBO9781316452035

Sen, A. (1999). Development as freedom. Oxford University Press.

Sen, A. (2000). Ökonomie für den Menschen: Wege zu Gerechtigkeit und Solidarität in der Marktwirtschaft (Dt. Ausg.). Hanser.

Stiglitz, J. E., Sen, A., & Fitoussi, J.-P. (2009). Report by the Commission on the Measurement of Economic Performance and Social Progress. (Auch veröffentlicht als Mismeasuring our lives: Why GDP doesn't add up, The New Press, 2010).

World Commission on Environment and Development [WCED]. (1987). Our common future (Report of the World Commission on Environment and Development). Oxford University Press/United Nations.

Danksagung

Am Ende eines Weges, der in Gedanken begann und in Worten Gestalt annahm, bleibt tiefe Dankbarkeit. Ein Buch ist nie das Werk Einzelner, sondern das Echo vieler Stimmen: von jenen, die inspirierten, herausforderten, fragten und zur Antwort drängten. Wir danken den Menschen, die Zweifel aushielten, Mut schenkten und Horizonte weiteten – sei es im lauten Gespräch, in der grübelnden Stille oder im geteilten Schweigen.

Unser Dank gilt all jenen, die uns begleitet haben – den Menschen, die Fragen stellten, wo wir Antworten suchten. Ohne ihre Geduld, Kritik und Ermutigung wäre dieses Buch nicht das geworden, was es nun ist: ein gemeinsames Nachdenken über das Mögliche.

Zuletzt danken wir dem Leben selbst, das uns immer wieder lehrt, dass jeder Gedanke nur der Anfang ist und jedes Ende ein neuer Beginn. Möge dieses Buch ein Stein sein, der Kreise zieht – weit über seine Seiten hinaus.

© Der/die Herausgeber bzw. der/die Autor(en), exklusiv lizenziert an Springer Fachmedien Wiesbaden GmbH, ein Teil von Springer Nature 2026
M. Pätzold et al., *Wachstum neu denken*, https://doi.org/10.1007/978-3-658-50406-9